변호사시험 형사법 기록형 기출해설 1

홍형철 변호사

머리말

변호사시험 기록형 문제풀이 공부를 위한 가장 좋은 자료는 기출문제입니다. 따라서 이러한 기출문제를 제대로 풀고 답안을 작성하는 방법을 익히는 것이 기록형 시험을 위한 제대로 된 공부방법의 출발이자 끝이라 할 수 있습니다.

기록형 시험의 출제 쟁점은 법률판단에 대한 것과 사실인정에 대한 것으로 구별할 수 있습니다. 전자는 피고인의 자백 등에 의해 인정되는 사실을 전제로 그 사실에 적용되는 법률규정이나 판례 등 법리를 검토하여 결론을 내리는 것이고, 후자는 피고인이 부인하는 공소사실에 대해 증거관계 등을 통해 인정되는 사실을 검토하는 것입니다.

법률판단 쟁점은 문제에서 쟁점을 찾아 그에 적용되는 법리를 정확히 설시하여 사안을 검토하는 것이 주된 평가의 대상입니다. 반면 사실인정 쟁점은 피고인의 부인진술 등을 통해 비교적 쉽게 확인할 수 있는 쟁점과 결론에 대해 기록에서 주어진 증거관계들을 바탕으로 얼마나 논리적인 답안을 구성하는지가 주된 평가의 대상입니다.

본서는 단순한 기출해설집이 아니라, 수험생들이 위와 같은 기록형 시험의 출제유형을 익히고 제대로 된 답안을 작성할 수 있는 방법을 훈련할 수 있는 교재가 될 수 있도록 아래와 같이 구성하였습니다.

1. 문제해설 : 단순히 문제만을 싣지 아니하고, 기록을 읽으면서 문제를 푸는 방법을 익힐 수 있도록, 각 서면에서 확인해야 하는 내용과 실제 쟁점관련 답안에 현출해야 하는 내용들을 모두 체크하여 방주에 기재하였습니다.

2. 메모예시 : 제한된 시간 내에 누락 없이 답안을 작성하기 위해서는 제대로 기록을 읽으면서 제대로 된 메모를 작성하고, 이러한 메모를 중심으로 답안을 기재하여야 합니다. 이를 위해 「변호사시험 형사법 기록형 핵심정리」에서 정리한 '기록형 시험을 위한 메모법'을 바탕으로 실제 기출문제에 대한 메모예시를 정리하여 수록하였습니다.

3. 해설답안 : 기록형 시험에서는 단순히 쟁점과 결론을 찾는 것뿐만 아니라 쟁점에 따른 결론에 대한 논증과정을 출제자가 요구하는 방식에 따라 답안에 제대로 현출하는 것이 중요합니다. 이에 대해 「변호사시험 형사법 기록형 핵심정리」에서 정리한 '기록형 시험을 위한 무면공정리 – 답안작성법' 등을 바탕으로 기출문제에 대한 해설답안을 정리하여 수록하였습니다.

4. CBT답안 : 제13회 변호사시험부터 CBT(Computer Based Testing)방식이 도입되었습니다. 따라서 법무부에서 제시한 양식과 분량에 맞춰 해설답안을 실제 CBT답안으로 정리하여 수록하였습니다. 최근 시험으로 올수록 답안지에 기재하여야 하는 분량이 늘어남에 따라 해설내용과 달리 실제 CBT답안에 수록하기 어려운 내용은 일부 수정하거나 생략하였습니다(특히 사실인정 중 '검사 제출 증거'부분).

기존에는 변호사시험 형사법 기록형 대비 교재로 「올어바웃 기록형 형사법 1(핵심정리)」과 「올어바웃 기록형 형사법 2(기출해설)」 두 권을 출간하였습니다. 그러나 올해부터는 위 교재에서 핵심정리 부분만을 「변호사시험 형사법 기록형 핵심정리」로 출간하고, 기출해설 부분은 별도로 「변호사시험 형사법 기록형 기출해설」로 출간하게 되었습니다.

또한 변호사시험이 13회째 실시되면서 기출해설을 한 권으로 출간할 경우 교재가 너무 두꺼워지고, 새로운 해설을 추가하기 위해 전체 교재를 매년 개정 또는 구입하는 것이 부담스러움을 고려하여 올해부터는 기출해설을 5년 단위로 분리하여 출간하게 되었습니다. 이에 따라 출간되는 변호사시험 기록형 교재는 다음과 같습니다.

「변호사시험 형사법 기록형 핵심정리」 - 「올어바웃 기록형 형사법 1(핵심정리)」과 동일
「변호사시험 형사법 기록형 기출해설 1」 - 제1회부터 제5회까지 기록형 해설
「변호사시험 형사법 기록형 기출해설 2」 - 제6회부터 제10회까지 기록형 해설
「변호사시험 형사법 기록형 기출해설 3」 - 제11회부터 제13회까지 기록형 해설

정확한 내용정리와 이를 바탕으로 한 문제풀이가 시험을 위한 정도(正道)입니다. 이를 위해 「변호사시험 형사법 기록형 핵심정리」을 먼저 공부한 후 「변호사시험 형사법 기록형 기출해설」을 차례로 공부하시길 당부 드립니다.

2024년 3월

홍형철 변호사

Contents
차 례

2012년 제1회 변호사시험 형사법 기록형

CH 01 문제해설 · 3
CH 02 메모예시 · 55
CH 03 해설답안 · 57
CH 04 CBT 모범답안 · 65

2013년 제2회 변호사시험 형사법 기록형

CH 01 문제해설 · 71
CH 02 메모예시 · 123
CH 03 해설답안 · 125
CH 04 CBT 모범답안 · 133

2014년 제3회 변호사시험 형사법 기록형

CH 01 문제해설 · 139
CH 02 메모예시 · 191
CH 03 해설답안 · 193
CH 04 CBT 모범답안 · 203

2015년 제4회 변호사시험 형사법 기록형

CH 01 문제해설 ··· 209
CH 02 메모예시 ··· 261
CH 03 해설답안 ··· 263
CH 04 CBT 모범답안 ·· 271

2016년 제5회 변호사시험 형사법 기록형

CH 01 문제해설 ··· 277
CH 02 메모예시 ··· 329
CH 03 해설답안 ··· 331
CH 04 CBT 모범답안 ·· 341

참고문헌

강구진, 형사소송법원론
권요병, 형사소송법
김기두, 형사소송법
김영환, 형사소송법 강의
김재환, 형사소송법
노규호, 형사소송법판례
노명선, 형사소송법 사례연구
노명선·이완규, 형사소송법
노수환, 핵심형사기록
배종대·이상돈·정승환·이주원, 형사소송법
백형구, 알기쉬운 형사소송법
법무부, 개정형사소송법
법원행정처, 법원실무제요 형사 Ⅰ
법원행정처, 법원실무제요 형사 Ⅱ
사법연수원, 검찰실무 Ⅰ
사법연수원, 검찰실무 Ⅱ
사법연수원, 검찰서류작성례
사법연수원, 수사절차론
사법연수원, 형사소송절차실무
사법연수원, 형사변호사실무
사법연수원, 형사증거법 및 사실인정론
사법연수원, 형사판결서작성실무
사법연수원, 형사판례요약집
손동권, 형사소송법
송광섭, 형사소송법
신동운, 신형사소송법
신양균, 형사소송법
심희기·양동철, 쟁점강의 형사소송법
양동철, 형사소송실무
이상돈, 사례연습 형사소송법
이영란, 한국형사소송법
이은모, 형사소송법

이재상, 신형사소송법
이재상, 신형사소송법연습
임동규, 신형사소송법
정영석·이형국, 형사소송법
정웅석·백승민, 형사소송법
진계호, 형사소송법
차용석·최용성, 형사소송법
차정인, 형사소송실무

2012년 제1회
변호사시험 형사법 기록형

2012년도 제1회 변호사시험 문제

| 시험과목 | 형사법(기록형) |

응시자 준수사항

1. 시험 시작 전 문제지의 봉인을 손상하는 경우, 봉인을 손상하지 않더라도 문제지를 들추는 행위 등으로 문제 내용을 미리 보는 경우 모두 부정행위로 간주되어 그 답안은 영점처리 됩니다.

2. 답안은 흑색 또는 청색 필기구(사인펜이나 연필 사용 금지) 중 한 가지 필기구만을 사용하여 답안 작성 난(흰색 부분) 안에 기재하여야 합니다.

3. 답안지에 성명과 수험 번호를 기재하지 않아 인적사항이 확인되지 않는 경우에는 영점 처리 등 불이익을 받게 됩니다. 특히 답안지를 바꾸어 다시 작성하는 경우, 성명 등의 기재를 빠뜨리지 않도록 유의하여야 합니다.

4. 답안지에는 문제내용을 기재할 필요가 없으며, 답안 내용 이외의 사항을 기재하거나 밑줄 기타 어떠한 표시도 하여서는 아니됩니다. 답안을 정정할 경우에는 두 줄로 긋고 다시 기재하여야 하며, 수정액 등은 사용할 수 없습니다.

5. 시험종료 시각에 임박하여 답안지를 교체요구한 경우라도 시험시간 종료 후 즉시 새로 작성한 답안지를 회수합니다.

6. 시험 종료 후에는 답안지 작성을 일절 할 수 없으며, 이에 위반하여 시험시간이 종료되었음에도 불구하고 **시험관리관의 답안지 제출 지시에 불응한 채 계속 답안을 작성하거나 답안지를 늦게 제출할 경우 그 답안은 영점처리** 됩니다.

7. 답안은 답안지 쪽수 번호 순으로 기재하여야 하고, **배부받은 답안지는 백지 답안이라도 모두 제출**하여야 하며, **답안지를 제출하지 아니한 경우 그 시험시간 및 나머지 시험시간의 시험에 응시할 수 없습니다.**

8. 지정된 시간까지 지정된 시험실에 입실하지 아니하거나 시험관리관의 승인을 얻지 아니하고 시험시간 중에 그 시험실에서 퇴실한 경우 그 시험시간 및 나머지 시험시간의 시험에 응시할 수 없습니다.

9. 시험시간이 종료되기 전에는 어떠한 경우에도 문제지를 시험장 밖으로 가지고 갈 수 없고, 시험 종료 후 가지고 갈 수 있습니다.

[01] 가장 먼저 작성하여야 할 서면의 종류를 확인한다. 구체적으로 '누가' '누구에게' 제출하는 서면인지를 확인하여야 한다. 이에 따라 답안에서 사용할 어투뿐만 아니라 검토하여야 할 쟁점까지 달리하게 된다.

변호인이 법원에 제출하는 변론요지서를 작성하여야 하므로 경어체를 사용하여야 하고, 피고인에게 가장 유리한 결론으로 쟁점을 검토하여야 한다.

[02] 기록 답안은 판례의 태도를 기준으로 답안을 작성함을 원칙으로 한다. 사례형 답안과 달리 견해 대립이나 일반론을 기재할 필요 없이 판례 결론에 따른 사안검토 위주로 작성한다.

판례의 태도에 반하는 견해를 바탕으로 피고인에 대한 무죄 등을 주장하는 예외적인 경우에는 판례 태도부터 적시한 후 변론내용을 기재하도록 한다.

[03] 기재가 생략된 증거라도 필요한 경우에는 인정사실에 대한 근거로서 거시하여야 한다.

【문제】

다음 기록을 읽고 피고인 김토건의 변호인 김힘찬과 피고인 이달수의 변호인 이사랑의 변론요지서를 작성하되, 다음 쪽 변론요지서 양식 중 <u>본문 I, II 부분만</u> 작성하시오.

【작성요령】

1. 시험의 편의상 두 변호인의 변론을 하나의 변론요지서에 작성함.
2. 피고인들 사이에 이해가 상충되는 경우 피고인들 각각의 입장에 충실하게 변론할 것.
3. 학설·판례 등의 견해가 대립되는 경우, 한 견해를 취하여 변론할 것. 다만, 대법원 판례와 다른 견해를 취하여 변론을 하고자 하는 경우에는 자신의 입장에 따른 변론을 하되 대법원 판례의 취지를 적시할 것.
4. 증거능력이 없는 증거는 실제 소송에서는 증거로 채택되지 않아 증거조사가 진행되지 않지만, 이 문제에서는 시험의 편의상 증거로 채택되어 증거조사가 진행된 것을 전제하였음. 따라서 필요한 경우 증거능력에 대하여도 변론할 것.

【기록 형식 안내】

1. 쪽 번호는 편의상 연속되는 번호를 붙였음.
2. 조서, 기타 서류에는 필요한 서명, 날인, 무인, 간인, 정정인이 있는 것으로 볼 것.
3. 증거목록 중 '기재생략'이라고 표시된 부분에는 법에 따른 절차가 진행되어 그에 따라 적절한 기재가 있는 것으로 볼 것.
4. 공판기록과 증거기록에 첨부하여야 할 일부 서류 중 '(생략)' 표시가 있는 것, 증인선서서와 수사기관의 조서에 첨부하여야 할 '수사과정확인서'는 적법하게 존재하는 것으로 볼 것.
5. 송달이나 접수, 통지, 결재가 필요한 서류는 모두 적법한 절차를 거친 것으로 볼 것.

- 1 -

【변론요지서 양식】

변 론 요 지 서

사 건   2011고합1234 특수강도교사 등
피고인   1. 김토건
         2. 이달수

위 사건에 관하여 피고인 김토건의 변호인 변호사 김힘찬, 피고인 이달수의 변호인 변호사 이사랑은 다음과 같이 변론합니다.

다 음

Ⅰ. 피고인 김토건에 대하여(45점)

Ⅱ. 피고인 이달수에 대하여(55점)
  1. 횡령의 점
  2. 성폭력범죄의처벌등에관한특례법위반(주거침입강간등)의 점
  3. 교통사고처리특례법위반의 점
  4. 사기의 점

※ 평가제외사항 - 공소사실의 요지, 정상관계, 피고인 이달수의 특수강도 부분
　　(답안지에 기재하지 말 것)

2012. 1. 4.

피고인 김토건의 변호인 변호사 김힘찬 ㊞
피고인 이달수의 변호인 변호사 이사랑 ㊞

서울중앙지방법원 제26형사부 귀중

[04] 양식에서 주어진 답안 목차 그대로 답안을 작성한다. 특히 정상관계 등 평가제외사항에 대해서는 답안에서 언급하지 않음은 물론 기록을 읽는 과정에서도 관련 내용을 가볍게 읽고 넘어가야 한다. 데모 작성시 양식의 목차와 공소장의 공소사실 기재를 참고하여 피고인란과 죄명란을 기재한다.

[05] 공소장의 공소사실 기재를 읽기 전이므로 출제된 죄명 정도만 확인하고 간단히 넘어가도록 한다.

기록내용시작

		구속만료	2012. 1. 15.	미결구금
		최종만료	2012. 5. 15.	
	서울중앙지방법원	대행갱신만료		

구공판 형사제1심소송기록

기일 1회기일	사건번호	2011고합1234	담임	제26부	주심	다
12/14 A10						
12/28 P2	사건명	가. 특수강도교사 나. 특수강도 다. 성폭력범죄의처벌등에관한특례법위반(주거침입강간등) 라. 사기 마. 횡령 바. 교통사고처리특례법위반				
	검 사	명검사		2011형제53874호		
	공소제기일	2011. 11. 16.				
	피고인	1. 가 　　　　　　　김토건 구속 2. 나.다.라.마.바.　　이달수				
	변호인	사선　변호사 김힘찬(피고인 김토건) 사선　변호사 이사랑(피고인 이달수)				

확 정	
보존종기	
종결구분	
보 존	

완결 공람	담임	과장	국장	주심 판사	재판장	원장

[06] 기록표지에서는 공소제기일만 체크하여 메모하도록 한다. 추가적으로 왼쪽 상단에서 기일이 몇 번 열렸는지(시험에서는 2회가 일반적이다), 구속된 피고인이 있는지(구속된 피고인에 대해서는 피고인란에 '구속'이라는 박스표시기 붙는다) 등을 가볍게 확인할 수 있다.

[07] 체크할 내용이 없는 서면은 보지 않고 빠르게 넘기도록 한다.

공 판 준 비 절 차

접 수 공 람	과 장 ㊞	국 장 ㊞	원 장 ㊞

회 부 수명법관 지정 일자	수명법관 이름	재 판 장	비 고

법정외에서 지정하는 기일

기일의 종류	일 시	재 판 장	비 고
1회 공판기일	2011. 12. 14. 10:00	㊞	

서울중앙지방법원

목 록

문 서 명 칭	장 수	비 고
증거목록	8	검사
증거목록	10	피고인 및 변호인
공소장	12	
변호인선임신고서	(생략)	피고인 김토건
변호인선임신고서	(생략)	피고인 이달수
영수증(공소장부본 등)	(생략)	
영수증(공소장부본 등)	(생략)	피고인 김토건
영수증(공판기일통지서)	(생략)	변호사 김힘찬
영수증(공판기일통지서)	(생략)	변호사 이사랑
의견서	(생략)	피고인 김토건
의견서	(생략)	피고인 이달수
공판조서(제1회)	15	
증인신청서	(생략)	검사
증인신청서	(생략)	변호사 김힘찬
증거서류제출서	17	변호사 이사랑
공판조서(제2회)	20	
증인신문조서	22	박대우
증인신문조서	23	이칠수
증인신문조서	24	정미희

- 6 -

[08] 가장 먼저 공소장변경허가신청서가 있는지 체크한다. 허가신청이 있는 경우 그 다음 기일의 공판조서를 펼쳐 법원의 허가여부를 체크하여야 하고, 허가된 경우라면 공소장변경허가신청서를 펼쳐 변경된 공소사실을 확인하여야 한다. 공소사실이 변경된 경우 기존 공소장의 공소사실이 아닌 변경된 공소사실대로 기록을 읽고 메모를 시작하여야 한다.

그 다음 제1회 공판기일과 제2회 공판기일 사이에 제출된 증거가 있는지 확인한다. 공판단계에서 제출되는 합의서 등은 쟁점을 검토함에 있어 중요한 증거가 된다. 추가로 공판기일은 몇 차례 열렸는지 신청된 증인은 몇 명인지 등을 확인할 수도 있다.

[09] 증거서류제출서에 첨부된 합의서가 쟁점 관련 중요 증거이다. 그러나 목록에서는 합의서가 첨부되었음을 알 수 없으므로 간단히 그 존재만을 확인한다.

[10] 증인신문조서 역시 실제 그 조서내용을 확인하면 충분하므로 간단히 확인하고 넘어가도록 한다.

[11] 공판기록 목록 다음에는 구속관계서류 목록이 등장한다. 긴급체포서 등이 생략되지 아니하고 제시되는 경우에는 체포의 적법성 등이 쟁점이 될 가능성이 크다. 본 문제에서는 구속관계 서류가 모두 생략되었으므로 간단히 확인하고 넘어가도록 한다.

서울중앙지방법원

목 록 (구속관계)		
문 서 명 칭	장 수	비 고
긴급체포서	(생략)	피고인 이달수
구속영장(체포된 피의자용)	(생략)	피고인 이달수
피의자 수용증명	(생략)	피고인 이달수

증 거 목 록 (증거서류 등)

2011고합1234

2011형제53874호

① 김토건
② 이달수
신청인: 검사

순번	증거방법 작성	쪽수(수)	쪽수(증)	증거명칭	성명	참조사항 등	신청기일	증거의견 기일	증거의견 내용	증거결정 기일	증거결정 내용	증거조사기일	비고
1	검사	(생략)		피의자신문조서	김토건		1	1	① ○ ② ○	기재 생략		기재 생략	
2	〃	(생략)		피의자신문조서	이달수		1	1	① × ② ○				
3	사경	28		진술조서	박대우		1	1	① ○ ② ○				
4	〃	30		피의자신문조서	이달수		1	1	① × ② ○				
5	〃	33		진술조서	정미희		1	1	② ×				
6	〃	35		진술조서(제2회)	정미희		1	1	② ×				
7	〃	37		압수조서 및 압수목록(신발)			1	1	② 진정성립만 인정				
8	〃	39		교통사고보고 (실황조사서)			1	1	② ○				
9	〃	40		진술서	조범생		1	1	② ○				
10	〃	(생략)		진단서	조범생		1	1	② ○				
11	〃	41		진술서	장희빈		1	1	② ○				
12	〃	(생략)		영수증			1	1	② ○				
13	〃	42		피의자신문조서	김토건		1	1	① ○ ② ○				
14	〃	45		피의자신문조서(제2회)	이달수		1	1	② ○				
15	〃	48		감정서(신발)			1	1	② 진정성립만 인정				
16	〃	49		조회회보서	이달수		1	1	② ○				
17	〃	(생략)		조회회보서	김토건		1	1	① ○				

※ 증거의견 표시 - 피의자신문조서: 인정 ○, 부인 ×
    (여러 개의 부호가 있는 경우, 성립/임의성/내용의 순서임)
  - 기타 증거서류: 동의 ○, 부동의 ×
※ 증거결정 표시: 채 ○, 부 ×
※ 증거조사 내용은 제시, 내용고지

- 8 -

[12] 증거목록에서는 검찰단계와 경찰단계를 구별하여 표시한 후, 각 증거에 대한 증거의견란을 체크한다(증거의견란에 X 표시된 부분을 체크하는 정도로 충분하다). 아직 공소장을 읽지 아니한 단계에서는 각 증거가 어떤 공소사실이 관련된 것인지 알 수 없으므로 형식적인 내용만 체크한다.

[13] 검사 작성 이달수에 대한 피의자신문조서에 대해 피고인 김토건이 증거부동의하고 있으나, 이달수가 그 조서의 진정성립을 인정하고 있고, 공판단계에서 김토건에 대한 반대신문권도 보장되었으므로 그 조서의 증거능력은 인정된다(형사소송법 제312조 제4항). 다만, 2022.1.1. 이후 기소된 사건부터 적용되는 개정된 형사소송법에 의할 경우라면, 위 조서는 당해피고인 김토건이 내용부인 취지로 증거부동의하고 있으므로 증거능력이 부정된다(형사소송법 제312조 제1항). 이는 2022.1.1. 이전 기소로 출제된 제11회 변호사시험까지 모두 동일하다.

[14] 사경 작성 이달수에 대한 피의자신문조서에 대해 피고인 김토건이 내용부인 취지로 증거부동의하고 있으므로 증거능력이 부정된다(형사소송법 제312조 제3항).

[15] 진술조서에 대해 증거부동의하는 경우에는 그 참고인을 증인으로 신청하게 된다. 당해 참고인이 증인으로 출석하여 공판정에서 그 진술조서에 대한 진정성립을 인정하는 경우에는 진술조서의 증거능력이 인정된다.

[16] 형사공판조서 중 증거조사부분의 목록화에 관한 예규의 개정됨에 따라 피의자신문조서에 대한 증거의견에 여러 개의 부호가 있는 경우, 적법성/성립/임의성/내용의 의미로 변경되었다.

[17] 서류에 대한 증거목록 다음에는 증인과 물건에 대한 증거목록이 등장한다. 아직 공소장을 읽지 아니한 단계에서는 각 증인이 어떤 공소사실에 관련된 것인지 알 수 없으므로 간단히 실시여부만 체크하도록 한다. 철회되었거나 미실시된 증인이 존재하는 경우 해당 내용은 증거조사기일란에 표시된다.
철회된 증인에 대해서는 크게 신경 쓰지 않아도 무방하다.

증 거 목 록 (증인 등)
2011고합1234

2011형제53874호

① 김토건
② 이달수
신청인: 검사

증거방법	쪽수(공)	입증취지 등	신청기일	증거결정 기일	증거결정 내용	증거조사기일	비고
증인 정미희	24	공소사실 2의 나항 관련	1	1	○	2011. 12. 28. 14:00 (실시)	
나이키 신발		공소사실 2의 나항 관련	1	2	○	2011. 12. 28. 14:00 (실시)	

※ 증거결정 표시: 채 ○, 부 ×

증 거 목 록 (증거서류 등)

2011고합1234

① 김토건
② 이달수

2011형제53874호   신청인: 피고인 및 변호인

순번	증거방법					참조사항 등	신청기일	증거의견		증거결정		증거조사기일	비고
	작성	쪽수(수)	쪽수(증)	증거명칭	성명			기일	내용	기일	내용		
1			18	합의서	조범생		2	2	○				②신청
2			19	약식명령	이달수		2	2	○	기재생략			②신청
3			(생략)	'甲건설 주식회사' 하도급규정집			2	2	○				②신청
4			(생략)	건설업등록증 (김토건)			2	2	○				②신청

※ 증거의견 표시 - 피의자신문조서: 인정 ○, 부인 ×
　　　　　　　　　(여러 개의 부호가 있는 경우, 성립/임의성/내용의 순서임)
　　　　　　　- 기타 증거서류: 동의 ○, 부동의 ×
※ 증거결정 표시: 채 ○, 부 ×
※ 증거조사 내용은 제시, 내용고지

- 10 -

[18] 검사가 제출한 증거목록 다음에 피의자측이 제출한 증거목록이 등장한다. 피의자측이 제출한 증거는 쟁점 검토에 있어서 중요한 증거가 됨이 일반적이다.

[19] 합의서는 친고죄에 있어서 고소취소나 반의사불벌죄에 있어서 처벌불원의 의사표시에 대한 증거로 자주 등장한다.

[20] 약식명령은 기판력과 관련된 형사소송법 제326조 제1호의 면소사유와 관련된 증거로 자주 등장한다.

[21] 피의자측이 신청한 증인과 물건에 대한 증거목록이다. 역시 증인의 이름과 실시여부 등을 체크한다.

증 거 목 록 (증인 등)
2011고합1234

① 김토건
② 이달수

2011형제53874호 신청인: 피고인 및 변호인

증거방법	쪽수(공)	입증취지 등	신청기일	증거결정 기일	증거결정 내용	증거조사기일	비고
증인 박대우	22	공소사실 1 범행도구 관련	1	1	○	2011. 12. 28. 14:00 (실시)	①신청
증인 이칠수	23	공소사실 1 관련	1	1	○	2011. 12. 28. 14:00 (실시)	①신청

※ 증거결정 표시: 채 ○, 부 ×

서울중앙지방검찰청

2011. 11. 16.

사건번호   2011년 형제53874호
수 신 자   서울중앙지방법원
제   목   공소장

검사 명검사는 아래와 같이 공소를 제기합니다.

Ⅰ. 피고인 관련사항

1. 피 고 인   김토건 (61****-1******), 50세
   직업 건설업체 사장, 010-****-****
   주거 서울특별시 강남구 대치1동 기아아파트 101동 1007호
   등록기준지 (생략)

   죄   명   특수강도교사
   적용법조   형법 제334조 제2항, 제1항, 제333조, 제31조 제1항
   구속여부   불구속
   변 호 인   변호사 김힘찬

2. 피 고 인   이달수 (71****-1******), 40세
   직업 무직, 010-****-****
   주거 서울특별시 서초구 양재2동 125
   등록기준지 (생략)

   죄   명   특수강도, 성폭력범죄의처벌등에관한특례법위반(주거침입강간등),
   사기, 횡령, 교통사고처리특례법위반
   적용법조   형법 제334조 제2항, 제1항, 제333조, 성폭력범죄의 처벌 등에 관한
   특례법 제14조, 제3조 제1항, 형법 제319조 제1항, 제297조, 제347조
   제1항, 제355조 제1항, 교통사고처리 특례법 제3조 제1항, 제2항 단서
   제6호, 형법 제268조, 제37조, 제38조
   구속여부   2011. 11. 4. 구속 (2011. 11. 2. 체포)
   변 호 인   변호사 이사랑

---

[22] 공소장은 공판조서와 함께 기록의 핵심이다.
공소장에서 Ⅰ. 피고인 관련사항과 Ⅲ. 첨부서류는 보지 않아도 무방하고, Ⅱ. 공소사실을 꼼꼼하게 읽도록 한다. 다만 문제에서 죄수관계 등이 쟁점으로 등장하는 경우에는 적용법조 부분을 체크할 필요가 있다.

[23] Ⅰ. 피고인 관련사항에서는 적용법조에서 공범관계나 죄수와 관련된 규정을 추가적으로 확인할 수 있다.
피고인 김토건의 경우 형법 제31조 제1항을 통해 김토건이 교사범에 해당함을 알 수 있고, 피고인 이달수의 경우 형법 제37조·제38조를 통해 실체적 경합범으로 기소되었음을 알 수 있다.

[24] 공소사실은 주체·일시·장소·목적(대상)·행위 및 결과 등을 중심으로 꼼꼼하게 읽으면서 메모한다. 공소사실만으로 쟁점이나 그에 대한 결론을 알 수 있는 경우에는 해당 내용을 바로 메모하여야 한다.

[25] 피고인이 수인인 경우 공소사실은 피고인들의 공동범행을 먼저 기재한 후 피고인들의 단독범행을 시간순서대로 기재됨이 원칙이다.

[26] 교사범의 경우 교사범의 교사사실 기재 후 정범의 실행행위 사실이 기재된다. 방조범의 경우에는 정범의 실행행위 사실부터 기재한 후 방조사실이 기재된다. 교사범과 방조범은 정범이 별도로 기소되는 경우에도 정범의 범죄사실도 기재됨이 원칙이다.
교사의 장소가 공항에서 서울로 가는 승용차 안이었다는 점과 교사자인 김토건이 직접 흉기인 주방용 식칼을 건네주었다는 사실 등을 체크하여야 한다.
이달수가 김토건으로 건네받은 주방용 식칼을 실제로 사용하여 강도 범행을 하였다. 강취금액이 5천만 원이라는 사실과 피해자가 박대우라는 사실 등도 체크하여야 한다.

[27] 피고인 이달수의 특수강도에 대해서는 답안기재가 생략되므로 김토건의 특수강도교사 검토에 필요한 부분 위주로 기록을 읽도록 한다.

[28] 횡령죄와 관련하여 불법원인급여 횡령 쟁점이 문제된다. 공소사실만으로는 김토건이 이달수에게 교부한 현금이 불법원인급여임이 정확히 확인되지는 아니하나, '계약담당이사'에게 전달하라는 지시와 함께 교부받았다는 점에서 어느 정도 쟁점을 추측할 수 있다. 뒤의 기록에서는 그 금원의 교부 명목에 대해 구체적으로 확인하여야 한다.

Ⅱ. 공소사실

피고인 김토건은 서울 서초구 서초1동 10에 있는 'D건설'을 운영하는 사람이고, 피고인 이달수는 피고인 김토건의 고향 후배로서 일정한 직업이 없는 사람이다.

1. 피고인들의 범행

피고인 김토건은 피해자 박대우(55세)에게 1억 원을 빌려주었다가 돌려받지 못하고 있었다. 피고인 이달수가 피고인 김토건에게 3,000만 원을 빌려달라고 부탁하자, 피고인 김토건은 피고인 이달수에게 피해자가 빌려 간 돈 1억 원을 받아 오면 그 중 3,000만 원을 빌려주겠다고 하였다. 이에 피고인 이달수는 피해자에게 가서 채무변제를 여러 번 독촉하였다.

가. 피고인 김토건

피고인은 2011. 10. 31. 15:00경 인천국제공항에서 서울로 가는 98허7654호 에쿠스 승용차 안에서 이달수에게 "박대우가 어제 아니면 오늘 공사 기성금을 받은 것으로 알고 있다. 순순히 말해서는 주지 않을 것이니 확실히 받아 와라. 돈을 받아 오면 그 중 일부를 빌려주겠다."라고 말하면서 흉기인 주방용 식칼(칼날 길이 15cm, 손잡이 길이 10cm)이 든 봉투를 건네주어 이달수로 하여금 피해자로부터 금원을 강취할 것을 마음먹게 하였다.

이달수는 그 다음 날인 2011. 11. 1. 09:00경 서울 서초구 서초2동 250에 있는 피해자의 집을 찾아가 1억 원의 변제를 독촉하였으나 피해자가 돈이 없다고 거절하였다. 이달수는 집 안을 둘러보다가 안방 화장대 위에 있던 5,000만 원이 든 봉투를 발견하였다. 피해자가 돈 봉투를 집어 가슴에 품은 채 지급을 거절하자, 이달수는 미리 가지고 간 위 식칼을 피해자의 목에 들이대어 반항을 억압한 다음 돈 봉투를 빼앗아 가지고 나왔다.

이로써 피고인은 이달수로 하여금 위와 같이 피해자로부터 5,000만 원을 빼앗게 함으로써 특수강도를 교사하였다.

나. 피고인 이달수

피고인은 위 김토건의 교사에 따라 2011. 11. 1. 09:00경 서울 서초구 서초2동 250에 있는 피해자의 집에서 전항과 같이 피해자로부터 5,000만 원을 빼앗아 강취하였다.

2. 피고인 이달수

가. 횡령

피고인은 2010. 10. 1.경 서울 서초구 서초1동 10에 있는 위 'D건설' 사무실에서 피해자 김토건으로부터 'H건설 주식회사' 계약담당이사 최현대에게 가져다주라는 지시와 함께 현금 4,000만 원을 교부받아 피해자를 위하여 보관하였다. 피고인은 그날 위 4,000만 원을 피고인의 개인 채무 변제에 임의로 사용하여 횡령하였다.

- 13 -

나. 성폭력범죄의처벌등에관한특례법위반(주거침입강간등)

피고인은 2011. 6. 1. 23:00경 서울 서초구 서초3동 130에 있는 피해자 정미희(여, 27세)의 집에 이르러 잠겨 있지 아니한 문간방 창문을 통하여 집 안으로 침입하였다. 피고인은 안방에서 잠들어 있는 피해자를 발견하고 피해자를 간음할 목적으로 피해자의 하의를 벗겼다. 그때 피해자가 깨어나자 피고인은 한 손으로 피해자의 입을 막고 몸으로 피해자를 눌러 반항을 억압한 다음 자신의 바지를 내리고 피해자를 간음하려 하였으나 피해자가 소리치며 격렬히 저항하는 바람에 간음하지 못하고 집 밖으로 도망쳐 나왔다.

이로써 피고인은 주거에 침입하여 피해자를 강간하려다가 미수에 그쳤다.

다. 교통사고처리특례법위반

피고인은 2011. 9. 1. 08:00경 12가3456호 쏘나타 승용차를 운전하고 서울 서초구 서초1동 114에 있는 'S고등학교' 앞길을 방배역 쪽에서 서초역 쪽으로 진행하고 있었다. 그곳 전방에 횡단보도가 있으므로 운전자는 횡단보도 앞에서 일시정지 하는 등으로 보행자를 보호하여야 할 업무상 주의의무가 있었다. 그럼에도 피고인은 그 주의의무를 게을리 한 과실로 때마침 자전거를 타고 횡단보도를 건너던 피해자 조범생(22세)을 위 승용차 앞 범퍼 부분으로 들이받아 그 충격으로 피해자가 약 4주간의 치료가 필요한 왼쪽 다리 골절 등의 상해를 입게 하였다.

라. 사기

피고인은 2011. 10. 10. 23:00경 서울 서초구 서초2동 119에 있는 피해자 장희빈이 운영하는 '룰루' 유흥주점에서 마치 술값 등을 제대로 지급할 것처럼 행세하며 술 등을 주문하여 이에 속은 피해자로부터 100만 원에 해당하는 술과 서비스 등을 제공받았다. 그러나 피고인은 현금 2만 원만 가지고 있어 그 대금을 지급할 의사나 능력이 없었다.

Ⅲ. 첨부서류

1. 긴급체포서 1통 (생략)
2. 구속영장(체포된 피의자용) 1통 (생략)
3. 변호인선임신고서 2통 (생략)
4. 피의자수용증명 1통 (생략)

검사 명건사 ㊞

[29] 피해자가 자전거를 타고 횡단보도를 건너던 자임을 공소사실 기재만으로 확인할 수 있다. 따라서 교특법 제3조 제2항 제6호의 횡단보도에서의 보행자보호의무 위반은 인정되지 아니한다.

[30] 공판조서의 첫 페이지에서는 회차 정도만 체크하고 넘어간다.

서 울 중 앙 지 방 법 원

공 판 조 서

제 1 회

사　　건	2011고합1234　특수강도교사 등	
재판장 판사	배현일	기　　일: 2011. 12. 14. 10:00
판사	김 석	장　　소: 제418호 법정
판사	문현주	공개 여부: 공개
법원사무관	국영수	고 지 된 다음기일: 2011. 12. 28. 14:00
피 고 인	1. 김토건　2. 이달수	각 출석
검　　사	강선주	출석
변 호 인	변호사 김힘찬 (피고인 1을 위하여)	출석
	변호사 이사랑 (피고인 2를 위하여)	출석

재판장
　　피고인들은 진술을 하지 아니하거나 각개의 물음에 대하여 진술을 거부할 수 있고, 이익 되는 사실을 진술할 수 있음을 고지

재판장의 인정신문
　　성　　　명: 1. 김토건　　2. 이달수
　　주민등록번호: 각 공소장 기재와 같음.
　　직　　업:　　　〃
　　주　　거:　　　〃
　　등록기준지:　　〃

재판장
　　피고인들에 대하여
　　주소가 변경될 경우에는 이를 법원에 보고할 것을 명하고, 소재가 확인되지 않을 때에는 그 진술 없이 재판할 경우가 있음을 경고

- 15 -

검 사
　　공소장에 의하여 공소사실, 죄명, 적용법조 낭독
피고인 김토건
　　피고인 이달수에게 강도를 교사한 사실이 없다고 진술
피고인 이달수
　　피해자 정미희에 대한 공소사실은 인정할 수 없고, 나머지 공소사실은 인정한다고 진술
피고인 김토건의 변호인 변호사 김힘찬
　　피고인 김토건이 피고인 이달수에게 피해자 박대우가 빌려 간 돈을 받아 오면 그 돈을 빌려주겠다고 말한 사실과, 피해자 박대우가 공사 기성금을 받아 돈을 갖고 있을 것이라고 알려 준 사실은 있으나, 칼을 주면서 강도를 교사하지는 않았다고 진술
피고인 이달수의 변호인 변호사 이사랑
　　피고인 이달수는 피해자 정미희를 알지 못한다고 진술
재판장
　　증거조사를 하겠다고 고지
증거관계 별지와 같음(검사, 변호인)
재판장
　　각 증거조사 결과에 대하여 의견을 묻고 권리를 보호하는 데에 필요한 증거조사를 신청할 수 있음을 고지
소송관계인
　　별 의견 없다고 각각 진술
재판장
　　변론속행

2011. 12. 14.

법 원 사 무 관　　　국영수 ㊞

재판장 판 사　　　배현일 ㊞

[31] 제1회 공판기일에서의 피고인의 공소사실에 대한 인부진술은 기록에서 가장 중요한 부분이다. 피고인의 공소사실 인정여부와 부인 또는 일부인하는 경우 그 취지까지 함께 메모하도록 한다. 피고인의 공소사실 부인취지는 사실인정 쟁점에 대한 답안 기재시 '피고인 변소의 요지' 부분에 그대로 기재하여도 무방하다.
피고인이 인정하는 공소사실에 대해서는 법률판단 쟁점이 주로 문제되고, 부인하는 공소사실에 대해서는 사실인정 쟁점이 주로 문제된다.

[32] 피고인의 공소사실 부인취지 기재시 변호인의 진술까지 고려하여 메모하도록 한다.
최근 변호사시험에서 변호인의 진술부분은 생략되고 있다.

[33] 증거서류제출서에서는 제출일자 정도만 확인하고, 구체적인 증거의 내용은 첨부된 서면을 통해 확인한다.

[34] 첨부된 합의서상 합의일자는 2011. 12. 16.이나 그 합의서가 법원에 제출된 것은 2011. 12. 20.이므로 처벌불원의 의사표시는 2011. 12. 16.이 아닌 2011. 12. 20.에 있었음에 주의하여야 한다.
만약 증거서류제출서에 기재된 날짜와 우측 접수인의 접수날짜가 다를 경우에는 접수인에 기재된 날짜가 의사표시일이 된다.

증거서류제출서

사건번호 2011고합1234 특수강도교사 등

피고인 이달수

위 사건에 관하여 피고인 이달수의 변호인은 피고인의 이익을 위하여 다음 증거서류를 제출합니다.

다 음

1. 합의서 1통
1. 약식명령 1통
1. 'H건설 주식회사' 하도급규정집 (생략)
1. 건설업등록증(김토건) (생략)

2011. 12. 20.

피고인 이달수의 변호인
변호사 이사랑 ㉑

서울중앙지방법원 제26형사부 귀중

- 17 -

합의서

가해자 성명: 이달수
　　주소: (생략)

피해자 성명: 조범생
　　주소: (생략)

피해자는 2011. 9. 1. 08:00경 서울 서초구 서초1동 114에 있는 'S고등학교' 앞 길 횡단보도에서 가해자가 운전하는 12가3456호 쏘나타 승용차에 부딪혀 약 4주간의 치료가 필요한 왼쪽 다리 골절 등의 상해를 입었습니다. 피해자는 가해자에게서 치료비 등 일체의 손해를 변상받고 합의하였습니다. 이에 피해자는 가해자의 처벌을 원하지 아니하고, 이후 민형사상 일체의 이의를 제기하지 않을 것을 확인합니다.

2011. 12. 16.

피해자 조범생 ㉘

첨부: 인감증명 1통(생략)

---

[35] 피고인 이달수의 교특법위반죄와 관련하여 피해자의 처벌불원 의사표시가 존재함을 알 수 있다. 이달수가 횡단보도에서의 보행자 보호의무를 위반하여 사고를 낸 경우라면 처벌불원의 의사표시가 있더라도 처벌됨에 주의하여야 하나, 이미 앞에서 공소장의 공소사실 기재를 통해 보행자보호의무 위반은 부정됨을 확인하였다.

[36] 확정된 약식명령 또는 판결문 등본에서는 가장 먼저 발령일(선고일)과 확정일을 체크한다(확정일은 일반적으로 우측 상단에 위치한다). 확정일이 등본에 표시되어 있지 아니한 경우에는 수사보고서 등을 통하여 확정사실과 확정일자를 별도로 확인하여야 한다.

[37] 확정된 약식명령의 기판력이 해당 공소사실에 미치는지 여부를 확인하기 위해서는 확정된 약식명령의 범죄사실과 해당 공소사실의 동일성이 인정되어야 한다. 답안에서 이를 검토할 경우 양 사실의 주체·일시·장소·목적(대상)·행위 및 결과 등을 구체적으로 비교하여야 한다.

춘천지방법원 강릉지원

약 식 명 령

2011. 12. 17. **확정**
검찰주사보 황참여 ㊞

사　건　　2011고약692 상습사기
　　　　　(2011년형제3577호)

피 고 인　이달수 (71****-1******), 무직
　　　　　주거　서울 서초구 양재2동 125
　　　　　등록기준지 (생략)

주 형 과　피고인을 벌금 3,000,000(삼백만)원에 처한다.
　　　　　피고인이 위 벌금을 납입하지 아니하는 경우 금 50,000(오만)원을 1일로 환산한 기간 피고인을 노역장에 유치한다.

범죄사실　피고인은 2009. 10. 30. 서울중앙지방법원에서 상습사기죄로 벌금 3,000,000원의 약식명령을 받는 등 동종전력 3회가 있는 자로서, 상습으로,
　　　　　수중에 현금이나 신용카드 등 다른 대금지급 수단이 없어 술값 등을 지급할 의사나 능력이 없었음에도, 2011. 10. 25. 23:00경 강릉시 경포동 113에 있는 피해자 이미순이 운영하는 '경포' 유흥주점에서 마치 술값 등을 제대로 지급할 것처럼 행세하며 술 등을 주문하여 이에 속은 피해자로부터 80만 원에 해당하는 술과 서비스를 제공받았다.

적용법령　형법 제351조, 제347조 제1항 (벌금형 선택), 제70조, 제69조 제2항

검사 또는 피고인은 이 명령등본을 송달받은 날부터 7일 이내에 정식재판의 청구를 할 수 있습니다.

2011. 11. 20.

판사　이　원　철　㊞

- 19 -

서울중앙지방법원
공판조서

제 2 회
사　　건　　2011고합1234　　특수강도교사 등
재판장 판사　　배현일　　　　　　기 일:　　2011. 12. 28. 14:00
　　　판사　　김　석　　　　　　장 소:　　제418호 법정
　　　판사　　문현주　　　　　　공개 여부:　　공개

법원사무관　　국영수　　　　　　고 지 된
　　　　　　　　　　　　　　　　다음기일:　　2012. 1. 4. 10:00

피 고 인　　1. 김토건　　2. 이달수　　　　　　　　각 출석
검　　사　　강선주　　　　　　　　　　　　　　　　출석
변 호 인　　변호사 김힘찬 (피고인 1을 위하여)　　출석
　　　　　　변호사 이사랑 (피고인 2를 위하여)　　출석
증　　인　　박대우, 이칠수, 정미희　　　　　　　　각 출석

재판장
　　전회 공판심리에 관한 주요사항의 요지를 공판조서에 의하여 고지
소송관계인
　　변경할 점이나 이의할 점이 없다고 진술
출석한 증인 박대우, 이칠수, 정미희를 별지와 같이 신문하다
증거관계 별지와 같음(검사, 변호인)
재판장
　　각 증거조사 결과에 대하여 의견을 묻고 권리를 보호하는 데에 필요한 증거
　　조사를 신청할 수 있음을 고지
소송관계인
　　별 의견 없으며, 달리 신청할 증거도 없다고 각각 진술
재판장
　　증거조사를 마치고 피고인 신문을 하겠다고 고지

[38] 제2회 공판조서에서는 가장 먼저 피고인이 기존에 진술한 내용 등을 변경하였거나 기존에 진행된 절차에 대해 이의를 제기하였는지 여부를 체크한다. 예컨대 피고인이 제1회 공판기일에서 부인한 공소사실에 대해 번의하여 인정하는 경우 제2회 공판조서 첫 부분에 해당 내용이 등장한다.

[39] 피고인신문에서는 쟁점과 직접 관련된 중요한 내용이 제시되므로 꼼꼼하게 읽어야 한다.

[40] 피고인 김토건이 이달수에게 강도를 교사한 사실이 인정되지 아니함이 쟁점임을 다시 한 번 확인할 수 있다.

[41] 검사 작성 이달수에 대한 피의자신문조서는 이달수가 그 조서의 진정성립을 인정하고, 원진술자 이달수에 대한 반대신문권이 보장되었으므로 증거능력이 인정된다 (형사소송법 제312조 제4항). 그러나 사경 작성 이달수에 대한 피의자신문조서는 당해 피고인인 김토건이 내용을 부인하는 취지로 증거부동의한 이상 이달수의 진정성립 인정과 관계없이 증거능력이 부정된다(제312조 제3항).

[42] 위험한 물건인 식칼을 사용하여 범한 특수강도에 있어서 그 식칼은 매우 중요한 증거이다. 이러한 식칼이 증거로 제출되지 아니하였다는 사정 역시 증명력 검토에서 활용가능하다.

검 사
   피고인 김토건에게
문 피고인 이달수에게 "순순히 주지 않을 것이니 확실히 받아 와라."라는 말을 하였는가요.
답 예.
문 그 말은 결국 강제로라도 돈을 빼앗아 오라는 뜻이 아닌가요.
답 아닙니다.
   피고인 이달수에게
문 피해자 박대우를 협박한 칼은 피고인 김토건에게서 받은 것인가요.
답 예.

이때 검사는 수사기록에 편철되어 있는 사법경찰관이 각각 작성한 피고인 이달수에 대한 피의자신문조서와 검사가 작성한 동인에 대한 피의자신문조서를 각각 제시하여 읽어보게 한 다음

문 피고인이 수사기관에서 진술한 대로 기재되어 있음을 확인하고 서명무인 하였나요.
답 예, 그렇습니다.
문 당시 자유로운 분위기 속에서 임의로, 충분히 진술하였나요.
답 예.

이때 검사는 나이키 신발 1켤레를 제시하고

문 이 신발이 피고인의 것이 맞는가요.
답 예, 맞습니다.

피고인 김토건의 변호인 변호사 김힘찬
   피고인 이달수에게
문 피해자 박대우를 협박한 칼은 왜 버렸나요.
답 20cm 이상이 되는 주방용 식칼을 계속 가지고 다니기에는 부담스러웠습니다.

재판장
   피고인신문을 마쳤음을 고지
재판장
   변론속행 (변론 준비를 위한 변호인의 요청으로)

2011. 12. 28.

법 원 사 무 관   국영수 ㊞
재판장 판 사   배현일 ㊞

서울중앙지방법원
증인신문조서 (제2회 공판조서의 일부)

사　　건　　2011고합1234　특수강도교사 등
증　　인　　이　름　　박대우
　　　　　　생년월일　　1956. **. **.
　　　　　　주　거　　서울 서초구 서초2동 250

재판장
　　증인에게 형사소송법 제148조 또는 제149조에 해당하는가의 여부를 물어 증인이 이에 해당하지 아니함을 인정하고, 위증의 벌을 경고한 후 별지 선서서와 같이 선서를 하게 하였다. 다음에 신문할 증인은 재정하지 아니하였다.

피고인 김토건의 변호인 변호사 김힘찬
　　증인에게
문　당시 피고인 이달수가 증인에게 칼을 보여주며 협박한 것은 사실인가요.
답　예, 피고인 이달수가 점퍼 안주머니에서 칼을 꺼내어 저의 목에 들이대는 순간 접힌 칼날이 '척' 소리를 내며 펼쳐졌습니다.
문　피고인 김토건의 처벌을 원하는가요.
답　예, 처벌을 원합니다.

2011. 12. 28.

법원사무관　　국영수 ㊞

재판장 판사　　배현일 ㊞

― 22 ―

[43] 증인신문조서는 공판조서와 별개의 조서가 아니라, 공판조서의 일부에 불과하다.
증인신문조서에 등장하는 사실관계는 쟁점과 관련하여 중요한 내용이므로 꼼꼼하게 읽어야 한다.

[44] 공소사실 기재와 피고인 이달수의 법정진술 등에 의하면 특수강도의 범행도구는 '주방용 식칼'이나, 증인 박대우는 이달수가 사용한 범행도구인 칼이 '접이식 칼'이라고 진술하고 있어 서로 모순된다.
이와 같이 기록에서 서로 모순되는 내용들이 등장하는 경우에는 그러한 사정을 답안에 꼭 현출시켜야 한다.

[45] 피해자의 진술이나 피해자에 대한 진술조서 말미에는 꼭 피해자의 처벌의사에 대한 진술이 등장한다. 이는 습관적으로 체크해 두도록 한다.

서울중앙지방법원

증인신문조서 (제2회 공판조서의 일부)

사 건   2011고합1234 특수강도교사 등
증 인   이 름   이칠수
        생년월일   1971. **. **.
        주 거   서울 서초구 양재동 100 호성빌라 305동 102호

재판장
　　증인에게 형사소송법 제148조 또는 제149조에 해당하는가의 여부를 물어 증인이 이에 해당하지 아니함을 인정하고, 위증의 벌을 경고한 후 별지 선서서와 같이 선서를 하게 하였다. 다음에 신문할 증인은 재정하지 아니하였다.

피고인 김토건의 변호인 변호사 김힘찬
　　증인에게
문　증인은 2011. 11. 1. 이달수에게서 3,000만 원을 송금받은 사실이 있나요.
답　예, 그날 오전에 저에게 송금하였다고 전화하여 확인하였습니다.
문　증인이 그 돈을 송금받을 이유가 있었나요.
답　예, 제가 1년 전에 고교 동창인 피고인 이달수에게 3,000만 원을 빌려주었다가 돌려받지 못하고 있던 중 저의 아내가 큰 수술을 받게 되어 피고인 이달수에게 돈을 갚아달라고 최근에 독촉하여 받은 돈입니다.

검사
　　증인에게
문　그 돈이 어떻게 마련된 것인지 아는가요.
답　예, 그날 밤 피고인 이달수가 저의 집으로 찾아 와서 "김토건 선배의 채권을 받아다 주고 그 돈을 빌렸다. 김토건 선배가 칼을 주면서 꼭 받아오라고 하길래 한 번 사고를 쳤다."라고 말해서 알았습니다.

2011. 12. 28.

법 원 사 무 관   국영수 ㊞
재판장 판 사   배현일 ㊞

- 23 -

---

[46] 증인 이칠수가 피고인 이달수에게 채무변제를 독촉하였다는 사정은 이달수의 범행 동기가 될 수 있다.

[47] 피고인 아닌 자의 공판기일에서의 진술이 피고인 아닌 타인의 진술을 내용으로 하는 전문진술이다. 원진술자인 피고인 이달수가 이 사건 공판에 출석하고 있으므로 필요성 요건을 갖추지 못하여 증거능력이 부정된다(제316조 제2항).
답안 기재시 진술조서 전체가 아닌, 전문진술 부분만을 특정하여 증거능력을 부정하여야 함에 주의를 요한다.

서울중앙지방법원
증인신문조서 (제2회 공판조서의 일부)

사　　건　　2011고합1234　특수강도교사 등
증　　인　　이　름　　정미희
　　　　　　생년월일　1984. **. **.
　　　　　　주　거　　서울 서초구 서초3동 130

재판장
　　증인에게 형사소송법 제148조 또는 제149조에 해당하는가의 여부를 물어 증인이 이에 해당하지 아니함을 인정하고, 위증의 벌을 경고한 후 별지 선서서와 같이 선서를 하게 하였다.

검사
　　증인에게
문　증인은 2011. 6. 1. 23:00경 증인의 집에서 강간 피해를 당할 뻔한 적이 있었고, 그 사실에 대하여 경찰에서 진술한 사실이 있지요.
답　예, 그렇습니다.
이때 검사는 수사기록에 편철된 사법경찰리가 각각 작성한 증인에 대한 2011. 6. 2.자 및 2011. 11. 2.자 진술조서를 각각 제시하여 읽어보게 한 다음
문　증인은 경찰에서 진술한 대로 기재되어 있음을 확인하고 서명무인 하였나요.
답　예, 그렇습니다.
문　당시 자유로운 분위기 속에서 임의로, 충분히 진술하였나요.
답　예.
피고인 이달수의 변호인 변호사 이사랑
이때 변호인은 피고인 이달수의 얼굴을 들게 하고
문　피고인 이달수가 범인이 맞는가요.
답　예, 그렇습니다.

　　　　　　　　　　　2011. 12. 28.

　　　　　법 원 사 무 관　　　국영수 ㊞
　　　　　재판장 판 사　　　　배현일 ㊞

- 24 -

[43] 사경 작성 정미희에 대한 각 진술조서의 진정성립 인정 진술이다. 정미희에 대한 반대신문권 역시 보장되었으므로 각 진술조서는 증거능력이 인정된다. 증거능력이 인정되는 이상 답안에서 별도로 검토할 필요는 없다.

[49] 피고인을 범인으로 지목하는 피해자의 진술은 탄핵의 주된 대상이 된다. 뒤에 나오는 범인식별절차와 관련하여 증명력 검토에서 논의하게 된다.

[50] 수사기록표지 등은 읽지 않고 넘어가도 무방하다.
수사기록은 앞에서 읽었던 공판기록의 내용과 중복되는 부분은 간단히 확인만 하고, 새로운 내용이나 모순되는 내용 위주로 읽어야 한다.

| 제 | 1 | 책 |
| 제 | 1 | 권 |

서울중앙지방법원
증거서류등(검사)

사건번호	2011고합1234	담임	제26형사부	주심	다

사건명	가. 특수강도교사 나. 특수강도 다. 성폭력범죄의처벌등에관한특례법위반(주거침입강간등) 라. 사기 마. 횡령 바. 교통사고처리특례법위반

검 사	명검사	2011년 형제53874호

피고인	1. 가	김토건
	구속 2. 나.다.라.마.바.	이달수

공소제기일	2011. 11. 16.
1심 선고	20 . .	항소	20 . .
2심 선고	20 . .	상고	20 . .
확 정	20 . .	보존	

- 25 -

구공판		서울중앙지방검찰청 증 거 기 록			제 1 책 제 1 권
검 찰	사건번호	2011년 형제53874호	법원	사건번호	2011년 고합1234호
	검 사	명검사		판 사	
피 고 인	1. 가　　　　　　**김토건** 구속　2. 나.다.라.마.바.　　**이달수**				
죄 　 명	가. 특수강도교사 나. 특수강도 다. 성폭력범죄의처벌등에관한특례법위반(주거침입강간등) 라. 사기 마. 횡령 바. 교통사고처리특례법위반				
공소제기일	2011. 11. 16.				
구　　속	2. 2011. 11. 4. 구속(2011. 11. 2. 체포)		석　방		
변 호 인	1. 변호사　김힘찬 2. 변호사　이사랑				
증 거 물	있음				
비　　고					

증 거 목 록 (증거서류 등)
2011고합1234

2011형제53874호   신청인: 검사

순번	증거방법				참조사항등	신청기일	증거의견		증거결정		증거조사기일	비고
	작성	쪽수(수)	쪽수(증)	증거명칭	성명			기일	내용	기일	내용		
1	검사	(생략)		피의자신문조서	이달수								
2	〃	(생략)		피의자신문조서	김토건								
3	사경	28		진술조서	박대우								
4	〃	30		피의자신문조서	이달수								
5	〃	33		진술조서	정미희								
6	〃	35		진술조서(제2회)	정미희								
7	〃	37		압수조서 및 압수목록(신발)									
8	〃			나이키 신발	이달수								
9	〃	39		교통사고보고(실황조사서)									
10	〃	40		진술서	조범생								
11	〃	(생략)		진단서	조범생								
12	〃	41		진술서	장희빈								
13	〃	(생략)		영수증									
14	〃	42		피의자신문조서	김토건								
15	〃	45		피의자신문조서(제2회)	이달수								
16	〃	48		감정서(신발)									
17	〃	49		조회회보서	이달수								
18	〃	(생략)		조회회보서	김토건								

[51] 피해자에 대한 진술조서에서는 사실인정 쟁점 관련 범죄경위 등과 마지막에 등장하는 피고인에 대한 처벌의사 존부를 체크한다.

진술조서

성   명: 박대우

주민등록번호: 56****-1******   55세

직   업: K건설 운영

주   거: 서울특별시 서초구 서초2동 250

등록기준지: (생략)

직장주소: (생략)

연 락 처: (자택전화) (생략)   (휴대전화) (생략)
          (직장전화) (생략)   (전자우편) (생략)

위의 사람은 피의자 이달수에 대한 특수강도 피의사건에 관하여 2011. 11. 1. 서울서초경찰서 형사팀 사무실에 임의 출석하여 다음과 같이 진술하다.

1. 피의자와의 관계
피의자는 저와 아무런 관계가 없습니다.

2. 피의사실과의 관계
저는 피의자에게 5,000만 원을 빼앗긴 사실과 관련하여 피해자 자격으로 출석하였습니다.

이때 사법경찰리는 진술인 박대우를 상대로 다음과 같이 문답하다.

문   진술인은 오늘 진술인의 집에서 피의자 이달수에게 5,000만 원을 빼앗겼다고 하였지요.

답   예, 그렇습니다.

문   그 경위에 대하여 자세히 진술하시오.

- 28 -

[52] 이미 앞에서 확인한 범죄경위 내용과 대부분 중복되므로 간단히 확인한다.	답 오늘 2011. 11. 1. 09:00경 서울 서초구 서초2동 250에 있는 저의 집으로 이달수가 찾아왔습니다. 제가 약 3년 전에 동종의 건설업체를 운영하는 김토건으로부터 1억 원을 빌려 갚지 못하고 있었는데, 최근 이달수가 김토건 대신 저를 찾아와 돈을 갚을 것을 요구하여 이달수를 알게 되었습니다.
	이달수는 집 안으로 들어오더니 다짜고짜 "기성금을 받았다는데 돈을 갚아야 할 것이 아니냐."라고 하였습니다. 제가 어제 기성금 2억 원을 받은 것은 사실이나 이미 1억 5,000만 원은 하도급 업체에 공사대금으로 지급하였고, 딸의 전세보증금 지급을 위하여 5,000만 원(100만 원권 자기앞수표 50장)만 봉투에 담아 안방 화장대 위에 놓아두고 있었습니다.
	제가 "이미 돈을 다 써버려 갚을 돈이 없다."라고 하자 이달수가 돈을 찾는지 집안을 둘러보다 안방에 있는 봉투를 쳐다보았습니다. 저는 순간 봉투를 집어 가슴에 품었고 "이건 딸의 전세보증금이니 줄 수 없다."라고 하였습니다. 그러자 이달수는 칼을 저의 목에 들이대면서 봉투를 빼앗아 갔습니다.
	문 이달수의 처벌을 원하는가요.
	답 엄한 처벌을 원합니다.
	문 이상의 진술은 사실인가요.
	답 예. 사실입니다. (무인)
	
	위의 조서를 진술자에게 열람하게 하였던바, 진술한 대로 오기나 증감·변경할 것이 전혀 없다고 말하므로 간인한 후 서명무인하게 하다.
	
	                진술자 박 대 우 (무인)
	
	        2011. 11. 1.
	
	        서울서초경찰서
	
	        사법경찰리 경사 강 철 중 ㉑

[53] 조서의 작성주체가 사법경찰관이 아닌 사법경찰리인 경우 답안에서 구별하여 기재함이 원칙이다. 다만 '사경'으로 축약기재하는 경우에는 굳이 체크하지 아니하여도 무방하다.	

피의자신문조서

피의자 이달수에 대한 특수강도 피의사건에 관하여 2011. 11. 2. 서울서초경찰서 형사과 형사팀 사무실에서 사법경찰관 경위 홍반장은 사법경찰리 경사 강철중을 참여하게 하고, 아래와 같이 피의자임에 틀림없음을 확인하다.

문　피의자의 성명, 주민등록번호, 직업, 주거, 등록기준지 등을 말하십시오.
답　성명은　이달수(李達洙)
　　　주민등록번호는　　71****-1******　　직업은 무직
　　　주거는　　　　　　서울 서초구 양재2동 125
　　　등록기준지는　　　(생략)
　　　직장 주소는　　　 없음
　　　연락처는　　　　　자택전화 (생략)　휴대전화 (생략)
　　　　　　　　　　　　직장전화 없음　전자우편(e-mail) (생략)　입니다.

　사법경찰관은 피의사건의 요지를 설명하고 사법경찰관의 신문에 대하여 「형사소송법」제244조의3에 따라 진술을 거부할 수 있는 권리 및 변호인의 참여 등 조력을 받을 권리가 있음을 피의자에게 알려주고 이를 행사할 것인지 그 의사를 확인하다.

진술거부권 및 변호인 조력권 고지 등 확인

1. 귀하는 일체의 진술을 하지 아니하거나 개개의 질문에 대하여 진술을 하지 아니할 수 있습니다.
2. 귀하가 진술을 하지 아니하더라도 불이익을 받지 아니합니다.
3. 귀하가 진술을 거부할 권리를 포기하고 행한 진술은 법정에서 유죄의 증거로 사용될 수 있습니다.
4. 귀하가 신문을 받을 때에는 변호인을 참여하게 하는 등 변호인의 조력을 받을 수 있습니다.

문　피의자는 위와 같은 권리들이 있음을 고지받았는가요.
답　예, 고지받았습니다.

- 30 -

---

[54] 사법경찰관 작성 피의자신문조서의 경우 형사소송법 제312조 제3항에 의해 증거능력이 부정되는 경우가 많다.
사법경찰관 작성 피의자신문조서와 별도로 검사 작성 피의자신문조서가 생략되지 않고 등장하는 경우에는 번복진술 또는 추가진술이 있는지 여부를 꼭 확인하여야 한다.

문 피의자는 진술거부권을 행사할 것인가요.
답 아닙니다.
문 피의자는 변호인의 조력을 받을 권리를 행사할 것인가요.
답 아닙니다. 혼자서 조사를 받겠습니다.

이에 사법경찰관은 피의사실에 관하여 다음과 같이 피의자를 신문하다.
[피의자의 범죄전력, 경력, 학력, 가족·재산 관계 등은 생략]

문 피의자는 박대우로부터 5,000만 원을 빼앗은 사실이 있는가요.
답 예, 그런 사실이 있습니다.
문 언제, 어디에서인가요.
답 2011. 11. 1. 09:00경 서울 서초구 서초2동 250에 있는 피해자의 집에서입니다.
문 그 경위는 어떠한가요.
답 저의 고향선배 김토건이 'D건설'을 운영하는데 박대우에게 1억 원을 빌려주고 돌려받지 못하고 있었습니다. 제가 김토건에게 3,000만 원을 빌려달라고 부탁하였는데 처음에는 거절하다가 박대우가 빌려 간 돈을 대신 받아 오면 그 돈을 빌려주겠다는 것입니다. 그래서 몇 번 박대우를 찾아갔는데 번번이 돈이 없다는 것입니다.
그런데 2011. 10. 31. 오전에 김토건이 전화하여 지금 일본에서 한국으로 들어가고 있는데 자신의 에쿠스 승용차(98허7654호)를 가지고 14:00까지 인천국제공항으로 마중 나오라고 하였습니다. 인천국제공항에서 김토건을 마중하여 서울로 오는 차 안에서 김토건이 "박대우가 어제 아니면 오늘 공사 기성금을 받은 것으로 알고 있다. 순순히 말해서는 주지 않을 것이니 확실히 받아 와라. 돈을 받아 오면 그 중 일부를 빌려주겠다."라고 말하였습니다. 그때 휴대용 서류 가방에서 봉투를 꺼내 주었는데 그 속에 주방용 식칼이 들어 있었습니다.
다음날 09:00경 서울 서초구 서초2동 250에 있는 박대우의 집에 찾아가 박대우에게 1억 원을 갚으라고 하였더니 돈이 없다는 것입니다. 그래서 돈을 숨겨놓지 않았나 집 안을 둘러보던 중 안방 화장대 위에 봉투가 놓여

[55] 범행도구인 주방용 식칼의 교부에 대한 사정이 자세히 기재되어 있다. 일본에서 한국으로 귀국한 직후인 김토건이 공항에서 주방용 식칼을 구매하여 교부하였다는 사정은 경험칙에 반하고, 이를 답안에서 이달수의 진술에 대한 신빙성 탄핵의 근거로써 활용할 수 있다.

있어 살펴보려고 하니 박대우가 먼저 봉투를 집어 가슴에 품으면서 딸의 전세보증금이라는 것입니다. 박대우가 너무 완강해 보여 그냥 받을 수 없을 것 같아 제가 미리 점퍼 안주머니에 넣어 둔 주방용 식칼을 꺼내어 박대우의 목에 들이대면서 봉투를 빼앗았습니다. 그 후 바로 김토건의 사무실로 가서 봉투 안에 든 5,000만 원 중에서 3,000만 원을 빌리고 2,000만 원을 김토건에게 주었습니다.

문 그 칼은 지금 어디에 있는가요.
답 박대우 집을 나온 뒤 길거리에서 버렸는데 어디에 버렸는지는 정확히 기억나지 않습니다.
문 그 칼은 어떻게 생겼는가요.
답 주방용 식칼인데 손잡이는 검고, 칼날은 15cm, 손잡이는 10cm 정도입니다.
문 김토건이 돈을 어떻게 받아 왔는지 묻지 않았는가요.
답 김토건이 묻지 않아서 굳이 설명하지 않았습니다.
문 피의자가 가져간 3,000만 원은 어떻게 하였는가요.
답 바로 사채를 갚았습니다.
문 피의자는 어떻게 체포되었는가요.
답 신고된 사실을 알고 도망가기 위하여 옷가지라도 챙기러 집에 들어가려다가 새벽 4:00경에 긴급체포 되었습니다.
문 이상의 진술내용에 대하여 이의나 의견이 있는가요.
답 없습니다. (무인)

위의 조서를 진술자에게 열람하게 하였던바, 진술한 대로 오기나 증감·변경할 것이 전혀 없다고 하므로 간인한 후 서명무인하게 하다.

진술자   이 달 수 (무인)

2011. 11. 2.
서울서초경찰서
사법경찰관   경위   홍 반 장 ㉑
사법경찰리   경사   강 척 중 ㉑

[56] 범행도구인 칼의 형상에 관하여 피해자의 진술과 이달수의 진술이 계속해서 불일치하고 있다.

[57] 성폭력 관련 범죄의 경우 피해자의 진술이 중요한 증거로 작용하므로, 피해자에 대한 진술조서의 기재내용을 꼼꼼하게 읽어야 한다.

진술조서

성　　　명: 정미희

주민등록번호: 84****-2******　　27 세

직　　　업: 회사원

주　　　거: 서울 서초구 서초3동 130

등록기준지: (생략)

직 장 주 소: (생략)

연 락 처: (자택전화) (생략)　　　(휴대전화) (생략)
　　　　　(직장전화) (생략)　　　(전자우편) (생략)

위의 사람은 피의자 성명불상자에 대한 성폭력범죄의처벌등에관한특례법위반(주거침입강간등) 피의사건에 관하여 2011. 6. 2. 서울서초경찰서 형사팀 사무실에 임의 출석하여 다음과 같이 진술하다.

1. 피의자 및 피의사실과의 관계

　　저는 성명불상의 피의자로부터 강간을 당할 뻔한 사실과 관련하여 피해자 자격으로 출석하였습니다.

이때 사법경찰리는 진술인 정미희를 상대로 다음과 같이 문답하다.

문　진술인은 어제인 2011. 6. 1. 23:00경 서울 서초구 서초3동 130 진술인의 집에서 강간당할 뻔하였다고 하였지요.

답　예, 그렇습니다.

문　그 경위에 대하여 자세히 진술하시오.

답　예, 저는 다세대주택의 1층에 세 들어 살고 있습니다. 엊저녁에 안방에서 잠을 자고 있는데 이상하여 눈을 떠보니 어떤 남자가 제 하의를 벗기고 있었습니다. 제가 소리를 치면서 몸을 밀어내려 하자 남자는 한 손으로 제 입을 막고 몸으로 눌러 움직이지 못하게 하면서 자신의 바지를 내리는 것이었습니다. 이대로 있다가는 당하겠구나 하는 생각에 계속해서 몸부림

[58] 범인이 피해자의 입을 막고 몸으로 눌러 움직이지 못하게 하였다는 등의 사정을 통해 강간의 실행의 착수는 인정됨을 알 수 있다.

- 33 -

치면서 소리치자 당황한 남자가 문간방을 통하여 바로 도망갔습니다. 정신을 차리고 보니 문간방 창문이 열려 있었고 창문 턱에 신발자국이 남아 있었습니다. 아마 제가 창문 잠그는 것을 잊어버렸나 봅니다.

문 범인의 인상착의 등 특징에 대하여 기억나는 대로 진술하시오.
답 저는 침대 스탠드 보조등을 켜놓고 잠을 자는데 그 빛으로 어느 정도 볼 수 있습니다. 범인은 30~40대로 보이고, 짧은 곱슬머리에 얼굴이 각이 졌고 눈썹이 짙었습니다. 도망갈 때 보니 키는 중간 정도였고, 짙은 색 계통의 점퍼와 트레이닝복 바지를 입고 있었습니다.
문 범인의 처벌을 원하는가요.
답 꼭 처벌해 주십시오.
문 이상의 진술은 사실인가요.
답 예, 사실입니다. (무인)

위의 조서를 진술자에게 열람하게 하였던바, 진술한 대로 오기나 증감·변경할 것이 전혀 없다고 말하므로 간인한 후 서명무인하게 하다.

진술자 정 머 희 (무인)

2011. 6. 2.

서울서초경찰서

사법경찰리 경장   송 면 철 ㉑

[59] 압수된 나이키신발과 관련된 내용이다. 맞춤 수제화 등 피고인만이 유일하게 소지하고 있는 신발이 아니라 나이키신발이므로, 피고인의 신발자국이 범행현장의 것과 동일하다는 사정만으로는 피고인이 범행 당시 현장에 있었음을 직접적으로 증명할 수 없다.

[60] 범행 당시는 야간이었음에도 불구하고 피해자가 침대 스탠드 보조등의 빛만으로 범인의 얼굴을 정확히 보고 이를 구체적으로 묘사하고 있다는 점은 경험칙에 반하는 사정이다.

[61] 피해자의 처벌의사 존부 진술은 항상 체크하도록 한다.

진술조서(제2회)

성   명: 정미희
주민등록번호: 84****-2******   27세
직   업: 회사원
주   거: 서울 서초구 서초3동 130
등 록 기 준 지: (생략)
직 장 주 소: (생략)
연 락 처: (자택전화) (생략)   (휴대전화) (생략)
           (직장전화) (생략)   (전자우편) (생략)

위의 사람은 피의자 이달수에 대한 성폭력범죄의처벌등에관한특례법위반(주거침입강간등) 피의사건에 관하여 2011. 11. 2. 서울서초경찰서 형사팀 사무실에 임의 출석하여 다음과 같이 진술하다.

1. 피의자와의 관계
피의자와 아무런 관계가 없습니다.

2. 피의사실과의 관계
저는 피의자로부터 강간을 당할 뻔한 사실과 관련하여 피해자 자격으로 출석하였습니다.

이때 사법경찰리는 진술인 정미희를 상대로 다음과 같이 문답하다.
문   진술인은 2011. 6. 1. 23:00경 서울 서초구 서초3동 130 진술인의 집에서 강간당할 뻔한 사실이 있어 2011. 6. 2. 우리 경찰서에서 피해자로서 진술한 사실이 있지요.
답   예, 그렇습니다.

2011. 6. 2. 작성된 피해자에 대한 진술조서를 제시하여 읽어보게 한 다음

문   이때 사실대로 진술하였는가요.

답   예, 그렇습니다.

문   진술인은 오늘 12:00경 피의자 이달수의 얼굴을 확인하였지요.

답   경찰관이 용의자 한 명을 한 쪽에서만 볼 수 있는 유리창 너머에 세워 놓고 저에게 확인시켰습니다. 첫눈에 범인이라는 생각이 들었습니다.

문   피의자의 처벌을 원하는가요.

답   예, 엄히 처벌해주시기 바랍니다.

문   이상의 진술은 사실인가요.

답   예, 사실입니다. (무인)

위의 조서를 진술자에게 열람하게 하였던바, 진술한 대로 오기나 증감·변경할 것이 전혀 없다고 말하므로 간인한 후 서명무인하게 하다.

진술자 정 머 희 (무인)

2011. 11. 2.

서울서초경찰서

사법경찰리 경장 송 면 척 ㉑

[62] 경찰관이 용의자 한 명만을 세워놓고 피해자에게 확인시켰다는 사실 등에서 판례가 요구하는 범인식별절차를 거치지 아니하였음을 알 수 있다. 이러한 범인식별절차 준수여부는 증거능력이 아닌 증명력과 관련된 것임에 주의하여야 한다.

[63] 피해자에 대한 처벌의사는 그 의사표시가 번복되는 경우가 잦으므로 등장할 때마다 습관적으로 체크하여야 한다.

[64] 제1회 진술조서는 범행 다음 날인 2011. 6. 2.에 작성되었으나 제2회 진술조서는 그로부터 5개월이 경과한 2011. 11. 2.에 작성되었음을 알 수 있다.
본 문제에서는 등장하지 아니하나, 범행 후 상당시간이 경과하였음에도 범인의 인상착의 등에 대한 피해자의 진술이 더 구체적이라는 점은 피해자의 진술을 탄핵하는 근거가 될 수 있다.

[65] 압수조서에서는 압수경위를 꼼꼼하게 읽어야 하고 그 밖에 압수물의 소유자 및 보관자 등이 누구인지 확인하여야 한다. 특히 별건압수 여부와 관련하여 압수의 근거가 된 범죄사실이 무엇인지 꼭 체크하여야 한다.

[66] 피의자 이달수를 특수강도 혐의로 긴급체포하면서 그와 무관한 주거침입 강간미수사건의 증거로 나이키신발을 압수하였으므로 위법한 별건압수에 해당한다.
또한 영장주의 예외로서 제217조 제1항에 따라 압수한 후 사후영장을 발부받지 아니하여 역시 위법한 압수에 해당한다.

압 수 조 서

피의자 이달수에 대한 특수강도 등 피의사건에 관하여 2011년 11월 2일 17시00분경 서울 서초구 양재2동 125 이달수의 집에서 서초경찰서 형사과 형사팀 사법경찰관 경위 최경수는 사법경찰리 경장 송민철을 참여하게 하고 별지 목록의 물건을 다음과 같이 압수하다.

압 수 경 위

2011. 11. 2. 04:00 피의자 이달수를 특수강도 혐의로 긴급체포하여 서울서초경찰서 형사과 형사팀 사무실로 인치하였는데, 피의자의 인상착의가 당서에서 수사 중인 2011. 6. 1.자 주거침입 강간미수사건의 용의자와 유사하여 피해자 정미희를 당서로 불러 피의자를 보여준 결과 범인이 맞다고 한다. 이에 피의자의 주거지를 수색한 결과 용의자의 신발자국과 유사한 신발을 발견하고 형사소송법 제217조 제1항에 따라 긴급체포한 지 24시간 이내에 압수하다.

참여인	성 명	주민등록번호	주 소	서명 또는 날인
	박숙자 (동거녀)	(생략)	피의자와 동일	(생략)

2011년 11월 2일
서 울 서 초 경 찰 서
사법경찰관 경위 최 경 수 ㉑
사법경찰리 경장 송 민 철 ㉑

- 37 -

압 수 목 록

번호	품 종	수량	피압수자주거성명				소유자 주거·성명	비고
			1	2	3	(4)		
			유류자	보관자	소지자	소유자		
1	나이키 신발	1켤레	서울 서초구 양재2동 125 이달수				이달수	

- 38 -

[67] 교통사고 관련 범죄가 출제될 경우 항상 중요한 증거로서 실황조사서가 등장한다. 사고경위에 대한 약도 등 그림까지 꼼꼼하게 체크하여야 한다.

사고 도로에는 신호기가 없으므로 신호위반은 문제되지 않고, 횡단보도에서 보행자를 충격한 사안이므로 횡단보도에서의 보행자보호의무위반이 문제된다. 그러나 피해자가 자전거를 탄 채 횡단하고 있었으므로 보행자에 해당하지 아니하여 결국 보행자보호의무위반은 인정되지 아니한다. 이러한 사정은 이미 공소장에서 일차적으로 확인한 것이므로 실황조사서에서는 앞에서 확인한 쟁점이 맞는지 정도만 체크한다.

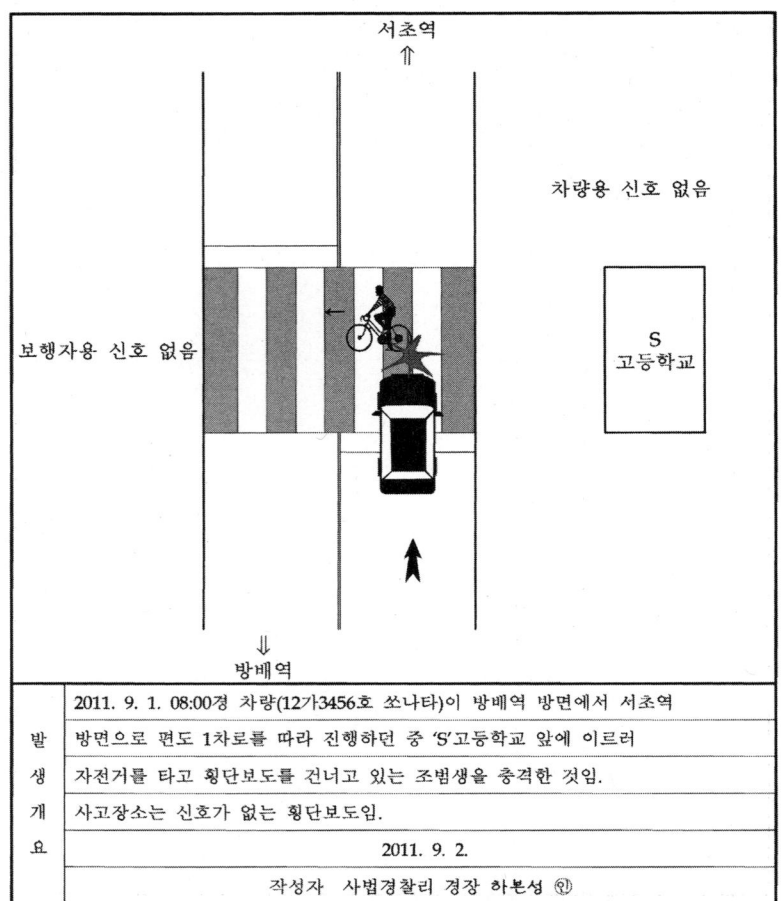

진 술 서

성 명   조범생 (89****-1******)
주 소   서울 서초동 이하 생략

1. 저는 2011. 9. 1. 08:00경 서울 서초구 서초1동 114 'S고등학교' 정문 앞 횡단보도에서 교통사고를 당한 사실이 있습니다.
1. 제가 자전거를 타고 신호등이 없는 횡단보도를 건너는데 12가3456호 쏘나타 승용차가 저와 자전거 왼쪽을 들이받아 길바닥에 넘어지면서 다리가 골절되는 등 상해를 입었습니다.
1. 가해자 차량은 종합보험에 가입되지 않은 것으로 알고 있습니다.
1. 아직 가해자가 피해를 배상하지 아니하여 처벌을 원합니다.
1. 진단서를 제출하겠습니다.

첨부: 진단서(생략)

2011. 9. 3.

진술자   조 범 생 ㊞

[63] 피고인 이달수의 차량이 종합보험에 가입되지 아니하였다는 사실 정도만 체크한다. 피해자의 처벌의사는 공판단계에서 합의서가 제출됨으로써 번복되었으므로 큰 의미가 없다.

[69] 앞에서 확인한 공소사실과 큰 차이가 없으므로 가볍게 읽고 넘어가도록 한다.

진 술 서

성 명   장희빈 (73****-2******)

주 소   서울 동대문구 이문동 333

1. 저는 서울 서초구 서초2동 119에서 '룰루' 유흥주점을 운영하고 있습니다.
1. 저는 2011. 10. 10. 23:00경 무전취식의 피해를 당한 사실이 있습니다.
1. 이달수가 혼자 들어와 호기롭게 술 등을 주문하여 돈이 없는 줄 몰랐습니다. 도우미 1명을 부르고 21년 산 양주 2병을 마셨습니다. 대금이 100만 원이 나와 지급을 요구하니까 외상으로 하자고 하여 바로 경찰에 신고하였습니다.
1. 경찰이 출동하여 확인해 보니 수중에 현금 2만 원만 있고, 신용카드도 없었습니다.
1. 술값만 지급하면 처벌을 원하지는 않습니다.
1. 영수증을 제시하겠습니다.

첨부: 영수증(생략)

2011. 10. 11.

진술자 장 희 빈 ㉑

피의자신문조서

피의자 김토건에 대한 특수강도교사 피의사건에 관하여 2011. 11. 3. 서울서초경찰서 형사과 형사팀 사무실에서 사법경찰관 경위 홍반장은 사법경찰리 경사 강철중을 참여하게 하고, 아래와 같이 피의자임에 틀림없음을 확인하다.

문 피의자의 성명, 주민등록번호, 직업, 주거, 등록기준지 등을 말하십시오.
답 성명은 김토건(金土建)
    주민등록번호는 61****-1******   직업은 건설업체 사장
    주거는 서울 강남구 대치1동 기아아파트 101동 1007호
    등록기준지는 (생략)
    직장 주소는 서울 서초구 서초1동 10
    연락처는   자택전화 (생략)   휴대전화 (생략)
              직장전화 (생략)   전자우편 (e-mail) (생략)   입니다.

사법경찰관은 피의사건의 요지를 설명하고 사법경찰관의 신문에 대하여 「형사소송법」제244조의3에 따라 진술을 거부할 수 있는 권리 및 변호인의 참여 등 조력을 받을 권리가 있음을 피의자에게 알려주고 이를 행사할 것인지 그 의사를 확인하다.

[진술거부권 및 변호인 조력권 고지함. 그 내용은 생략]

[피의자의 범죄전력, 경력, 학력, 가족·재산 관계 등 생략]

문 피의자는 2011. 10. 31. 15:00경 이달수를 시켜 박대우가 빌려 간 돈 5,000만 원을 받아 오게 한 사실이 있지요
답 예, 그렇습니다.

[70] 답안작성에 필요한 쟁점관련 내용과 앞서 등장하지 아니하였거나 앞서 등장한 사실과 모순되는 사실 위주로 읽도록 한다.

[71] 피고인 김토건은 이달수에게 박대우로부터 돈을 받아오라고 말하였을 뿐, 칼을 건네주면서 강도범행을 교사하지 아니하였다는 사실과 관련된 내용이다. 피고인의 진술만으로 피해자 등의 진술을 탄핵해서는 아니 되므로 범행경위를 확인하는 정도로 읽도록 한다.

문 그 경위를 진술하시오.

답 제가 3년 전에 박대우에게 빌려준 1억 원을 받지 못하고 있었습니다. 그러던 중 제 고향후배인 이달수가 저에게 3,000만 원을 빌려달라고 조르기에 박대우에게서 돈을 받아 오면 3,000만 원을 빌려주겠다고 하면서 박대우의 연락처, 사무실과 집 위치를 가르쳐주었습니다.

2011. 10. 31.경 일본 출장 중이었는데 거래처와 통화하던 중 박대우가 원청으로부터 기성금을 수억 원 받는다는 이야기를 들었습니다. 이때 받지 않으면 당분간 못 받을 것 같아서 바로 이달수에게 전화하여 오후에 귀국하니까 제 차를 가지고 공항에서 대기하라고 하였습니다. 그리고 인천국제공항에서 서울로 들어오는 길에 이달수에게 "박대우가 어제 아니면 오늘 공사 기성금을 받은 것으로 알고 있다. 순순히 말해서는 주지 않을 것이니 확실히 받아 와라. 돈을 받아오면 그중 일부를 빌려주겠다."라고 말하였습니다. 다음날 오전에 이달수가 박대우의 집을 찾아가서 5,000만 원을 받아 왔기에 그중 3,000만 원을 빌려주었습니다. 속으로 용케 받아 왔구나 생각하고 더 이상 묻지 않았습니다.

문 이달수는 피의자가 인천공항에서 서울로 오는 자동차 안에서 주방용 식칼이 든 봉투를 서류가방 속에서 꺼내 주어 그 식칼로 범행을 하였다고 진술하는데 어떠한가요.

답 말도 안 됩니다.

이때 피의자가 추가로 진술할 내용이 있다고 하다.

문 추가로 진술할 내용에 대하여 말하시오.

답 저는 2010. 9.경에 'H건설 주식회사'에서 시공하는 낙동강 창녕-함안보 공사를 하도급 받으려고 시도하였습니다. 그런데 저희 업체는 건설업체로서 보 공사 관련 전문면허와 공사 실적이 없어 하도급에 참여할 수 없었습니다. 그래서 'H건설 주식회사'의 내부 규정에 반하지만 어떤 식으로든지 공사의 하도급을 맡게 해 달라는 취지로 'H건설 주식회사' 이사 최현대에게 4,000만 원을 주려고 하였습니다.

[72] 김토건이 피고인 이달수에게 교부한 금원이 배임증재에 관련된 불법원인급여에 해당함을 알 수 있다.

2010. 10. 1. 저의 사무실에서 이런 내용을 알고 있는 이달수에게 현금 4,000만 원을 주면서 최현대에게 주고 오라고 심부름을 시켰는데 이달수가 그 돈을 마음대로 써버렸습니다.

지금까지 참고 있었는데 이 사건에 저를 끌어들이기까지 하여 진술을 하는 것입니다. 처벌해주시기 바랍니다.

문   이상의 진술내용에 대하여 이의나 의견이 있는가요.
답   없습니다. (무인)

위의 조서를 진술자에게 열람하게 하였던바, 진술한 대로 오기나 증감·변경할 것이 전혀 없다고 하므로 간인한 후 서명무인하게 하다.

진술자 김 토 건 (무인)

2011. 11. 3.

서울서초경찰서

사법경찰관 경위 홍 반 장 ㉑

사법경찰리 경사 강 척 중 ㉑

피의자신문조서(제2회)

피의자: 이달수

위의 사람에 대한 특수강도 등 피의사건에 관하여 2011. 11. 3. 서울서초경찰서에서 사법경찰관 경위 홍반장은 사법경찰리 경사 강철중을 참여하게 한 후, 피의자에 대하여 다시 아래의 권리들이 있음을 알려주고 이를 행사할 것인지 그 의사를 확인하다.

[진술거부권 및 변호인 조력권 고지함. 그 내용은 생략]

[피의자의 범죄전력, 경력, 학력, 가족·재산 관계 등 생략]

[횡령]

문 피의자는 2010. 10. 1.경 김토건이 'H건설 주식회사' 계약담당이사 최현대에게 전해주라며 받은 4,000만 원을 가져다주지 않고 임의로 사용한 사실이 있는가요.

답 예, 그렇습니다.

문 그 경위를 진술하시오.

답 김토건은 2010. 9.경에 'H건설 주식회사'에서 시공하는 낙동강 창녕-함안보 공사를 하도급 받으려고 시도하였습니다. 그런데 김토건의 사업체는 건설업체로서 보 공사 관련 전문면허와 공사 실적이 없어 하도급에 참여할 수 없었습니다. 그래서 'H건설 주식회사'의 내부 규정에 반하지만 어떤 식으로든지 공사의 하도급을 맡게 해 달라는 취지로 'H건설 주식회사' 이사 최현대에게 4,000만 원을 주라고 하였습니다. 그런데 그날 제 개인 채무 변제에 써버렸습니다.

[성폭력범죄의처벌등에관한특례법위반(주거침입강간등)]

문 피의자는 2011. 6. 1. 23:00경 서울 서초구 서초3동 130에 있는 피해자 정미희의 집에 들어가 피해자를 강간하려 한 사실이 있는가요.

답 없습니다.

[73] 김토건이 피고인 이달수에게 교부한 금원이 불법원인급여에 해당함은 이미 확인하였으므로 가볍게 읽고 넘어간다.

문 피해자는 피의자의 얼굴을 확인하고 피의자가 범인이 맞다고 하는데요.
답 억울합니다.
문 범행 장소가 김토건의 사무실과 가까운데 범행 장소에 가본 적이 있는가요.
답 어디인지 모릅니다.

이때 피해자의 집에서 압수해 온 나이키 신발과 피해자의 집 창문 턱에 난 신발자국 사진을 제시하며

문 피의자가 신고 다니는 나이키 신발이 맞지요.
답 예, 제가 가끔 신는 것입니다.
문 피해자 집 창문 턱에 난 신발자국과 피의자의 나이키 신발 바닥 무늬가 육안으로 같아 보이는데 어떻게 된 것인가요.
답 같은 나이키 신발을 신는 사람이 어디 한두 명이겠습니까? 저는 인정할 수 없습니다.
문 피의자는 이전에도 주거에 침입하여 강간한 전력이 있는데요.
답 오래 전 젊었을 때의 일입니다. 전과만으로 용의자로 몰리는 것은 억울합니다.

[교통사고처리특례법위반]

문 피의자는 2011. 9. 1. 08:00경 서울 서초구 서초1동 114 'S고등학교' 정문 앞 횡단보도에서 교통사고를 낸 사실이 있는가요.
답 예, 그렇습니다.
문 그 경위를 진술하시오.
답 제가 12가3456호 쏘나타 승용차를 운전하다가 횡단보도를 통과하면서 자전거를 타고 횡단보도를 건너던 피해자를 뒤늦게 발견하고 제 승용차 앞 범퍼 부분으로 자전거를 들이받아 피해자가 넘어지면서 다리가 골절되는 상해를 입혔습니다.
제 차는 종합보험에 가입되어 있지 않고, 아직 합의하지 못하고 있습니다.

[74] 범행 현장에 남아 있는 나이키 신발자국이 피고인 신발의 바닥 무늬와 일치한다는 사정만으로는 피고인이 범행 당시 현장에 있었다는 사실을 인정하기에 부족하다.

[75] 피해자 진술의 신빙성을 탄핵하는 근거가 되는 내용이다. 피고인에게 강간 관련 전과가 있다는 사정은 피고인에게 불리한 내용이므로 변론요지서에서는 다루지 않아도 무방하다.

[76] 피고인의 무전취식과 관련된 공소사실이 확정된 약식명령의 공소사실과 포괄일죄의 관계에 있음을 확인할 수 있다.

[사기]

문 피의자는 2011. 10. 10. 23:00경 서울 서초구 서초2동 119에 있는 피해자 장희빈이 운영하는 유흥주점에서 100만 원에 해당하는 술과 서비스를 제공받고, 그 대금을 지급하지 아니한 사실이 있지요.

답 예, 그렇습니다.

문 당시 술값을 지급할 수 있었는가요.

답 당시 수중에 2만 원밖에 없어 지급할 수 없었습니다.

문 피의자는 상습사기와 사기로 여러 번 처벌받은 전력이 있는데 모두 무전취식인가요.

답 예, 모두 무전취식입니다.

문 피해자 장희빈에게 변제하였는가요.

답 아직 변제하지 못하였습니다.

문 이상의 진술내용에 대하여 이의나 의견이 있는가요.

답 없습니다. (무인)

위의 조서를 진술자에게 열람하게 하였던바, 진술한 대로 오기나 증감·변경할 것이 전혀 없다고 하므로 간인한 후 서명무인하게 하다.

진술자   이 달 수 (무인)

2011. 11. 3.

서울서초경찰서

사법경찰관   경위   홍 반 장 ㊞

사법경찰리   경사   강 철 중 ㊞

국립과학수사연구원

1. 형사과-8342호 (1122-165)(2011-M-46804 경장 송민철)와 관련된 것입니다.

2. 위 건에 대한 감정결과를 회보합니다.

3. 문서처리자는 각 담당자에게 열람을 요청합니다.

4. 비밀번호 조회는 http://pwd.nisi.go.kr 에서 로그인 후 확인 바랍니다.

감정결과: 창문 턱에 있는 신발자국과 피의자 이달수의 나이키 신발의 바닥 무늬와 크기가 일치함. 끝.

국 립 과 학 수 사 연 구 원장 (국립과학수사연구원장인)

수신자
　　　　　　　　　　　　　　　　　　　　전결 11/6
○○연구관　　정○○　　○○분석과장　　홍○○
협조자
시행　○○분석과-5229(2011.11.3)　　　접수　　(2011.11.3)
우 158-707　서울 양천구 신월7동 국립과학수사연구원　/ http://www.mopas.go.kr
　　　　　　　　　　　　　　　　　　　　/ * * * * * 골뱅이
전화 02-2600-****　　전송 02-2600-****　　　　　　　　　/비공개
　　　　　　　　　　　　　　　　　　　nisi.go.kr

[77] 압수된 나이키신발이 위법수집증거로서 증거능력이 부정되는 이상, 이를 기초로 수집된 증거인 감정서의 증거능력 역시 부정된다.
서면에 '감정서'와 같은 표제가 기재되어 있지 아니한 경우에는 증거목록의 증거명칭을 확인하여 답안에 기재한다.

[78] 상습사기의 상습성을 인정함에 있어 조회회보서를 활용할 수 있다.

조회회보서

제2011-5231호
2011. 11. 2.

☐ 조회대상자

성명	이달수	주민등록번호	71****-1******	성별	남
지문번호	88754-*****	주민지문번호	75878-*****	일련번호	013399**
주소		서울 서초구 양재2동 125			
등록기준지		(생략)			

☐ 주민정보 - (생략)

☐ 범죄경력자료

연번	입건일	입건관서	작성번호	송치번호	형제번호
	처분일	죄명		처분관서	처분결과
1	2000. 9. 2.	서울강동경찰서	003323	2000-131	2000-211-2****
	2001. 1. 22.	성폭력범죄의처벌및피해자보호등에관한법률위반(주거침입강간등)		서울지방법원 동부지원	징역 3년 집행유예 5년
2	2006. 3. 26.	서울강남경찰서	003421	2006-3877	2006-210-1*****
	2006. 5. 21.	사기		서울중앙지방법원	벌금 100만 원
3	2007. 9. 2.	서울강남경찰서	004323	2007-9900	2007-210-2****
	2007. 11. 22.	상습사기		서울중앙지방법원	벌금 200만 원
4	2009. 9. 2.	서울강남경찰서	004357	2009-9999	2009-210-2****
	2009. 10. 30.	상습사기		서울중앙지방법원	벌금 300만 원

☐ 수사경력자료 (생략)   ☐ 지명수배내역 (생략)

위와 같이 조회 결과를 통보합니다.

조회용도 : 접수번호 2011-**** 수사
조회의뢰자 : 형사팀 경위 홍반장
작 성 자 : 형사팀 경사 김주용

서울서초경찰서장 [인]

기타 법원에 제출되어 있는 증거들

※ 편의상 다음 증거서류의 내용을 생략하였으나, 법원에 증거로 적법하게 제출되어 있음을 유의하여 변론할 것.

○ 검사 작성의 피의자 이달수에 대한 피의자 신문조서(2011. 11. 9.)
　- 경찰에서의 진술과 동일한 취지로 내용 생략

○ 검사 작성의 피의자 김토건에 대한 피의자 신문조서(2011. 11. 10.)
　- 경찰에서의 진술과 동일한 취지로 내용 생략

○ 김토건에 대한 조회회보서(2011. 11. 3.)
　- 범죄경력이 없는 초범으로 내용 생략

---

[79] 생략된 증거라도 답안에서 인용하는 경우가 있다. 다만 생략된 증거의 내용은 대부분 앞에서 등장한 기록과 중복되므로 답안에 기재할 증거 위주로 간단히 확인하도록 한다.
사실인정 쟁점과 관련하여 검사 제출 증거를 기재하는 경우 생략된 증거들도 내용을 확인하여 함께 기재하여야 한다.

확 인 : 법무부 법조인력과장

공소제기일 - 11. 11. 16.

피고인	죄명	공소사실					인정 및 부인취지	쟁점	증거		결론	비고
		일시	장소	피해자	피해물	기타			+	-		
김토건 공범⑥	1. 특수강도교사	11.10.31. 15:00	포항→서울 승용차 안	피교사자 이달수 v.박대우	5천만 원 강취	주방용식칼 건네주며 교사	x-갈주거나 교사한 사실없음	[사실] 칼 교부 및 교사사실 인정여부 (별개논의)	김토건 피신(p43)-칼교부 및 교사 주방용식칼 vs '칼'소리 범행대가분배 x (just 3천원 러줌) 국주차주 승용차 - 칼 소지 가능? 이달수-책임전가동기, 황동등진실성 김토건-진실회사정, 제보大	김토건 피신, 법정진술(21), 사경판피신(43), 검사피신 이달수-법정진술(21), 사경판피신(30)-내용부인 (312조3항), 검사피신 박대우-법정진술(22), 사경리진술조서(28) 이정수-법정진술(23)(316조2항)	후단무죄	[변론요지서]
이달수〈구속〉	(특수강도)	11.11.1. 9:00	v.집	v.박대우	5천 현금						전단무죄	
	2. 횡령											[변론요지서]
	가. 횡령	10.10.1.		V.김토건	4천만 원	H건설 채약담당자 정달 목적	○	불법원인급여 횡령 (배임증제)	H건설 채약담당자이시 최현대(43)	김토건 피신	전단무죄	
	나. 절목 (주점강)	11.6.1. 23:00	v.집 안방	v.박대우			x-알지못함	[사실] 절도입수, 영장주의, 인수증, 독수독과, 범인식별절차	범인식별절차(36) 범인지목 - 11.11.2. (5월경과) 침대스탠드보조동	이달수-법정진술(24), 사경리진술(1회,33) 검사피신 정미희-법정진술, 사경리진술조서(2회,35) 나-이기신벌, 압수조서목록(37), 감정서(48)-별건, 사후영장x, 독수독과	후단무죄	
	다. 교독	11.9.1. 8:00	S.교 앞길 황단보도	v.조병생		보험x 보행자X 합의有	○	단서6호 해당 x (자전거, 보행자x) 반의사불벌(합의有)	합의서(18) - 11.12.20. 교통사고보고(39)	실황조사서 진술서 등	공소기각 (6호)	
	라. 사기	11.10.10. 23:00	v.운영 유홍주점	v.장하비	술값 100만 원		○	약식명령 有	약식명령(19)-11.11.20. 발령, 11.12.17.확정 산과-소외모서(49) →모두 무정취식 사안(47)	진술서 등	면소 (1호)	

변론요지서

사　건　2011고합1234 특수강도교사 등
피고인　1. 김토건
　　　　2. 이달수

위 사건에 관하여 피고인 김토건의 변호인 변호사 김힘찬, 피고인 이달수의 변호인 변호사 이사랑은 다음과 같이 변론합니다.[01]

다　음

I. 피고인 김토건에 대하여[02]

1. 피고인 변소의 요지

피고인 김토건은 이달수[03]에게 피해자 박대우가 빌려 간 돈을 받아 오면 그 돈을 빌려주겠다고 말한 사실과, 피해자가 공사 기성금을 받아 돈을 갖고 있을 것이라고 알려 준 사실은 있으나, 칼을 주면서 강도를 교사하지는 않았습니다.[04]

2. 검사 제출 증거[05]

이 부분 공소사실에 대해 검사가 제출한 증거로는 피고인·이달수·피해자·이칠수의 각[06] 법정진술, 검사 작성 피고인·이달수에 대한 각 피의자신문조서의 진술기재, 사법경찰관[07] 작성 피고인·이달수에 대한 각 피의자신문조서의 진술기재, 사법경찰리 작성 피해자에 대한 진술조서의 진술기재가 있습니다.[08]

3. 증거능력 없는 증거

가. 사법경찰관 작성 이달수에 대한 피의자신문조서의 진술기재[09]

위 조서는[10] 당해 피고인 김토건이 내용을 부인하는 취지로 증거부동의하고 있으므로 증거능력이 없습니다(형사소송법 제312조 제3항).*

---

* 형사소송법 제312조 제3항은 검사 이외의 수사기관이 작성한 당해 피고인에 대한 피의자신문조서를 유죄의 증거로 하는 경우뿐만 아니라, 검사 이외의 수사기관이 작성한 당해 피고인과 공범관계에 있는 다른 피고인이나 피의자에 대한 피의자신문조서를 당해 피고인에 대한 유죄의 증거로 채택할 경우에도 적용된다. 따라서 당해 피고인과 공범관계에 있는 공동피고인에 대하여 검사 이외의 수사기관이 작성한 피의자신문조서는 그 공동피고인의 법정진술에 의하여 성립의 진정이 인정되더라도 당해 피고인이 공판기일에서 그 조서의 내용을 부인하면 증거능력이 부정된다(대법원 2010. 1. 28. 선고 2009도10139 판결).

---

[01] 변론요지서 등 법원에 제출하는 서면에는 경어체를 사용하여야 한다.

[02] 답안 양식에서 주어진 목차는 수정하지 않고 그대로 기재한다

[03] 피고인 김토건에 대한 목차이므로 이달수는 피고인으로 기재하지 아니한다. 이달수를 상피고인으로 기재할 수도 있다.

[04] 피고인 변소의 요지는 제1회 공판조서에 기재된 피고인의 공소사실 부인취지를 활용하여 기재한다.

[05] 검사 제출 증거 기재는 생략할 수 있다. 그러나 생략할 경우 부족증거 등 설시에서 증거를 구체적으로 기재하여야 한다.

[06] 같은 종류의 증거가 여러 개 있는 경우 '각'으로 묶어 기재한다

[07] '사법경찰관 작성'과 '사법경찰리 작성'은 구별함이 원칙이다 다만 실제 시험에서는 '사경'으로 축약하여 기재할 것을 추천한다.

[08] 증거거시는 법원→검찰→경찰 인증→서증→증거물, 피고인→참고인, 조서→진술서→검증조서→압수조서·실황조사서→진단서·견적서의 순서대로 한다.

[09] 피의자신문조서가 아닌 피의자신문조서의 진술기재이다.

[10] 답안기재시 지시대명사를 적절히 활용하도록 한다.

나. 증인 이칠수의 법정진술 중 일부

위 법정진술 중 피고인 이달수가 증인의 집으로 찾아 와서 "김토건 선배가 칼을 주면서 꼭 받아오라고 하길래 한 번 사고를 쳤다."고 말하는 것을 들었다는 부분[11]은 피고인 아닌 자의 진술이 피고인 아닌 타인의 진술을 내용으로 하는 전문진술에 해당하고, 그 원진술자인 이달수가 이 사건 법정에 출석하고 있는 이상 증거능력이 없습니다(형사소송법 제316조 제2항).[12]

4. 증명력 검토 등

이달수의 법정진술* 및 검사 작성 이달수에 대한 피의자신문조서**의 진술기재에 의하면 이달수는 피고인 김토건이 자신에게 주방용 식칼을 주면서 특수강도를 교사하였다는 취지로 진술하고 있습니다.[13]

> * 피고인과 이달수는 공범인 공동피고인의 관계에 있다. 따라서 이달수의 법정진술은 피고인에 대하여 증거능력이 있다. 만약 피고인과 이달수가 공범 아닌 공동피고인인 경우라면 변론을 분리한 후 이달수가 증인으로서 선서하고 증언한 경우에만 그 법정진술을 증거로 사용할 수 있다.
> ** 검사 작성 이달수에 대한 피의자신문조서에 대해서는 제312조 제4항이 적용되므로, 원진술자인 이달수가 증거인부절차와 피고인신문절차에서 진성성립을 인정하고, 피고인 김토건의 변호인이 이달수에 대해 반대신문을 한 이상 증거능력이 인정된다.

그러나 ① 이달수는 범행도구에 대해 '칼날 길이 15cm, 손잡이 10cm인 주방용 식칼'이라고 진술하고 있으나, 피해자 박대우는 "이달수가 칼을 꺼내 목에 들이대는 순간 접힌 칼날이 '척' 소리를 내며 펼쳐졌다"고 진술하고 있어 범행도구가 주방용 식칼이 아닌 접이식 칼이라고 진술하고 있는 점, ② 범행당시 일본에서 막 귀국한 직후였던 피고인이 강도범행을 위한 칼을 미리 구입하여 왔다는 것은 경험칙에 반할뿐만 아니라, 휴대용 서류가방에 칼을 넣은 상태에서는 비행기에 탑승하는 것조차 불가능하다는 점, ③ 이달수는 범행도구를 버렸다고 진술하고 있으나 이는 실제 범행도구인 자신의 접이식 칼의 소재를 은폐하기 위한 진술일 가능성이 높다는 점, ④ 위와 같이 범행도구로서 중요한 증거인 식칼의 소재가 파악되지 아니하는 점, ⑤ 건설회사 사장으로서 상당한 재력을 갖춘 피고인 김토건이 단순히 빌려준 돈 1억 원을 받기 위해 특수강도를 교사할 이유가 없다는 점, ⑥ 피고인 김토건이 특수강도를 교사하였다면 그 범행의 대가로 이달수에게 강취한 돈의 상당 부분을 분배하는 것이 마땅함에도 3천만 원을 빌려줌에 불과하다는 점, ⑦ 이달수는 자신의 채무변제를 위해 피고인의 교사를 받아 범행을 저질렀다는 허위진술을 통해 피고인에게 책임을 전가하려는 동기가 있고, 피고인 김토건의 돈을 횡령하는 등 진실성이 부족한 자인 점 등에 비추어 볼 때[14] 이달수의 위 진술은 신빙성이 없고, 나머지 증거들만으로는 피고인 김토건이 이달수에게 주방용 식칼을 교부하였다는 점을 인정하기에 부족하며 달리 이를 인정할 만한 증거가 없습니다.[15]

5. 강도 교사 사실의 부존재

교사범이란 타인으로 하여금 범죄를 결의하게 하여 범죄를 실행케 한 자입니다(형법 제31조 제1항). 피고인 김토건이 이달수에게 "순순히 말해서는 주지 않을 것이니 확실히 받아오라."고 한 것은 사회통념상[16] 채무의 변제를 독촉하라는 의미로 해석될 수 있을 뿐, 이달수에게 강도를 결의하게 하는 행위로 보기는 어렵습니다. 그 밖에 피고인이 이달수에게 강도를 결의하게 하는 행위를 하였다는 사실에 대한 증거는 전혀 없습니다.

6. 소결

결국 이 부분 공소사실은 범죄의 증명이 없는 때에 해당하므로 형사소송법 제325조 후단에 의하여 무죄판결이 선고되어야 합니다.

II. 피고인 이달수에 대하여

1. 횡령의 점[17]

불법의 원인으로 인하여 재산을 급여하거나 노무를 제공한 때에는 그 이익의 반환을 청구하지 못하는바(민법 제746조), 판례는 불법원인급여에 해당하는 재산을 보관하는 자가 이를 임의로 소비하였다고 하더라도 횡령죄가 성립하지 않는다는 입장입니다.*

> * 민법 제746조에 불법의 원인으로 인하여 재산을 급여하거나 노무를 제공한 때에는 그 이익의 반환을 청구하지 못한다고 규정한 뜻은 급여를 한 사람은 그 원인행위가 법률상 무효임을 내세워 상대방에게 부당이득반환청구를 할 수 없고, 또 급여한 물건의 소유권이 자기에게 있다고 하여 소유권에 기한 반환청구도 할 수 없어서 결국 급여한 물건의 소유권은 급여를 받은 상대방에게 귀속되는 것이므로, 갑이 을로부터 제3자에 대한 뇌물공여 또는 배임증재의 목적으로 전달하여 달라고 교부받은 금전은 불법원인급여물에 해당하여 그 소유권은 갑에게 귀속되는 것으로서 갑이 위 금전을 제3자에게 전달하지 않고 임의로 소비하였다고 하더라도 횡령죄가 성립하지 않는다(대법원 1999. 6. 11. 선고 99도275 판결).

김토건이 H건설 계약담당이사인 최현대에게 전달하라는 목적으로 피고인에게 교부한 4,000만 원은 형법 제357조의 배임증죄에 제공하려는 금원으로 불법원인급여에 해당합니다.[18] 따라서 피고인이 위 금원을 임의로 소비하였다 하더라도 횡령죄는 성립하지 아니합니다.

따라서 이 부분 공소사실은 범죄로 되지 아니하는 경우에 해당하므로 형사소송법 제325조 전단[19]에 의하여 무죄가 선고되어야 합니다.

2. 성폭력범죄의처벌등에관한특례법위반(주거침입강간등)의 점

가. 피고인 변소의 요지

피고인은 경찰단계부터 이 사건 법정에 이르기까지 일관하여 피해자 정미희를 알지도 못한다는 취지로 이 부분 공소사실에 대해 부인하고 있습니다.

나. 검사 제출 증거

이 부분 공소사실에 대하여 검사가 제출한 증거로는 피고인·피해자의 각 법정진술, 검사 작성 피고인에 대한 피의자신문조서의 진술기재, 사법경찰관 작성 피고인에 대한

---

[16] '사회통념상', '경험칙상', '상식에 반하는' 등은 답안기재시 많이 사용하게 되는 표현이다.

[17] '횡령죄'가 아닌 '횡령의 점에 대하여'로 기재하여야 한다.

[18] 위 금원이 불법원인급여에 해당한다는 점에 대한 구체적 사안검토를 누락하지 않도록 한다. 법률판단 쟁점에 대한 답안은 판례 등 법리 내용→사안의 검토→소결론 순서대로 구성하여야 한다.

[19] 무죄의 경우 전단과 후단을 구별하여 기재한다. 전단과 후단 사유가 모두 있거나 그 사유가 어느 것에 해당하는지 애매할 경우에는 후단으로 기재한다.

피고인신문조서(제2회)[20]의 진술기재, 사법경찰리 작성 피해자에 대한 각[21] 진술조서의 진술기재, 사법경찰관 작성 압수조서 및 압수목록(신발)의 기재[22], 국립과학수사연구원이 작성한 감정서의 기재, 압수된 나이키신발의 현존이 있습니다.

다. 증거능력 없는 증거

1) 압수된 나이키신발

위 신발은 수사기관이 피고인을 특수강도 혐의로 긴급체포한 후 형사소송법 제217조 제1항에 따라 영장 없이 압수한 것입니다. 그러나 이는 특수강도의 범죄사실과는 전혀 관계없는 성폭력범죄의처벌등에관한특례법위반(주거침입강간등)의 범죄사실 수사를 위하여 이루어진 것으로서 위법한 별건압수입니다.* 또한 수사기관은 위 압수 후 사후영장을 발부받지도 아니하였습니다(형사소송법 제217조 제2항).

[옆주 20] 피고인에 대한 제1회 피의자신문조서는 성폭력범죄의처벌등에관한특례법위반(주거침입강간등)과는 무관한 증거이므로 이 부분에 거시하여서는 아니 된다.

[옆주 21] 피해자에 대한 진술조서가 2개 존재하므로, '각'으로 묶어 기재한다.

[옆주 22] '진술기재'가 아닌 '기재'임에 주의한다.

> * [1] 구 형사소송법 제217조 제1항 등에 의하면 검사 또는 사법경찰관은 피의자를 긴급체포한 경우 체포한 때부터 48시간 이내에 한하여 영장 없이, 긴급체포의 사유가 된 범죄사실 수사에 필요한 최소한의 범위 내에서 당해 범죄사실과 관련된 증거물 또는 몰수할 것으로 판단되는 피의자의 소유, 소지 또는 보관하는 물건을 압수할 수 있다. 이때, 어떤 물건이 긴급체포의 사유가 된 범죄사실 수사에 필요한 최소한의 범위 내의 것으로서 압수의 대상이 되는 것인지는 당해 범죄사실의 구체적인 내용과 성질, 압수하고자 하는 물건의 형상·성질, 당해 범죄사실과의 관련 정도와 증거가치, 인멸의 우려는 물론 압수로 인하여 발생하는 불이익의 정도 등 압수 당시의 여러 사정을 종합적으로 고려하여 객관적으로 판단하여야 한다. [2] 경찰관이 이른바 전화사기죄 범행의 혐의자를 긴급체포하면서 그가 보관하고 있던 다른 사람의 주민등록증, 운전면허증 등을 압수한 사안에서, 이는 구 형사소송법 제217조 제1항에서 규정한 해당 범죄사실의 수사에 필요한 범위 내의 압수로서 적법하므로, 이를 위 혐의자의 점유이탈물횡령죄 범행에 대한 증거로 인정한 사례(대법원 2008. 7. 10. 선고 2008도2245 판결).

결국 압수된 나이키신발은 위법하게 수집된 증거로서 증거능력이 없습니다(제308조의2).[23]

2) 압수조서 및 압수목록(신발)과 감정서[24]

위법수집증거를 기초로 획득한 2차 증거 역시 유죄인정의 증거로 삼을 수 없다는 것이 판례의 입장입니다(독수의 과실이론).** 위 압수조서 및 압수목록(신발)과 감정서는 위에서 살펴본 바와 같이 위법하게 수집한 나이키신발을 기초로 하여 수집된 증거이므로 역시 증거능력이 없습니다.***

[옆주 23] 영장주의나 위법수집증거배제법칙의 구체적인 내용을 기재할 필요는 없다. 다만 근거조문은 정확히 적시하여야 한다.

[옆주 24] 압수조서는 2차 증거가 아닌 1차 증거로 분류할 수도 있다. 다만 감정서는 2차 증거로 분류하여 독수과실이론을 별도로 논하여야 한다.

> ** 헌법과 형사소송법이 정한 절차에 따르지 아니하고 수집한 증거는 기본적 인권 보장을 위해 마련된 적법한 절차에 따르지 않은 것으로서 원칙적으로 유죄 인정의 증거로 삼을 수 없다. 수사기관의 위법한 압수수색을 억제하고 재발을 방지하는 가장 효과적이고 확실한 대응책은 이를 통하여 수집한 증거는 물론 이를 기초로 하여 획득한 2차적 증거를 유죄 인정의 증거로 삼을 수 없도록 하는 것이다. 다만, (중략) 수사기관의 절차 위반행위가 적법절차의 실질적인 내용을 침해하는 경우에 해당하지 아니하고, 오히려 그 증거의 증거능력을 배제하는 것이 헌법과 형사소송법이 형사소송에 관한 절차 조항을 마련하여 적법절차의 원칙과 실체적 진실 규명의 조화를 도모하고 이를 통하여 형사 사법 정의를 실현하려 한 취지에 반하는 결과를 초래하는 것으로 평가되는 예외적인 경우라

> 면, 법원은 그 증거를 유죄 인정의 증거로 사용할 수 있다고 보아야 한다. 이는 적법한 절차에 따르지 아니하고 수집한 증거를 기초로 하여 획득한 2차적 증거의 경우에도 마찬가지여서, 절차에 따르지 아니한 증거 수집과 2차적 증거 수집 사이 인과관계의 희석 또는 단절 여부를 중심으로 2차적 증거 수집과 관련된 모든 사정을 전체적·종합적으로 고려하여 예외적인 경우에는 유죄 인정의 증거로 사용할 수 있다(대법원 2007. 11. 15. 선고 2007도3061 전원합의체 판결).
> *** 추가로 감정서의 증거능력이 인정된다 하더라도 감정서의 기재 내용은 신발의 무늬와 크기가 일치한다는 것에 불과하여 그것만으로 범행현장의 족적이 피고인의 것이라는 사실을 인정할 수 없다는 내용으로 감정서 기재의 신빙성을 탄핵하는 내용을 추가할 수도 있다.

라. 신빙성 탄핵

피해자 정미희는 법정진술과 각 진술조서의 진술기재를 통해 피고인이 자신을 강간한 범인이라는 취지로 진술하고 있습니다.

1) 피고인에 대한 범인식별절차의 문제점[25]

[25] 범인식별절차 내용은 증거능력이 아닌 증명력에 대한 것이다.

판례는 범인식별절차에 있어 목격자의 진술의 신빙성을 높게 평가할 수 있게 하려면, 범인의 인상착의 등에 관한 목격자의 진술 내지 묘사를 사전에 상세히 기록화한 다음, 용의자를 포함하여 그와 인상착의가 비슷한 여러 사람을 동시에 목격자와 대면시켜 범인을 지목하도록 하여야 하고, 용의자와 목격자 및 비교대상자들이 상호 사전에 접촉하지 못하도록 하여야 하며, 사후에 증거가치를 평가할 수 있도록 대질 과정과 결과를 문자와 사진 등으로 서면화하는 등의 조치를 취하여야 한다는 입장입니다.*

> * 용의자의 인상착의 등에 의한 범인식별절차에 있어 용의자 한 사람을 단독으로 목격자와 대질시키거나 용의자의 사진 한 장만을 목격자에게 제시하여 범인 여부를 확인하게 하는 것은 사람의 기억력의 한계 및 부정확성과 구체적인 상황하에서 용의자나 그 사진상의 인물이 범인으로 의심받고 있다는 무의식적 암시를 목격자에게 줄 수 있는 가능성으로 인하여, 그러한 방식에 의한 범인식별절차에서의 목격자의 진술은, 그 용의자가 종전에 피해자와 안면이 있는 사람이라든가 피해자의 진술 외에도 그 용의자를 범인으로 의심할 만한 다른 정황이 존재한다든가 하는 등의 부가적인 사정이 없는 한 그 신빙성이 낮다고 보아야 한다. 이와 같은 점에서 볼 때, 범인식별절차에 있어 목격자의 진술의 신빙성을 높게 평가할 수 있게 하려면, 범인의 인상착의 등에 관한 목격자의 진술 내지 묘사를 사전에 상세히 기록화한 다음, 용의자를 포함하여 그와 인상착의가 비슷한 여러 사람을 동시에 목격자와 대면시켜 범인을 지목하도록 하여야 하고, 용의자와 목격자 및 비교대상자들이 상호 사전에 접촉하지 못하도록 하여야 하며, 사후에 증거가치를 평가할 수 있도록 대질 과정과 결과를 문자와 사진 등으로 서면화하는 등의 조치를 취하여야 할 것이고, 사진제시에 의한 범인식별 절차에 있어서도 기본적으로 이러한 원칙에 따라야 한다(대법원 2007. 5. 10. 선고 2007도1950 판결).

피해자는 피고인을 범인으로 지목하였습니다. 그러나 범인을 지목함에 있어 수사기관은 용의자인 피고인 한 명만을 한 쪽에서만 볼 수 있는 유리창 너머에 세워놓고 피해자에게 범인임을 확인시켰습니다(기록 제36쪽 진술조서 참조).[26] 이는 판례가 요구하는 범인식별절차의 요건을 갖추지 못한 것이고, 추가로 피고인과 피해자가 평소 안면이 있다거나 피해자의 진술 외에도 피고인을 범인으로 의심할 만한 정황 또한 기록상 존재하지 아니합니다.

[26] 기록에 기재된 사실을 인용하는 경우 항상 그 페이지와 증거명을 기재하도록 한다.

결국 피고인을 범인으로 지목하는 피해자의 진술은 그 신빙성이 매우 낮다고 할 수 있습니다.

2) 그 밖의 사정

위와 같은 범인식별절차의 문제뿐만 아니라 ① 피해자가 범행 당시 목격한 범인의 인상착의를 구체적으로 진술하고 있으나, 당시 그 장소에는 침대 스탠드의 보조등만이 켜있는 상태여서 피해자가 범인의 얼굴까지 정확히 보기는 어려운 상황이었다는 점(기록 제34쪽 진술조서 참조), ② 피해자가 피고인을 범인으로 지목한 시점이 사건 발생일인 2011. 6. 1.부터 5개월이나 경과한 2011. 11. 2.이라는 점(기록 제36쪽 진술조서 참조) 등을 고려하더라도 피고인을 범인으로 지목하는 피해자의 진술은 역시 신빙성이 없습니다.

마. 소결

결국 나머지 증거들만으로는 이 부분 공소사실을 인정하기에 부족하고 달리 이 부분 공소사실을 인정할 만한 증거가 없습니다. 따라서 이 부분 공소사실은 범죄의 증명이 없는 경우에 해당하여 형사소송법 제325조 후단에 의하여 무죄판결이 선고되어야 합니다.

3. 교통사고처리특례법위반의 점

가. 횡단보도에서의 보행자보호의무 위반 여부

교통사고처리특례법 제3조 제2항 단서 제6호*에서 정하는 횡단보도에서의 보행자에는 도로교통법 제2조 제17호에서 정하는 차마인 자전거를 타고 있는 자는 포함되지 않습니다.** 이 사건 당시 피해자 조범생은 자전거를 타고 횡단보도를 건너던 중임이 기록상 명백한바[27](기록 제39쪽 교통사고보고 참조),*** 결국 이 부분 공소사실에 대해 위 조항 단서가 적용되지 않습니다.

[27] 구체적인 사실관계 검토 필요 없이 기록의 기재만으로 바로 사실인정이 가능한 내용은 위와 같이 '기록상 명백한바'라고 기재하고 해당 서류의 쪽수와 이름을 기재한다. 특히 공소시효 완성 등에 있어 위와 같은 표현방식이 주로 사용된다.

> * 교통사고처리특례법 제3조(처벌의 특례) ① 차의 운전자가 교통사고로 인하여 「형법」 제268조의 죄를 범한 경우에는 5년 이하의 금고 또는 2천만 원 이하의 벌금에 처한다.
> ② 차의 교통으로 제1항의 죄 중 업무상과실치상죄 또는 중과실치상죄와 「도로교통법」 제151조의 죄를 범한 운전자에 대하여는 피해자의 명시적인 의사에 반하여 공소를 제기할 수 없다. 다만, 차의 운전자가 제1항의 죄 중 업무상과실치상죄 또는 중과실치상죄를 범하고도 피해자를 구호하는 등 「도로교통법」 제54조 제1항에 따른 조치를 하지 아니하고 도주하거나 피해자를 사고 장소로부터 옮겨 유기하고 도주한 경우, 같은 죄를 범하고 「도로교통법」 제44조 제2항을 위반하여 음주측정 요구에 따르지 아니한 경우(운전자가 채혈 측정을 요청하거나 동의한 경우는 제외한다)와 다음 각 호의 어느 하나에 해당하는 행위로 인하여 같은 죄를 범한 경우에는 그러하지 아니하다.
> 6. 「도로교통법」 제27조 제1항에 따른 횡단보도에서의 보행자 보호의무를 위반하여 운전한 경우
> ** 도로교통법 제13조의2(자전거의 통행방법의 특례) ① 자전거의 운전자는 자전거도로(제15조 제1항에 따라 자전거만 통행할 수 있도록 설치된 전용차로를 포함한다. 이하 이 조에서 같다)가 따로 있는 곳에서는 그 자전거도로로 통행하여야 한다.
> ⑥ 자전거의 운전자가 횡단보도를 이용하여 도로를 횡단할 때에는 자전거에서 내려서 자전거를 끌고 보행하여야 한다.
> *** [비교판례] 손수레가 도로교통법 제2조 제13호에서 규정한 사람의 힘에 의하여 도로에서 운전되는 것으로서 '차'에 해당하고 이를 끌고가는 행위를 차의 운전행위로 볼 수 있다 하더라도 다른 한편으

> 로 손수레는 자전거나 오토바이 등과 달리 끌고가는 것 이외에 다른 이동방법이 없으므로 손수레를 끌고가는 사람이 횡단보도를 통행할 때에는 걸어서 횡단보도를 통행하는 일반인과 마찬가지로 보행자로서의 보호조치를 받아야 할 것이다. 따라서 손수레를 끌고 횡단보도를 건너는 사람은 교통사고처리특례법 제3조 제2항 제6호 및 도로교통법 제48조 제3호에서 규정한 '보행자'에 해당한다고 해석함이 상당하다(대법원 1990. 10. 16. 선고 90도761 판결).

나. 피해자의 처벌불원의사 존재

교통사고처리특례법 제3조 제2항 단서가 적용되지 않는 이상 이 부분 공소사실 범행에 대해서는 위 조항 본문에 따라 피해자의 명시한 의사에 반하여 공소를 제기할 수 없습니다. 그런데 피해자는 이 사건 공소제기 후인[28] 2011. 12. 20. 피고인에 대한 처벌불원의 의사를 표시하였습니다(기록 제18쪽 합의서 참조).

따라서 이 부분 공소사실에 대해서는 형사소송법 제327조 제6호에 의하여 공소기각의 판결이 선고되어야 합니다.

4. 사기의 점

피고인 이달수는 2011. 11. 20. 춘천지방법원 강릉지원에서 상습사기죄로 벌금 3백만원의 약식명령을 발령받아 그 약식명령이 2011. 12. 17. 확정되었습니다[29](기록 제19쪽 약식명령등본 참조).[30]

위 약식명령의 범죄사실과 이 부분 공소사실은 범행시점이 근접하고 범행의 수단 역시 유사할 뿐만 아니라, 피고인에게는 위 범죄사실 외에도 수회의 동종전과가 있습니다(기록 제49쪽 조회회보서 참조). 따라서 위 약식명령의 범죄사실과 이 부분 공소사실은 모두 피고인의 동일한 사기 습벽의 발현에 의하여 범해진 것으로서 포괄일죄의 관계에 있습니다.[31]

따라서 2011. 11. 20. 발령[32]된 위 약식명령의 기판력은 2011. 10. 10. 행해진 이 부분 공소사실에 대하여 당연히 미친다 할 것이므로, 이 부분 공소사실에 대해서는 형사소송법 제326조 제1호[33]에 의하여 면소판결이 선고되어야 합니다.

2012. 1. 4.

피고인 김토건의 변호인 변호사 김힘찬 ㊞
피고인 이달수의 변호인 변호사 이사랑 ㊞

서울중앙지방법원 제26형사부 귀중

---

[28] 처벌불원의 의사표시 시점에 따라 적용 규정이 달라지므로 그 일자를 공소제기일과 비교하여 적시하여야 한다.

[29] 피고인→발령일(판결선고일)→법원명→죄명→판시내용→확정일→확정사실의 순서로 기재한다.

[30] 증거기재를 누락하지 않도록 주의한다.

[31] 확정된 약식명령의 범죄사실과 이 부분 공소사실 사이에 동일성이 인정된다는 사실을 구체적으로 검토하여야 한다.

[32] 기판력의 시적 범위와 관련하여 확정된 약식명령의 발령일과 이 부분 공소사실의 범행일 기재를 누락하지 않도록 주의한다.

[33] 몇 호에 해당하는지까지 정확히 적시하여야 한다.

 MEMO

변론요지서

I. 피고인 김토건에 대하여

1. 피고인 변소의 요지

피고인은 이달수에게 피해자 박대우가 빌려 간 돈을 받아 오면 그 돈을 빌려주겠다고 말한 사실과, 피해자가 공사 기성금을 받아 돈을 갖고 있을 것이라고 알려 준 사실은 있으나, 칼을 주면서 강도를 교사하지는 않았습니다.

2. 검사 제출 증거

이 부분 공소사실에 대하여 검사가 제출한 증거로는 피고인·이달수·피해자·이칠수의 각 법정진술, 검사 작성 피고인·이달수에 대한 각 피의자신문조서 진술기재, 사법경찰관 작성 피고인·이달수에 대한 각 피의자신문조서의 진술기재, 사법경찰리 작성 피해자에 대한 진술조서의 진술기재가 있습니다.

3. 증거능력 없는 증거

① 사법경찰관 작성 이달수에 대한 피의자신문조서에 대하여 당해 피고인 김토건이 내용부인 취지로 증거부동의하고 있으므로 위 조서는 증거능력이 없습니다(형사소송법 제312조 제3항).

② 증인 이칠수의 법정진술 중 이달수가 증인의 집으로 찾아 와서 "김토건 선배가 칼을 주면서 꼭 받아오라고 하길래 한 번 사고를 쳤다."고 말하는 것을 들었다는 부분은 피고인 아닌 자의 진술이 피고인 아닌 타인의 진술을 내용으로 하는 전문진술에 해당하고, 그 원진술자인 이달수가 이 사건 법정에 출석하고 있는 이상 증거능력이 없습니다(형사소송법 제316조 제2항).

4. 신빙성 탄핵 등

이달수는 피고인이 자신에게 주방용 식칼을 주면서 특수강도를 교사하였다는 취지로 진술하고 있습니다. 그러나 ① 이달수는 범행도구에 대해 '칼날 길이 15cm, 손잡이 10cm인 주방용 식칼'이라고 진술하고 있으나, 피해자는 "이달수가 칼을 꺼내 목에 들이대는 순간 접힌 칼날이 '척' 소리를 내며 펼쳐졌다"고 진술하고 있어 범행도구가 식칼이 아닌 접이식 칼이라고 진술하고 있는 점, ② 범행당시 일본에서 막 귀국한 직후였던 피고인이 강도범행을 위한 칼을 미리 구입하여 왔다는 것은 경험칙에 반할뿐만 아니라, 휴대용 서류가방에 칼을 넣은 상태에서는 비행기 탑승조차 불가능하다는 점, ③ 이달수는 범행도구를 버렸다고 진술하고 있으나 이는 실제 범행도구인 자신의 접이식 칼의 소재를 은폐하기 위한 진술일 가능성이 높다는 점, ④ 범행도구로서 중요한 증거인 식칼의 소재 자체가 파악되지 아니하는 점, ⑤ 건설회사 사장으로서 상당한 재력을 갖춘 피고인이 단순히 빌려 준 돈 1억 원을 받기 위해 특수강도를 교사할 이유가 없다는 점, ⑥ 피고인이 특수강도를 교사하였다면 그 범행의 대가로 이달수에게 강취한 돈의 상당 부분을 분배하는 것이 마땅함에도 3천만 원을 빌려준 것에 불과한 점, ⑦ 이달수는 자신의 채무변제를 위해 피고인의 교사를 받아 범행을 저질렀다는 허위진술을 통해 피고인에게 책임을 전가하려는 동기가 있고, 피고인의 돈을 횡령하는 등 진실성이 부족한 자인 점 등에 비추어 볼 때 이달수의 위 진술은 신빙성이 없고, 나머지 증거들만으로는 피고인이 이달수에게 주방용 식칼을 교부하였다는 점을 인정하기에 부족하며 달리 이를 인정할 만한 증거가 없습니다.

5. 강도 교사 사실의 부존재

교사범이란 타인으로 하여금 범죄를 결의하게 하여 범죄를 실행케 한 자입니다(형법 제31조 제1항). 피고인 김토건이 이달수에게 "순순히 말해서는 주지 않을 것이니 확실히 받아오라."고 한 것은 사회통념상 채무의 변제를 독촉하라는 의미로 해석될 수 있을 뿐, 이달수에게 강도를 결의하게 하는 행위로 보기는 어렵습니다. 그 밖에 피고인이 이달수에게 강도를 결의하게 하는 행위를 하였다는 사실에 대한 증거는 전혀 없습니다.

6. 소결

따라서 이 부분 공소사실은 범죄의 증명이 없는 때에 해당하므로 형사소송법 제325조 후단에 의하여 무죄판결이 선고되어야 합니다.

II. 피고인 이달수에 대하여

1. 횡령의 점

판례는 불법원인급여에 해당하는 재산을 보관하는 자가 이를 임의로 소비하였다고 하더라도 횡령죄가 성립하지 않는다는 입장입니다.

김토건이 H건설 계약담당이사인 최현대에게 전달하라는 목적으로 피고인에게 교부한 4,000만 원은 배임증죄에 제공하려는 금원으로 불법원인급여에 해당하므로, 피고인이 위 금원을 임의로 소비하였다 하더라도 횡령죄는 성립하지 아니합니다.

따라서 이 부분 공소사실은 범죄로 되지 아니하는 경우에 해당하므로 형사소송법 제325조 전단에 의하여 무죄가 선고되어야 합니다.

2. 성폭력범죄의처벌등에관한특례법위반(주거침입강간등)의 점

가. 피고인 변소의 요지

피고인은 피해자 정미희를 알지도 못한다는 취지로 이 부분 공소사실에 대해 부인하고 있습니다.

나. 검사 제출 증거

이 부분 공소사실에 대하여 검사가 제출한 증거로는 피고인·피해자의 각 법정진술, 검사 작성 피고인에 대한 피의자신문조서의 진술기재, 사법경찰관 작성 피고인에 대한 피고인신문조서(제2회)의 진술기재, 사법경찰리 작성 피해자에 대한 각 진술조서의 진술기재, 사법경찰관 작성 압수조서 및 압수목록(신발)의 기재, 국립과학수사연구원이 작성한 감정서의 기재, 압수된 나이키신발의 현존이 있습니다.

다. 증거능력 없는 증거

① 압수된 나이키신발은 수사기관이 피고인을 특수강도 혐의로 긴급체포한 후 형사소송법 제217조 제1항에 따라 영장 없이 압수한 것입니다. 그러나 이는 특수강도의 범죄사실과는 전혀 관계없는 성폭력범죄의처벌등에관한특례법위반(주거침입강간등)의 범죄사실 수사를 위하여 이루어진 것으로서 위법한 별건압수이고, 수사기관은 위 압수 후 사후영장을 발부받지도 아니하였습니다(형사소송법 제217조 제2항). 따라서 위 신발은 위법하게 수집된 증거로서 증거능력이 없습니다(제308조의2).

② 압수조서 및 압수목록(신발)과 감정서는 위법하게 수집한 나이키신발을 기초로 하여 수집된 증거이므로 역시 증거능력이 없습니다(독수의 과실이론).

라. 신빙성 탄핵

피해자 정미희는 피고인이 자신을 강간한 범인이라는 취지로 진술하고 있습니다.

1) 피고인에 대한 범인식별절차의 문제점

판례는 범인식별절차에서 목격자 진술의 신빙성을 높게 평가할 수 있으려면, 범인의 인상착의 등에 관한 목격자의 진술 내지 묘사를 사전에 상세히 기록화한 다음, 용의자를 포함하여 그와 인상착의가 비슷한 여러 사람을 동시에 목격자와 대면시켜 범인을 지목하도록 하여야 하고, 용의자와 목격자 및 비교대상자들이 상호 사전에 접촉하지 못하도록 하여야 하며, 사후에 증거가치를 평가할 수 있도록 대질 과정과 결과를 문자와 사진 등으로 서면화하는 등의 조치를 취하여야 한다는 입장입니다.

피해자는 피고인을 범인으로 지목하였으나, 그 과정에서 수사기관은 피고인 한 명만을 한 쪽에서만 볼 수 있는 유리창 너머에 세워놓고 피해자에게 범인임을 확인시켰습니다(기록 제36쪽 진술조서). 이는 판례가 요구하는 범인식별절차의 요건을 갖추지 못한 것이므로, 피고인을 범인으로 지목하는 피해자의 진술은 그 신빙성이 매우 낮다고 할 수 있습니다.

2) 그 밖의 사정

위와 같은 범인식별절차의 문제뿐만 아니라 ① 피해자가 범행 당시 목격한 범인의 인상착의를 구체적으로 진술하고 있으나, 당시 그 장소에는 침대 스탠드의 보조등만이 켜있는 상태여서 피해자가 범인의 얼굴까지 정확히 보기는 어려운 상황이었다는 점, ② 피해자가 피고인을 범인으로 지목한 시점이 사건 발생일인 2011. 6. 1.부터 5개월이나 경과한 2011. 11. 2.이라는 점 등을 고려하더라도 피고인을 범인으로 지목하는 피해자의 진술은 신빙성이 없습니다.

마. 소결

결국 나머지 증거들만으로는 이 부분 공소사실을 인정하기에 부족하고 달리 이 부분 공소사실을 인정할 만한 증거가 없습니다. 따라서 이 부분 공소사실은 범죄의 증명이 없는 경우에 해당하여 형사소송법 제325조 후단에 의하여 무죄판결이 선고되어야 합니다.

3. 교통사고처리특례법위반의 점

가. 횡단보도에서의 보행자보호의무 위반 여부

교통사고처리특례법 제3조 제2항 단서 제6호에서 정하는 횡단보도에서의 보행자에는 도로교통법 제2조 제17호에서 정하는 차마인 자전거를 타고 있는 자는 포함되지 않습니다. 이 사건 당시 피해자 조범생은 자전거를 타고 횡단보도를 건너던 중임이 기록상 명백한바(기록 제39쪽 교통사고보고), 결국 이 부분 공소사실에 대해 위 조항 단서가 적용되지 않습니다.

나. 피해자의 처벌불원의사 존재

교통사고처리특례법 제3조 제2항 단서가 적용되지 않는 이상 이 부분 공소사실 범행에 대해서는 위 조항 본문에 따라 피해자의 명시한 의사에 반하여 공소를 제기할 수 없습니다. 그런데 피해자는 이 사건 공소제기 후인 2011. 12. 20. 피고인에 대한 처벌불원의 의사를 표시하였습니다(기록 제18쪽 합의서).

따라서 이 부분 공소사실에 대해서는 형사소송법 제327조 제6호에 의하여 공소기각의 판결이 선고되어야 합니다.

4. 사기의 점

피고인 이달수는 2011. 11. 20. 춘천지방법원 강릉지원에서 상습사기죄로 벌금 3백만 원의 약식명령을 발령받아 그 약식명령이 2011. 12. 17. 확정되었습니다(기록 제19쪽 약식명령등본).

위 약식명령의 범죄사실과 이 부분 공소사실은 범행시점이 근접하고 범행의 수단 역시 유사할 뿐만 아니라, 피고인에게는 위 범죄사실 외에도 수회의 동종전과가 있습니다(기록 제49쪽 조회회보서). 따라서 위 약식명령의 범죄사실과 이 부분 공소사실은 모두 피고인의 동일한 사기 습벽의 발현에 의하여 범해진 것으로서 포괄일죄의 관계에 있습니다.

따라서 2011. 11. 20. 발령된 위 약식명령의 기판력은 2011. 10. 10. 행해진 이 부분 공소사실에 대하여 당연히 미친다 할 것이므로, 이 부분 공소사실에 대해서는 형사소송법 제326조 제1호에 의하여 면소판결이 선고되어야 합니다.

2013년 제2회
변호사시험 형사법 기록형

2013년도 제2회 변호사시험 문제

| 시험과목 | 형사법(기록형) |

응시자 준수사항

1. 시험 시작 전 문제지의 봉인을 손상하는 경우, 봉인을 손상하지 않더라도 문제지를 들추는 행위 등으로 문제 내용을 미리 보는 경우 모두 부정행위로 간주되어 그 답안은 영점처리 됩니다.

2. 답안은 흑색 또는 청색 필기구(사인펜이나 연필 사용 금지) 중 한 가지 필기구만을 사용하여 답안 작성 난(흰색 부분) 안에 기재하여야 합니다.

3. 답안지에 성명과 수험 번호를 기재하지 않아 인적사항이 확인되지 않는 경우에는 영점 처리 등 불이익을 받게 됩니다. 특히 답안지를 바꾸어 다시 작성하는 경우, 성명 등의 기재를 빠뜨리지 않도록 유의하여야 합니다.

4. 답안지에는 문제내용을 기재할 필요가 없으며, 답안 내용 이외의 사항을 기재하거나 밑줄 기타 어떠한 표시도 하여서는 아니됩니다. 답안을 정정할 경우에는 두 줄로 긋고 다시 기재하여야 하며, 수정액 등은 사용할 수 없습니다.

5. 시험종료 시각에 임박하여 답안지를 교체요구한 경우라도 시험시간 종료 후 즉시 새로 작성한 답안지를 회수합니다.

6. 시험 종료 후에는 답안지 작성을 일절 할 수 없으며, 이에 위반하여 시험시간이 종료되었음에도 불구하고 **시험관리관의 답안지 제출 지시에 불응한 채 계속 답안을 작성하거나 답안지를 늦게 제출할 경우 그 답안은 영점처리** 됩니다.

7. 답안은 답안지 쪽수 번호 순으로 기재하여야 하고, **배부받은 답안지는 백지 답안이라도 모두 제출**하여야 하며, **답안지를 제출하지 아니한 경우 그 시험시간 및 나머지 시험시간의 시험에 응시할 수 없습니다.**

8. 지정된 시간까지 지정된 시험실에 입실하지 아니하거나 시험관리관의 승인을 얻지 아니하고 시험시간 중에 그 시험실에서 퇴실한 경우 그 시험시간 및 나머지 시험시간의 시험에 응시할 수 없습니다.

9. 시험시간이 종료되기 전에는 어떠한 경우에도 문제지를 시험장 밖으로 가지고 갈 수 없고, 시험 종료 후 가지고 갈 수 있습니다.

[01] 가장 먼저 작성하여야 할 서면의 종류를 확인한다. 구체적으로 '누가' '누구에게' 제출하는 서면인지를 확인하여야 한다. 이에 따라 답안에서 사용할 어투뿐만 아니라 검토하여야 할 쟁점까지 달리하게 된다.
변호인이 법원에 제출하는 변론요지서를 작성하여야 하므로 경어체를 사용하여야 하고, 피고인에게 가장 유리한 결론으로 쟁점을 검토하여야 한다.

[02] 기록 답안은 판례의 태도를 기준으로 답안을 작성함을 원칙으로 한다. 사례형 답안과 달리 견해대립이나 일반론을 기재할 필요 없이 판례 결론에 따른 사안검토 위주로 작성한다.
판례의 태도에 반하는 견해를 바탕으로 피고인에 대한 무죄 등을 주장하는 예외적인 경우에는 판례 태도부터 적시한 후 변론내용을 기재하도록 한다.

[03] 기재가 생략된 증거라도 필요한 경우에는 인정사실에 대한 근거로서 거시하여야 한다.

【문제】

다음 기록을 읽고 피고인 김갑인의 변호인 김힘찬과 피고인 이을해의 변호인 이사랑의 변론요지서를 작성하되, 다음 쪽 변론요지서 양식 중 **본문 Ⅰ, Ⅱ 부분만 작성하시오.**

【작성요령】

1. 시험의 편의상 두 변호인의 변론을 하나의 변론요지서에 작성함.

2. 피고인들 사이에 이해가 상충되는 경우 피고인들 각각의 입장에 충실하게 변론할 것.

3. 학설·판례 등의 견해가 대립되는 경우, 한 견해를 취하여 변론할 것. 다만, 대법원 판례와 다른 견해를 취하여 변론을 하고자 하는 경우에는 자신의 입장에 따른 변론을 하되, 대법원 판례의 취지를 적시할 것.

4. 증거능력이 없는 증거는 실제 소송에서는 증거로 채택되지 않아 증거조사가 진행되지 않지만, 이 문제에서는 시험의 편의상 증거로 채택되어 증거조사가 진행된 것을 전제하였음. 따라서 필요한 경우 증거능력에 대하여도 변론할 것.

【주의사항】

1. 쪽 번호는 편의상 연속되는 번호를 붙였음.

2. 조서, 기타 서류에는 필요한 서명, 날인, 무인, 간인, 정정인이 있는 것으로 볼 것.

3. 증거목록, 공판기록 또는 증거기록 중 '(생략)'이라고 표시된 부분에는 법에 따른 절차가 진행되어 그에 따라 적절한 기재가 있는 것으로 볼 것.

4. 공판기록과 증거기록에 첨부하여야 할 일부 서류 중 '(생략)' 표시가 있는 것, '증인선서서'와 수사기관의 조서에 첨부하여야 할 '수사과정확인서'는 적법하게 존재하는 것으로 볼 것.

5. 송달이나 접수, 통지, 결재가 필요한 서류는 모두 적법한 절차를 거친 것으로 볼 것.

【변론요지서 양식】

변론요지서

사 건 2012고합1277 특정경제범죄가중처벌등에관한법률위반(사기) 등
피고인 1. 김갑인
        2. 이을해

 위 사건에 관하여 피고인 김갑인의 변호인 변호사 김힘찬, 피고인 이을해의 변호인 변호사 이사랑은 다음과 같이 변론합니다.

다 음

Ⅰ. 피고인 김갑인에 대하여 (40점)
    1. 사문서위조, 위조사문서행사의 점
    2. 특정범죄가중처벌등에관한법률위반(도주차량)의 점
    3. 도로교통법위반(음주운전)의 점

Ⅱ. 피고인 이을해에 대하여 (60점)
    1. 특정경제범죄가중처벌등에관한법률위반(사기)의 점
    2. 공갈의 점

※ 평가제외사항 - 공소사실의 요지, 정상관계, 피고인 김갑인에 대한 특정경제범죄가중처벌등에관한법률위반(사기) 부분
   (답안지에 기재하지 말 것)

2013. 1. 5.

피고인 김갑인의 변호인 변호사 김힘찬 ㊞
피고인 이을해의 변호인 변호사 이사랑 ㊞

서울중앙지방법원 제26형사부 귀중

---

[04] 양식에서 주어진 답안 목차 그대로 답안을 작성한다. 특히 정상관계 등 평가제외사항에 대해서는 답안에서 언급하지 않음은 물론 기록을 읽는 과정에서도 관련 내용을 가볍게 읽고 넘어가야 한다.
메모 작성시 양식의 목차와 공소장의 공소사실 기재를 참고하여 피고인란과 죄명란을 기재한다.

[05] 공소장의 공소사실 기재를 읽기 전이므로 출제된 죄명 정도만 확인하고 간단히 넘어가도록 한다.

기록내용 시작

					구속만료		미결구금	
		서울중앙지방법원			최종만료			
구공판		**형사제1심소송기록**			대행 갱신 만 료			
기일 1회기일	사건번호	2012고합1277		담 임	제26부	주 심	다	
12/7 A10 12/21 P3	사 건 명	가. 특정경제범죄가중처벌등에관한법률위반(사기) 나. 특정범죄가중처벌등에관한법률위반(도주차량) 다. 공갈 라. 사문서위조 마. 위조사문서행사 바. 도로교통법위반(음주운전)						
	검 사	정이감			2012형제55511호			
	공소제기일	2012. 10. 19.						
	피 고 인	1. 가.나.라.마.바. 김갑인 2. 가.다. 이을해						
	변 호 인	사선 변호사 김힘찬(피고인 김갑인) 사선 변호사 이사랑(피고인 이을해)						

확 정			완결 공람	담 임	과 장	국 장	주심 판사	재판장	원장
보존종기									
종결구분									
보 존									

[06] 기록표지에서는 공소제기일만 체크하여 메모하도록 한다. 추가적으로 왼쪽 상단에서 기일이 몇 번 열렸는지(시험에서는 2회가 일반적이다), 구속된 피고인이 있는지(구속된 피고인에 대해서는 피고인란에 '구속'이라는 박스표시가 붙는다) 등을 가볍게 확인할 수 있다.

[07] 체크할 내용이 없는 서면은 보지 않고 빠르게 넘기도록 한다.

접 수 공 람	과 장 ㊞	국 장 ㊞	원 장 ㊞

공 판 준 비 절 차

회 부 수명법관 지정 일자	수명법관 이름	재판장	비 고

법정외에서지정하는기일

기일의 종류	일 시	재판장	비 고
1회 공판기일	2012. 12. 7. 10:00	㊞	

- 5 -

서울중앙지방법원

목 록

문 서 명 칭	장 수	비 고
증거목록	8	검사
증거목록	10	피고인 및 변호인
공소장	11	
변호인선임신고서	(생략)	피고인 김갑인
변호인선임신고서	(생략)	피고인 이을해
영수증(공소장부본 등)	(생략)	피고인 김갑인
영수증(공소장부본 등)	(생략)	피고인 이을해
영수증(공판기일통지서)	(생략)	변호사 김힘찬
영수증(공판기일통지서)	(생략)	변호사 이사랑
의견서	(생략)	피고인 김갑인
의견서	(생략)	피고인 이을해
공판조서(제1회)	15	
증거서류제출서	17	변호사 김힘찬
공판조서(제2회)	20	
증인신문조서	22	박병진
증인신문조서	23	안경위

- 6 -

[08] 가장 먼저 공소장변경허가신청서가 있는지 체크한다. 허가신청이 있는 경우 그 다음 기일의 공판조서를 펼쳐 법원의 허가여부를 체크하여야 하고, 허가된 경우라면 공소장변경허가신청서를 펼쳐 변경된 공소사실을 확인하여야 한다. 공소사실이 변경된 경우 기존 공소장의 공소사실이 아닌 변경된 공소사실대로 기록을 읽고 메모를 시작하여야 한다.

그 다음 제1회 공판기일과 제2회 공판기일 사이에 제출된 증거가 있는지 확인한다. 공판단계에서 제출되는 합의서 등은 쟁점을 검토함에 있어 중요한 증거가 된다.

추가로 공판기일은 몇 차례 열렸는지 신청된 증인은 몇 명인지 등을 확인할 수도 있다.

[09] 증거서류제출서에 첨부된 증거의 이름이 기재되어 있지 아니하므로 내용을 알 수 없다. 간단히 존재만 확인하고 넘어가도록 한다.

[10] 공판기록 목록 다음에는 구속관계서류 목록이 등장한다. 긴급체포서 등이 생략되지 아니하고 제시되는 경우에는 체포의 적법성 등이 쟁점이 될 가능성이 크다.

[11] 피고인 이을해에 대한 긴급체포서가 생략되지 않고 제시되었으므로, 그 체포의 적법성 또는 체포와 함께 이루어진 압수 등의 적법성 등이 쟁점으로 출제되었음을 짐작할 수 있다.

서울중앙지방법원

목 록 (구속관계)		
문 서 명 칭	장 수	비 고
긴급체포서	14	피고인 이을해
석방보고서	(생략)	피고인 이을해

- 7 -

증 거 목 록 (증거서류 등)
2012고합1277

2012형제55511호

① 김갑인
② 이을해
신청인: 검사

순번	증거방법 작성	쪽수(수)	쪽수(증)	증거명칭	성명	참조사항 등	신청기일	증거의견 기일	증거의견 내용	증거결정 기일	증거결정 내용	증거조사기일	비고
1	검사	(생략)		피의자신문조서	김갑인	사기 등	1	1	① ○ ② ×				
2	〃	47		피의자신문조서	이을해	사기 등	1	1	② ○ ① ○				
3	〃	(생략)		사망진단서사본	양신구	사기 등	1	1	①② ○				
4	사경	26		진술조서	박병진	사기,위조등	1	1	① ○ ② ×				
5	〃	30		부동산매매계약서		사기,위조등	1	1	①② ○				
6	〃	(생략)		무통장입금증 2장		사기	1	1	①② ○				
7	〃	(생략)		등기사항전부증명서		사기	1	1	①② ○				
8	〃	31		진술조서	최정오	사기,위조등	1	1	①② ○	(생략)		(생략)	
9	〃	33		피의자신문조서	김갑인	사기,위조등	1	1	① ○ ② ×				
10	〃	36		피의자신문조서	이을해	사기	1	1	② × ① ○				
11	〃	38		피의자신문조서	김갑인	도주차량등	1	1	① ○				
12	〃	40		진술서	고경자	도주차량	1	1	① ○				
13	〃	(생략)		진단서	고경자	도주차량	1	1	① ○				
14	〃	(생략)		교통사고실황조사서		도주차량	1	1	① ○				
15	〃	41		주취운전자적발보고서		음주운전	1	1	① ○				
16	〃	42		수사보고서(혈중알콜농도 산출보고)		음주운전	1	1.	① 진정성립만 인정				
17	〃	43		자동차종합보험가입사실증명서	김갑인	도주차량	1	1	① ○				
18	〃	44		진술서	강기술	공갈	1	1	② ○				
19	〃	45		피의자신문조서	이을해	공갈	1	1	② ○				
20	〃	(생략)		조회회보서	김갑인	전과	1	1	① ○				
21	〃	(생략)		조회회보서	이을해	전과	1	1	② ○				

※ 증거의견 표시 - 피의자신문조서: 인정 ○, 부인 ×
  (여러 개의 부호가 있는 경우, 성립/임의성/내용의 순서임)
 - 기타 증거서류: 동의 ○, 부동의 ×
※ 증거결정 표시: 채 ○, 부 ×
※ 증거조사 내용은 제시, 내용고지

- 8 -

[12] 증거목록에서는 검찰단계와 경찰단계를 구별하여 표시한 후, 각 증거에 대한 증거의견란을 체크한다(증거의견란에 X 표시된 부분을 체크하는 정도로 충분하다). 아직 공소장을 읽지 아니한 단계에서는 각 증거가 어떤 공소사실에 관련된 것인지 알 수 없으므로 형식적인 내용만 체크한다.

[13] 검사 작성 김갑인에 대한 피의자신문조서에 대해 피고인 이을해가 증거부동의하고 있으나, 김갑인이 그 조서의 진정성립을 인정하고 있고, 공판단계에서 김갑인에 대한 반대신문권도 보장되었으므로 그 조서의 증거능력은 인정된다(제312조 제4항).

[14] 검사 작성 피의자신문조서가 생략되지 않고 제시되었으므로, 경찰단계에서의 진술이 번복되거나 그 진술과 모순되는 진술이 등장할 가능성이 크다.

[15] 진술조서에 대해 증거부동의하는 경우에는 그 참고인을 증인으로 신청하게 된다. 당해 참고인이 증인으로 출석하여 공판정에서 그 진술조서에 대한 진정성립을 인정하는 경우에는 진술조서의 증거능력이 인정된다.

[16] 사경 작성 김갑인에 대한 피의자신문조서에 대해 피고인 이을해가 내용부인 취지로 증거부동의하고 있으므로 그 증거능력이 부정된다(형사소송법 제312조 제3항). 이을해에 대한 피의자신문조서도 마찬가지이다.

[17] 형사공판조서 중 증거조사부분의 목록화에 관한 예규의 개정됨에 따라 피의자신문조서에 대한 증거의견에 여러 개의 부호가 있는 경우, 적법성/성립/임의성/내용의 순서대로 의미를 갖는다.

[18] 서류에 대한 증거목록 다음에는 증인과 물건에 대한 증거목록이 등장한다. 아직 공소장을 읽지 아니한 단계에서는 각 증인이 어떤 공소사실에 관련된 것인지 알 수 없으므로 간단히 실시여부만 체크하도록 한다. 철회되었거나 미실시 된 증인이 존재하는 경우 해당 내용은 증거조사기일란에 표시된다.
철회된 증인이 있는 경우 그에 대해서는 신경쓰지 않아도 무방하다.

증 거 목 록 (증인 등)
2012고합1277

① 김갑인
② 이을해

2012형제55511호　　　　　　　　　　　　　　신청인: 검사

증거방법	쪽수(공)	입증취지 등	신청기일	증거결정 기일	증거결정 내용	증거조사기일	비고
증인 박병진	22	공소사실 1항 관련	1	1	○	2012. 12. 21. 15:00 (실시)	
증인 안경위	23	공소사실 1항 관련	1	1	○	2012. 12. 21. 15:00 (실시)	

※ 증거결정 표시: 채 ○, 부 ×

증 거 목 록 (증거서류 등)
2012고합1277

2012형제55511호

① 김갑인
② 이을해

신청인: 피고인 및 변호인

순번	증거방법					참조사항 등	신청기일	증거의견		증거결정		증거조사기일	비고
	작성	쪽수(수)	쪽수(공)	증거명칭	성명			기일	내용	기일	내용		
1			18	약식명령등본	김갑인		2	2	○				
2			19	서적사본	김갑인		2	2	○	(생략)	(생략)		

※ 증거의견 표시 - 피의자신문조서: 인정 ○, 부인 ×
　　　　　　　　(여러 개의 부호가 있는 경우, 성립/임의성/내용의 순서임)
　　　　　　- 기타 증거서류: 동의 ○, 부동의 ×
※ 증거결정 표시: 채 ○, 부 ×
※ 증거조사 내용은 제시, 내용고지

- 10 -

[19] 검사가 제출한 증거목록 다음에 피의자측이 제출한 증거목록이 등장한다. 피의자측이 제출한 증거는 쟁점 검토에 있어서 중요한 증거가 됨이 일반적이다.

[20] 약식명령은 기판력과 관련된 형사소송법 제326조 제1호의 면소사유와 관련된 증거로 자주 출제된다.

[21] 서적사본은 그 이름만으로는 어느 공소사실에 대한 증거인지 알 수 없으므로 간단히 그 존재만 확인한다.

[22] 공소장은 공판조서와 함께 기록의 핵심이다.
공소장에서 Ⅰ. 피고인 관련사항과 Ⅲ. 첨부서류는 보지 않아도 무방하고, Ⅱ. 공소사실을 꼼꼼하게 읽도록 한다. 다만 문제에서 죄수 관계 등이 쟁점으로 등장하는 경우에는 적용법조 부분을 체크할 필요가 있다.

[23] Ⅰ. 피고인 관련사항에서는 적용법조에서 공범관계나 죄수와 관련된 규정을 추가적으로 확인할 수 있다.
피고인 김갑인의 경우 형법 제30조를 통해 피고인 이을해와 공동정범으로 기소되었음을 알 수 있고, 형법 제37조·제38조를 통해 실체적 경합범으로 기소되었음을 알 수 있다.

서울중앙지방검찰청

2012. 10. 19.

사건번호   2012년 형제55511호
수 신 자   서울중앙지방법원
제   목   공소장

검사 정이감은 아래와 같이 공소를 제기합니다.

Ⅰ. 피고인 관련사항

1. 피 고 인   김갑인 (52****-1******), 60세
   직업 부동산중개업, 010-****-****
   주거 경기도 화성시 봉담읍 동화리 25 동화아파트 102동 203호
   등록기준지 (생략)

   죄   명   특정경제범죄가중처벌등에관한법률위반(사기), 특정범죄가중처벌등에관한법률위반(도주차량), 사문서위조, 위조사문서행사, 도로교통법위반(음주운전)

   적용법조   특정경제범죄 가중처벌 등에 관한 법률 제3조 제1항 제2호, 형법 제347조 제1항, 특정범죄 가중처벌 등에 관한 법률 제5조의3 제1항 제2호, 형법 제268조, 도로교통법 제54조 제1항, 형법 제231조, 제234조, 도로교통법 제148조의2 제2항 제3호, 제44조 제1항, 형법 제30조, 제37조, 제38조

   구속여부   불구속
   변 호 인   없음

2. 피 고 인   이을해 (52****-1******), 60세
   직업 무직, 010-****-****
   주거 서울 서초구 양재동 123-12 양재빌라 1동 지하 103호
   등록기준지 (생략)

   죄   명   특정경제범죄가중처벌등에관한법률위반(사기), 공갈

   적용법조   특정경제범죄 가중처벌 등에 관한 법률 제3조 제1항 제2호, 형법 제347조 제1항, 제350조 제1항, 제30조, 제37조, 제38조

구속여부　　불구속
　　　변 호 인　　없음

Ⅱ. 공소사실
 1. 피고인들의 공동범행
　　피고인들은 피고인 이을해의 고등학교 동창인 피해자 박병진(60세)에게서 주유소 부지로 이용하려고 하니 최정오가 소유한 경기도 화성시 봉담읍 동화리 283 대 1,503㎡를 매수해달라는 의뢰를 받고, 토지소유자인 최정오와 매매 교섭을 하는 과정에서 최정오에게서 토지 매매대금으로 3억 원을 제시받자, 피해자 박병진에게 토지 매매대금이 5억 원이라고 부풀려 말하여 그 매매대금을 편취하기로 공모하였다.
　　피고인 이을해는 2012. 4. 10.경 서울 서초구 서초1동 150에 있는 피해자 박병진의 집에서 피해자에게 "내가 고향친구인 토지 중개업자 김갑인에게 알아보았는데 토지소유자가 5억 원은 주어야 토지를 팔겠다고 하고, 요즘 그 주변 땅 시세가 그 이상 나가니, 5억 원 가량이면 그 땅을 싸게 사는 편이라고 하더라."라고 거짓말을 하였다. 피고인 김갑인도 전화로 피해자에게 "토지소유자가 5억 원 아래로는 안 팔겠다고 한다. 요즘 그 부근 토지 시세를 확인해보았는데 그 토지가격이 5억 원 이상 나가니 안심하고 구입해도 된다."고 거짓말을 하였다.
　　그러나, 사실은 최정오는 이미 피고인들에게 3억 원을 토지 매매대금으로 제시한 상황이었다.
　　그럼에도 불구하고 피고인들은 위와 같이 거짓말하여 피해자 박병진에게서 2012. 5. 3. 토지 매매계약금 명목으로 5,000만 원을, 같은 해 5. 18. 잔금 명목으로 4억 5,000만 원을 각각 송금받았다.
　　이로써 피고인들은 공모하여 위와 같이 피해자를 기망하여 5억 원을 교부받았다.
 2. 피고인 김갑인
  가. 사문서위조
　　피고인은 경기도 화성시 봉담읍 동화리 567에 있는 '사구팔 부동산중개소'에서 사실은 위 1.항 기재 토지에 관하여 매도인 최정오와 매수인 박병진 사이에 매매대금을 3억 원으로 한 매매계약서가 이미 작성되었음에도 불구하고, 매매대금을 5억 원으로 하는 매매계약서를 위조하여 박병진에게 교부하기로 마음먹었다.
　　피고인은 2012. 5. 25.경 위 '사구팔 부동산중개소'에서 부동산매매계약서 용지의 부동산의 표시란에 '경기도 화성시 봉담읍 동화리 283 대 1503㎡", 매매대금란에 '

[24] 공소사실은 주체·일시·장소·목적(대상)·행위 및 결과 등을 중심으로 꼼꼼하게 읽으면서 메모한다. 공소사실만으로 쟁점이나 그에 대한 결론을 알 수 있는 경우에는 해당 내용을 바로 메모하여야 한다.
피고인이 수인인 경우 공소사실은 피고인들의 공동범행을 먼저 기재한 후 피고인들의 단독범행을 시간순서대로 기재됨이 원칙이다.

[25] 피고인들이 피해자로부터 편취한 금액을 5억 원이 아닌 실제 매매대금과 교부받은 금원의 차액인 2억 원으로 볼 경우, 특경법이 아닌 형법상 사기죄가 성립하게 된다.

[26] 사문서위조와 동행사죄는 별죄이나 같은 줄에 메모한다.

금 5억 원', 매수인란에 '박병진'이라고 기재한 다음, 박병진 이름 옆에 갖고 있던 박병진의 도장을 찍었다.

이로써 피고인은 행사할 목적으로 권리의무에 관한 사문서인 박병진 명의의 부동산매매계약서 1장을 위조하였다.

나. 위조사문서행사

피고인은 2012. 5. 25.경 서울 서초구 서초1동 150에 있는 박병진의 집에서 위와 같이 위조한 부동산매매계약서를 그 사실을 모르는 박병진에게 마치 진정하게 성립된 것처럼 교부하여 행사하였다.

다. 도로교통법위반(음주운전), 특정범죄가중처벌등에관한법률위반(도주차량)

피고인은 2012. 9. 18. 21:30경 혈중알콜농도 0.053%의 술에 취한 상태로 59투5099호 제네시스 승용차를 운전하여 서울 서초구 서초동에 있는 교대역 사거리 앞 도로를 서초역 쪽에서 강남역 쪽으로 편도 3차로를 따라 진행하던 중, 전방을 제대로 보지 않은 채 그대로 진행한 업무상 과실로 때마침 횡단보도 앞에서 적색신호에 정차한 피해자 고경자(여, 37세)가 운전하는 33수3010호 YF쏘나타 승용차의 뒷범퍼 부분을 위 제네시스 승용차의 앞범퍼 부분으로 들이받았다.

피고인은 위와 같은 업무상 과실로 피해자에게 약 2주간의 치료를 요하는 경추부 염좌상을 입게 하고도 곧 정차하여 피해자를 구호하는 등의 필요한 조치를 취하지 아니하고 그대로 도주하였다.

3. 피고인 이을해

피고인은 2012. 9. 27. 20:10경 서울 서초구 양재동에 있는 피해자 강기술(45세)이 운영하는 '양재곱창'에서 5만 원어치의 술과 음식을 주문하여 먹었다. 피고인은 같은 날 21:30경 음식 값을 계산하려고 지갑을 꺼내어 보니 가진 현금이 부족한 것을 발견하고, 음식 값의 지급을 면하기 위해서 피해자가 잠시 한눈을 파는 사이에 식당 밖으로 걸어 나갔다. 피고인은 피해자가 이를 발견하고 피고인을 따라와 음식 값을 달라고 요구하자, 피해자의 목을 잡고 손으로 뺨을 4~5회 때려 이에 겁을 먹은 피해자로 하여금 음식 값 5만 원의 청구를 단념하게 하였다.

이로써 피고인은 피해자를 공갈하여 재산상 이익을 취득하였다.

Ⅲ. 첨부서류

1. 긴급체포서 1통
2. 석방보고서 1통 (생략)

검사 정이감 ㊞

■ 검사의 사법경찰관리에 대한 수사지휘 및 사법경찰관리의 수사준칙에 관한 규정 [별지 제28호서식]

긴 급 체 포 서

제 2012-1144 호

피의자	성 명	이을해 (李乙亥)
	주민등록번호	(생략)
	직 업	(생략)
	주 거	(생략)
변 호 인		

위 피의자에 대한 특정경제범죄가중처벌등에관한법률위반(사기) 피의사건에 관하여 「형사소송법」 제200조의3 제1항에 따라 동인을 아래와 같이 긴급체포함

2012. 10. 2.

서울서초경찰서

사법경찰관 경위 안경위   (인)

체 포 한 일 시	2012. 10. 2. 12:20
체 포 한 장 소	서울서초경찰서 경제팀 사무실 내
범 죄 사 실 및 체 포 의 사 유	피의자는 김갑인과 공모하여 2012. 5.경 피해자 박병진에게서 토지 매입 의뢰를 받고 매도인이 제시한 토지매매대금을 부풀려 피해자로부터 금 5억 원을 교부받아 편취한 것으로서, 피의자가 범행을 부인하므로 증거인멸의 우려가 있음.
체 포 자 의 관 직 및 성 명	서울서초경찰서 경제팀 경사 강철중
인 치 한 일 시	2012. 10. 2. 12:20
인 치 한 장 소	서울서초경찰서 경제팀 사무실
구 금 한 일 시	
구 금 한 장 소	
구금을 집행한 자의 관 직 및 성 명	

[31] 체포관련 서류가 등장하는 경우 ① 긴급체포 등 요건 구비여부, ② 체포과정에서의 적법절차 준수여부, ③ 체포와 함께 이루어진 압수의 적법 여부 등을 체크한다.

[32] 공판조서의 첫 페이지에서는 회차 정도만 체크하고 넘어간다.

서 울 중 앙 지 방 법 원

공 판 조 서

제 1 회

사 건	2012고합1277 특정경제범죄가중처벌등에관한법률위반(사기) 등
재판장 판사 황숙현	기 일: 2012. 12. 7. 10:00
판사 최지혁	장 소: 제425호 법정
판사 송하영	공개 여부: 공개
법원사무관 성진수	고 지 된 다음기일: 2012. 12. 21. 15:00
피 고 인　1. 김갑인　2. 이을해	각각 출석
검 사　한준석	출석
변 호 인　변호사 김힘찬 (피고인 1을 위하여)	출석
변호사 이사랑 (피고인 2를 위하여)	출석

재판장
　　피고인들은 진술을 하지 아니하거나 각개의 물음에 대하여 진술을 거부할 수 있고, 이익 되는 사실을 진술할 수 있음을 고지

재판장의 인정신문
　　성　　　명: 1. 김갑인　2. 이을해
　　주민등록번호: 각각 공소장 기재와 같음
　　직　　　업:　　〃
　　주　　　거:　　〃
　　등록기준지:　　〃

재판장
　　피고인들에 대하여
　　주소가 변경될 경우에는 이를 법원에 보고할 것을 명하고, 소재가 확인되지 않을 때에는 피고인들의 진술 없이 재판할 경우가 있음을 경고

- 15 -

검 사
  공소장에 의하여 공소사실, 죄명, 적용법조 낭독
피고인 김갑인
  교통사고 당시 술을 마시고 운전하였지만, 피해자의 상태를 확인하고 갔음에도
  뺑소니로 처벌받는 것은 억울하고, 나머지 공소사실은 모두 인정한다고 진술
피고인 이을해
  피고인 김갑인과 공모하여 돈을 편취한 사실이 전혀 없고, 공갈로 처벌받는
  것은 억울하다고 진술
피고인 김갑인의 변호인 변호사 김힘찬
  피고인 김갑인을 위하여 유리한 변론을 함. 변론기재는 (생략).
피고인 이을해의 변호인 변호사 이사랑
  피고인 이을해를 위하여 유리한 변론을 함. 변론기재는 (생략).
재판장
  증거조사를 하겠다고 고지
증거관계 별지와 같음(검사, 변호인)
재판장
  각각의 증거조사 결과에 대하여 의견을 묻고 권리를 보호하는 데에 필요한
  증거조사를 신청할 수 있음을 고지
소송관계인
  별 의견 없다고 각각 진술
재판장
  변론 속행

2012. 12. 7.

법 원 사 무 관   성진수 ㊞
재판장   판 사   황숙현 ㊞

[33] 제1회 공판기일에서의 피고인의 공소사실에 대한 인부진술은 기록에서 가장 중요한 부분이다. 피고인의 공소사실 인정여부와 부인 또는 일부부인하는 경우 그 취지까지 함께 메모하도록 한다. 피고인의 공소사실 부인취지는 사실인정 쟁점에 대한 답안 기재시 '피고인 변소의 요지' 부분에 그대로 기재하여도 무방하다.
피고인이 인정하는 공소사실에 대하여는 법률판단 쟁점이 주로 문제되고, 부인하는 공소사실에 대하여는 사실인정 쟁점이 주로 문제된다.

[34] 피고인의 공소사실 부인취지 기재시 변호인의 진술까지 고려하여 메모하도록 한다.
최근 변호사시험에서 변호인의 진술부분은 생략되고 있다.

[35] 증거서류제출서에서는 제출일자 정도만 확인하고, 구체적인 증거의 내용은 첨부된 서면을 통해 확인한다.

증거서류제출서

사 건 2012고합1277 특정경제범죄가중처벌등에관한법률위반(사기) 등
피고인 김갑인

　위 사건에 관하여 피고인 김갑인의 변호인은 위 피고인의 이익을 위하여 다음 증거서류를 제출합니다.

다　음

1. 약식명령등본 1통
1. 서적사본(OOO 발간, 교통과 형법 제200쪽) 1통

접 수
No. 16857
2012. 12. 20.
서울중앙지방법원
형사접수실

2012. 12. 20.

피고인 김갑인의 변호인
변호사 김힘찬 ㊞

서울중앙지방법원 제26형사부 귀중

수원지방법원
약 식 명 령

사 건	2012고약11692 사문서위조,위조사문서행사 (2012년형제24517호)

확정일 2012. 11. 29.
수원지방법원
법원주사 김주사 ㊞

피 고 인 김갑인 (52****-1******), 부동산중개업
　　　　　주거　경기 화성시 봉담읍 동화리 25 동화아파트 102동 203호
　　　　　등록기준지 (생략)

주 형 과 피고인을 벌금 1,500,000(일백오십만)원에 처한다.
부수처분 피고인이 위 벌금을 납입하지 아니하는 경우 50,000원을 1일로 환산한 기간 피고인을 노역장에 유치한다.

범죄사실 피고인은 2012. 5. 25.경 경기도 화성시 봉담읍 동화리 567에 있는 '사구팔 부동산중개소'에서 부동산매매계약서 용지의 부동산의 표시란에 '경기도 화성시 봉담읍 동화리 283 대 1503㎡', 매매대금란에 '금 5억원', 매도인란에 '최정오'라고 기재한 다음, 최정오의 이름 옆에 임의로 새긴 최정오의 도장을 찍었다. 이로써 피고인은 행사할 목적으로 권리의무에 관한 사문서인 최정오 명의의 부동산매매계약서 1장을 위조하고, 2012. 5. 25.경 서울 서초구 서초1동 150에 있는 박병진의 집에서 위와 같이 위조한 부동산매매계약서를 그 사실을 모르는 박병진에게 마치 진정하게 성립된 것처럼 교부하여 행사하였다.

적용법령 형법 제231조, 제234조(각 벌금형 선택), 제37조, 제38조, 제70조, 제69조 제2항

검사 또는 피고인은 이 명령등본을 송달받은 날부터 7일 이내에 정식재판의 청구를 할 수 있습니다.

　　　　　　　　　　　2012. 10. 24.

　　　　　　　　　판 사 　박 경 순 ㊞

등본임.
2012. 12. 18.
수원지방검찰청
검찰주사 김희권 ㊞

---

[36] 확정된 약식명령 또는 판결문 등본에서는 가장 먼저 발령일(선고일)과 확정일을 체크한다. 확정일은 약식명령등본 등의 우측 상단에 위치함이 일반적이나, 별도의 수사보고서 등을 통해 확인되는 경우도 있다.

[37] 확정된 약식명령의 기판력이 해당 공소사실에 미치는지 여부를 확인하기 위해서는 확정된 약식경령의 범죄사실과 해당 공소사실의 동일성이 인정되어야 한다. 답안에서 이를 검토할 경우 양 사실의 주체·일시·장소·목적(대상)·행위 및 결과 등을 구체적으로 비교하여야 한다.
이 부분 공소사실에서 피고인 김갑인이 위조한 매매계약서는 최정오와 박병진 공동명의로 된 것이다. 상상적 경합관계에 있는 최정오 명의 계약서 위조에 대해 확정된 약식명령이 존재하는 이상 그 기판력은 박병진 명의 계약서 위조에 대한 이 부분 공소사실에도 미친다.

[38] 이와 같은 비정형적인 문서가 피고인에게 유리한 증거로써 제출되는 경우, 그 증거 내용은 피고인의 무죄 등 주장의 직접적인 근거로 활용될 수 있다. 필요한 경우 답안에서 위와 같은 문서의 내용 일부를 직접 인용할 수도 있다.

[39] 위드마크공식에 따른 혈중알콜농도 산출은 음주 후 일정시간이 경과하여 피의자의 혈중알콜농도가 감소하였음을 전제로 하는 것이다. 최종 음주시각부터 90분 내에 혈중알콜농도가 측정된 경우 혈중알콜농도 상승지점인지 하강시점인지를 확정하기 어렵다는 것은 위드마크공식에 따른 혈중알콜농도 산출결과의 신빙성을 탄핵하는 근거가 된다.

[OOO 발간, 교통과 형법 제200쪽의 일부 사본]

    특정 운전시점부터 일정한 시간이 지난 후에 혈중알코올농도가 측정된 때에는 시간당 혈중알코올의 분해소멸에 따른 감소치에 따라 운전시점 이후의 혈중알코올 분해량을 계산한 후, 측정된 혈중알코올농도에 이를 가산하여 운전시점의 혈중알코올농도를 추정하게 된다. 혈중알코올 분해량은 피검사자의 체질, 음주한 술의 종류, 음주속도, 음주 시 위장에 있는 음식의 정도 등에 따라 개인마다 차이가 있는데 시간당 약 0.008% ~ 0.03%(평균 약 0.015%)씩 감소하는 것으로 알려져 있다.
    ……(중략)
    한편, 섭취한 알코올이 체내에 흡수 분배되어 최고 혈중알코올농도에 이르기까지는 피검사자의 체질, 음주한 술의 종류, 음주속도, 음주 시 위장에 있는 음식의 정도 등에 따라 개인마다 차이가 있다. 실험 결과, 혈중알코올농도는 최종 음주시각부터 상승하기 시작하여 30분부터 90분 사이에 최고도에 달하는 것으로 알려져 있다. 따라서 최종 음주시각부터 90분 내에 혈중알코올농도가 측정된 경우에는 피검사자의 혈중알코올농도가 최고도에 이르기까지 상승하고 있는 상태인지, 최고도에 이른 후 하강하고 있는 상태인지 여부를 확정하기 어렵다.
    ……(하략)

서 울 중 앙 지 방 법 원
공 판 조 서

제 2 회

사 건	2012고합1277 특정경제범죄가중처벌등에관한법률위반(사기) 등		
재판장 판사	황숙현	기 일:	2012. 12. 21. 15:00
판사	최지혁	장 소:	제425호 법정
판사	송하영	공개 여부:	공개
법원사무관	성진수	고 지 된 다음기일:	2013. 1. 11. 11:00
피 고 인	1. 김갑인 2. 이을해		각각 출석
검 사	한준석		출석
변 호 인	변호사 김힘찬 (피고인 1을 위하여)		출석
	변호사 이사랑 (피고인 2를 위하여)		출석
증 인	박병진, 안경위		각각 출석

재판장
    전회 공판심리에 관한 주요사항의 요지를 공판조서에 의하여 고지
소송관계인
    변경할 점이나 이의할 점이 없다고 진술
출석한 증인 박병진, 안경위를 각각 별지와 같이 신문하다
증거관계 별지와 같음(검사, 변호인)
재판장
    각 증거조사 결과에 대하여 의견을 묻고 권리를 보호하는 데에 필요한 증거
    조사를 신청할 수 있음을 고지
피고인 이을해
    경찰관 안경위의 증언은 사실과 다르다고 진술
소송관계인
    별 의견 없으며, 달리 신청할 증거도 없다고 각각 진술
재판장

[40] 제2회 공판조서에서는 가장 먼저 피고인이 기존에 진술한 내용 등을 변경하였거나 기존에 진행된 절차에 대해 이의를 제기하였는지 여부를 체크한다. 예컨대 피그인이 제1회 공판기일에서 부인한 공소사실에 대해 번의하여 인정하는 경우 제2회 공판조서 첫 부분에 해당 내용이 등장한다.

[41] 안경위의 법정진술에 대한 신빙성 탄핵이 쟁점임을 제시해주고 있다.

증거조사를 마치고 피고인신문을 하겠다고 고지
검 사
　　피고인 김갑인에게
문　피고인은 이을해와 공모하여 피해자 박병진에게서 돈을 편취한 사실이 있는가요.
답　예, 그렇습니다.
문　피고인이 양신구를 통해서 이을해에게 2억 원을 교부한 것인가요.
답　예, 그렇습니다.
문　피고인이 교통사고를 내고 피해자 고경자가 상해를 입은 사실은 인정하는가요.
답　예, 나중에 치료를 받았다고 하므로 변호사님과 상의한 결과 상해를 입힌 부분은 인정하기로 하였으므로 다투지 않겠습니다.
피고인 이을해의 변호인 변호사 이사랑
　　피고인 김갑인에게
문　피고인은 사기 범행이 발각되자, 중한 처벌을 면하고 편취한 돈의 행방을 감추려고 이을해에게 책임을 전가하는 것이 아닌가요.
답　아닙니다.
검 사
　　피고인 이을해에게
문　피고인은 김갑인과 공모해서 2억 원을 편취한 사실이 없다는 것인가요.
답　예, 그런 사실이 없습니다.
재판장
　　피고인신문을 마쳤음을 고지
재판장
　　검사에게
문　피고인 김갑인의 음주 최종시각 이후 체내 혈중알콜농도가 하강기에 있는지 여부를 확인하고 음주측정이 이루어진 것인가요.
답　확인하지 못한 상태에서 음주측정이 이루어진 것으로 보입니다.
재판장
　　변론 속행 (변론 준비를 위한 변호인들의 요청으로)

2012. 12. 21.

　　법 원 사 무 관　　　성진수 ㊞

　　재판장 판 사　　　　황숙현 ㊞

[42] 피고인신문에서는 쟁점과 직접 관련된 중요한 내용이 제시되므로 꼼꼼하게 읽어야 한다.

[43] 망 양신구가 중요 참고인임을 알 수 있다. 양신구가 이미 사망한 자이므로 양신구의 진술을 내용으로 하는 전문증거에 대한 형사소송법 제314조나 제316조 제2항 등 요건 검토가 문제될 것이다.

[44] 피고인 김갑인은 교통사고에 대한 공소사실은 인정하고, 사고 후 도주사실만 부인하며 다투고 있음을 확인할 수 있다.

[45] 공모사실 인정 관련 이을해에게 불리한 김갑동의 진술을 탄핵함에 있어 활용할 수 있는 표현이다.

[46] 재판장의 석명사항은 쟁점에 대한 직접적인 힌트이므로 꼼꼼하게 읽어야 한다. 사실인정 쟁점에 대해 석명사항이 존재하는 경우 그 석명사항이 증거능력에 대한 것인지 증명력에 대한 것인지 구별하여야 한다.
서적사본만으로는 혈중알콜농도 계산의 오류가 쟁점이 됨을 확인하지 못할 수 있어 재판장의 석명사항을 통해 쟁점을 명확히 제시해주고 있다.

서울중앙지방법원
증인신문조서 (제2회 공판조서의 일부)

사　　건　　2012고합1277 특정경제범죄가중처벌등에관한법률위반(사기) 등
증　　인　　이　름　　박병진
　　　　　　생년월일 및 주거는 (생략)

재판장
　　증인에게 형사소송법 제148조 또는 제149조에 해당하는가의 여부를 물어 증인이 이에 해당하지 아니함을 인정하고, 위증의 벌을 경고한 후 별지 선서서와 같이 선서를 하게 하였다. 다음에 신문할 증인은 재정하지 아니하였다.

검사
　　증인에게 수사기록 중 사법경찰리가 작성한 증인에 대한 진술조서를 보여주고 열람하게 한 후,
문　증인은 경찰에서 사실대로 진술하고 그 조서를 읽어보고 서명, 무인한 사실이 있고, 그 진술조서는 그때 경찰관에게 진술한 내용과 동일하게 기재되어 있는가요.
답　예, 그렇습니다.
문　증인은 2012. 6. 10.경 죽은 양신구로부터 피고인 이을해에게 2억 원을 전달하였다는 말을 들은 적이 있나요.
답　예, 제가 그때 김갑인과 죽은 양신구를 함께 만나서 왜 매매대금이 2억 원이나 차이가 나는지 따졌는데, 죽은 양신구가 "김갑인의 지시에 따라 이을해에게 현금 2억 원을 전달해주었다"고 분명히 저에게 말하였습니다.

피고인 이을해의 변호인 변호사 이사랑
　　증인에게
문　피고인 이을해가 증인에게 2012. 6. 1. 빌린 돈을 갚아야 하는데 돈이 없다고 하면서 500만 원을 빌려달라고 한 적이 있지요.
답　예, 그때 500만 원을 빌려 주고 그 돈도 아직까지 받지 못하고 있습니다.
문　김갑인은 2억 원을 일주일 동안 소액 현금으로 분산하여 인출하였는데 증인은 김갑인과 양신구가 서로 나누어 가졌다는 의심은 해보지 않았나요.
답　그런 생각은 해보지 못했습니다.

　　　　　　　　　　　　　　　2012. 12. 21.

　　　　　　법 원 사 무 관　　성진수 ㊞
　　　　　　재판장 판　사　　황숙현 ㊞

서울중앙지방법원
증인신문조서 (제2회 공판조서의 일부)

사 건   2012고합1277 특정경제범죄가중처벌등에관한법률위반(사기) 등
증 인   이 름   안경위
        생년월일 및 주거는 (생략)

재판장
　　증인에게 형사소송법 제148조 또는 제149조에 해당하는가의 여부를 물어 증인이 이에 해당하지 아니함을 인정하고, 위증의 벌을 경고한 후 별지 선서서와 같이 선서를 하게 하였다.

검사
　　증인에게
문　피고인 이을해가 증인에게 조사를 받으면서 어떤 진술을 하였는가요.
답　피고인은 조사 당시 2012. 4.경 박병진으로부터 주유소 부지를 알아봐달라는 부탁을 받자, 매매대금을 부풀려 차액을 편취하기로 김갑인과 공모하고, 실제로는 최정오가 매매대금으로 3억 원을 제시하였음에도 박병진에게 토지소유자가 5억 원을 달라고 한다고 거짓말하여, 같은 해 5.경 박병진으로부터 5억 원을 송금받았다고 자백하였습니다.
문　피고인 이을해가 강압적인 분위기에서 조사를 받은 것은 아닌가요.
답　피고인은 당시 자유로운 분위기에서 자발적으로 자백하였습니다. 저는 피고인이 담배를 피우고 싶다고 하기에 담배도 1대 피우도록 건네주었고, 피고인은 당시 자백하면서 피해자에게 죄송하다면서 눈물까지 글썽였습니다.

피고인 이을해의 변호인 변호사 이사랑
　　피고인 이을해를 위하여 유리한 신문을 함. 기재는 (생략).

2012. 12. 21.

법원사무관   성진수 ㊞

재판장 판사   황숙현 ㊞

---

[52] 안경위는 형사소송법 제316조 제1항에서 정하는 조사자에 해당한다. 그의 진술은 제316조 제1항의 피고인 아닌 자의 진술이 피고인의 진술을 내용으로 하는 때에 해당한다. 따라서 특신상태 요건 검토가 필요하다.
안경위의 진술 자체는 피고인의 진술이 특신상태에서 행하여졌다는 취지이나 뒤에서 살펴보는 바와 같이 특신상태는 부정된다.

[53] 수사기록표지 등은 읽지 않고 넘어가도 무방하다.
수사기록은 앞에서 읽었던 공판기록의 내용과 중복되는 부분은 간단히 확인만 하고, 새로운 내용이나 모순되는 내용 위주로 읽어야 한다.

				제 1 책
				제 1 권

서울중앙지방법원
증거서류등(검사)

사 건 번 호	2012고합1277	담임	제26형사부	주심	다

사 건 명	가. 특정경제범죄가중처벌등에관한법률위반(사기) 나. 특정범죄가중처벌등에관한법률위반(도주차량) 다. 공갈 라. 사문서위조 마. 위조사문서행사 바. 도로교통법위반(음주운전)
검 사	정이감　　　　2012년 형제55511호
피 고 인	1. 가.나.라.마.바.　　**김갑인** 2. 가.다.　　　　　　**이을해**
공소제기일	2012. 10. 19.
1심 선고	20 . . .　항소　20 . . .
2심 선고	20 . . .　상고　20 . . .
확 정	20 . . .　보존

- 24 -

				제 1 책	
				제 1 권	

구공판	서울중앙지방검찰청 증 거 기 록				
검 찰	사건번호	2012년 형제55511호	법원	사건번호	2012년 고합1277호
	검 사	정이감		판 사	
피 고 인	1. 가.나.라.마.바.　　**김갑인** 2. 가.다.　　　　　　**이을해**				
죄 명	가. 특정경제범죄가중처벌등에관한법률위반(사기) 나. 특정범죄가중처벌등에관한법률위반(도주차량) 다. 공갈 라. 사문서위조 마. 위조사문서행사 바. 도로교통법위반(음주운전)				
공소제기일	2012. 10. 19.				
구 속	각각 불구속		석 방		
변 호 인					
증 거 물					
비 고					

진 술 조 서

성   명: 박병진

주민등록번호: 52****-1******   60세

직   업: (생략)

주   거: (생략)

등 록 기 준 지: (생략)

직 장 주 소: (생략)

연 락 처: (자택전화) (생략)   (휴대전화) (생략)
          (직장전화) (생략)   (전자우편) (생략)

위의 사람은 피의자 김갑인, 이을해에 대한 특정경제범죄가중처벌등에관한법률위반(사기) 피의사건에 관하여 2012. 9. 11. 서울서초경찰서 경제팀 사무실에 임의 출석하여 다음과 같이 진술하다.

1. 피의자와의 관계
피의자들과 아무런 관계가 없습니다.

2. 피의사실과의 관계
저는 피의자들로부터 사기를 당한 사실과 관련하여 고소인 자격으로 출석하였습니다.

이때 사법경찰리는 진술인 박병진을 상대로 다음과 같이 문답하다.

문 진술인은 2012. 9. 6.경 우리 서에 피의자들을 상대로 사기로 고소한 사실이 있지요.

답 예, 그렇습니다.

문 피해 사실이 무엇인가요.

답 제가 피의자들에게 최정오가 소유하는 경기도 화성시 봉담읍 동화리 283에 있는 토지를 매수해달라는 의뢰를 하였는데, 토지소유자 최정오가 피의자들에게 토지 매매대금을 3억 원으로 제시하였음에도 불구하고, 피의자들이 저에게는 매매대금을 5억 원으로 부풀려서 제게서 5억 원을 송금받아

- 26 -

[54] 피해자에 대한 진술조서에서는 사실인정 쟁점 관련 범죄경위 등과 마지막에 등장하는 피고인에 대한 처벌의사 존부를 체크한다.

[55] 피의사실과의 관계 또는 피의자와의 관계는 반드시 확인한다. 특히 피해자가 피고인과 친족관계인 경우 피의자와의 관계에 관련 진술이 등장한다.
피해자에 대한 진술조서에서는 쟁점과 관련된 사실뿐만 아니라 마지막에 등장하는 피고인에 대한 처벌의사까지 체크하여야 한다.

[56] 앞에서 이미 확인한 범죄 경위 관련 내용은 가볍게 읽고 넘어가도록 한다.

편취하였다는 것입니다.

문   자세한 경위가 어떠한가요.

답   저는 그 동안 다니던 직장을 퇴직하면, 직장에서 받은 퇴직금으로 주유소를 운영해볼 생각이 있었습니다. 2012. 3. 20.경 저와는 고등학교 동창으로서 절친한 친구인 이을해를 만나 함께 술을 마시던 중, 제 계획을 이야기하였더니, 이을해가 자기 고향 일대에 최근 개발 붐이 일어서 아파트들이 많이 들어섰는데 좋은 위치의 땅이 있을 것이니 주유소를 신축해보는 것은 어떻겠냐고 제의하였습니다. 그래서 제가 이을해에게 좋은 부지를 알아봐달라고 하였는데, 며칠 후 이을해로부터 전화가 와서 좋은 땅을 찾았는데 한번 보지 않겠냐고 하는 것이었습니다. 그래서 이을해와 함께 경기도 화성시 봉담읍 동화리 283에 있는 땅을 직접 찾아가보았는데 그 땅 주변에는 아파트 단지들이 많이 들어서 있었고 주변에 큰 도로들이 있는데도 주위에 주유소는 거의 없는 것으로 봐서 주유소를 신축하면 수익성이 높을 것으로 판단되었습니다. 저는 토지 매수에 관해서는 거의 경험이 없어서 예전에 토지 매매 경험이 제법 있었던 이을해에게 그 토지를 매입해줄 것을 의뢰하게 되었습니다. 이을해는 얼마 후인 2012. 4. 10.경 저의 집으로 찾아와서 "내가 고향친구이자 토지 중개업자인 김갑인에게 알아보았는데 토지 소유자가 5억 원은 주어야 토지를 팔겠다고 하고, 요즘 그 주변 땅 시세가 그 이상 나가니, 5억 원 가량이면 그 땅을 싸게 사는 편이라고 하더라."라고 이야기하였습니다. 그래서 제가 김갑인과 직접 이야기해보겠다고 하였더니 그 자리에서 이을해가 김갑인을 전화로 연결시켜 주었는데 김갑인도 "토지 소유자가 5억 원 아래로는 안 팔겠다고 한다. 요즘 그 부근 토지 시세를 확인해보았는데 그 토지가격이 5억 원 이상 나가니 안심하고 구입해도 된다."고 이야기하였습니다. 그래서 저는 피의자들의 말을 믿고 2012. 5. 3.경 위 토지 매매계약금으로 금 5,000만 원을, 같은 해 5. 18.경 중도금과 잔금으로 금 4억 5,000만 원을 각각 송금해주었습니다. 그리고 피의자 이을해에게는 잔금을 보내준 날 따로 수고비로 현금 300만 원을 건네주었습니다. 피의자들이 소유권이전등기절차까지 알아서 처리해주었습니다.

문　그 후 어떻게 되었는가요.
답　제가 김갑인에게 토지매매계약서를 보내달라고 하였더니 김갑인이 2012. 5. 25.경 토지 매도인과의 계약서라고 하면서 토지 매매대금이 5억 원으로 기재되어 있는 매매계약서를 저에게 가져다주었습니다. 그런데 2012. 6. 현충일날 주유소를 신축하기 위해 위 토지 부근의 건설업자들과 접촉하는 과정에서 우연히 그 부근 토지의 시세에 대해 알게 되었는데 제가 만나본 사람들은 그 토지가 5억 원까지는 나가지 않을 것이란 말을 하는 것이었습니다. 그래서 토지 매도인 최정오에게 연락해보았는데 최정오는 토지 매매대금으로 3억 원밖에 받지 않았다고 하였습니다. 그때까지만 해도 저는 친구인 이을해를 의심해볼 생각도 하지 못했고 2012. 6. 10.경 김갑인을 찾아가서 도대체 어떻게 매매대금이 2억 원이나 차이가 나느냐고 따져 물었더니 김갑인은 이을해의 지시에 따라 매매가격을 부풀렸다고 시인하면서 이을해로부터는 수고비로 300만 원을 받았을 뿐 매매대금 차액 2억 원을 모두 이을해에게 현금으로 보내주었다고 하였습니다. 그러면서 김갑인의 사무실 직원인 양신구가 이을해에게 돈을 직접 전달하였다고 하면서 양신구를 제 앞에 데리고 왔는데, 양신구는 저에게 2012. 5. 30.경 2억 원을 가방에 넣어 승용차에 싣고 이을해의 집으로 가서 이을해에게 직접 전달해주었다고 말하였습니다. 저는 절친한 친구였던 이을해에게 배신감이 들어 이을해에게 연락을 해볼 엄두가 나지 않아 고민하다가 고소에 이르게 된 것입니다.
문　계약서가 위조되었다는 것을 언제 알게 되었나요.
답　소유권이전등기는 공시지가대로 이루어진 것으로 알았기 때문에 별 신경을 쓰지 않았고, 나중에 최정오를 만나서 실제 매매대금이 3억 원이라는 말을 듣고서야 비로소 5억 원짜리 계약서가 위조되었다는 사실을 알게 되었습니다.
문　피해사실을 뒷받침할 자료가 있는가요.
답　이 사건 관련 토지 등기부등본 1부, 5억 원을 2회에 걸쳐서 송금한 무통장 입금증 2장, 매매대금이 5억 원으로 기재된 위조매매계약서 1부를 제출하겠습니다.

[57] 피고인 아닌 박병진의 공판기일에서의 진술이 피고인 아닌 김갑인의 진술을 내용으로 하는 전문진술인 경우이다. 원진술자인 김갑인이 이 사건 법정에 출석하고 있는 이상 증거능력이 부정된다(형사소송법 제316조 제2항).

[53] 피고인 아닌 박병진의 진술이 피고인 아닌 양신구의 진술을 내용으로 하는 전문진술이다. 원진술자인 양신구가 사망하였으나 그 진술이 특히 신빙할 수 있는 상태 하에서 행하여졌음이 증명되지 아니하여 증거능력이 부정된다(형사소송법 제316조 제2항).

사법경찰리는 진술인에게서 토지 등기사항전부증명서 1부, 무통장입금증 2부, 위조매매계약서 1부를 각각 제출받아 조서 말미에 첨부하다. 등기사항전부증명서와 무통장입금증은 각각 (생략).

문 달리 할 말이 있는가요.
답 순진한 고소인이 평생 모은 돈을 이토록 쉽게 편취한 피의자들이 다시는 죄를 짓지 못하도록 엄벌하여 주시기 바랍니다.
문 이상의 진술은 사실인가요.
답 예, 사실입니다.

위의 조서를 진술자에게 열람하게 하였던바, 진술한 대로 오기나 증감·변경할 것이 전혀 없다고 말하므로 간인한 후 서명무인하게 하다.

진술자 박 병 진 (무인)

2012. 9. 11.

서울서초경찰서

사법경찰리 경사 강 철 중 ㊞

[59] 피해자의 처벌의사 진술은 습관적으로 체크한다.

[60] 조서의 작성주체가 사법경찰관이 아닌 사법경찰리인 경우 답안에서 구별하여 기재함이 원칙이다. 다만 '사경'으로 축약기재하는 경우에는 굳이 체크하지 아니하여도 무방하다.

(표준계약서식 제1호) **不 動 産 賣 買 契 約 書**

매도인과 매수인 쌍방은 아래 표시 부동산에 관하여 다음 계약내용과 같이 매매 계약을 체결한다.
1. 부동산의 표시 : 경기도 화성시 봉담읍 동화리 283 대 1503㎡
2. 계약내용 : 소유권이전

제1조 위 부동산의 매매에 있어 매수인은 매매대금을 아래와 같이 지불하기로 한다.

賣買代金	金 5억 원 整 (₩500,000,000)	單位	
契約金	金 5천만 원整을 계약시 지불하고		
中渡金	金 원整은 년 월 일 지불하며		
殘金	金 4억 5천만 원整은 2012년 5월 18일 중개업자 입회하에 지불한다.		

구체적인 계약내용은 (생략).

2012년 5월 3일

매도인	주소	경기 화성시 봉담읍 동화리 11				
	주민등록번호	56xxxx-xxxxxxx	전화	010-****-xxxx	성명	최정오 ㊞
매수인	주소	서울 서초구 서초1동 150				
	주민등록번호	52xxxx-xxxxxxx	전화	011-***-xxxx	성명	박병진 ㊞
중개인	사업장소재지	경기 화성시 봉담읍 동화리 567				검인
	상호	사구팔 부동산중개소				
	대표	김갑인	전화	010-xxxx-xxxx		
	등록번호	(생략)				

[61] 피고인이 위조한 사문서인 부동산매매계약서의 작성명의인이 최정오와 박병진의 공동명의임을 확인할 수 있다.

- 30 -

진술조서

성   명: 최정오

주민등록번호: 56****-1******   55세

직업, 주거, 등록기준지, 직장주소, 연락처는 각각 (생략)

위의 사람은 피의자 김갑인, 이을해에 대한 특정경제범죄가중처벌등에관한법률위반(사기) 피의사건에 관하여 2012. 9. 12. 서울서초경찰서 경제팀 사무실에 임의 출석하여 다음과 같이 진술하다.

1. 피의자와의 관계

   피의자들과 아무런 관계가 없습니다.

2. 피의사실과의 관계

   피의자 김갑인을 통해 제 토지를 매도한 사실과 관련하여 진술인 자격으로 출석하였습니다.

이때 사법경찰리는 진술인 최정오를 상대로 다음과 같이 문답하다.

문   진술인은 진술인이 소유하던 토지를 피의자 김갑인을 통해서 박병진에게 매도한 사실이 있지요.

답   예, 그렇습니다.

문   토지의 매매 경위에 관하여 진술하여 보겠는가요.

답   저는 2012. 5. 3.경 피의자 김갑인을 통해서 제 소유의 경기 화성시 동화리 283에 있는 토지를 박병진에게 매도한 사실이 있습니다. 피의자 김갑인은 저희 마을에서 부동산 중개업소를 운영하는 사람인데, 2012. 4.경 저의 집으로 찾아와서 제 토지를 사려는 사람이 있는데 토지를 팔 생각이 없느냐고 물어보았습니다. 저는 3억 원 정도면 좋다는 결론을 내리고, 3억 원을 제의하였습니다. 그랬더니 며칠 후 피의자 김갑인이 선뜻 매수인 박병진이 그 토지를 3억 원에 사겠다고 하였다면서 계약서를 작성하자고 하였습니다. 그래서 2012. 5. 3. 피의자 김갑인이 매수인 박병진을 대행하여 매매대금을 3억 원으로 하는 계약서를 작성한 후 당일 피의자 김갑인에게서 계약금 5,000만 원을 송금받았습니다. 그리고 같은 달 18.경 피의자 김갑인에게

서 중도금과 잔금으로 2억 5,000만 원을 송금받은 후 아무런 문제없이 소유권이전등기절차까지 마무리되었습니다. 그런데 2012. 6. 현충일 다음날 갑자기 토지 매수인 박병진으로부터 왜 토지 시세보다 훨씬 많은 5억 원이나 토지 매매대금을 받았느냐는 항의를 받고서, 깜짝 놀라 박병진에게 저는 3억 원밖에 받지 않았다고 이야기하였더니, 박병진이 토지 매매계약서를 들고 저를 찾아왔습니다. 제가 그 매매계약서를 보니 매도인으로 제 이름이 기재되어 있었지만, 매매대금이 5억 원으로 되어 있었습니다. 저는 그런 계약서는 그날 처음 보았습니다. 그래서 피의자 김갑인을 찾아가 어떻게 된 것인지 따져 물었더니, 피의자 김갑인은 실제와 달리 매매대금을 5억 원으로 기재한 매매계약서를 이중으로 작성하여 박병진에게 보여주었다면서, 저에게 1,000만 원을 줄 테니 수사기관에 고소는 하지 말아줄 것을 부탁하였습니다.

문 이상의 진술은 사실인가요.
답 예, 사실입니다.

위의 조서를 진술자에게 열람하게 하였던바, 진술한 대로 오기나 증감·변경할 것이 전혀 없다고 말하므로 간인한 후 서명무인하게 하다.

진술자 최 정 오 (무인)

2012. 9. 12.

서울서초경찰서

사법경찰리 경사 강 철 중 ㉑

[63] 최정오가 위조사실을 추궁하자 김갑인이 1,000만 원을 주면서 범행을 무마하려고 하였다는 사정은 공모사실 인정 여부와 관련하여 피고인 이을해에게 유리한 신빙성 탄핵의 자료로 활용할 수 있다.

[64] 사법경찰관 작성 피의자신문조서의 경우 형사소송법 제312조 제3항에 의해 증거능력이 부정되는 경우가 많다.

피의자신문조서에서는 증거능력 검토 후, 증명력과 관련하여 진술번복이 있는지 여부 및 각 진술이 구체화되는 과정 등을 살펴보아야 한다. 범행 후 시간이 경과할수록 진술이 구체화되는 사정은 일반적인 기억력 작용에 반하는 것이므로 신빙성 탄핵의 자료로 활용할 수 있다.

피의자신문이 여러 차례 이루어진 경우에는 각 회차에 따라 관련 공소사실이 무엇인지 정확히 구분하여야 하고, 메모를 함에 있어서도 각 회차를 구분하여 기재하여야 한다.

사경 작성 피의자신문조서와 별도로 검사 작성 피의자신문조서가 생략되지 않고 등장하는 경우에는 번복진술 또는 추가진술이 있는지 여부를 꼭 확인하여야 한다.

피의자신문조서

피의자 김갑인에 대한 특정경제범죄가중처벌등에관한법률위반(사기) 등 피의사건에 관하여 2012. 10. 2. 서울서초경찰서 경제팀 사무실에서 사법경찰관 경위 안경위는 사법경찰리 경사 강철중을 참여하게 하고, 아래와 같이 피의자임에 틀림없음을 확인하다.

문 피의자의 성명, 주민등록번호, 직업, 주거, 등록기준지 등을 말하십시오.
답 성명은   김갑인(金甲寅)
    주민등록번호는   52****-1******   직업은 부동산중개업
    주거는   (생략)
    등록기준지는   (생략)
    직장 주소는   (생략)
    연락처는   자택전화 (생략)   휴대전화 (생략)
                 직장전화 (생략)   전자우편(e-mail) (생략)   입니다.

사법경찰관은 피의사건의 요지를 설명하고 사법경찰관의 신문에 대하여 「형사소송법」 제244조의3에 따라 진술을 거부할 수 있는 권리 및 변호인의 참여 등 조력을 받을 권리가 있음을 피의자에게 알려주고 이를 행사할 것인지 그 의사를 확인하다.

진술거부권 및 변호인 조력권 고지 등 확인

1. 귀하는 일체의 진술을 하지 아니하거나 개개의 질문에 대하여 진술을 하지 아니할 수 있습니다.
2. 귀하가 진술을 하지 아니하더라도 불이익을 받지 아니합니다.
3. 귀하가 진술을 거부할 권리를 포기하고 행한 진술은 법정에서 유죄의 증거로 사용될 수 있습니다.
4. 귀하가 신문을 받을 때에는 변호인을 참여하게 하는 등 변호인의 조력을 받을 수 있습니다.

문 피의자는 위와 같은 권리들이 있음을 고지받았는가요.
답 예, 고지받았습니다.

문   피의자는 진술거부권을 행사할 것인가요.
답   아닙니다.
문   피의자는 변호인의 조력을 받을 권리를 행사할 것인가요.
답   아닙니다. 혼자서 조사를 받겠습니다.

이에 사법경찰관은 피의사실에 관하여 다음과 같이 피의자를 신문하다.
[피의자의 범죄전력, 경력, 학력, 가족·재산 관계 등은 각각 (생략)]

문   피의자는 2012. 3. 하순경 박병진에게서 주유소 부지로 이용하려고 하니 최정오가 소유하는 경기 화성시 봉담읍 동화리 283에 있는 토지를 매입해달라는 의뢰를 받은 사실이 있는가요.
답   예, 이을해를 통해서 박병진으로부터 그런 의뢰를 받은 사실이 있습니다.
문   피의자는 이을해와 공모하여 사실은 토지소유자 최정오로부터 토지 매매대금으로 3억 원을 제시받았음에도 박병진에게는 토지 매매대금이 5억 원이라고 부풀려 말함으로써 이에 속은 박병진으로부터 그 매매대금 5억 원을 송금받아 편취한 사실이 있는가요.
답   예, 박병진에게 거짓말하여 매매대금으로 5억 원을 송금받은 것은 사실입니다. 다만, 저는 이을해의 지시에 따라 그렇게 하였을 뿐이고, 실제 매매대금 3억 원은 토지 소유자인 최정오에게 다시 송금해주었고, 실제 대금과의 차액인 2억 원은 저의 사무소 직원인 양신구를 통해 모두 이을해에게 전달해주었고, 저는 이을해로부터 수고비 명목으로 300만 원을 송금받았을 따름입니다.
문   자세한 경위는 어떠한가요.
답   2012. 4. 초순경 이을해가 저의 중개사무소를 찾아와서 자신의 친구인 박병진이 주유소를 세우기 위해서 최정오의 토지를 사려고 하는데 가격을 좀 알아봐달라고 해서, 제가 토지 소유자인 최정오에게 물어봤더니 최정오는 3억 원을 달라고 하였습니다. 제가 이을해에게 최정오가 3억 원을 부른다고 말했더니, 이을해는 저에게 "박병진은 순진해서 토지 거래에 대해서는 잘 모른다. 그러니 박병진에게는 토지소유자가 부르는 가격보다 부풀려 말해서 이 기회에 한 몫 챙길 생각이다. 나중에 일이 잘 되면 너도 섭섭하지 않게 돈을 나누어주겠다. 너는 나중에 박병진으로부터 연락이 오면 '토지 소유자가 5억 원 아래로는 안 팔겠다고 한다. 요즘 그 부근 토지 시세를 확인해보았는데 그 토지가격이 5억 원 이상 나가니 안심하고 구입해도 된다.'고만 말해달라."고 하였습니다. 그런 후 2012. 4. 10.경 진짜로 박병진으로부터

[65] 김갑인이 범행의 대가로 300만 원을 받았을 뿐이라는 진술은 김갑인이 최정오에게 범행무마의 대가로 1,000만 원을 주려고 했다는 사정과 모순된다.

[66] 김갑인의 주장대로 피고인 이을해와의 공모관계가 인정된다면 피고인들의 범행과 전혀 무관한 제3자인 양신구를 통해 편취금을 현금으로 전달할 이유가 없다는 사정은 김갑인 진술에 대한 신빙성 탄핵의 자료로 활용할 수 있다.

전화 연락이 왔기에 저는 이을해로부터 부탁받은 그대로 박병진에게 말해주었습니다. 그런 후 2012. 5. 3.경 제가 매수인 박병진을 대행하여 토지 매도인 최정오와 매매대금을 3억 원으로 하는 계약서를 작성하고, 박병진으로부터 계약금 5,000만 원을 송금받아 최정오의 계좌로 송금해주고, 같은 해 5. 18.경 중도금과 잔금 명목으로 4억 5,000만 원을 박병진으로부터 송금받아 그중 2억 5,000만 원은 최정오의 계좌로 송금해준 후 박병진의 앞으로 소유권이전등기를 해주었습니다. 나머지 2억 원은 제 사무소 직원인 양신구를 시켜서 2012. 5. 23.부터 1주일간 소액으로 분산하여 모두 5만 원권 현금으로 인출한 후 2012. 5. 30.경 가방에 넣어 승용차에 싣고 이을해의 집으로 가 전달하게 하였습니다. 그럼에도 불구하고 이을해는 같은 해 5. 19. 수고비로 달랑 300만 원을 저에게 보내주었을 뿐입니다. 그리고 2012. 5. 25.경 박병진이 토지매매계약서를 보내달라고 하기에 같은 날 제가 운영하는 '사구팔 부동산중개소'에서 매매계약서 용지의 부동산의 표시란에 '경기도 화성시 봉담읍 동화리 283 대 1503㎡', 매매대금란에 '금 5억 원', 토지매수인란에 '박병진'이라고 기재한 다음, 박병진의 이름 옆에 갖고 있던 박병진의 도장을 찍어서, 도장과 함께 박병진에게 가져다주었습니다.

문   피의자는 최정오와의 계약을 처리하고, 5억 원을 송금받았으며, 계약서까지 위조하였는데, 왜 2억 원 전액을 추적이 어려운 현금으로 인출하여 이을해에게 교부한 것인가요.
답   이을해의 지시에 따랐을 뿐입니다.
문   이상의 진술내용에 대하여 이의나 의견이 있는가요.
답   없습니다. 죄송합니다. 선처를 부탁합니다.

위의 조서를 진술자에게 열람하게 하였던바, 진술한 대로 오기나 증감·변경할 것이 전혀 없다고 하므로 간인한 후 서명무인하게 하다.

진술자 김갑인 (무인)

2012. 10. 2.

서울서초경찰서

사법경찰관   경위   안경위 ㉐
사법경찰리   경사   강척중 ㉐

[67] 사경 작성 피고인 이을해에 대한 제1회 피의자신문에서는 특경법위반(사기)의 점에 대해서만 다투고 있다.

피의자신문조서

피의자 이을해에 대한 특정경제범죄가중처벌등에관한법률위반(사기) 피의사건에 관하여 2012. 10. 2. 서울서초경찰서 수사과 경제팀 사무실에서 사법경찰관 경위 안경위는 사법경찰리 경사 강철중을 참여하게 하고, 아래와 같이 피의자임에 틀림 없음을 확인하다.

문　피의자의 성명, 주민등록번호, 직업, 주거, 등록기준지 등을 말하십시오.
답　성명은　이을해(李乙亥)
　　주민등록번호는　　52****-1******　　직업은 무직
　　주거, 등록기준지, 직장주소, 연락처는 각각 **(생략)**

사법경찰관은 피의사건의 요지를 설명하고 사법경찰관의 신문에 대하여 「형사소송법」 제244조의3에 따라 진술을 거부할 수 있는 권리 및 변호인의 참여 등 조력을 받을 권리가 있음을 피의자에게 알려주고 이를 행사할 것인지 그 의사를 확인하다.
[진술거부권 및 변호인 조력권 고지함. 그 내용은 (생략)]

이에 사법경찰관은 피의사실에 관하여 다음과 같이 피의자를 신문하다.
[피의자의 범죄전력, 경력, 학력, 가족・재산 관계 등 각각 (생략)]
문　피의자는 2012. 3. 하순경 박병진에게서 주유소 부지로 이용하려고 하니 최정오가 소유하는 경기 화성시 봉담읍 동화리 283 토지를 매입해달라는 의뢰를 받은 사실이 있는가요.
답　예, 박병진으로부터 그런 의뢰를 받은 사실이 있습니다.
문　피의자는 김갑인과 공모하여 사실은 토지소유자 최정오로부터 토지 매매대금으로 3억 원을 제시받았음에도 박병진에게는 토지 매매대금이 5억 원이라고 부풀려 말함으로써 이에 속은 박병진에게서 그 매매대금 5억 원을 송금받아 편취한 사실이 있는가요.
답　예, 그런 사실이 있습니다.
문　자세한 경위는 어떠한가요.
답　2012. 4. 초순경 친구인 박병진에게서 주유소 부지를 알아봐달라는 부탁을 받

[68] 검찰단계 및 공판단계에서의 진술내용과 달리 경찰단계에서는 피고인 이을해가 김갑인과의 공모사실을 인정하고 있다(진술번복). 이러한 사정은 피고인 이을해에게 불리한 내용으로서 변론요지서에서는 굳이 언급할 필요가 없다.

고, 고향에서 부동산중개업소를 운영하는 김갑인에게 최정오가 소유하는 경기도 화성시 봉담읍 동화리 283 토지 매입을 의뢰하였습니다. 김갑인이 최정오가 토지 매매대금으로 3억 원을 달라고 한다고 말하기에, 순간적으로 욕심이 나서 박병진에게 최정오가 부르는 가격보다 토지가격을 부풀려 말해서 차액을 챙기자는 김갑인의 제의에 동의하게 되었습니다. 2012. 4. 10.경 박병진의 집으로 찾아가서 박병진에게 "내가 토지 중개업자인 김갑인에게 알아보았는데 토지 소유자가 5억 원은 주어야 토지를 팔겠다고 하고, 요즘 그 주변 땅 시세가 그 이상 나가니, 5억 원 가량이면 그 땅을 싸게 사는 편이라고 하더라."라고 이야기하였고 김갑인도 전화로 "토지 소유자가 5억 원 아래로는 안 팔겠다고 한다. 요즘 그 부근 토지 시세를 확인해보았는데 그 토지가격이 5억 원 이상 나가니 안심하고 구입해도 된다."고 이야기하였습니다. 결국 2012. 5. 3.경 김갑인이 토지 매도인 최정오와 매매대금을 3억 원으로 하여 계약한 후, 박병진으로부터 총 5억 원을 송금받아 그 중 3억 원만 최정오의 계좌로 송금해주고 박병진의 앞으로 소유권이전등기를 마친 것으로 알고 있습니다.

문　이상의 진술내용에 대하여 이의나 의견이 있는가요.
답　없습니다.

위의 조서를 진술자에게 열람하게 하였던바, 진술한 대로 오기나 증감·변경할 것이 전혀 없다고 하므로 간인한 후 서명무인하게 하다.

진술자　이을해　(무인)

2012. 10. 2.
서울서초경찰서
사법경찰관　경위　안경위　㊞
사법경찰리　경사　강척중　㊞

피의자신문조서

피의자 김갑인에 대한 특정범죄가중처벌등에관한법률위반(도주차량) 등 피의사건에 관하여 2012. 9. 18. 서울서초경찰서 교통사고조사계 사무실에서 사법경찰관 경위 노교동은 사법경찰리 경장 오경장을 참여하게 하고, 아래와 같이 피의자임에 틀림없음을 확인하다.

문　피의자의 성명, 주민등록번호, 직업, 주거, 등록기준지 등을 말하십시오.
답　성명은　김갑인(金甲寅)
　　　주민등록번호는　　52****-1******　　직업은 부동산중개업
　　　주거, 등록기준지, 직장주소, 연락처는 각각 **(생략)**

사법경찰관은 피의사건의 요지를 설명하고 사법경찰관의 신문에 대하여 「형사소송법」 제244조의3에 따라 진술을 거부할 수 있는 권리 및 변호인의 참여 등 조력을 받을 권리가 있음을 피의자에게 알려주고 이를 행사할 것인지 그 의사를 확인하다.
[진술거부권 및 변호인 조력권 고지함. 그 내용은 (생략)]

이에 사법경찰관은 피의사실에 관하여 다음과 같이 피의자를 신문하다.
[피의자의 범죄전력, 경력, 학력, 가족·재산 관계 등 각각 (생략)]

문　피의자는 술을 마시고 운전하다 교통사고를 낸 사실이 있는가요.
답　예, 그렇습니다.
문　언제, 어디서 그랬는가요.
답　2012. 9. 18. 21:30경 술을 마시고 석 달 전에 새로 뽑은 제 소유의 59투5099호 제네시스 승용차를 운전하여 서울 서초구 서초동에 있는 교대역 사거리 앞 도로를 서초역 쪽에서 강남역 쪽으로 편도 3차로를 따라 진행하던 도중에 잠시 딴 생각을 하다가 횡단보도 앞에서 적색신호에 정차한 앞 차량을 보지 못하고 그대로 들이받았습니다.
문　술은 언제 어디에서 얼마나 마셨는가요.
답　2012. 9. 18. 21:00경부터 21:20경까지 서울 서초구 서초동에 있는 서초갈비에서 식사하면서 혼자서 소주 3잔 정도 술을 마시고 집으로 내려가려던 중에 사고가 난 것입니다.
문　피의자는 교통사고를 낸 후 그대로 도주한 사실이 있는가요.
답　사고 당시 피해차량 운전자가 차에서 목을 문지르면서 내리더니 일단 차량을 다

[69] 특경법위반(사기)의 공소사실 외 교특법위반의 공소사실과 관련된 피의자신문조서이다.

[70] 술을 마신 후 운전을 한 사실 자체는 인정된다. 따라서 음주 사실 자체는 다투지 아니하고, 범행 당시 피고인의 혈중알콜농도가 처벌기준치에 미달한다는 또는 그 측정에 오류가 있다는 방향으로 변론을 전개하여야 한다.

[71] 피해차량의 번호판이 약간 꺾이고 뒷범퍼에 흠집이 난 것에 불과하고, 도로에 비산물 등이 존재하였다는 사정이 존재하지 아니한다는 점을 고려하면 피해자에 대한 구호의무 등이 부정됨을 알 수 있다.

[72] 자진출석시 혈중알콜농도가 0.045%에 불과하고, 위드마크공식을 적용한 산출결과 역시 0.053%에 불과하다는 점을 고려하면 피고인이 범행 당시 처벌기준치를 초과한 음주운전을 하지 아니하였음을 주장하여야 함을 알 수 있다.

[73] 교통사고 관련 종합보험에 가입되어 있다는 사정은 피고인의 진술과 보험가입사실증명원의 기재를 통해 인정할 수 있다.

른 장소로 이동하자고 하여, 일단 피해차량과 함께 부근 편의점 앞 도로로 이동하였습니다. 그곳에서 피해차량을 살펴보니 피해차량의 번호판이 약간 꺾이고 뒷범퍼에 흠집이 난 것을 확인할 수 있었습니다. 제가 보험처리를 해주겠다고 하였으나, 피해자가 저로부터 술 냄새가 나는 것 같다고 하더니 경찰에 신고해서 혼이 좀 나봐야 한다고 하면서 합의금으로 300만 원을 요구하였습니다. 약 40분간을 옥신각신하다가 피해자가 정말 경찰을 부르려고 전화를 하자 겁이 나서 그냥 차량을 타고 가버렸는데, 가는 도중에 경찰에서 전화가 와서 출석하라는 통보를 받고 고민하다가 자진하여 서울서초경찰서로 출석하여 음주측정을 받았습니다.

문 피의자가 서울서초경찰서 교통사고조사계에 자진출석하였을 때 음주측정을 한 결과 피의자의 혈중알콜농도 0.045%가 검출되었고, 교통사고 시점으로부터 음주측정시까지 1시간이 경과되었으므로 시간당 감소수치 0.008%를 합산하면 혈중알콜농도가 0.053%에 해당하는데 이를 인정하는가요.

답 예, 제가 술을 마시고 음주운전한 것은 틀림없으니 인정하겠습니다.

문 피해자는 사고 후 병원에서 경추염좌 등으로 치료를 받고 진단서를 제출하겠다고 하는데 피해자가 상해를 입은 사실은 인정하는가요.

답 예, 피해자가 다쳤다고 하면 그게 맞겠지요. 다만 사고 당시에는 피해자가 지나치게 많은 합의금을 요구하고 경찰에 신고하려 하여 가버렸을 뿐 뺑소니를 하려 한 것은 아닙니다.

문 피의자의 차량은 종합보험에 가입되어 있는가요.

답 예, 종합보험에 가입되어 있고 보험회사에 사고신고를 해둔 상황입니다.

문 이상의 진술내용에 대하여 이의나 의견이 있는가요.

답 없습니다. 선처를 부탁합니다.

위의 조서를 진술자에게 열람하게 하였던바, 진술한 대로 오기나 증감·변경할 것이 전혀 없다고 하므로 간인한 후 서명무인하게 하다.

진술자 김갑인 (무인)

2012. 9. 18.
서울서초경찰서
사법경찰관 경위 노교동 ㊞
사법경찰리 경장 오경장 ㊞

진 술 서

성 명   고경자   (75****-2******)
주 소   (생략)

1. 저는 2012. 9. 18. 21:30경 서울 서초구 서초동에 있는 교대역 사거리 앞 도로에서 교통사고를 당한 사실이 있습니다.
1. 저는 그 당시 제 소유의 33수3010호 YF쏘나타 승용차를 운전해서 서초역 쪽에서 강남역 쪽으로 가던 도중에 횡단보도 앞에서 적색신호를 받고 서 있는데 뒤에서 59투5099호 제네시스 승용차에 의하여 들이받혔습니다.
1. 사고 후 가해운전자와 함께 일단 차량을 다른 장소로 이동한 후에 제 차의 번호판이 약간 꺾이고 뒷범퍼에 흠집이 난 것을 확인하였습니다. 거기서 교통사고 합의금 문제로 약 40분간을 옥신각신하였는데 가해자가 음주운전을 하다가 사고를 낸 것이 틀림없음에도 자기는 합의금을 못 주겠다고 하여 제가 경찰을 부르려고 전화하자 허겁지겁 차량을 타고 가버렸습니다.
1. 그래서 제가 경찰에 교통사고를 당하였는데 음주운전 가해자가 59투5099호 제네시스 승용차를 타고 도주하였다고 신고하였습니다.
1. 사고 직후에는 흥분해서 잘 모르고 집에 그냥 갔는데, 집에 돌아가서 다음 날 목과 허리가 좋지 않아서 병원에 갔더니 경추염좌라고 하였습니다.
1. 병원에서 발급해준 요치 2주의 경추염좌상 진단서를 제출하도록 하겠습니다.
1. 피의자의 처벌을 원합니다.

첨부: 진단서(생략)

2012. 9. 20.

진술자   고 경 자   ㉞

[74] 피의자의 진술서 또는 피의자에 대한 진술조서가 등장하는 경우, 쟁점 관련 사실과 피고인에 대한 처벌의사 등을 체크하여야 한다.

[75] 사고결과 피해차량의 번호판이 약간 꺾이고 뒷범퍼에 흠집이 난 것에 불과하다는 점과 피해자의 상해정도가 경미하다는 점 등을 답안에서 활용할 수 있다.

[76] 피해자의 처벌의사 유무는 습관적으로 체크한다.

[77] 도로교통법위반(음주운전) 공소사실이 출제되는 경우 '주취운전자 적발보고서'가 주요한 증거로 제시된다. 이러한 적발보고서에서는 ① 주취운전측정방법, ② 측정결과, ③ 구강청정제사용여부, ④ 입행굼 여부 등을 체크하여야 한다.

[78] 호흡측정에 의한 혈중알콜농도 측정 결과가 처벌기준에 미달하는 0.045%에 불과하였다는 점을 확인할 수 있다.

주취운전자 적발보고서 No. 2012-9-1119-00001				결재	계장	과장	서장
주취운전측정	일시	2012. 9. 18. 22:30		위반유형			
	장소	서울서초경찰서 교통사고조사계 사무실내		☐ 단순음주 ■ 음주사고			
	방법	■ 음주측정기(기기번호 303)		☐ 채혈검사			
	결과	혈중알콜농도 : 영점영사오 (0.045%)					
최종음주일시 장소	일시	2012. 9. 18. 21:20	음주 20분 경과 후 측정여부	경과			
	장소	서울 서초구 서초동 서초갈비					
구강청정제사용여부		미사용	입헹굼 여부	○			
주취운전자	주소	(생략)		전화	(생략)		
	성명	김갑인	주민등록번호	(생략)			
	차량번호	59투5099호	면허번호	(생략)	차종	(승용), 승합, 특수, 건설기계, 이륜	
참고인	주소						
	성명			전화			
단속자	소속	서울서초경찰서 교통사고조사계					
	계급	경장	성명	오경장			
인수자	소속		계급		성명		

본인은 위 기재내용이 사실과 틀림없음을 확인하고 서명무인함.

운전자 성명 **김갑인** (무인)

확인결재	위와 같이 주취운전자를 적발하였기에 보고합니다.
일시	2012. 9. 18.
확인자	보고자 성명 오 경 장 (인)
결재	서울서초경찰서장 귀하

- 41 -

서 울 서 초 경 찰 서

2012. 9. 21.

수 신　경찰서장
참 조　교통사고조사계장
제 목　수사보고(혈중알콜농도 산출보고)

피의자 이을해에 대한 도로교통법위반(음주운전) 사건에 관하여 피의자가 2012. 9. 18. 22:30경 서울서초경찰서 교통사고조사계 사무실에 자진출석하여 음주측정한 결과 혈중알콜농도가 0.045%로 측정되었는바, 측정시각으로부터 1시간 전인 교통사고 발생 시점 2012. 9. 18. 21:30경의 피의자의 혈중알콜농도를 계산하기 위하여 아래 위드마크 공식에 따라 위 측정치에 피의자에게 가장 유리한 시간당 감소치인 0.008%를 합산하여 피의자의 혈중알콜농도를 0.053%로 추산하였기에 보고합니다.

※ 위드마크 공식에 의한 혈중알콜농도 산출근거 :
운전시점의 혈중알콜농도 = 혈중알콜농도 측정치 + (시간당 알콜분해량 × 경과시간)
: 통계적으로 확인된, 시간당 알콜분해량은 개인에 따라 최저 0.008%에서 최고 0.03%에 이르는 것으로 알려져 있음

보고자　교통사고조사계 경장　오 경 장 (인)

[81] 피고인의 종합보험가입사실에 대한 증거로서 보험가입사실증명서가 제시되었다.
도주사실이 부정되어 특가법위반(도주차량)죄가 성립하지 않더라도 교통사고로 인한 상해사실이 인정되는 이상 교특법위반죄 검토를 누락하지 않도록 주의하여야 한다.

자동차종합보험		가입사실증명서	
제201209797호		사고접수번호	201229769

피보험자	성 명	김갑인	자 동 차 등록번호	59투5099호
	주 소	(생략)		제네시스
사 고 내 용	사고일시	2012년09월18일 21:30경	피 해 자	고경자
	사고장소	서울 서초구 서초동 교대역사거리	피 해 물	33수3010호 YF쏘나타
	운전자	김갑인	주민등록번호 : 52****-1******	

담보	구분	가입금액	유효기간
	대인배상1	자배법	2012. 6. 5. ~2013. 6. 5.
	대인배상2	무한	2012. 6. 5. ~2013. 6. 5.
	대물배상	2,000만원	2012. 6. 5. ~2013. 6. 5.
	자기신체사고	(인당) 3,000만원	2012. 6. 5. ~2013. 6. 5.
	무보험차상해	1인당 최고 2억원	2012. 6. 5. ~2013. 6. 5.

특약 : 연령한정 특약(만 30세 이상), 운전자 한정특약(가족한정)

상기 사항은 사실과 틀림없음을 확인합니다.
대인배상1 및 대물배상담보에 가입한 경우 자동차손해배상보장법 제5조의 규정에 의한 의무보험에 가입하였음을 증명합니다.
자동차보험에 처음 가입하는 자동차의 경우 보험료를 받은 때부터 마지막 날 24시까지(단, 증권상의 보험기간 이전에 보험료를 납입한 경우 그 보험기간의 첫날 0시부터 마지막 날 24시까지) 보험 효력이 발생합니다.

2012년 9월 19일
삼성화재해상보험주식회사

(취급자 박 지 급)   대표이사 사장 이 삼 승 [인]

진 술 서

성 명   강기술 (67****-1******)
주 소   (생략)

1. 저는 서울 서초구 양재동에서 '양재곱창' 식당을 운영하고 있습니다.
1. 2012. 9. 27. 20:10경 피의자가 저의 식당에 들어와서 5만 원어치의 술과 음식을 주문하여 먹었습니다.
1. 2012. 9. 27. 21:30경 피의자가 음식 값을 계산하지 않고 몰래 식당 밖으로 걸어 나가는 것을 발견하고 뒤따라가 음식 값을 달라고 요구하자, 피의자는 갑자기 저의 목을 잡고 손으로 뺨을 4~5회 때리고 다시 도주하였습니다.
1. 제가 도망가는 피의자를 뒤따라가 피의자의 집이 어디인지 확인한 후에 경찰에 신고를 하였습니다.
1. 피의자가 음식 값을 변제하고 용서를 구하고 있고, 제가 다친 부분이 없으므로 피의자의 처벌까지 원하지는 않습니다.

2012. 9. 28.
진술자 강기술 ㊞

[82] 공갈의 점과 관련하여 피해자의 처분행위가 존재하지 아니한다는 사실을 확인할 수 있다.

[83] 피해자의 처벌불원의사가 존재함을 확인할 수 있다.

[84] 공갈의 점에 대한 피의자신문조서이다. 피해자의 처분행위가 존재하지 아니한다는 사실을 다시 한 번 확인할 수 있다.

피의자신문조서

　피의자 이을해에 대한 공갈 피의사건에 관하여 2012. 10. 5. 서울서초경찰서 형사과 형사팀 사무실에서 사법경찰관 경위 홍반장은 사법경찰리 경사 조영사를 참여하게 하고, 아래와 같이 피의자임에 틀림없음을 확인하다.

문　피의자의 성명, 주민등록번호, 직업, 주거, 등록기준지 등을 말하십시오.
답　성명은　이을해(李乙亥)
　　주민등록번호는　　52****-1******　　직업은 무직
　　주거, 등록기준지, 직장주소, 연락처는 각각 **(생략)**

　사법경찰관은 피의사건의 요지를 설명하고 사법경찰관의 신문에 대하여 「형사소송법」제244조의3에 따라 진술을 거부할 수 있는 권리 및 변호인의 참여 등 조력을 받을 권리가 있음을 피의자에게 알려주고 이를 행사할 것인지 그 의사를 확인하다.
[진술거부권 및 변호인 조력권 고지함. 그 내용은 (생략)]

이에 사법경찰관은 피의사실에 관하여 다음과 같이 피의자를 신문하다.
[피의자의 범죄전력, 경력, 학력, 가족·재산 관계 등 각각 (생략)]

문　피의자는 음식 값을 내지 않으려고 식당 주인을 폭행한 사실이 있는가요.
답　예, 그런 사실이 있습니다.
문　그 경위는 어떠한가요.
답　2012. 9. 27. 20:10경 서울 서초구 양재동 집 근처에 있는 '양재곱창'에서 혼자서 5만 원 어치의 술과 음식을 주문하여 먹었습니다. 제가 21:30경 식사를 마치고 음식 값을 계산하려고 지갑을 꺼내보니, 그때서야 소지하고 있는 현금이 3만 원밖에 없다는 것을 발견하게 되었습니다. 어떻게 할까 고민하다가 식당주인이 잠시 한눈을 파는 사이에 식당 밖으로 걸어 나갔습니다. 그런데 식당주인이 저를 발견하고 뒤따라와 음식 값을 달라고 요구하기에, 피해자의 목을 잡고 손으로 뺨을 4~5회 때렸습니다.

- 45 -

문   그 뒤에 어떻게 되었는가요.
답   제가 도망쳤으나 식당주인이 저의 집에까지 뒤따라와서 저의 집이 어디인
    지 확인한 후에 경찰에 신고한 것으로 알고 있습니다.
문   이상의 진술내용에 대하여 이의나 의견이 있는가요.
답   없습니다. 죄송합니다.

위의 조서를 진술자에게 열람하게 하였던바, 진술한 대로 오기나 증감·변경할
것이 전혀 없다고 하므로 간인한 후 서명무인하게 하다.

       진술자 **이 을 해** (무인)

2012. 10. 5.
서울서초경찰서
  사법경찰관 경위 **홍 반 장** ㊞
  사법경찰리 경사 **조 영 사** ㊞

[85] 사경이 아닌 검사가 작성한 피의자신문조서임에 주의한다. 증거목록을 읽는 단계에서 검찰단계와 경찰단계 수사서류를 미리 구분하여 해당 페이지를 표시할 것을 추천한다.

검찰단계 수사기록은 경찰단계에서의 기록보다 정제된 기록이다. 따라서 사실관계 등에 대한 빠른 파악을 위해 검찰단계 기록을 먼저 읽는 방법도 유효하다.

피의자신문조서

성 명: 이을해

주민등록번호: 52****-1******

위의 사람에 대한 특정경제범죄가중처벌등에관한법률위반(사기) 등 피의사건에 관하여 2012. 10. 16. 서울중앙지방검찰청 제511호 검사실에서 검사 정이감은 검찰주사 한조사를 참여하게 한 후, 아래와 같이 피의자임에 틀림없음을 확인하다.

문　피의자의 성명, 주민등록번호, 직업, 주거, 등록기준지 등을 말하시오.
답　성명은 이을해(李乙亥)
　　　주민등록번호, 직업, 주거, 등록기준지, 직장주소, 연락처는 각각 (생략)

검사는 피의사실의 요지를 설명하고 검사의 신문에 대하여 「형사소송법」 제244조의3에 따라 진술을 거부할 수 있는 권리 및 변호인의 참여 등 조력을 받을 권리가 있음을 피의자에게 알려주고 이를 행사할 것인지 그 의사를 확인하다.

진술거부권 및 변호인 조력권 고지 등 확인

1. 귀하는 일체의 진술을 하지 아니하거나 개개의 질문에 대하여 진술을 하지 아니할 수 있습니다.
2. 귀하가 진술을 하지 아니하더라도 불이익을 받지 아니합니다.
3. 귀하가 진술을 거부할 권리를 포기하고 행한 진술은 법정에서 유죄의 증거로 사용될 수 있습니다.
4. 귀하가 신문을 받을 때에는 변호인을 참여하게 하는 등 변호인의 조력을 받을 수 있습니다.

문　피의자는 위와 같은 권리들이 있음을 고지받았는가요.
답　예, 고지받았습니다.
문　피의자는 진술거부권을 행사할 것인가요.
답　아닙니다.
문　피의자는 변호인의 조력을 받을 권리를 행사할 것인가요.
답　아닙니다. 혼자서 조사를 받겠습니다.

이에 검사는 피의사실에 관하여 다음과 같이 피의자를 신문하다.
문 피의자의 학력, 경력, 가족관계, 재산정도, 건강상태 등은 경찰에서 사실대로 진술하였나요.
이 때 검사는 사법경찰관 작성의 피의자신문조서 중 해당부분을 읽어준바,
답 예. 그렇습니다.
문 피의자는 2012. 9. 27. 20:10경 서울 서초구 양재동 '양재곱창'에서 5만 원 어치의 술과 음식을 먹은 후 그 대금을 면하려고 도망하다가 업주 강기술을 폭행한 사실이 있는가요.
답 예, 그렇습니다.
문 피의자는 김갑인과 공모하여 사실은 토지소유자 최정오에게서 토지 매매대금으로 3억 원을 제시받았음에도 박병진에게는 토지 매매대금이 5억 원이라고 부풀려 말함으로써 이에 속은 박병진에게서 그 매매대금 5억 원을 송금받아 편취한 사실이 있는가요.
답 아닙니다. 그런 사실이 없습니다.
문 피의자는 2012. 3. 하순경 박병진으로부터 주유소 부지로 이용하려고 하니 최정오가 소유하는 경기 화성시 봉담읍 동화리 283 토지를 매입해달라는 의뢰를 받고, 김갑인에게 다시 최정오로부터 위 토지를 매입해달라고 의뢰한 사실은 있는가요.
답 예, 그런 사실이 있습니다.
문 피의자는 그 과정에서 김갑인에게 "박병진은 순진해서 토지 거래에 대해서는 잘 모른다. 그러니 박병진에게는 토지 소유자가 부르는 가격보다 부풀려 말해서 이 기회에 한 몫 챙길 생각이다. 나중에 일이 잘 되면 너도 섭섭하지 않게 돈을 나누어주겠다. 너는 나중에 박병진으로부터 연락이 오면 '토지 소유자가 5억 원 아래로는 안 팔겠다고 한다. 요즘 그 부근 토지 시세를 확인해보았는데 그 토지가격이 5억 원 이상 나가니 안심하고 구입해도 된다.'고만 말해달라."고 한 사실이 없는가요.
답 그런 사실이 없습니다. 저는 김갑인이 저에게 최정오가 5억 원을 매매대금으로 부른다고 하고, 그 주변 땅 시세가 그 이상 된다고 하여, 김갑인의 말을 믿고 박병진에게 김갑인의 말을 전달해주고 김갑인과 통화하도록 해준 사실 밖에 없습니다.
문 피의자는 김갑인으로부터 양신구를 통해 실제 매매대금 3억 원과의 차액인 현금 2억 원을 전달받은 사실이 없는가요.
답 저는 전혀 그런 사실이 없습니다. 박병진과는 절친한 친구로서 제가 그의

[86] 피고인 이을해가 경찰에서의 진술을 번복하면서 공모사실을 부인하고 있다.

[87] 피고인 이을해에 대한 임의동행이 위법하고, 그에 따른 긴급체포 및 피의자신문 역시 위법한 절차임을 확인할 수 있다.

돈을 받을 수 없다고 생각했기에, 박병진에게서 수고비로 받은 300만 원도 받은 다음 날 전부 김갑인에게 송금해주었고, 이번 일과 관련해서 저는 한 푼도 개인적으로 받은 사실이 없습니다.

문 피의자는 경찰에서는 김갑인과 사기범행을 공모한 사실에 관하여 시인하지 않았는가요.

답 2012. 10. 2. 09:30경 경찰관이 전화로 이 사건과 관련해서 당일 11:00까지 서울서초경찰서로 출석하라고 전화를 하였는데, 당시 제가 반포동에 있는 메리어트 호텔 커피숍에서 현재 구상하고 있는 사업과 관련해서 사람을 만나고 있는 중이니 점심식사를 마치고 그날 오후 02:00경까지 출석하겠다고 대답하였는데, 약 30분 가량 지나서 경찰관 2명이 박병진과 함께 메리어트 호텔 로비로 찾아와서 저에게 서울서초경찰서로 함께 가주어야 하겠다고 하였습니다. 제가 지금 사업상 중요한 이야기를 하고 있으니 끝나고 가겠다고 하였으나 경찰관들은 지금 꼭 가야된다고 하면서 저를 경찰차량에 태워서 서울서초경찰서 경제팀 사무실로 데리고 갔습니다. 그곳에서 박병진과 김갑인을 동석시킨 후 경찰관이 저에게 김갑인과 공모하여 박병진으로부터 토지 매매대금 5억 원을 편취한 것이 아니냐고 묻기에 저는 그런 사실이 없다고 부인하였습니다. 그랬더니 경찰관이 저를 긴급체포하였고, 박병진과 김갑인이 옆에서 이미 저의 범죄를 입증할 증거가 모두 갖추어졌으니 부인해봐야 소용없다고 하면서 지금 자백하고 용서를 구하면 가볍게 처벌받을 수도 있을 것이라고 하여 어쩔 수 없이 경찰관이 말하는 대로 진술하였던 것입니다. 그러나 그 때 진술한 것은 사실이 아닙니다.

문 이상의 진술내용에 대하여 이의나 의견이 있는가요.

답 없습니다.

위의 조서를 진술자에게 열람하게 하였던바, 진술한 대로 오기나 증감·변경할 것이 전혀 없다고 말하므로 간인한 후 서명무인하게 하다.

진술자 이을해 (무인)

2012. 10. 16.

서울중앙지방검찰청

검　　사 정이감 ㊞

검찰주사 한조사 ㊞

- 49 -

기타 법원에 제출되어 있는 증거들

※ 편의상 다음 증거서류의 내용을 생략하였으나, 법원에 증거로 적법하게 제출되어 있음을 유의하여 변론할 것.

○ 교통사고실황조사서(2012. 9. 18. 자)

○ 검사 작성의 피고인 김갑인에 대한 피의자신문조서(2012. 10. 12. 자)
  - 공소사실 전부와 관련하여는 피고인 김갑인이 경찰에서 한 진술과 동일하므로 내용 생략.

○ 사망진단서사본(양신구가 2012. 9. 28. 교통사고로 사망하였다는 취지)

○ 피고인들에 대한 각 조회회보서(2012. 10. 8. 자)
  - 피고인들에 대한 전과 조회로서 각각 특별한 전과 없음.

[88] 생략된 증거라도 답안에서 인용하는 경우가 있다. 다만 생략된 증거의 내용은 대부분 앞에서 등장한 기록과 중복되므로 답안에 기재할 증거 위주로 간단히 확인하도록 한다.
사실인정 쟁점과 관련하여 검사 제출 증거를 기재하는 경우 생략된 증거들도 내용을 확인하여 함께 기재하여야 한다.

[89] 양신구가 2012. 9. 28. 이미 사망하였다는 사실과 그에 대한 증거로서 사망진단서사본이 존재한다.

확 인 : 법무부 법조인력과정

2013년 제2회 변호사시험 형사법 기록형 · CH 02 메모예시

공소제기일 - 12. 10. 19.

피고인	죄명	공소사실				인정 및 부인취지	쟁점	증거		결론	비고
		일시	장소	피해자	피해품 / 고소 기타			+	-		
김갑인	2.가.나. 사문서위조, 동행사	12. 5. 25.	498부동산	박병진 명의	계약서 위조(3억→5억)	○	약식有 -공동명의계약서, 상상적경합	약식명령(p19)-12.10.14. 발령.12. 11.29.확정	-	면소(1호)	[변론요지서]
	다. 특가 (도주)	12. 9. 18.	교대역사 거리~	v. 고경자	2주	보험有	[사실]도주부정(구호 필요성×) 교특-보험有	구호조치의무(p39,p40) 가입사실증명서(p44)	피고인미신(38) v. 진술서(40)	특가도주-후단무죄 교특-공소 기각(2호)	
	다. 도교 (음주)					○	0.053%	협중앙퇴복노축정 오류	서적사본(P19)-호흡송도측정 감사법정진술(p22)	적발보고서(p42)-0.045% 수사보고(p43)-0.054%추산	후단무죄
공범ⓞ	특경 (사기)										
이을해 공범(갑) 〈긴급체포〉-위법	1. 특경 (사기)	12.4.10.~ 12.5.3.~ 12.5.18.	v.집	v.박병진	5억 or 2억?		[사실]공모×, 양신구 돈건답× 임의동행및체포위법 편취액2억(단순사기) ∴ㄷ자진술내용문	양신구인으로부터 500별립(p22) 양신구 2012. 9. 28. 사망-사망진단서 사본(생략)	v.증인(p23)사경대리진술서(p27)-316조2항. 난영위증인(p24) -316조1항.위법체포(위수증.특신상태) 감합인진술(p32), 검사.사경판피신(p34)-부인 이을혜사경판피신(p37)-부인, 검사피신-위법체포후 최정오사경대리진술조서(p32) 부동산매매계약서, 등기부, 입금증 2장	후단무죄	[변론요지서]
	3. 공판	12. 9. 27.	양제공장	v. 강기술	5만 원산단 술음식	×-공갈×	공갈고의, 처분행위無 처분불능외사有	적발불인(p44, v. 진술서) 고의, 처분행위×(p44, p45)	피고인미신(45) v. 진술서(44)	공갈-진단 무죄 특영-공소 기각(2호)	

변론요지서

사　건　2012고합1277 특정경제범죄가중처벌등에관한법률위반(사기) 등
피고인　1. 김갑인
　　　　2. 이을해

위 사건에 관하여 피고인 김갑인의 변호인 변호사 김힘찬, 피고인 이을해의 변호인 변호사 이사랑은 다음과 같이 변론합니다.

다　음

I. 피고인 김갑인에 대하여

1. 사문서위조, 위조사문서행사의 점

판례는 2인 이상의 연명으로 된 문서를 위조한 경우에는 작성명의인의 수대로 수개의 문서위조죄가 성립하고, 그 수개의 문서위조죄는 형법 제40조의 상상적 경합관계에 있으며,* 상상적 경합 관계의 경우 그 중 1죄에 대한 확정판결의 기판력은 다른 죄에 대하여도 미친다는 입장입니다.**

> * 문서에 2인 이상의 작성명의인이 있을 때에는 각 명의자마다 1개의 문서가 성립되므로 2인 이상의 연명으로 된 문서를 위조한 때에는 작성명의인의 수대로 수개의 문서위조죄가 성립하고 또 그 연명문서를 위조하는 행위는 자연적 관찰이나 사회통념상 하나의 행위라 할 것이어서 위 수개의 문서위조죄는 형법 제40조가 규정하는 상상적 경합범에 해당한다(대법원 1987. 7. 21. 선고 87도564 판결).
>
> ** 상상적 경합은 1개의 행위가 수개의 죄에 해당하는 경우를 말한다(형법 제40조). 여기에서 1개의 행위란 법적 평가를 떠나 사회관념상 행위가 사물자연의 상태로서 1개로 평가되는 것을 의미한다. 그리고 상상적 경합 관계의 경우에는 그중 1죄에 대한 확정판결의 기판력은 다른 죄에 대하여도 미친다(대판 2017.9.21. 2017도11687).

피고인은 2012. 10. 24. 수원지방법원에서 2012. 5. 25.경 사문서위조죄 및 위조사문서행사죄로 벌금 150만 원의 약식명령을 발령받았고, 그 약식명령은 2015. 11. 29. 확정되었습니다(기록 제19쪽 약식명령 참조).[01]

위 확정된 약식명령의 범죄사실은 피고인이 2012. 5. 25.경 '사구팔 부동산중개소'에서 최정오 명의의 토지 매매계약서를 위조하여 그 위조한 매매계약서를 박병진에게 행사하였다는 것입니다. 위 매매계약서는 매도인 최정오와 매수인 박병진의 공동명의의 것이므로(기록 제31쪽 부동산매매계약서 참조),[02] 피고인이 최정오 명의의 매매계약서를 위조한 사문서위조죄와 박병진 명의의 매매계약서를 위조한 사문서위조죄 및 그 각 동행사죄는 각각 상상적 경합관계에 있습니다.[03]

[01] 피고인→발령일→법원명→약식명령 내용→발령사실→확정일→확정사실→증거적시 순서로 문장을 구성한다.

[02] 증거 내용을 장황하게 설명하기 보다는 간단한 설명과 함께 증거 자체를 적시하도록 한다.

[03] 판례 등 법리를 기재한 후, 해당 공소사실의 사실관계 검토를 누락하지 않도록 한다.

상상적 경합관계에 있는 최정오와 박병진에 대한 각 사문서위조죄 및 동행사죄 중 최정오에 대한 사문서위조죄 및 동행사죄에 대해 약식명령이 확정된 이상, 그 기판력은 이 부분 공소사실인 박병진에 대한 사문서위조죄 및 동행사죄에 대하여도 미칩니다.

따라서 이 부분 공소사실은 확정판결이 있는 때에 해당하므로 형사소송법 제326조 제1호[04]에 따라 면소판결이 선고되어야 합니다.

[04] 각 호 규정까지 구체적으로 기재한다.

2. 특정범죄가중처벌등에관한법률위반(도주차량)의 점

가. 특정범죄가중처벌등에관한법률위반(도주차량)의 점에 대하여[05]

[05] 전형적인 사실인정 쟁점에 대한 목차인 피고인의 변소부터 시작하여 답안을 구성할 수도 있다. 다만, 본 답안에서는 교통사고와 관련된 판례의 태도를 중심으로 사실관계를 검토하는 방식으로 답안을 구성하였다. 이러한 답안 구성은 특히 교통사고 관련범죄에서 많이 사용하게 된다.

판례는 사고의 경위와 내용, 피해자의 상해의 부위와 정도, 사고 운전자의 과실 정도, 사고 운전자와 피해자의 나이와 성별, 사고 후의 정황 등을 종합적으로 고려하여 사고 운전자가 실제로 피해자를 구호하는 등 도로교통법 제54조 제1항에 의한 조치를 취할 필요가 있었다고 인정되지 아니하는 경우에는 사고 운전자가 위 규정에 의한 의무를 이행하기 이전에 사고현장을 이탈하였더라도 특정범죄가중처벌등에관한법률 제5조의3 제1항 위반죄로는 처벌할 수 없다는 입장입니다.*

> * 특정범죄가중처벌등에관한법률 제5조의3 제1항의 도주차량 운전자의 가중처벌에 관한 규정은 교통의 안전이라는 공공의 이익을 보호함과 아울러 교통사고로 사상을 당한 피해자의 생명·신체의 안전이라는 개인적 법익을 보호하기 위하여 제정된 것이므로, 그 입법 취지와 보호법익에 비추어 볼 때, 사고의 경위와 내용, 피해자의 상해의 부위와 정도, 사고 운전자의 과실 정도, 사고 운전자와 피해자의 나이와 성별, 사고 후의 정황 등을 종합적으로 고려하여 사고 운전자가 실제로 피해자를 구호하는 등 도로교통법 제50조 제1항에 의한 조치를 취할 필요가 있었다고 인정되지 아니하는 경우에는 사고 운전자가 피해자를 구호하는 등 도로교통법 제50조 제1항에 규정된 의무를 이행하기 이전에 사고현장을 이탈하였더라도 특정범죄가중처벌등에관한법률 제5조의3 제1항 위반죄로는 처벌할 수 없다(대법원 2007. 4. 12. 선고 2007도828 판결).

[06] 단순히 구호의무가 부정된다고 기재하면 아니 되고, 구체적인 사실관계 검토를 통해 구호의무가 부정됨을 논증하여야 한다.

이 부분 공소사실 교통사고와 관련하여 ① 피해차량의 번호판이 약간 꺾이고 뒷범퍼에 흠집이 난 정도의 경미한 사고에 불과한 점, ② 피고인은 사고 직후 차에서 내려 차량을 한쪽으로 세운 뒤 피해자와 함께 차량 파손 정도를 확인했던 점, ③ 피고인이 피해자와 사고 후 합의금 문제로 약 40분 동안 다투었으나 피해자가 상해에 대한 언급은 전혀 하지 않았던 점, ④ 사고로 인하여 피해자가 입은 상해는 2주간의 치료가 필요한 경추염좌상으로 매우 경미한 점, ⑤ 피해자는 37세의 건강한 성인 여성인 점 등을 고려하면 범행 당시 피고인에게 도로교통법 제54조 제1항에서 정한 구호조치를 할 필요성이 인정된다고 보기 어렵고, 달리 이를 인정할 만한 다른 증거 역시 없습니다.[06]

따라서 이 부분 공소사실에 대하여는 범죄의 증명이 없는 때에 해당하므로 형사소송법 제325조 후단에 의하여 무죄판결이 선고되어야 합니다.

나. 축소사실인 교통사고처리특례법위반의 점에 대하여

[07] 특정범죄가중처벌등에관한법률위반(도주차량)의 점에서 도주사실이 부정되고 축소사실인 교통사고처리특례법위반의 점이 다시 문제되는 전형적인 사례이다. 피고인은 도주의 점을 부인하고 있을 뿐, 교통사고로 피해자에게 상해를 입힌 사실은 자백하고 있다.

피고인이 교통사고로 인하여 피해자에게 상해를 입게 한 부분에 대하여는 교통사고처리특례법위반죄가 성립할 수 있고, 이러한 축소사실에 대하여 판례는 공소장변경없이도

직권으로 인정할 수 있다는 입장입니다.[07]

그러나 피고인은 사고 당시 종합보험에 가입되어 있었고(기록 제44쪽 자동차종합보험 가입사실증명서 참조),[08] 아래에서 검토하는 바와 같이 피고인은 음주운전을 하지 아니하였으므로 피고인의 이 부분 공소사실에 대해서는 교통사고처리특례법 제4조 제1항에 의하여 [09] 공소를 제기할 수 없습니다.

따라서 이 부분 공소는 공소제기 절차가 법률의 규정에 위반되어 무효인 때에 해당하므로, 형사소송법 제327조 제2호에 의하여 공소기각판결이 선고되어야 합니다.[10]

3. 도로교통법위반(음주운전)의 점[11]

판례는 피고인에게 가장 유리한 감소치를 적용한 위드마크 공식에 따라 산출한 혈중알콜농도가 처벌기준치를 근소하게 초과할 뿐만 아니라, 음주운전 시점이 혈중알콜농도의 상승시점인지 하강시점인지 확정할 수 없는 상황에서 사후 측정수치에 혈중알콜농도 감소치를 가산하는 방법으로 산출한 혈중알콜농도가 처벌기준치를 약간 넘는 경우에는 음주운전시점의 혈중알콜농도가 처벌기준치를 초과한 것이라고 단정할 수 없다는 입장입니다.*

> * [1] 위드마크 공식에 의한 역추산 방식을 이용하여 특정 운전시점으로부터 일정한 시간이 지난 후에 측정한 혈중알코올농도를 기초로 하고 여기에 시간당 혈중알코올의 분해소멸에 따른 감소치에 따라 계산된 운전시점 이후의 혈중알코올분해량을 가산하여 운전시점의 혈중알코올농도를 추정함에 있어서는 피검사자의 평소 음주정도, 체질, 음주속도, 음주 후 신체활동의 정도 등의 다양한 요소들이 시간당 혈중알코올의 감소치에 영향을 미칠 수 있는바, 형사재판에 있어서 유죄의 인정은 법관으로 하여금 합리적인 의심을 할 여지가 없을 정도로 공소사실이 진실한 것이라는 확신을 가지게 할 수 있는 증명이 필요하므로, 위 영향요소들을 적용함에 있어 피고인이 평균인이라고 쉽게 단정하여 평균적인 감소치를 적용하여서는 아니 되고, 필요하다면 전문적인 학식이나 경험이 있는 자의 도움을 받아 객관적이고 합리적으로 혈중알코올농도에 영향을 줄 수 있는 요소들을 확정하여야 할 것이고, 위드마크 공식에 의하여 산출한 혈중알코올농도가 법이 허용하는 혈중알코올농도를 상당히 초과하는 것이 아니고 근소하게 초과하는 정도에 불과한 경우라면 위 공식에 의하여 산출된 수치에 따라 범죄의 구성요건 사실을 인정함에 있어서 더욱 신중하게 판단하여야 한다. [2] 피고인에게 가장 유리한 감소치를 적용하여 위드마크(Widmark) 공식에 따라 사후 측정수치에 혈중알코올농도의 감소치를 가산하는 방법으로 산출한 혈중알코올농도가 처벌기준치를 근소하게 초과하는 것에 그치고 있을 뿐만 아니라, 음주운전 시점이 혈중알코올농도의 상승시점인지 하강시점인지 확정할 수 없는 상황에서 사후 측정수치에 혈중알코올농도 감소치를 가산하는 방법으로 산출한 혈중알코올농도가 처벌기준치를 약간 넘는다고 하여 음주운전시점의 혈중알코올농도가 처벌기준치를 초과한 것이라고 단정할 수 없다고 한 사례(대법원 2001. 7. 13. 선고 2001도1929 판결).

또한 최종 음주 시부터 90분 내에 혈중알콜농도가 측정된 경우에는 피검자의 혈중알콜농도가 최고도에 이르기까지 상승하고 있는 상태인지 최고도에 이른 후 하강하고 있는 상태인지 여부를 확정하기 어렵다 할 것이고(기록 제19쪽 서적사본 참조), 검사 역시 이 부분 공소사실에 있어 음주 최종시각 이후 체내 혈중알콜농도가 하강기에 있는지 여부를 확인하지 못한 상태에서 음주측정이 이루어졌다고 진술하고 있습니다(기록 22쪽 공판조서 참조).[12]

---

[08] 피의자신문 등에서 보험가입사실을 진술하는 경우 보험가입사실증명원 등의 증거가 추가로 제출된다.

[09] 보험가입특례 내용을 기재하여야 하나 해당 조항 적시로 갈음할 수 있다.

[10] 제327조 제2호 공소기각 소결론은 답안에서 자주 등장하므로 그대로 암기할 것을 추천한다.

[11] 2019. 12. 24. 개정된 도로교통법에 의하면 음주운전 처벌의 하한은 혈중 알콜농도 0.03%이다. 다만, 본회 해설은 출제당시 구법을 기준으로 답안 등을 구성하였다.

[12] 문제에서 추가제출 증거(서적사본)과 검사진술 등을 통해 쟁점 내용을 제시해주고 있으므로 이를 잘 활용하여 답안을 작성한다.

이 부분 공소사실은 피고인에 대한 음주측정 당시 혈중알콜농도가 하강시점에 있음을 전제로 하여 계산한 수치를 전제로 한 것이므로 그 계산에 중대한 오류가 있을 뿐만 아니라, 그 수치 자체도 처벌기준인 0.05%를 근소하게 초과한 0.053%에 불과합니다. 결국 검사가 제출한 증거만으로는 피고인이 처벌기준치를 초과한 음주운전을 하였다는 이 부분 공소사실에 대해 합리적 의심 없이 증명되었다고 할 수 없고, 그 밖에 이를 증명할 다른 증거가 없다 할 것입니다.

따라서 이 부분 공소사실은 범죄의 증명이 없는 때에 해당하므로 형사소송법 제325조 후단에 의하여 무죄판결이 선고되어야 합니다.

II. 피고인 이을해에 대하여

1. 특정경제범죄가중처벌등에관한법률위반(사기)의 점

가. 특정경제범죄가중처벌등에관한법률 적용 여부[13]

특정경제범죄가중처벌등에관한법률[14] 제3조 제1항은 피고인의 편취 금액이 5억 원 이상인 경우에 적용됩니다. 그러나 본 건은 매매가액 3억 원인 부동산을 5억 원에 매수하도록 한 사안이므로, 피고인이 취득한 금액은 2억 원에 불과합니다. 따라서 이 부분 공소사실에 대하여는 특정경제범죄가중처벌등에관한법률 제3조 제1항이 아닌 형법 제347조가 적용되어야 하고, 이러한 축소사실에 대해 판례는 공소장변경(형사소송법 제298조 제1항) 없이도 직권으로 인정할 수 있다는 입장이므로 이하에서는 형법상 사기죄 성부에 대하여 검토하도록 하겠습니다.

[13] 특경법 적용여부 검토는 공모사실 부존재 검토 후에 하여도 무방하다. 특경법 적용여부에 대하여는 법리상 다툼의 여지가 있으나, 피고인에게 유리하게 작성하여야 하는 변론요지서의 특성상 당연히 검토하여야 한다.

[14] 죄명과 달리 법령명은 띄어쓰기를 한다.

나. 공모사실의 부존재

피고인은 검찰에서부터 이 사건 법정에 이르기까지 일관되게 범행을 부인하고 있고, 피고인이 김갑인과 매매대금 편취를 공모한 사실은 물론 김갑인으로부터 양신구를 통해 2억 원을 전달받은 사실도 없습니다.

1) 검사 제출 증거

이 부분 공소사실에 대해 검사가 제출한 증거는 김갑인·증인 박병진·증인 안경위의 각 법정 진술, 검사 작성 피고인·김갑인에 대한 각 피의자신문조서의 진술기재, 사법경찰관 작성 피고인·김갑인에 대한 각 피의자신문조서의 진술기재, 사법경찰리 작성 박병진·최정오에 대한 각 진술조서의 진술기재, 부동산매매계약서·무통장입금증 2장·등기사항전부증명서의 각 기재 및 현존이 있습니다.[15]

[15] 증거는 법원→검찰→경찰, 인증→서증→증거물, 피고인→참고인, 조서→진술서→검증조서→압수조서·실황조사서→진단서·견적서의 순서대로 거시한다.

2) 증거능력 없는 증거

가) 사법경찰관 작성 피고인에 대한 피의자신문조서

위 조서에 대해서는 피고인이 내용부인 취지로 증거부동의하였으므로 형사소송법 제312조 제3항에 의하여 증거능력이 없습니다.

나) 사법경찰관 작성 김갑인에 대한 피의자신문조서

위 조서에 대해서는 피고인이 내용부인취지로 증거부동의하였으므로 형사소송법 제312조 제3항에 의하여 증거능력이 없습니다.

다) 증인 안경위의 법정진술

증인 안경위의 진술은 피고인의 자백취지 진술을 내용으로 하고, 이는 피고인이 거부의 의사를 분명하게 밝혔음에도 불구하고 강제로 연행된 후 피고인이 범행을 부인하자 긴급체포된 상태에서 이루어진 것입니다. 따라서 위 진술은 위법수집증거배제법칙(형사소송법 제308조의2) 또는 자백배제법칙(제309조)에 의하여 증거능력이 부정되고, 이러한 진술을 내용으로 하는 안경위의 진술 역시 증거능력이 없습니다(독수의 과실이론).

또한 증인 안경위의 진술은 피고인의 진술을 내용으로 하는 피고인 아닌 자의 진술(조사자 증언)으로서 형사소송법 제316조 제1항의 적용대상이나, 앞서 살펴본 바와 같이 그 피고인의 진술은 위법한 체포상태에서 이루어진 것으로서 특히 신빙할 수 있는 상태 하에서 행하여졌다고 볼 수 없으므로 역시 증거능력이 없습니다.[16]

라) 증인 박병진의 일부[17] 법정진술 및 경찰단계에서의 일부 진술

박병진의 진술 중 망 양신구로부터 '김갑인의 지시에 의해 피고인에게 현금 2억 원을 전달해 주었다'는 말을 들었다는 부분은 전문진술 및 전문진술기재 조서에 해당하고, 원진술자인 양신구가 사망하여(사망진단서 사본 참조) 진술할 수 없는 상태에 있습니다.

그러나 망 양신구가 김갑인의 종업원이라는 점, 위 진술 부분은 망 양신구가 김갑인과 함께 한 자리에서 피해자 박병진으로부터 추궁당하는 과정에서 이루어진 것이라는 점 등을 고려하면 위 진술은 특히 신빙할 수 있는 상태 하에서 행하여졌다고 할 수 없으므로, 결국 증거능력이 없습니다(형사소송법 제316조 제2항, 제312조 제4항).

설령 위 진술에 대해 특신상태가 인정되어 형사소송법 제316조 제2항에 의해 증거능력을 인정한다 하더라도,[18] 아래에서 살펴보는 김갑인의 진술과 같은 이유로 양신구의 위 진술은 신빙성이 없습니다.[19]

마) 사법경찰리 작성 박병진에 대한 진술조서의 진술기재 중 일부

위 조서의 진술기재 중 박병진이 김갑인으로부터 '김갑인이 피고인의 지시에 따라 매매가격을 부풀렸다고 시인하면서 피고인으로부터는 수고비로 300만 원을 받았을 뿐 매매대금 차액 2억 원을 모두 피고인에게 현금으로 보내주었다고 말하는 것을 들었다'는 부분은 피고인 아닌 자의 피고인 아닌 자의 진술을 내용으로 하는 전문진술 기재 조서에 해당하고, 그 원진술자인 김갑인이 이 사건 법정에 출석하고 있는 이상 증거능력이 없습니다(형사소송법 제316조 제2항, 제312조 제4항).

[16] 위법한 체포상태에서의 피고인의 진술을 내용으로 하는 조사자 간경위의 진술은 위법수집증거를 기초로 수집한 2차 증거로서 증거능력이 부정될 뿐만 아니라, 형사소송법 제316조 제1항의 특신상태 요건을 갖추지 못하여 증거능력이 부정된다.

[17] 증인 박병진의 법정진술 중 일부 진술에 대한 것임을 특정하여야 한다.

[18] 피고인에게 가장 유리하게 증거능력부터 부정하여야 하나, 경우에 따라 특신상태가 인정된다고 평가도 가능하므로 증거능력이 인정되더라도 신빙성이 부정된다는 내용을 추가로 기재하여야 한다.

[19] 김갑인의 진술에 대한 신빙성 탄핵 내용은 곧 양신구의 진술에 대한 탄핵의 내용이 된다.

3) 증명력 검토 등

피고인과 공모하여 피해자로부터 5억 원을 편취하고 양신구를 통하여 피고인에게 2억 원을 교부하였다는 내용의 김갑인의 법정진술 및 검사 작성 김갑인에 대한 피의자신문조서의 진술기재는 아래에서 보는 바와 같이 신빙성이 없습니다.

먼저 ① 김갑인이 피고인과는 상의하지 않고 박병진의 요청에 따라 계약서를 위조하여 교부한 점, ② 김갑인이 범행 후 최정오로부터 추궁을 받는 과정에서 자신이 피고인으로부터 지급받았다고 주장하는 수수료보다 훨씬 많은 금액인 1,000만 원을 주겠다고 하면서 범행을 무마하려고 한 점 등을 살펴보면 본 건 범행은 김갑인이 단독으로 한 것임을 알 수 있습니다.

또한 ① 범행에 있어 중요부분을 모두 단독으로 수행한 김갑인이 편취금 2억 원을 분배받지 않고 전부 피고인에게 교부하는 것은 경험칙에 반한다는 점, ② 피고인이 편취금 2억 원을 교부받았다면 피고인이 2012. 6. 1. 피해자에게 500만 원을 빌릴 이유가 전혀 없다는 점, ③ 굳이 범행과 무관한 제3자인 양신구를 통해 편취금을 1주일에 걸쳐 현금으로 출금하여 지급받을 만한 사정이 전혀 없다는 점, ④ 피고인이 수수료로 받은 300만 원을 받은 직후 김갑인에게 송금할 이유 역시 전혀 없다는 점 등을 고려하면 김갑인이 피고인과 사기범행을 공모하고 김갑인이 편취금 2억 원을 피고인에게 모두 교부한 것이 아니라, 오히려 김갑인이 양신구와 공모하여 범행을 저지르고 자신들의 책임을 이을해에게 전가하려 한 것일 가능성이 매우 높다 할 것입니다.

나머지 증거들만으로는 이 부분 공소사실을 증명하기에 부족하고, 이 부분 공소사실을 인정할 만한 다른 증거도 전혀 없습니다.

다. 소결

따라서 특정경제범죄가중처벌등에관한법률위반(사기)죄로 기소된 이 부분 공소사실에 대해서는 형사소송법 제325조 전단에 의한 무죄판결이, 그에 대한 축소사실인 형법상 사기의 점에 대해서는 형사소송법 제325조 후단에 의한 무죄판결이 각각 선고되어야 합니다.

2. 공갈의 점

가. 공갈의 고의 및 피해자 처분행위의 부존재[20]

[20] 피고인에게는 공갈의 고의가 없을 뿐만 아니라, 피고인에 대한 피해자의 처분행위가 부존재한다. 양자를 구별하여 적시하여야 한다.

판례는 공갈죄에 있어 폭행의 상대방이 처분행위를 한 바 없고, 단지 행위자가 법적으로 의무 있는 재산상 이익의 공여를 면하기 위하여 상대방을 폭행하고 현장에서 도주함으로써 상대방이 행위자로부터 원래라면 얻을 수 있었던 재산상 이익의 실현에 장애가 발생한 것에 불과하다면, 그 행위자에게 공갈죄의 죄책을 물을 수 없다는 입장입니다.*

> * 재산상 이익의 취득으로 인한 공갈죄가 성립하려면 폭행 또는 협박과 같은 공갈행위로 인하여 피공갈자가 재산상 이익을 공여하는 처분행위가 있어야 한다. 물론 그러한 처분행위는 반드시 작위에 한하지 아니하고 부작위로도 족하여서, 피공갈자가 외포심을 일으켜 묵인하고 있는 동안에 공갈자가 직접 재산상의 이익을 탈취한 경우에도 공갈죄가 성립할 수 있다. 그러나 폭행의 상대방이 위와 같은 의미에서의 처분행위를 한 바 없고, 단지 행위자가 법적으로 의무 있는 재산상 이익의 공여를 면하기 위하여 상대방을 폭행하고 현장에서 도주함으로써 상대방이 행위자로부터 원래라면 얻을 수 있었던 재산상 이익의 실현에 장애가 발생한 것에 불과하다면, 그 행위자에게 공갈죄의 죄책을 물을 수 없다(대법원 2012. 1. 27. 선고 2011도16044 판결).

이 부분 공소사실의 경우 피고인은 음식 값을 계산하지 않고 몰래 나가다가 이를 발견하고 따라오는 피해자의 뺨을 4~5회 때리고 달아났을 뿐입니다. 즉, 피고인에게 공갈의 고의는 전혀 없었고, 피고인에 대해 피해자가 음식 값에 대한 처분행위를 한 적도 없습니다.

따라서 이 부분 공소사실은 범죄로 되지 아니하는 때에 해당하는바, 이에 대해서는 형사소송법 제325조 전단에 의한 무죄판결이 선고되어야 합니다. 다만 공갈죄가 성립하지 아니하더라도 축소사실인 폭행죄는 성립할 수 있고, 이러한 축소사실에 대해 법원은 공소장변경 없이도 직권으로 인정할 수 있다는 입장이므로 아래에서는 폭행죄에 대해 살펴보도록 하겠습니다.

나. 축소사실인 폭행의 점에 대하여

피고인이 피해자의 뺨을 4~5회 때린 사실에 대해 폭행죄 성립이 가능합니다.[21] 그러나 폭행죄는 형법 제260조 제3항에 의해 피해자의 명시한 의사에 반하여 공소를 제기할 수 없는 범죄이고, 피해자는 이 사건 공소제기 전인 2012. 9. 28. 피고인의 처벌을 원하지 않는다는 의사를 표시하였습니다(기록 제44쪽 진술서 참조).[22]

결국 이 부분 공소는 공소제기의 절차가 법률의 규정에 위반되어 무효인 때에 해당하므로, 이에 대해 형사소송법 제327조 제2호에 의하여 공소기각 판결이 선고되어야 합니다.

2013. 1. 5.

피고인 김갑인의 변호인 변호사 김힘찬 ㉑
피고인 이을해의 변호인 변호사 이사랑 ㉑

서울중앙지방법원 제26형사부 귀중

[21] 축소사실 논의를 누락하지 않도록 주의한다.

[22] 해당 공소사실이 반의사불벌죄에 해당한다는 점→피해자가 처벌불원의사를 표시하였다는 점→처벌불원의사가 표시된 증거 순서대로 답안을 작성한다.

 MEMO

시험과목	문형	문항 번호
형사법	기록형	

변론요지서

I. 피고인 김갑인에 대하여

1. 사문서위조, 위조사문서행사의 점

판례는 2인 이상의 연명으로 된 문서를 위조한 경우에는 작성명의인의 수대로 수개의 문서위조죄가 성립하고, 그 수개의 문서위조죄는 형법 제40조의 상상적 경합관계에 있으며, 상상적 경합 관계 중 1죄에 대한 확정판결의 기판력은 다른 죄에 미친다는 입장입니다.

피고인은 2012. 10. 24. 수원지방법원에서 2012. 5. 25.경 사문서위조죄 및 위조사문서행사죄로 벌금 150만 원의 약식명령을 발령받았고, 그 약식명령은 2015. 11. 29. 확정되었습니다(기록 제19쪽 약식명령).

위 확정된 약식명령의 범죄사실은 피고인이 2012. 5. 25.경 '사구팔 부동산중개소'에서 최정오 명의의 토지매매계약서를 위조하여 그 위조한 매매계약서를 박병진에게 행사하였다는 것이고, 위 계약서는 매도인 최정오와 매수인 박병진의 공동명의의 것입니다(기록 제31쪽 부동산매매계약서). 따라서 피고인이 최정오 명의의 매매계약서를 위조한 사문서위조죄와 박병진 명의의 매매계약서를 위조한 사문서위조죄 및 그 각 동행사죄는 각각 상상적 경합관계에 있고, 그 중 최정오에 대한 사문서위조죄 및 동행사죄에 대해 약식명령이 확정된 이상, 그 기판력은 이 부분 공소사실인 박병진에 대한 사문서위조죄 및 동행사죄에 대하여도 미칩니다.

따라서 이 부분 공소사실은 '확정판결이 있는 때'에 해당하므로 형사소송법 제326조 제1호에 따라 면소판결이 선고되어야 합니다.

2. 특정범죄가중처벌등에관한법률위반(도주차량)의 점

가. 특정범죄가중처벌등에관한법률위반(도주차량)의 점에 대하여

판례는 사고의 경위와 내용 등을 종합적으로 고려하여 도로교통법 제54조 제1항에 의한 조치를 취할 필요가 있었다고 인정되지 아니하는 경우에는 사고 운전자가 위 규정에 의한 의무를 이행하기 이전에 사고현장을 이탈하였더라도 특정범죄가중처벌등에관한법률 제5조의3 제1항 위반죄로는 처벌할 수 없다는 입장입니다.

이 부분 공소사실 교통사고 관련 ① 피해차량의 번호판이 약간 꺾이고 뒷범퍼에 흠집이 난 정도의 경미한 사고에 불과한 점, ② 피고인은 사고 직후 차에서 내려 차량을 한쪽으로 세운 뒤 피해자와 함께 차량 파손 정도를 확인했던 점, ③ 피고인이 피해자와 사고 후 합의금 문제로 약 40분 동안 다투었으나 피해자가 상해에 대한 언급은 전혀 하지 않았던 점, ④ 사고로 인하여 피해자가 입은 상해는 2주간의 치료가 필요한 경추염좌상으로 매우 경미한 점, ⑤ 피해자는 37세의 건강한 성인 여성인 점 등을 고려하면 범행 당시 피고인에게 구호조치의 필요성이 인정된다고 보기 어렵고, 달리 이를 인정할 만한 다른 증거 역시 없습니다.

따라서 이 부분 공소사실에 대하여는 범죄의 증명이 없는 때에 해당하므로 형사소송법 제325조 후단에 의하여 무죄판결이 선고되어야 합니다.

나. 축소사실인 교통사고처리특례법위반의 점에 대하여

피고인이 교통사고로 인하여 피해자에게 상해를 입게 한 부분에 대하여는 교통사고처리특례법위반죄가 성립할 수 있고, 이러한 축소사실에 대하여 판례는 공소장변경 없이도 직권으로 인정할 수 있다는 입장입니다.

그러나 피고인은 사고 당시 종합보험에 가입되어 있었고(기록 제44쪽 자동차종합보험 가입사실증명서), 아래에서 검토하는 바와 같이 피고인은 음주운전을 하지 아니하였으므로 피고인의 이 부분 공소사실에 대해서는 교통사고처리특례법 제4조 제1항에 의하여 공소를 제기할 수 없습니다.

따라서 이 부분 공소는 공소제기 절차가 법률의 규정에 위반되어 무효인 때에 해당하므로, 형사소송법 제327조 제2호에 의하여 공소기각판결이 선고되어야 합니다.

3. 도로교통법위반(음주운전)의 점

판례는 피고인에게 가장 유리한 감소치를 적용한 위드마크 공식에 따라 산출한 혈중알콜농도가 처벌기준치를 근소하게 초과하고, 음주운전 시점이 혈중알콜농도의 하강시점인지 확정할 수 없는 상황에서 사후 측정수치에 혈중알콜농도 감소치를 가산하는 방법으로 산출한 혈중알콜농도가 처벌기준치를 약간 넘는 경우에는 운전시점의 혈중알콜농도가 처벌기준치를 초과한 것이라고 단정할 수 없다는 입장입니다. 또한 최종 음주 시부터 90분 내에 혈중알콜농도가 측정된 경우에는 피검자의 혈중알콜농도가 최고도에 이르기까지 상승하고 있는 상태인지 최고도에 이른 후 하강하고 있는 상태인지 여부를 확정하기 어렵다 할 것이고(기록 제19쪽 서적사본), 검사 역시 이 부분 공소사실에 있어 음주 최종시각 이후 체내 혈중알콜농도가 하강기에 있는지 여부를 확인하지 못한 상태에서 음주측정이 이루어졌다고 진술하고 있습니다(기록 22쪽 공판조서).

이 부분 공소사실은 피고인에 대한 음주측정 당시 혈중알콜농도가 하강시점에 있음을 전제로 하여 계산한 수치를 전제로 한 것이므로 그 계산에 중대한 오류가 있을 뿐만 아니라, 그 수치 자체도 처벌기준인 0.05%를 근소하게 초과한 0.053%에 불과합니다. 결국 검사가 제출한 증거만으로는 피고인이 처벌기준치를 초과한 음주운전을 하였다는 이 부분 공소사실에 대해 합리적 의심 없이 증명되었다고 할 수 없고, 그 밖에 이를 증명할 다른 증거가 없다 할 것입니다.

따라서 이 부분 공소사실은 범죄의 증명이 없는 때에 해당하므로 형사소송법 제325조 후단에 의하여 무죄판결이 선고되어야 합니다.

II. 피고인 이을해에 대하여

1. 특정경제범죄가중처벌등에관한법률위반(사기)의 점

가. 특정경제범죄가중처벌등에관한법률 적용 여부

특정경제범죄가중처벌등에관한법률 제3조 제1항은 편취 금액이 5억 원 이상인 경우에 적용됩니다. 그러나 본 건은 매매가액 3억 원인 부동산을 5억 원에 매수하도록 한 사안이므로, 피고인이 취득한 금액은 2억 원에 불과합니다. 따라서 이 부분 공소사실에 대하여는 특정경제범죄가중처벌등에관한법률 제3조 제1항이 아닌 형법 제347조가 적용되어야 하고, 이러한 축소사실에 대해 판례는 공소장변경(형사소송법 제298조 제1항) 없이도 직권으로 인정할 수 있다는 입장이므로 이하에서는 형법상 사기죄 성부에 대하여 검토하도록 하겠습니다.

나. 공모사실의 부존재

피고인은 김갑인과 매매대금 편취를 공모한 사실은 물론 김갑인으로부터 양신구를 통해 2억 원을 전달받은 사실도 없습니다.

1) 검사 제출 증거

이 부분 공소사실에 대해 검사가 제출한 증거는 김갑인·증인 박병진·증인 안경위의 각 법정 진술, 검사 작성 피고인·김갑인에 대한 각 피의자신문조서의 진술기재, 사법경찰관 작성 피고인·김갑인에 대한 각 피의자신문조서의 진술기재, 사법경찰리 작성 박병진·최정오에 대한 각 진술조서의 진술기재, 부동산매매계약서·무통장입금증 2장·등기사항전부증명서의 각 기재 및 현존이 있습니다.

2) 증거능력 없는 증거

① 사법경찰관 작성 피고인에 대한 피의자신문조서에 대해서는 피고인이 내용부인 취지로 증거부동의하였으므로 형사소송법 제312조 제3항에 의하여 증거능력이 없습니다.

② 사법경찰관 작성 김갑인에 대한 피의자신문조서에 대해서는 피고인이 내용부인취지로 증거부동의하였으므로 형사소송법 제312조 제3항에 의하여 증거능력이 없습니다.

③ 증인 안경위의 법정진술은 피고인의 자백취지의 진술을 내용으로 하고, 이는 피고인이 거부의 의사를 분명하게 밝혔음에도 불구하고 강제로 연행된 후 피고인이 범행을 부인하자 긴급체포된 상태에서 이루어진 것입니다. 따라서 위 피고인의 진술은 위법수집증거배제법칙(형사소송법 제308조의2) 또는 자백배제법칙(제309조)에 의하여 증거능력이 부정되고, 이러한 진술을 내용으로 하는 안경위의 진술 역시 증거능력이 없습니다(독수의 과실이론). 또한 증인의 진술은 피고인의 진술을 내용으로 하는 피고인 아닌 자의 진술이고, 앞서 살펴본 바와 같이 피고인의 진술이 위법한 체포상태에서 이루어진 이상 특히 신빙할 수 있는 상태 하에서 행하여졌다고 볼 수 없으므로, 역시 증거능력이 없습니다(형사소송법 제316조 제1항).

④ 증인 박병진의 법정진술 및 사법경찰리 작성 박병진에 대한 진술조서 진술기재 중 망 양신구로부터 '김갑인의 지시에 의해 피고인에게 현금 2억 원을 전달해 주었다'는 말을 들었다는 부분은 전문진술 및 전문진술기재 조서에 해당하고, 원진술자인 양신구가 사망하여(사망진단서 사본) 진술할 수 없는 상태에 있습니다. 그러나 망 양신구가 김갑인의 종업원이라는 점, 위 진술 부분은 망 양신구가 김갑인과 함께 한 자리에서 피해자 박병진으로부터 추궁당하는 과정에서 이루어진 것이라는 점 등을 고려하면 위 진술은 특히 신빙할 수 있는 상태 하에서 행하여졌다고 할 수 없으므로, 모두 증거능력이 없습니다(형사소송법 제316조 제2항, 제312조 제4항).

설령 위 진술에 대해 특신상태가 인정되어 증거능력을 인정한다 하더라도, 아래에서 살펴보는 김갑인의 진술과 같은 이유로 양신구의 진술은 신빙성이 없습니다.

⑤ 사법경찰리 작성 박병진에 대한 진술조서의 진술기재 중 '박병진이 김갑인으로부터 김갑인이 피고인의 지시에 따라 매매가격을 부풀렸다고 시인하면서 피고인으로부터는 수고비로 300만 원을 받았을 뿐 매매대금 차액 2억 원을 모두 피고인에게 현금으로 보내주었다고 말하는 것을 들었다'는 부분은 피고인 아닌 자의 피고인 아닌 자의 진술을 내용으로 하는 전문진술 기재 조서에 해당하고, 그 원진술자인 김갑인이 이 사건 법정에 출석하고 있는 이상 증거능력이 없습니다(형사소송법 제316조 제2항, 제312조 제4항).

3) 증명력 검토 등

김갑인은 피고인과 공모하여 피해자로부터 5억 원을 편취하고 양신구를 통하여 피고인에게 2억 원을 교부하였다는 취지로 진술하고 있습니다.

그러나 ① 김갑인이 피고인과는 상의하지 않고 박병진의 요청에 따라 계약서를 위조하여 교부한 점, ② 김갑인이 범행 후 최정오로부터 추궁을 받는 과정에서 자신이 피고인으로부터 지급받았다고 주장하는 수수료보다 훨씬 많은 금액인 1,000만 원을 주겠다고 하면서 범행을 무마하려고 한 점 등을 살펴보면 본 건 범행은 김갑인이 단독으로 한 것임을 알 수 있습니다.

또한 ① 범행에 있어 중요부분을 모두 단독으로 수행한 김갑인이 편취금 2억 원을 분배받지 않고 전부 피고인에게 교부하는 것은 경험칙에 반한다는 점, ② 피고인이 편취금 2억 원을 교부받았다면 피고인이 2012. 6. 1. 피해자에게 500만 원을 빌릴 이유가 전혀 없다는 점, ③ 굳이 범행과 무관한 제3자인 양신구를 통해 편취금을 1주일에 걸쳐 현금으로 출금하여 지급받을 만한 사정이 전혀 없다는 점, ④ 피고인이 수수료로 받은 300만 원을 받은 직후 김갑인에게 송금할 이유 역시 전혀 없다는 점 등을 고려하면 김갑인이 피고인과 사기범행을 공모하고 김갑인이 편취금 2억 원을 피고인에게 모두 교부한 것이 아니라, 오히려 김갑인이 양신구와 공모하여 범행을 저지르고 자신들의 책임을 이을해에게 전가하려 한 것일 가능성이 매우 높다 할 것입니다.

결국 위 김갑인의 진술은 믿을만 하지 못하고, 나머지 증거들만으로는 이 부분 공소사실을 증명하기에 부족하고, 이 부분 공소사실을 인정할 만한 다른 증거도 전혀 없습니다.

다. 소결

따라서 특정경제범죄가중처벌등에관한법률위반(사기)죄로 기소된 이 부분 공소사실에 대해서는 형사소송법 제325조 전단에 의한 무죄판결이, 축소사실인 형법상 사기의 점에 대해서는 형사소송법 제325조 후단에 의한 무죄판결이 각각 선고되어야 합니다.

2. 공갈의 점

가. 공갈의 고의 및 피해자 처분행위의 부존재

판례는 공갈죄에 있어 폭행의 상대방이 처분행위를 한 바 없다면, 그 행위자에게 공갈죄의 죄책을 물을 수 없다는 입장입니다.

이 부분 공소사실의 경우 피고인은 음식 값을 계산하지 않고 몰래 나가다가 이를 발견하고 따라오는 피해자의 뺨을 4~5회 때리고 달아났을 뿐입니다. 즉, 피고인에게 공갈의 고의는 전혀 없었고, 피고인에 대해 피해자가 음식 값에 대한 처분행위를 한 적도 없습니다.

따라서 이 부분 공소사실은 범죄로 되지 아니하는 때에 해당하는바, 이에 대해서는 형사소송법 제325조 전단에 의한 무죄판결이 선고되어야 합니다. 다만 공갈죄가 성립하지 아니하더라도 축소사실인 폭행죄는 성립할 수 있고, 이러한 축소사실에 대해 법원은 공소장변경 없이도 직권으로 인정할 수 있다는 입장이므로 아래에서는 폭행죄에 대해 살펴보도록 하겠습니다.

나. 축소사실인 폭행의 점에 대하여

폭행죄는 형법 제260조 제3항에 의해 피해자의 명시한 의사에 반하여 공소를 제기할 수 없는 범죄이고, 피해자는 이 사건 공소제기 전인 2012. 9. 28. 피고인의 처벌을 원하지 않는다는 의사를 표시하였습니다(기록 제44쪽 진술서).

따라서 이 부분 공소는 공소제기의 절차가 법률의 규정에 위반되어 무효인 때에 해당하므로, 이에 대해 형사소송법 제327조 제2호에 의하여 공소기각 판결이 선고되어야 합니다.

2014년 제3회
변호사시험 형사법 기록형

2014년도 제3회 변호사시험 문제

| 시험과목 | 형사법(기록형) |

응시자 준수사항

1. 시험 시작 전 문제지의 봉인을 손상하는 경우, 봉인을 손상하지 않더라도 문제지를 들추는 행위 등으로 문제 내용을 미리 보는 경우 그 답안은 영점으로 처리됩니다.

2. 답안은 흑색 또는 청색 필기구(사인펜이나 연필 사용 금지) 중 한 가지 필기구만을 사용하여 답안 작성란(흰색 부분) 안에 기재하여야 합니다.

3. 답안지에 성명과 수험번호 등을 기재하지 않아 인적사항이 확인되지 않는 경우에는 영점으로 처리되는 등 불이익을 받게 됩니다. 특히 답안지를 바꾸어 다시 작성하는 경우, 성명 등의 기재를 빠뜨리지 않도록 유의하여야 합니다.

4. 답안지에는 문제내용을 쓸 필요가 없으며, 답안 이외의 사항을 기재하거나 밑줄 기타 어떠한 표시도 하여서는 안 됩니다. 답안을 정정할 경우에는 두 줄로 긋고 다시 써야 하며, 수정액 등은 사용할 수 없습니다.

5. 시험 종료 시각에 임박하여 답안지를 교체했더라도 시험 시간이 끝나면 그 즉시 새로 작성한 답안지를 회수합니다.

6. 시험 시간이 지난 후에는 답안지를 일절 작성할 수 없습니다. 이를 위반하여 **시험 시간이 종료되었음에도 불구하고 계속 답안을 작성할 경우 그 답안은 영점으로 처리됩니다.**

7. 답안은 답안지의 쪽수 번호 순으로 써야 합니다. **배부된 답안지는 백지 답안이라도 모두 제출**하여야 하며, **답안지를 제출하지 아니한 경우 그 시간 시험과 나머지 시험에 응시할 수 없습니다.**

8. 지정된 시간까지 지정된 시험실에 입실하지 않거나 시험관리관의 승인 없이 시험 시간 중에 시험실에서 퇴실한 경우, 그 시간 시험과 나머지 시간의 시험에 응시할 수 없습니다.

9. 시험 시간 중에는 어떠한 경우에도 문제지를 시험장 밖으로 가지고 갈 수 없고, 그 시험 시간이 끝난 후에는 문제지를 시험장 밖으로 가지고 갈 수 있습니다.

[01] 가장 먼저 작성하여야 할 서면의 종류를 확인한다. 구체적으로 '누가' '누구에게' 제출하는 서면인지를 확인하여야 한다. 이에 따라 답안에서 사용할 어투뿐만 아니라 검토하여야 할 쟁점까지 달리하게 된다.

검토의견서는 변호인이 회사 내부적으로 대표변호사에게 보고하는 서면이므로 경어체를 사용하거나 '~할 것임'이라는 방식으로 답안을 작성하여야 하고, 피고인에게 유리한 내용뿐만 아니라 불리한 내용에 대하여도 객관적 입장에서 검토하여야 한다.

변론요지서는 경어체를 사용하여야 하고, 피고인에게 가장 유리한 결론으로 쟁점을 검토하여야 한다.

[02] 의율착오 쟁점이 출제되었음을 제시해주고 있다. 재판장의 석명사항과 마찬가지로 문제의 난이도를 낮추기 위한 힌트를 제시한 것이므로 관련 쟁점을 누락하지 않도록 주의한다.

[03] 기록 답안은 판례의 태도를 기준으로 답안을 작성함을 원칙으로 한다. 사례형 답안과 달리 견해 대립이나 일반론을 기재할 필요 없이 판례 결론에 따른 사안검토 위주로 작성한다.

판례의 태도에 반하는 견해를 바탕으로 피고인에 대한 무죄 등을 주장하는 예외적인 경우에는 판례 태도부터 적시한 후 변론내용을 기재하도록 한다.

[04] 검토의견서와 변론요지서 사이에 중복되는 쟁점에 대한 인용기재를 허용하고 있다. 답안 작성 시 인용기재를 적극적으로 활용하여야 한다.

[05] 제4회 시험부터는 도로명주소만 사용한다.

【문제】

피고인 김갑동에 대해서는 법무법인 공정 담당변호사 김힘찬이 객관적인 입장에서 대표변호사에게 보고할 검토의견서를, 피고인 이을남에 대해서는 변호인 이사랑의 변론요지서를 작성하되, 다음 쪽 검토의견서 및 변론요지서 양식 중 **본문 Ⅰ, Ⅱ 부분만** 작성하시오.

※ 검토의견서에서는 공소장의 죄명 내지 구성요건에 대한 의율이 잘못되었을 경우 관련 법률적 쟁점 및 이에 대한 의견과 더불어 적합한 의율변경을 하여 의율변경된 죄명 내지 구성요건에 대한 법률적 쟁점 및 이에 대한 의견도 제시할 것.

【작성요령】

1. 학설·판례 등의 견해가 대립되는 경우, 한 견해를 취할 것. 단, 대법원 판례와 다른 견해를 취하여 의견을 제시하고자 하는 경우에는 대법원 판례의 취지를 적시할 것.

2. 증거능력이 없는 증거는 실제 소송에서는 증거로 채택되지 않아 증거조사가 진행되지 않지만, 이 문제에서는 시험의 편의상 증거로 채택되어 증거조사가 진행된 것을 전제하였음. 따라서 필요한 경우 증거능력에 대하여도 논할 것.

3. 검토의견서에 기재한 내용은 변론요지서에서, 변론요지서에 기재한 내용은 검토의견서에서 각각 인용 가능.

【주의사항】

1. 쪽 번호는 편의상 연속되는 번호를 붙였음.

2. 조서, 기타 서류에는 필요한 서명, 날인, 무인, 간인, 정정인이 있는 것으로 볼 것.

3. 증거목록, 공판기록 또는 증거기록 중 '(생략)'이라고 표시된 부분에는 법에 따른 절차가 진행되어 그에 따라 적절한 기재가 있는 것으로 볼 것.

4. 공판기록과 증거기록에 첨부하여야 할 일부 서류 중 '(생략)' 표시가 있는 것, '증인선서서'와 수사기관의 조서에 첨부하여야 할 '수사과정확인서'는 적법하게 존재하는 것으로 볼 것.

5. 송달이나 접수, 통지, 결재가 필요한 서류는 모두 적법한 절차를 거친 것으로 볼 것.

6. 시험의 편의상 주소기재는 도로명 주소가 아닌 지번주소로 하였음.

- 1 -

【검토의견서 양식】

> ### 검토의견
>
> 사 건 2013고합1277 특정경제범죄가중처벌등에관한법률위반(횡령) 등
> 피고인 김갑동
>
> I. 피고인 김갑동에 대하여 (25점)
>   1. 배임의 점
>   2. 특정경제범죄가중처벌등에관한법률위반(횡령)의 점
>
> ※ 평가제외사항 - 공소사실의 요지, 정상관계 (답안지에 기재하지 말 것)
>
> 2014. 1. 4.
>
> 법무법인 공정 변호사 김힘찬 ㊞

【변론요지서 양식】

> ### 변론요지서
>
> 사 건 2013고합1277 특정경제범죄가중처벌등에관한법률위반(횡령) 등
> 피고인 이을남
>
> 위 사건에 관하여 피고인 이을남의 변호인 변호사 이사랑은 다음과 같이 변론합니다.
>
> 다 음
>
> II. 피고인 이을남에 대하여 (75점)
>   1. 특정경제범죄가중처벌등에관한법률위반(횡령)의 점
>   2. 강도의 점
>   3. 현금 절도, 여신전문금융업법위반의 점
>   4. 점유이탈물횡령의 점
>   5. 금목걸이 절도의 점
>
> ※ 평가제외사항 - 공소사실의 요지, 정상관계 (답안지에 기재하지 말 것)
>
> 2014. 1. 4.
>
> 피고인 이을남의 변호인 변호사 이사랑 ㊞
>
> 서울중앙지방법원 제26형사부 귀중

---

[06] 검토의견서와 변론요지서 사이의 배점 차이가 매우 크므로, 답안 작성시 분량과 시간 분배를 주의하여야 한다. 간단한 판례 등 법리 검토만으로 충분한 공소사실과 증거관계 검토를 통한 사실인정이 필요한 공소사실을 구별할 수 있어야 한다.

[07] 양식에서 주어진 답안 목차 그대로 답안을 작성한다. 특히 정상관계 등 평가제외사항에 대해서는 답안에서 언급하지 않음은 물론 기록을 읽는 과정에서도 관련 내용을 가볍게 읽고 넘어가야 한다. 메모 작성시 양식의 목차와 공소장의 공소사실 기재를 참고하여 피고인란과 죄명란을 기재한다.

기록내용 시작

기일	사건번호	2013고합1277	담임	제26부	주심	다
1회기일 12/5 A10 12/19 P3						

서 울 중 앙 지 방 법 원
구 공 판 **형 사 제1심 소 송 기 록**

	구속만료		미결구금	
	최종만료			
	대행 갱신 만 료			

사 건 명	가. 특정경제범죄가중처벌등에관한법률위반(횡령)
	나. 배임
	다. 강도
	라. 절도
	마. 여신전문금융업법위반
	바. 점유이탈물횡령

검 사	구사현	2013형제99999호

| 피 고 인 | 1. 가.나. | **김갑동** |
| | 2. 가.다.라.마.바. | **이을남** |

공소제기일	2013. 10. 18.

| 변 호 인 | 사선 법무법인 공정 담당변호사 김힘찬(피고인 김갑동) |
| | 사선 변호사 이사랑(피고인 이을남) |

확 정	
보존종기	
종결구분	
보 존	

완결 공람	담임	과장	국장	주심 판사	재판장	원장

- 4 -

[09] 체크할 내용이 없는 서면은 보지 않고 빠르게 넘기도록 한다.

접 수 공 람	과 장 ㊞	국 장 ㊞	원 장 ㊞

공 판 준 비 절 차

회 부 수명법관 지정 일자	수명법관 이름	재판장	비 고

법 정 외 에 서 지 정 하 는 기 일

기일의 종류	일 시	재판장	비 고
1회 공판기일	2013. 12. 5. 10:00	㊞	

- 5 -

서울중앙지방법원

목 록

문 서 명 칭	장 수	비 고
증거목록	8	검사
공소장	10	
변호인선임신고서	(생략)	피고인 김갑동
변호인선임신고서	(생략)	피고인 이을남
영수증(공소장부본 등)	(생략)	피고인 김갑동
영수증(공소장부본 등)	(생략)	피고인 이을남
영수증(공판기일통지서)	(생략)	변호사 김힘찬
영수증(공판기일통지서)	(생략)	변호사 이사랑
국민참여재판 의사 확인서(불희망)	(생략)	피고인 김갑동
국민참여재판 의사 확인서(불희망)	(생략)	피고인 이을남
의견서	(생략)	피고인 김갑동
의견서	(생략)	피고인 이을남
공판조서(제1회)	15	
공판조서(제2회)	17	
증인신문조서	20	박고소
증인신문조서	21	나부인

- 6 -

[10] 가장 먼저 공소장변경허가신청서가 있는지 체크한다. 허가신청이 있는 경우 그 다음 기일의 공판조서를 펼쳐 법원의 허가여부를 체크하여야 하고, 허가된 경우라면 공소장변경허가신청서를 펼쳐 변경된 공소사실을 확인하여야 한다. 공소사실이 변경된 경우 기존 공소장의 공소사실이 아닌 변경된 공소사실대로 기록을 읽고 메모를 시작하여야 한다.

그 다음 제1회 공판기일과 제2회 공판기일 사이에 제출된 증거가 있는지 확인한다. 공판단계에서 제출되는 합의서 등은 쟁점을 검토함에 있어 중요한 증거가 된다. 추가로 공판기일은 몇 차례 열렸는지 신청된 증인은 몇 명인지 등을 확인할 수도 있다.

[11] 공판기록 목록 다음에는 구속관계서류 목록이 등장한다. 긴급체포서 등이 생략되지 아니하고 제시되는 경우에는 체포의 적법성 등이 쟁점이 될 가능성이 크다.

[12] 피고인 이을남에 대한 체포영장이 기록에 등장하는바, 그 체포의 적법성 등이 문제됨을 예상할 수 있다.

서울중앙지방법원

목 록 (구속관계)		
문 서 명 칭	장 수	비 고
체포영장	13	피고인 이을남
피의자석방보고	(생략)	피고인 이을남

- 7 -

증거목록 (증거서류 등)

2013고합1277

① 김갑동
② 이을남

2013형제99999호   신청인: 검사

순번	증거방법					참조사항 등	신청기일	증거의견		증거결정		증거조사기일	비고
	작성	쪽수(수)	쪽수(증)	증거명칭	성명			기일	내용	기일	내용		
1	검사	37		피의자신문조서 (대질 - 김갑동, 이을남)	김갑동	(생략)	1	1	①② ○ ① ○ ② ×	(생략)			공소사실 1항 부분 공소사실 2항 부분 "
					이을남		1	1	① × ② ○				공소사실 1항 부분 공소사실 2항 부분 "
2	"	(생략)		각 세금계산서			1	1	①② ○				
3	"	46		증명서	전총무		1	1	① ○ ② ×				
4	"	(생략)		사망진단서사본	전총무		1	1	①② ○				
5	"	47		피의자신문조서 (제2회)	이을남		1	1	① ○ ② ×				
6	사경	24		고소장	박고소		1	1	① ○ ② ×				
7	"	(생략)		부동산매매계약서	김갑동 박고소		1	1	①② ○				
8	"	(생략)		영수증	김갑동		1	1	①② ○				
9	"	25		각 등기사항전부증명서			1	1	①② ○				
10	"	27		진술조서	박고소		1	1	① ○ ② ×				
11	"	29		피의자신문조서	김갑동		1	1	①② ○ ① ○ ② ×				공소사실 1,3의 가, 나, 다 항 부분 공소사실 2항 부분 "
12	"	32		고소장	김갑동		1	1	①② ○				
13	"	(생략)		신한카드 사용내역			1	1	①② ○				
14	"	33		압수조서			1	1	①② ○				
15	"	34		피의자신문조서	이을남		1	1	①② ○				
16	"	(생략)		각 가족관계증명서			1	1	①② ○				
17	"	(생략)		각 조회회보서	김갑동 이을남		1	1	①② ○				

※ 증거의견 표시 - 피의자신문조서: 인정 ○, 부인 ×
    (여러 개의 부호가 있는 경우, 적법성/성립/임의성/내용의 순서임)
- 기타 증거서류: 동의 ○, 부동의 ×
- 진술이 특히 신빙할 수 있는 상태 하에서 행하여졌다는 점 부인: "특신성 부인"(비고란 기재)

※ 증거결정 표시: 채 ○, 부 ×
※ 증거조사 내용은 제시, 내용고지

- 8 -

[13] 증거목록에서는 검찰단계와 경찰단계를 구별하여 표시한 후, 각 증거에 대한 증거의견란을 체크한다(증거의견란에 X 표시된 부분을 체크하는 정도로 충분하다). 아직 공소장을 읽지 아니한 단계에서는 각 증거가 어떤 공소사실에 관련된 것인지 알 수 없으므로 형식적인 내용만 체크한다.

[14] 대질신문조서의 경우 그 신문의 대상인 피고인들이 자신의 진술부분과 상대방의 진술부분을 구별하여 각각 증거동의를 한다. 한 개의 조사가 수 개의 공소사실과 관련되는 경우 증거부동의하는 공소사실에 대한 부분만을 특정하는 경우도 있다. 이러한 경우 부동의한 부분에 대해서만 전문법칙 등 증거능력을 검토하여야 한다. 검사 작성 김갑동에 대한 피의자신문조서에 대해 피고인 이을남이 증거부동의하고 있으나, 김갑동이 그 조서의 진정성립을 인정하고 있고, 공판단계에서 김갑동에 대한 반대신문권도 보장되었으므로 그 조서의 증거능력은 인정된다(형사소송법 제312조 제4항). 검사 작성 피고인 이을남에 대한 피의자신문조서 역시 마찬가지이다.

[15] 피고인 아닌 제3자인 전총무가 작성한 증명서에 대해 피고인 이을남이 증거부동의하고 있다. 위 증명서가 진술서인 경우 제313조 제1항의 요건을 갖추어야 증거능력이 인정된다.

[16] 고소장이 제출된 경우 그 고소인에 대한 진술조서는 항상 이어서 등장한다.

[17] 진술조서에 대해 증거부동의하는 경우에는 그 참고인을 증인으로 신청하게 된다. 당해 참고인이 증인으로 출석하여 공판정에서 그 진술조서에 대한 진정성립을 인정하는 경우에는 진술조서의 증거능력이 인정된다.

[18] 사경 작성 김갑동에 대한 피의자신문조서에 대해 피고인 이을남이 내용부인 취지로 증거부동의하고 있으므로 증거능력이 부정된다(형사소송법 제312조 제3항).

[19] 서류에 대한 증거목록 다음에는 증인과 물건에 대한 증거목록이 등장한다. 아직 공소장을 읽지 아니한 단계에서는 각 증인이 어떤 공소사실에 관련된 것인지 알 수 없으므로 간단히 실시여부만 체크하도록 한다. 철회되었거나 미실시 된 증인이 존재하는 경우 해당 내용은 증거조사기일란에 표시된다.
철회된 증인에 대해서는 크게 신경 쓰지 않아도 무방하다.

증 거 목 록 (증인 등)
2013고합1277

① 김갑동
② 이을남

2013형제99999호   신청인: 검사

증거방법	쪽수(공)	입증취지 등	신청기일	증거결정 기일	증거결정 내용	증거조사기일	비고
캐논 디지털 카메라 (증 제2호)		공소사실 3의 다.항	1	1	○	2013. 12. 19. 15:00 (실시)	
금목걸이 (증 제3호)		공소사실 3의 나.항	1	1	○	〃	
증인 박고소	20	공소사실 1항, 2항	1	1	○	〃	
증인 나부인	21	공소사실 2항	1	1	○	〃	

※ 증거결정 표시: 채 ○, 부 ×

- 9 -

서울중앙지방검찰청

2013. 10. 18.

사건번호   2013년 형제99999호
수 신 자   서울중앙지방법원
제   목   **공소장**

검사 구사현은 아래와 같이 공소를 제기합니다.

I. 피고인 관련사항

1. 피 고 인   김갑동 (53****-1******), 60세
   직업 갑동주식회사 대표이사, 010-****-****
   주거 서울 서초구 양재동 751-5, 02-533-4784
   등록기준지 경기 성남시 수정구 태평동 1429

   죄 명   특정경제범죄가중처벌등에관한법률위반(횡령), 배임
   적용법조   특정경제범죄 가중처벌 등에 관한 법률 제3조 제1항 제2호, 형법 제355조 제1항, 제2항, 제30조, 제37조, 제38조
   구속여부   불구속
   변 호 인   없음

2. 피 고 인   이을남 (63****-1******), 50세
   직업 갑동주식회사 경리부장, 010-****-****
   주거 서울 관악구 봉천동 123 봉천빌라 1동 지하 103호
   등록기준지 서울 동작구 상도2동 375

   죄 명   특정경제범죄가중처벌등에관한법률위반(횡령), 강도, 절도, 여신전문금융업법위반, 점유이탈물횡령
   적용법조   특정경제범죄 가중처벌 등에 관한 법률 제3조 제1항 제2호, 형법 제355조 제1항, 제333조, 제329조, 여신전문금융업법 제70조 제1항 제4호, 형법 제360조 제1항, 제30조, 제37조, 제38조
   구속여부   불구속
   변 호 인   없음

---

[20] 공소장은 공판조서와 함께 기록의 핵심이다.
공소장에서 I. 피고인 관련사항과 III. 첨부서류는 보지 않아도 무방하고, II. 공소사실을 꼼꼼하게 읽도록 한다. 다만 문제에서 죄수관계 등이 쟁점으로 등장하는 경우에는 적용법조 부분을 체크할 필요가 있다.

[21] I. 피고인 관련사항에서는 적용법조에서 공범관계나 죄수와 관련된 규정을 추가적으로 확인할 수 있다.
형법 제30조가 기재되어 있으므로 피고인 김갑동이 피고인 이을남과 공동정범으로 기소되었음을 알 수 있고, 형법 제37조·제38조가 기재되어 있으므로 상상적 경합이 아닌 실체적 경합범으로 기소되었음을 알 수 있다.

[22] 공소사실은 주체·일시·장소·목적(대상)·행위 및 결과 등을 중심으로 꼼꼼하게 읽으면서 메모한다. 공소사실만으로 쟁점이나 그에 대한 결론을 알 수 있는 경우에는 해당 내용을 바로 메모하여야 한다.

[23] 공소사실의 앞부분에는 피고인의 전과, 신분, 경력 등을 간략히 적시하는 경우가 많다. 특히 피고인의 신분·경력·성행이 구성요건요소를 이루거나, 구성요건해당사실과 밀접한 관계가 있는 경우에는 이를 기재한다.

[24] 회사 소유 부동산을 대표이사가 임의로 처분한 경우 배임죄가 성립한다.

[25] 피고인이 개봉동 토지를 박고소에게 임의로 매도한 행위와 그 토지를 다시 최등기에게 처분한 행위는 별개의 범죄를 구성한다. 특경법위반죄의 객체로 부동산이 등장하는 경우 등기사항전부증명서 기재 등을 통해 저당권 등이 설정되어 있는지 여부를 반드시 확인하여야 한다.

[26] '각각'이라는 표현은 실체적 경합범 관계에 있는 공소사실에 대해 사용하는 표현이다. '동시에'라는 표현은 상상적 경합범 관계에 있는 공소사실에 대해 사용한다.

II. 공소사실

피고인 김갑동은 서울 서초구 서초동 89에 있는 갑동주식회사의 대표이사이고, 피고인 이을남은 위 회사의 경리부장이다.

1. 피고인 김갑동의 배임

피고인 김갑동은 피해자 갑동주식회사 재산을 성실히 관리해야 할 의무에 위배하여 2012. 3. 15. 위 회사 사무실에서 시가 3억 원 상당의 위 회사 소유의 서울 종로구 관철동 50-1 대 300㎡에 관하여 채권자 박고소, 채권최고액 2억 원으로 하는 근저당권을 설정하여 주고 박고소로부터 1억 5,000만 원을 대출받았다.

이로써 피고인 김갑동은 위 2억 원에 해당하는 재산상의 이익을 취득하고 피해자에게 같은 액수에 해당하는 손해를 가하였다.

2. 피고인들의 공동범행 - 특정경제범죄가중처벌등에관한법률위반(횡령)

피고인들은 피해자 갑동주식회사가 소유하는 시가 6억 원 상당의 서울 구로구 개봉동 353-4 대 500㎡를 임의로 처분하여 그 돈을 각자 개인적으로 사용하기로 공모하였다.

피고인 김갑동은 2012. 4. 15. 위 회사 사무실에서 피해자 박고소와 위 토지에 관하여 매수인 박고소, 매매대금 4억 원으로 하는 매매계약을 체결한 후 같은 날 계약금 1억 원, 중도금 2억 원 합계 3억 원을 수령하였다.

그럼에도 불구하고 피고인 김갑동은 2012. 5. 9. 위 회사 사무실에서 이미 피해자 박고소에게 위와 같이 매도한 위 토지를 최등기에게 매매대금 4억 원에 매도하는 계약을 체결하고, 2012. 5. 10. 서울남부지방법원 구로등기소에서 최등기의 명의로 소유권이전등기를 마쳤다.

이로써 피고인들은 공모하여 피해자들에 대하여 각각 재물을 횡령하였다.

3. 피고인 이을남

가. 강도

피고인 이을남은 2012. 5. 20. 갑동주식회사 사무실에서 피해자 김갑동에게 "신

- 11 -

용카드를 주지 않으면 회사 토지를 마음대로 처분한 것을 경찰에 알려 콩밥을 먹게 하겠다. 내게는 힘 좀 쓰는 동생들도 있다."라고 협박하여 피해자의 반항을 억압하고 피해자로부터 피해자 명의의 신용카드 1장(카드번호 : 4***-****-****-****)을 빼앗아 강취하였다.

나. 절도, 여신전문금융업법위반

피고인 이을남은 2012. 5. 21. 서울 서초구 서초동 456-2에 있는 신한은행 현금자동지급기 코너에서 위와 같이 강취한 피해자 김갑동의 신용카드를 현금자동지급기에 투입하고, 피해자가 위 신용카드 교부시 알려준 신용카드 비밀번호와 금액을 입력하여 피해자의 예금계좌에서 현금 100만 원을 인출하였다.

이로써 피고인 이을남은 강취한 위 신용카드를 사용하여 피해자의 재물을 절취하였다.

다. 점유이탈물횡령

피고인 이을남은 2008. 9.말경 서울 종로구에 있는 경복궁에서 일본인 여성으로 보이는 피해자 성명불상자가 그곳 벤치 옆에 두고 간 피해자 소유의 시가 250만 원 상당의 캐논 디지털 카메라 1대를 습득하고도 피해자에게 반환하는 등 필요한 절차를 취하지 아니한 채 자신이 가질 생각으로 가지고 가 이를 횡령하였다.

라. 절도

피고인 이을남은 2011. 12.중순경 서울 관악구 봉천동에 있는 피고인의 집 인근에 있는 봉천금은방에서 업주인 피해자 성명불상자가 잠시 자리를 비운 사이 진열대 위에 놓여있던 피해자 소유의 시가 150만 원 상당의 금목걸이 1개를 몰래 가져가 이를 절취하였다.

Ⅲ. 첨부서류

1. 체포영장 1통
2. 피의자석방보고 1통 (생략)

검사 구사현 ㊞

[27] 협박을 구성요건요소로 하는 범죄에 있어 말로써 협박한 경우에는 그 협박 내용 자체가 공소사실에 인용 기재된다.
공소사실에 기재된 협박의 내용만으로 강도죄가 아닌 공갈죄 성부가 문제된다는 쟁점을 찾을 수 있다.

[28] 갈취한 신용카드를 이용하여 현금을 인출하는 행위는 여신전문금융업법에서 정하는 '부정사용'에 해당하지 아니하고, 절도죄의 절취'에도 해당하지 아니한다.

[29] 공소제기일과 범행일 사이에 상당한 차이가 있는 경우에는 공소시효 완성 여부를 꼭 체크하여야 한다.

[30] 피해자가 특정되지 아니한 절도죄 등에 있어서는 자백보강법칙이 문제될 가능성이 크다.

[31] 체포관련 서류가 등장하는 경우 ① 체포요건 등 구비여부, ② 체포과정에서의 적법절차 준수여부, ③ 체포와 함께 이루어진 압수의 적법 여부 등을 체크한다.

[32] 범죄사실의 요지는 대부분 별지가 첨부된다.

체 포 영 장

서울중앙지방법원

영장번호	1547			죄 명	강도 등
피 의 자	성 명	이을남		직 업	갑동주식회사 경리부장
	주민등록번호	63**** - 1******			
	주 소	서울 관악구 봉천동 123 봉천빌라 1동 지하 103호			
청구한 검사	강형준		청 구 일 자	2013. 6. 28.	
변 호 인			유 효 기 간	2013. 7. 8.	
범죄사실의 요지	별지 기재와 같다.		인치할 장소	☐ 서울중앙지방검찰청 ■ 서울서초경찰서	
구금할 장소	■ 서초경찰서유치장 ☐ ( )구치소 ☐ ( )교도소				

■ 피의자는 정당한 이유 없이 수사기관의 출석요구에 응하지 아니하였다.

☐ 피의자는 정당한 이유 없이 수사기관의 출석요구에 응하지 아니할 우려가 있다.

☐ 피의자는 일정한 주거가 없다 (다액 50만 원 이하의 벌금, 구류 또는 과료에 해당하는 사건).

피의자가 별지 기재와 같은 죄를 범하였다고 의심할 만한 상당한 이유가 있고, 체포의 사유 및 체포의 필요가 있으므로, 피의자를 체포한다.

유효기간이 경과하면 체포에 착수할 수 없고, 유효기간이 경과한 경우 또는 유효기간내라도 체포의 필요가 없어진 경우에는 영장을 반환하여야 한다.

2013. 7. 1.

판 사 한현주 ㊞

체 포 일 시	2013. 7. 5. 09:00	체 포 장 소	피의자의 주거지
인 치 일 시	2013. 7. 5. 10:00	인 치 장 소	서울서초경찰서 수사과 경제범죄수사팀 사무실
구 금 일 시		구 금 장 소	
집행불능사유			
처리자의 소속 관서, 관직	서울서초경찰서 수사과	처 리 자 서 명 날 인	경위 배없수 ㊞

범죄사실

피의자는 2012. 5. 20. 서울 서초구 서초동 89 소재 갑동주식회사 사무실에서 피해자 김갑동에게 "신용카드를 주지 않으면 회사 토지를 마음대로 처분한 것을 경찰에 알려 콩밥을 먹게 하겠다. 내게는 힘 좀 쓰는 동생들도 있다."라고 협박하여 피해자 김갑동 명의의 신용카드 1장(카드번호 : 4***-****-****-****)을 강취하였다.

피의자는 2012. 5. 21. 서울 서초구 서초동 456-2에 있는 신한은행의 현금자동지급기 코너에서 위와 같이 강취한 김갑동의 신용카드를 현금자동지급기에 투입하고, 김갑동이 신용카드 교부시 알려준 신용카드 비밀번호와 금액을 입력하는 방법으로 현금 100만 원을 인출하였다.

피의자는 2008. 9.말경 서울 종로구에 있는 경복궁에서 일본인 여성으로 보이는 피해자 성명불상자가 그곳 벤치 옆에 두고 간 피해자 성명불상자 소유의 시가 250만 원 상당의 캐논 디지털 카메라 1대를 습득하고도 피해자 성명불상자에게 반환하는 등 필요한 절차를 취하지 아니한 채 자신이 가질 생각으로 가지고 가 이를 횡령하였다.

[33] 체포와 관련된 본건 범죄가 무엇인지 확인한다.

[34] 공판조서의 첫 페이지에서는 회차 정도만 체크하고 넘어간다.

서 울 중 앙 지 방 법 원

공 판 조 서

제 1 회

사 건	2013고합1277 특정경제범죄가중처벌등에관한법률위반(횡령) 등
재판장 판사	김상혁

기 일: 2013. 12. 5. 10:00
장 소: 제425호 법정
공개 여부: 공개

판사 이채은
판사 김시화
법원사무관 성진수

고 지 된
다음기일: 2013. 12. 19. 15:00

피 고 인   1. 김갑동   2. 이을남   각 출석
검 사   이유진   출석
변 호 인   법무법인 공정 담당변호사 김힘찬 (피고인 1을 위하여)   출석
         변호사 이사랑 (피고인 2를 위하여)   출석

재판장
    피고인들은 진술을 하지 아니하거나 각개의 물음에 대하여 진술을 거부할 수 있고, 이익되는 사실을 진술할 수 있음을 고지

재판장의 인정신문
    성   명: 1. 김갑동   2. 이을남
    주민등록번호: 각 공소장 기재와 같음
    직   업: 〃
    주   거: 〃
    등록기준지: 〃

재판장
    피고인들에 대하여
    주소가 변경될 경우에는 이를 법원에 보고할 것을 명하고, 소재가 확인되지 않을 때에는 피고인들의 진술 없이 재판할 경우가 있음을 경고
검 사
    공소장에 의하여 공소사실, 죄명, 적용법조 낭독

피고인 김갑동

　　갑동주식회사는 피고인 김갑동이 소유하는 회사이므로 서울 종로구 관철동 50-1 대 300㎡에 근저당권을 설정한 것에 대해서 처벌받는 것은 억울하고, 박고소에게 매도한 서울 구로구 개봉동 353-4 대 500㎡를 다시 최등기에게 이전등기해 준 부분은 잘못을 인정한다고 진술

피고인 이을남

　　피고인 김갑동이 위 개봉동 토지를 이중으로 파는 데 공모한 사실이 없고, 나머지 공소사실은 인정한다고 진술

피고인 김갑동의 변호인 변호사 김힘찬

　　피고인 김갑동을 위하여 유리한 변론을 함. 변론기재는 (생략).

피고인 이을남의 변호인 변호사 이사랑

　　피고인 이을남을 위하여 유리한 변론을 함. 변론기재는 (생략).

재판장

　　증거조사를 하겠다고 고지

증거관계 별지와 같음(검사, 변호인)

재판장

　　각각의 증거조사 결과에 대하여 의견을 묻고 권리를 보호하는 데에 필요한 증거조사를 신청할 수 있음을 고지

소송관계인

　　별 의견 없다고 각각 진술

재판장

　　변론 속행

　　　　　　　　　　　　2013. 12. 5.

　　　　　　법 원 사 무 관　　　성진수 ㊞

　　　　　　재판장 판 사　　　김상혁 ㊞

[35] 제1회 공판기일에서의 피고인의 공소사실에 대한 인부진술은 기록에서 가장 중요한 부분이다. 피고인의 공소사실 인정여부와 부인 드는 일부부인하는 경우 그 취지까지 함께 메모하도록 한다. 피고인의 공소사실 부인취지는 사실인정 쟁점에 대한 답안 기재시 '피고인 변소의 요지' 부분에 그대로 기재하여도 무방하다.
피고인이 인정하는 공소사실에 대해서는 법률판단 쟁점이 주로 문제되고, 부인하는 공소사실에 대해서는 사실인정 쟁점이 주로 문제된다.
본 문제에서는 공소사실 부인진술에서 1인 주주회사에 대한 쟁점을 추가로 제시해주고 있다.

[36] 피고인의 공소사실 부인취지 기재시 변호인의 진술까지 고려하여 메모하도록 한다.
최근 변호사시험에서 변호인의 진술부분은 생략되고 있다.

서울중앙지방법원
공 판 조 서

제 2 회

사 건	2013고합1277 특정경제범죄가중처벌등에관한법률위반(횡령) 등
재판장 판사 김상혁	기 일: 2013. 12. 19. 15:00
판사 이채온	장 소: 제425호 법정
판사 김시화	공개 여부: 공개
법원사무관 성진수	고 지 된
	다음기일: 2014. 1. 9. 15:00
피 고 인 1. 김갑동 2. 이을남	각 출석
검 사 이유진	출석
변 호 인 법무법인 공정 담당변호사 김힘찬 (피고인 1을 위하여)	출석
변호사 이사랑 (피고인 2를 위하여)	출석
증 인 박고소, 나부인	각 출석

재판장
    전회 공판심리에 관한 주요사항의 요지를 공판조서에 의하여 고지
소송관계인
    변경할 점이나 이의할 점이 없다고 진술
출석한 증인 박고소, 나부인을 별지와 같이 신문하다
증거관계 별지와 같음(검사, 변호인)
재판장
    각 증거조사 결과에 대하여 의견을 묻고 권리를 보호하는 데에 필요한 증거
    조사를 신청할 수 있음을 고지
소송관계인
    별 의견 없으며, 달리 신청할 증거도 없다고 각각 진술
재판장
    증거조사를 마치고 피고인신문을 하겠다고 고지
검 사
피고인 김갑동에게

---

[37] 제2회 공판조서에서는 가장 먼저 피고인이 기존에 진술한 내용 등을 변경하였거나 기존에 진행된 절차에 대해 이의를 제기하였는지 여부를 체크한다. 예컨대 피고인이 제1회 공판기일에서 부인한 공소사실에 대해 번의하여 인정하는 경우 제2회 공판조서 첫 부분에 해당 내용이 등장한다.

문   피고인은 2012. 3. 15. 갑동주식회사가 소유하는 서울 종로구 관철동 50-1 대 300㎡에 관하여 임의로 채권자 박고소, 채권최고액 2억 원으로 하는 근저당권을 설정하여 주고 박고소로부터 1억 5,000만 원을 빌린 사실이 있지요.

답   예. 그렇습니다.

문   피고인은 이을남과 공모하여 2012. 4. 15. 위 회사 소유의 서울 구로구 개봉동 353-4 대 500㎡에 관하여 매수인 박고소, 매매대금 4억 원으로 하는 매매계약을 체결한 후 같은 날 계약금 1억 원, 중도금 2억 원 합계 3억 원을 수령하였음에도 2012. 5. 9. 최등기에게 위 토지를 다시 매도하고 2012. 5. 10. 최등기 앞으로 위 토지의 소유권이전등기를 마친 사실이 있지요.

답   예. 그렇습니다.

피고인 이을남에게

문   피고인은 김갑동과 공모하여 2012. 4. 15. 위 회사 소유의 서울 구로구 개봉동 353-4 대 500㎡에 관하여 매수인 박고소, 매매대금 4억 원으로 하는 매매계약을 체결한 후 같은 날 계약금 1억 원, 중도금 2억 원 합계 3억 원을 수령하였음에도 2012. 5. 9. 최등기에게 위 토지를 다시 매도하고 2012. 5. 10. 최등기 앞으로 위 토지의 소유권이전등기를 마친 사실이 있지요.

답   김갑동과 최등기 사이를 오가며 매매가 성사되도록 도와준 사실은 있으나 소유권이전등기 당시까지는 김갑동이 위 토지를 이미 박고소에게 매도한 사실은 몰랐습니다.

문   피고인은 2012. 5. 20. 김갑동에게 "신용카드를 주지 않으면 회사 토지를 마음대로 처분한 것을 경찰에 알려 콩밥을 먹게 하겠다. 내게는 힘 좀 쓰는 동생들도 있다."라고 협박하여 김갑동으로부터 김갑동 명의의 신용카드 1장을 빼앗은 사실이 있지요.

답   예. 그렇습니다. 하지만 그렇다고 해서 강도죄로까지 처벌받는 것은 억울합니다.

문   피고인은 2012. 5. 21. 신한은행 현금자동지급기에서 위와 같이 강취한 김갑동의 신용카드를 사용하여 김갑동의 예금계좌에서 현금 100만 원을 인출한 사실이 있지요.

답   예. 그렇습니다.

[38] 피고인신문에서는 쟁점과 직접 관련된 중요한 내용이 제시되므로 꼼꼼히 읽어야 한다.

[39] 피고인의 해당범행이 강도가 아닌 공갈에 불과함을 간접적으로 제시해주고 있다.

문   피고인은 2008. 9.말경 경복궁 안 벤치 옆에 놓여있던 성명불상자 소유의 시가 250만 원 상당의 캐논 디지털 카메라 1대를 몰래 가져가고, 2011. 12.중순경 봉천금은방에서 업주가 잠시 자리를 비운 사이 진열대 위에 놓여있던 업주 소유의 시가 150만 원 상당의 금목걸이 1개를 몰래 가져간 사실이 있지요.
답   예. 그렇습니다.
피고인 이을남의 변호인 변호사 이사랑
   문답 기재 (생략)
재판장
   피고인신문을 마쳤음을 고지
재판장
   변론 속행 (변론 준비를 위한 변호인들의 요청으로)

2013. 12. 19.

법 원 사 무 관   성진수 ㊞
재판장 판 사   김상혁 ㊞

서울중앙지방법원
증인신문조서 (제2회 공판조서의 일부)

사 건   2013고합1277 특정경제범죄가중처벌등에관한법률위반(횡령) 등
증 인 이 름   박고소
       생년월일 및 주거는 (생략)

재판장
　　증인에게 형사소송법 제148조 또는 제149조에 해당하는가의 여부를 물어 증인이 이에 해당하지 아니함을 인정하고, 위증의 벌을 경고한 후 별지 선서서와 같이 선서를 하게 하였다. 다음에 신문할 증인은 재정하지 아니하였다.

검사
　　증인에게 수사기록 중 증인이 작성한 고소장과 사법경찰리가 작성한 증인에 대한 진술조서를 보여주고 이를 열람하게 한 후,
문　증인은 고소장을 직접 작성하여 경찰에 제출하고, 경찰에서 사실대로 진술하고 그 조서를 읽어보고 서명, 무인한 사실이 있고, 그 진술조서는 그때 경찰관에게 진술한 내용과 동일하게 기재되어 있는가요.
답　예. 그렇습니다.
문　김갑동과 이을남을 함께 고소한 이유는 무엇인가요.
답　김갑동에게 제가 매수한 토지의 잔금을 치르러 간 날 김갑동이 최등기에게 그 토지를 매도한 사실을 알고 그렇다면 받은 돈이라도 돌려달라고 하였더니, 김갑동이 "받은 돈은 이을남과 함께 다 써버렸다."라고 하여 김갑동과 이을남이 함께 계획적으로 범행을 한 것이라고 생각해서 두 사람 모두 고소한 것입니다.

피고인 이을남의 변호인 변호사 이사랑
　문답 기재 (생략)

2013. 12. 19.

법 원 사 무 관   성진수 ㊞
재판장 판 사   김상혁 ㊞

- 20 -

---

[40] 증인신문조서는 공판조서와 별개의 조서가 아니라, 공판조서의 일부에 불과하다.
증인신문조서에 등장하는 사실관계는 쟁점과 관련하여 중요한 내용이므로 꼼꼼하게 읽어야 한다.

[41] 박고소가 작성한 고소장과 박고소에 대한 진술조서에 대한 진정성립 인정 진술이다. 원진술자가 진정성립을 인정하는 이상 증거능력이 인정되므로 답안에서 그 증거능력에 대해 따로 언급할 필요는 없다.

[42] 피고인 아닌 박고소의 공판기일에서의 진술이 (당해)피고인 아닌 김갑동의 진술을 내용으로 하는 전문진술이다. 원진술자인 김갑동이 이 사건 법정에 출석하고 있으므로 필요성 요건을 갖추지 못하여 증거능력이 부정된다(제316조 제2항). 답안 기재시 진술조서 전체가 아닌, 전문진술 부분만을 특정하여 증거능력을 부정해야 한다.

[43] "함께 계획적으로 범행을 한 것이라고 생각해서"라는 진술을 통해 피고인들이 공모하였다는 사실은 박고소의 추측에 불과함을 알 수 있다.

서울중앙지방법원

증인신문조서 (제2회 공판조서의 일부)

사　　건　　2013고합1277 특정경제범죄가중처벌등에관한법률위반(횡령) 등
증　인　이　름　　나부인
　　　　　　　　　생년월일 및 주거는 (생략)

재판장
　　증인에게 형사소송법 제148조 또는 제149조에 해당하는가의 여부를 물어 증인이 이에 해당하지 아니함을 인정하고, 위증의 벌을 경고한 후 별지 선서서와 같이 선서를 하게 하였다.

검사
문　　증인은 김갑동, 이을남을 아는가요.
답　　예. 김갑동은 남편이 교통사고를 당한 때부터 저희 가족을 경제적으로 많이 도와주고 계신 고마운 분이고, 이을남은 남편의 친구입니다.
문　　남편뿐만 아니라 증인도 개인적으로 김갑동이나 이을남과 가까운가요.
답　　그렇지는 않습니다. 다만, 매년 현충일 무렵에 이을남의 집에 생일 음식을 싸다 준 일은 있습니다. 10여년 전에 봉천동 판자촌에 있는 이을남의 집에 처음 가보았는데 보증금 300만 원에 월세 20만 원짜리 단칸방에서 혼자 어렵게 살아가고 있어 남편이 저를 보내서 매년 이을남의 생일을 챙겨왔는데 10년 넘게 이을남의 생활이 나아지는 것이 없으니 안타깝습니다.

검사는 전총무 명의의 증명서를 증인에게 제시하고 이를 열람하게 한 뒤,
문　　증인은 2013. 6. 5.자 전총무 명의의 증명서에 대해서 아는가요.
답　　예. 그때쯤 남편이 교통사고로 입원해 있을 때 김갑동이 갑자기 찾아와 남편과 이야기를 하다가 남편이 다쳐 글을 쓰지 못하니 남편 말을 받아 적어달라고 부탁하여 남편이 불러주는 대로 제가 직접 자필로 작성한 것으로 본문과 성명을 모두 제가 직접 적은 것이 맞습니다. 하지만 그 내용이 사실인지 여부는 모릅니다.

피고인 이을남의 변호인 변호사 이사랑
　　문답 기재 (생략)

　　　　　　　　　　　　　　　　　2013. 12. 19.
　　　　　　　　　　법원사무관　　　성진수　㊞
　　　　　　　　　　재판장 판 사　　 김상혁　㊞

[44] '매년 현충일 무렵' 이을남의 집에 가보았지만 이을남의 생활이 나아지는 것이 없었다는 진술을 통해 피고인 이을남이 횡령의 범행일인 2012. 4. 15. 이후에도 어렵게 생활하였다는 점을 확인할 수 있다.

[45] 전총무 명의의 증명서가 전총무가 아닌 나부인이 작성한 것임을 알 수 있다. 특히 성명까지 나부인이 대신 작성하였다는 점에서 형사소송법 제313조 제1항의 예외요건을 갖추지 못하였음을 확인할 수 있다.

| 제 | 1 | 책 |
| 제 | 1 | 권 |

서울중앙지방법원
증거서류등(검사)

사건번호	2013고합1277	담임	제26형사부	주심	다
	20 노		부		
	20 도		부		

사건명	가. 특정경제범죄가중처벌등에관한법률위반(횡령)
	나. 배임
	다. 강도
	라. 절도
	마. 여신전문금융업법위반
	바. 점유이탈물횡령

검 사	구사현	2013년 형제99999호

피고인	1. 가.나.	**김갑동**
	2. 가.다.라.마.바.	**이을남**

공소제기일	2013. 10. 18.		
1심 선고	20 . .	항소	20 . .
2심 선고	20 . .	상고	20 . .
확 정	20 . .	보존	

[46] 수사기록표지 등은 읽지 않고 넘어가도 무방하다.
수사기록은 앞에서 읽었던 공판기록역 내용과 중복되는 부분은 간단히 확인만 하고, 새로운 내용이나 모순되는 내용 위주로 읽어야 한다.

					제 1 책
					제 1 권

구공판	서울중앙지방검찰청
	증 거 기 록

검 찰	사건번호	2013년 형제99999호	법원	사건번호	2013년 고합1277호
	검 사	구사현		판 사	

피 고 인	1. 가.나. **김갑동** 2. 가.다.라.마.바. **이을남**

죄 명	가. 특정경제범죄가중처벌등에관한법률위반(횡령) 나. 배임 다. 강도 라. 절도 마. 여신전문금융업법위반 바. 점유이탈물횡령

공소제기일	2013. 10. 18.		
구 속	각각 불구속	석 방	
변 호 인			
증 거 물	있음		
비 고			

고 소 장

서초경찰서 접수인(5555호)(2013.5.6.)

고 소 인   박 고 소
           인적사항(생략)

피고소인   1. 김 갑 동
              인적사항(생략)
           2. 이 을 남
              인적사항(생략)

죄   명   배임, 횡령

피고소인들은 공모하여,

2012. 3.경 갑동주식회사 소유의 시가 3억 원 상당의 서울 종로구 관철동 50-1 대 300㎡에 관하여 채권자 박고소, 채권최고액 2억 원으로 하는 근저당권을 설정하고 박고소로부터 1억 5,000만 원을 대출받아 갑동주식회사에 대하여 배임 행위를 하고,

2012. 4.경 위 회사 소유의 시가 6억 원 상당의 서울 구로구 개봉동 353-4 대 500㎡를 피해자인 고소인 박고소에게 4억 원에 매도하는 계약을 체결한 후 같은 날 계약금 1억 원, 중도금 2억 원을 수령하였음에도 2013. 5.경 최등기에게 위 토지를 4억 원에 매도한 후 소유권이전등기를 경료하여 위 토지를 횡령하였습니다.

피고소인들을 조사하여 죄가 인정되면 엄중하게 처벌해 주시기 바랍니다.

참 고 자 료

1. 매매계약서
2. 영수증
3. 각 등기사항전부증명서

2013. 5. 6.

고소인 박 고 소 ㊞

서울서초경찰서장 귀중

— 24 —

[47] 고소인과 피고소인, 고소죄명 등을 간단히 체크한다. 구체적인 범죄사실에 대해서는 고소인에 대한 진술조서에 더 자세히 기재되어 있으므로 고소장은 꼼꼼하게 읽지 않아도 무방하다.

[43] 평소부터 알고지내던 사촌동생 이을남이 면전에서 협박하였으므로 피해자 김갑동은 범행 당일 바로 이을남이 범인임을 알게 되었다고 볼 수 있다. 따라서 이 부분 공소사실에 대한 고소는 고소기간을 도과하여 유효하지 아니하다.

[49] 등기사항전부증명서에서는 갑구란과 을구란을 구별하여 확인한다.

갑구란에서는 관철동 토지의 소유자가 갑동주식회사에서 김갑동으로 변경된 사실을, 을구란에서는 관철동 토지에 설정된 근저당권의 내용을 확인할 수 있다.

등기사항전부증명서(말소사항 포함)-토지

[토지] 서울 종로구 관철동 50-1 　　고유번호 3103-1997-341247

【표제부】 (토지의 표시)					
표시번호	접　수	소재지번	지목	면적	등기원인 및 기타사항
1 (전2)	1997년6월15일	서울 종로구 관철동 50-1	대	300㎡	부동산등기법시행규칙부칙 제3조 제1항의 규정에 의하여 1997년7월14일 전산이기

【갑　구】 (소유권에 관한 사항)				
순위번호	등기목적	접　수	등기원인	권리자 및 기타사항
1 (전2)	소유권이전	2009년6월4일 제1351호	2009년6월3일 매매	소유자 갑동주식회사 110111-2****** 서울 서초구 서초동 89 부동산등기법시행규칙부칙 제3조 제1항의 규정에 의하여 1997년7월14일 전산이기
2	소유권이전	2010년4월16일 제1499호	2010년4월15일 매매	소유자 김갑동 53****-1****** 서울 서초구 양재동 751-5

[토지] 서울 종로구 관철동 50-1 　　고유번호 3103-1997-341247

【을　구】 (소유권 이외의 권리에 관한 사항)				
순위번호	등기목적	접　수	등기원인	권리자 및 기타사항
1	근저당권설정	2012년3월15일 제5950호	2012년3월15일 설정계약	채권최고액 금 200,000,000원 채무자 김갑동 53****-1****** 서울 서초구 양재동 751-5 근저당권자 박고소 651021-1****** 서울 성북구 동선동 1가 18

서기 2013년 5월 6일

법원행정처 등기정보중앙관리소 전산운영책임관 박수한

[등기정보중앙관리소 전산운영책임관인]

- 25 -

등기사항전부증명서(말소사항 포함)-토지

[토지] 서울 구로구 개봉동 353-4   고유번호 3103-1997-342356

【표제부】 (토지의 표시)

표시번호	접 수	소재지번	지목	면적	등기원인 및 기타사항
1 (전2)	1997년6월15일	서울 구로구 개봉동 353-4	대	500㎡	부동산등기법시행규칙부칙 제3조 제1항의 규정에 의하여 1997년7월14일 전산이기

【갑 구】 (소유권에 관한 사항)

순위번호	등기목적	접 수	등기원인	권리자 및 기타사항
1 (전2)	소유권이전	2009년6월4일 제1352호	2009년6월3일 매매	소유자 갑동주식회사 110111-2****** 서울 서초구 서초동 89
				부동산등기법시행규칙부칙 제3조 제1항의 규정에 의하여 1997년7월14일 전산이기
2	소유권이전	2012년5월10일 제1500호	2012년5월9일 매매	소유자 최등기 640524-1****** 서울 송파구 가락동 21-6

[토지] 서울 구로구 개봉동 353-4   고유번호 3103-1997-342356

【을 구】 (소유권 이외의 권리에 관한 사항)

순위번호	등기목적	접 수	등기원인	권리자 및 기타사항
1	근저당권설정	2010년3월15일 제3200호	2010년3월15일 설정계약	채권최고액 금 200,000,000원 채무자 갑동주식회사 110111-2****** 서울 서초구 서초동 89 근저당권자 주식회사 신한은행 110301-1****** 서울 중구 을지로 1가 18

서기 2013년 5월 6일

법원행정처 등기정보중앙관리소 전산운영책임관 박수한   (등기정보중앙관리소전산운영책임관인)

---

[50] 갑구란에서는 개봉동 토지의 소유자가 갑동주식회사에서 최등기로 변경된 사실을, 을구란에서는 개봉동 토지에 설정된 근저당권의 내용을 확인할 수 있다. 근저당권의 채권최고액은 등기부에서 확인할 수 있으나, 범행 당시 실지 피담보채무액은 진술 등을 통해 별도로 확인하여야 한다.

[51] 피해자에 대한 진술조서에서는 사실인정 쟁점 관련 범죄경위 등과 마지막에 등장하는 피고인에 대한 처벌의사 존부를 체크한다.

진 술 조 서

성   명 : 박 고 소 (인적사항 생략)

주민등록번호 : 651021-1******

직업, 주거, 등록기준지, 직장주소, 연락처는 각각 (생략)

위의 사람은 피의자 김갑동에 대한 배임 등 피의사건에 관하여 2013. 5. 13. 서울서초경찰서 경제범죄수사팀 사무실에 임의 출석하여 다음과 같이 진술하다.

문   진술인이 박고소인가요.
답   예. 그렇습니다.
문   피고소인들과는 어떤 관계인가요.
답   김갑동은 제 고향 형님이고 이을남은 김갑동이 운영하는 갑동주식회사의 경리부장입니다.
문   고소인은 피의자들을 무슨 내용으로 고소한 것인가요.
답   김갑동과 이을남이 위 회사 소유의 토지를 마음대로 처분하여 피해를 입었으니 처벌해 달라는 것입니다.
문   구체적인 고소내용은 무엇인가요.
답   김갑동이 2012. 2.말경에 저를 찾아와 돈을 빌려달라고 했습니다. 제가 담보가 있느냐고 하니 김갑동은 자기 명의로 되어 있는 서울 종로구 관철동 50-1 대 300㎡가 있다고 했습니다. 그 토지의 시가를 알아보니 3억 원 정도 되어서 2012. 3.중순경에 위 토지에 관하여 채권최고액 2억 원의 근저당권을 설정하고 김갑동에게 1억 5,000만 원을 빌려 준 적이 있습니다.
문   근저당권을 설정했으니 고소인이 피해를 입은 것은 없지 않나요.
답   나중에 알고 보니 위 토지는 사실 위 회사 소유였는데, 김갑동이 자기 소유인 것처럼 말한 것이 괘씸하여 처벌해달라는 것입니다.
문   채권최고액은 2억 원인데 1억 5,000만 원을 빌려준 이유는 무엇인가요.
답   제가 돈놀이를 하는 친구들이 좀 있어서 알아보니 개인이 근저당권 채권최고액의 70퍼센트 이상을 빌려주면 후한 것이라고 했습니다. 그래서 김갑

- 27 -

문   동이 제 고향 형님임을 생각해서 2억 원의 75퍼센트인 1억 5,000만 원을 빌려준 것입니다.

문   다른 고소 내용은 무엇인가요.

답   2012. 4.중순경에 김갑동이 회사 운영자금이 급히 필요하다며 시가 6억 원 상당의 회사 소유의 토지인 서울 구로구 개봉동 353-4 대 500㎡를 4억 원에 팔고 싶다고 했습니다. 마침 제가 부동산 재테크를 생각하고 있던 때라서 그 날 즉시 계약금 1억 원, 중도금 2억 원을 현금으로 급히 마련해서 총 3억 원을 김갑동에게 주었습니다. 그런데 2012. 5.경 잔금을 치르러 가 보니 김갑동이 사정이 급해 최등기라는 사람에게 4억 원을 받고 소유권을 넘겼다는 사실을 알게 되었습니다. 그래서 저는 계약금과 중도금 합계 3억 원의 피해를 보았으니 김갑동을 처벌해달라는 것입니다.

문   이을남을 고소한 이유는 무엇인가요.

답   김갑동에게 잔금을 치르러 간 날 제가 김갑동이 최등기에게 토지를 넘긴 것을 따지며 돈이라도 돌려달라고 했습니다. 그랬더니 김갑동이 "이을남과 함께 이미 돈을 다 써버리고 없다"고 말하였습니다. 그래서 근저당 건이든 매매 건이든 김갑동과 이을남이 미리 짜고 계획적으로 사기를 친 것이라고 생각해서 함께 고소를 한 것입니다.

문   김갑동이 이을남에게 얼마를 주었다고 하던가요.

답   김갑동이 그것까지는 구체적으로 말하지 않았습니다.

문   이상의 진술은 사실인가요.

답   예. 사실대로 진술하였습니다.

위의 조서를 진술자에게 열람하게 하였던바, 진술한 대로 오기나 증감·변경할 것이 전혀 없다고 말하므로 간인한 후 서명무인하게 하다.

진술자 박 고 소 (무인)

2013. 5. 13.
서울서초경찰서
사법경찰리 경장 권 장 기 ㉺

[52] 김갑동의 진술을 내용으로 하는 전문진술이 기재된 조서에 해당하는 부분이다. 형사소송법 제316조와 제312조 제4항의 요건을 각각 갖추어야 증거능력이 인정된다.

[53] 사법경찰관 작성 피의자신문조서의 경우 형사소송법 제312조 제3항에 의해 증거능력이 부정되는 경우가 많다.

사법경찰관 작성 피의자신문조서와 별도로 검사 작성 피의자신문조서가 생략되지 않고 등장하는 경우에는 번복진술 또는 추가진술이 있는지 여부를 꼭 확인하여야 한다.

조서의 작성주체가 사법경찰관이 아닌 사법경찰리인 경우 답안에서 구별하여 기재함이 원칙이다. 다만 '사경'으로 축약기재하는 경우에는 굳이 체크하지 아니하여도 무방하다.

피 의 자 신 문 조 서

피 의 자 : 김갑동

위의 사람에 대한 배임 등 피의사건에 관하여 2013. 6. 3. 서울서초경찰서 수사과 경제범죄수사팀 사무실에서 사법경찰관(리) 경장 권장기는(은) 사법경찰관(리) 경사 변동구를(을) 참여하게 하고, 아래와 같이 피의자임에 틀림없음을 확인하다.

문   피의자의 성명, 주민등록번호, 직업, 주거, 등록기준지 등을 말하십시오.
답   성명은 김갑동(金甲童)
     주민등록번호는   53****-1******
직업, 주거, 등록기준지, 직장주소, 연락처는 각각 (생략)

사법경찰관(리)은(는) 피의사건의 요지를 설명하고 사법경찰관(리)의 신문에 대하여 「형사소송법」 제244조의3에 따라 진술을 거부할 수 있는 권리 및 변호인의 참여 등 조력을 받을 권리가 있음을 피의자에게 알려주고 이를 행사할 것인지 그 의사를 확인하다.

진술거부권 및 변호인 조력권 고지 등 확인

1. 귀하는 일체의 진술을 하지 아니하거나 개개의 질문에 대하여 진술을 하지 아니할 수 있습니다.
2. 귀하가 진술을 하지 아니하더라도 불이익을 받지 아니합니다.
3. 귀하가 진술을 거부할 권리를 포기하고 행한 진술은 법정에서 유죄의 증거로 사용될 수 있습니다.
4. 귀하가 신문을 받을 때에는 변호인을 참여하게 하는 등 변호인의 조력을 받을 수 있습니다.

문   피의자는 위와 같은 권리들이 있음을 고지받았는가요.
답   예. 고지를 받았습니다.
문   피의자는 진술거부권을 행사할 것인가요.

답　아닙니다.
문　피의자는 변호인의 조력을 받을 권리를 행사할 것인가요.
답　변호사 없이 조사를 받겠습니다.

이에 사법경찰관(리)은(는) 피의사실에 관하여 다음과 같이 피의자를 신문하다.
[피의자의 범죄전력, 경력, 학력, 가족·재산 관계 등(생략)]
문　피의자는 회사 소유 토지를 임의로 처분한 사실이 있나요.
답　예. 2012. 2.말경에 박고소에게 돈을 빌리러 갔는데 담보를 요구해서 2012. 3.중순경에 제 명의로 되어 있는 서울 종로구 관철동 50-1 대 300㎡에 관하여 박고소 앞으로 채권최고액 2억 원의 근저당권을 설정하고 박고소로부터 1억 5,000만 원을 빌린 사실이 있습니다.
문　피의자는 고소인 박고소에게 팔기로 한 토지를 다른 사람에게 판 사실이 있나요.
답　예. 제가 2012. 4.중순경에 박고소를 찾아가 시가 6억 원 상당의 위 회사 소유의 서울 구로구 개봉동 353-4 대 500㎡를 매매대금 4억 원에 팔고 싶다고 했습니다. 박고소는 그날 바로 계약금 1억 원, 중도금 2억 원을 주었습니다. 그런데 급전이 더 필요해서 2012. 5.경에 아는 사채업자인 최등기에게 매매대금 4억 원을 받고 그 토지를 넘겼습니다.
문　개봉동 토지를 처분한 돈은 어떻게 했나요.
답　제가 최등기에게 토지를 넘긴 직후인 2012. 5.경에 최등기로부터 받은 4억 원 중에서 2억 원을 이을남에게 주었고, 나머지 돈은 제가 개인 빚 변제 등으로 사용했습니다.
문　처음부터 이을남과 짜고 회사 소유 토지를 처분한 것은 아닌가요.
답　그 토지는 명의만 회사로 되어 있을 뿐, 실제로는 제 토지와 마찬가지인데, 제가 알아서 팔면 되지 이을남과 짜고 처분할 이유가 없습니다.
문　그렇다면 이을남에게 2억 원이나 준 이유가 무엇인가요.
답　저의 사촌동생인 이을남이 급전이 필요하다고 하여 빌려준 것입니다.
문　더 하고 싶은 말이 있나요.
답　제가 이을남에게 2억 원이나 주었음에도 불구하고 이을남은 배은망덕하게

[54] 수탁받은 부동산을 임의처분하는 경우 횡령죄가 성립한다는 쟁점과 1인회사의 1인 주주인 대표이사가 회사의 재산을 임의로 처분한 경우에도 횡령죄가 성립한다는 쟁점이 각각 문제된다.
김갑동은 경찰단계에서는 이을남과의 공모관계를 부정하고 있다.

[55] 이을남이 김갑동으로부터 신용카드를 강취한 것이 아니라 갈취한 것에 불과하다는 사실관계가 나타나 있다. 갈취한 신용카드를 사용하여 현금을 인출한 경우에는 절도죄가 성립하지 아니한다.

"신용카드를 주지 않으면 회사 토지를 마음대로 처분한 것을 경찰에 알려 콩밥을 먹게 하겠다. 내게는 힘 좀 쓰는 동생들도 있다."라고 협박해서 어쩔 수 없이 제 신용카드를 주면서 비밀번호도 알려주었습니다. 이을남은 그 다음 날인 2012. 5. 21. 제 카드를 사용해서 100만 원을 인출하였습니다. 어차피 제 잘못이 들통이 난 김에 이을남이 제 신용카드를 빼앗아 이를 사용하여 돈을 인출한 것도 함께 처벌해주셨으면 합니다. 이에 제가 준비해온 고소장과 신한카드 사용내역을 제출하도록 하겠습니다.

이때 피의자가 제출한 고소장과 신한카드 사용내역을 기록에 첨부하기로 하고

문   그 외에 또 이을남에게 빼앗긴 것이 있나요.

답   아니오, 없습니다. 다만 제가 2008. 9.말경에 이을남과 함께 경복궁에 간 적이 있는데, 그때 이을남이 누군가가 벤치 옆에 놓고 간 고급 디지털카메라 1대를 슬그머니 집어 자신의 가방에 넣는 것을 목격한 적도 있습니다. 아주 나쁜 놈입니다. 처벌해 주십시오.

문   이상의 진술은 사실인가요.

답   예. 모두 사실입니다.

위의 조서를 진술자에게 열람하게 하였던바, 진술한 대로 오기나 증감·변경할 것이 전혀 없다고 말하므로 간인한 후 서명무인하게 하다.

진술자   김갑동   (무인)

2013. 6. 3.

서울서초경찰서
사법경찰리   경장   권장기 ㊞
사법경찰리   경사   변동구 ㊞

- 31 -

고 소 장

서초경찰서 접수인(6633호)(2013.6.3.)

고 소 인   김갑동
          인적사항 (생략)
피고소인   이을남
          인적사항 (생략)

죄   명   강도 등

  피고소인은 2012. 5.중순경에 "신용카드를 주지 않으면 회사 토지를 마음대로 처분한 것을 경찰에 알려 콩밥을 먹게 하겠다. 내게는 힘 좀 쓰는 동생들도 있다."라고 협박하여 고소인으로부터 신용카드를 빼앗고, 그 무렵 신한은행 현금인출기에서 위 신용카드를 사용하여 고소인의 예금계좌에서 권한 없이 100만 원을 인출하였으니 처벌해주시기 바랍니다.

  참고로, 고소인이 2008. 9.말경에 피고소인과 함께 경복궁에 간 적이 있는데, 그 때 피고소인이 누군가가 놓고 간 벤치 옆에 있던 고가의 캐논 디지털카메라 1대를 슬그머니 집어간 것을 목격하였습니다. 이 부분도 조사하여 처벌해주시기 바랍니다.

참 고 자 료

신한카드 사용내역

2013. 6. 3.

고소인 김갑동 ㊞

서울서초경찰서장 귀중

[56] 피의자신문 과정에서 새로운 범죄사실에 대한 고소의 의사표시를 한 경우, 수사기관은 별도의 고소장을 제출받게 된다.

[57] 압수조서에서는 압수경위를 꼼꼼하게 읽어야 하고 그 밖에 압수물의 소유자 및 보관자 등이 누구인지 확인하여야 한다. 특히 별건압수 여부와 관련하여 압수의 근거가 된 범죄사실이 무엇인지 꼭 체크하여야 한다.

[58] 체포현장에서의 압수는 그 체포사유가 된 범죄사실과 관련된 증거만을 대상으로 한다. 따라서 금목걸이에 대한 압수는 위법한 별건압수이다.

압 수 조 서

피의자 이을남에 대한 강도 등 피의사건에 관하여 2013. 7. 5. 09:00경 서울 관악구 봉천동 123 봉천빌라 1동 지하 103호에서 사법경찰관 경위 배압수는 사법경찰리 경장 권장기를 참여하게 하고 별지 목록의 물건을 다음과 같이 압수하다.

압 수 경 위

피의자 이을남에 관한 강도 등 혐의로 피의자의 집에서 피의자를 체포하면서 그곳에 있던 신용카드와 캐논 디지털카메라를 압수하였으며, 또한 피의자의 생활형편 등에 비추어 별도의 범죄행위로 취득하였을 것으로 사료되는 고가의 금목걸이 1개를 별지 압수목록과 같이 압수하다.

참여인	성 명	주민등록번호	주 소	서명 또는 날인
	이을남	63****-1******	서울 관악구 봉천동 123 봉천빌라 1동 지하 103호	이을남

2013년 7월 5일
서울서초경찰서 수사과 경제범죄수사팀
사법경찰관 경위 배 을 수 (인)
사법경찰리 경장 권 장 기 (인)

압 수 목 록

번호	품종	수량	피압수자주거성명 1 유류자	2 보관자	(3) 소지자	4 소유자	소유자 주거·성명	비고
1	신용카드	1개			서울 관악구 봉천동 123 봉천빌라 1동 지하 103호 이을남		김갑동	가환부
2	캐논 디지털카메라	1개			상동		성명불상자	
3	금목걸이	1개			상동		상동	

피 의 자 신 문 조 서

피 의 자 : 이을남

위의 사람에 대한 강도 등 피의사건에 관하여 2013. 7. 5. 서울서초경찰서 수사과 경제범죄수사팀 사무실에서 사법경찰관(리) 경장 권장기는(은) 사법경찰관(리) 경사 변동구를(을) 참여하게 하고, 아래와 같이 피의자임에 틀림없음을 확인하다.

문   피의자의 성명, 주민등록번호, 직업, 주거, 등록기준지 등을 말하십시오.
답   성명은   이을남(李乙男)
    주민등록번호는   63****-1******

직업, 주거, 등록기준지, 직장주소, 연락처는 각각 (생략)

사법경찰관(리)은(는) 피의사건의 요지를 설명하고 사법경찰관(리)의 신문에 대하여 「형사소송법」제244조의3에 따라 진술을 거부할 수 있는 권리 및 변호인의 참여 등 조력을 받을 권리가 있음을 피의자에게 알려주고 이를 행사할 것인지 그 의사를 확인하다.

진술거부권 및 변호인 조력권 고지 등 확인

1. 귀하는 일체의 진술을 하지 아니하거나 개개의 질문에 대하여 진술을 하지 아니할 수 있습니다.
2. 귀하가 진술을 하지 아니하더라도 불이익을 받지 아니합니다.
3. 귀하가 진술을 거부할 권리를 포기하고 행한 진술은 법정에서 유죄의 증거로 사용될 수 있습니다.
4. 귀하가 신문을 받을 때에는 변호인을 참여하게 하는 등 변호인의 조력을 받을 수 있습니다.

문   피의자는 위와 같은 권리들이 있음을 고지받았는가요.
답   예. 고지를 받았습니다.
문   피의자는 진술거부권을 행사할 것인가요.

- 34 -

답 아닙니다.
문 피의자는 변호인의 조력을 받을 권리를 행사할 것인가요.
답 변호사 없이 조사를 받겠습니다.

이에 사법경찰관(리)은(는) 피의사실에 관하여 다음과 같이 피의자를 신문하다.
[피의자의 범죄전력, 경력, 학력, 가족·재산 관계 등(생략)]

문 피의자는 2013. 6. 10. 서울서초경찰서로부터 김갑동이 피의자를 고소한 사건과 관련하여 출석을 요구받았지요.
답 예. 그렇습니다.
문 그 후에도 수차례 출석요구를 받고도 출석을 하지 않았지요.
답 예. 그렇습니다.
문 그 이유는 무엇인가요.
답 제가 김갑동을 협박한 적이 있어서 처벌받을까봐 두려워서 나오지 않았습니다. 죄송합니다.
문 피의자는 고소인인 김갑동과 어떤 관계인가요.
답 예. 김갑동은 제 사촌형님인데 저는 김갑동이 운영하는 갑동주식회사의 경리부장으로 일하고 있습니다. 제가 김갑동과의 친족관계를 증명하는 가족관계증명서들을 제출하겠습니다.

이때 본직이 피의자로부터 가족관계증명서들을 제출받아 조서 말미에 첨부하기로 하고,

문 피의자는 고소인의 돈을 빼앗은 사실이 있나요.
답 예. 2012. 5.경에 김갑동이 개인적으로 위 회사 토지 2필지(서울 종로구 관철동 50-1 대 300㎡, 서울 구로구 개봉동 353-4 대 500㎡)를 처분한 사실을 발견했습니다. 그래서 2012. 5. 20.경 김갑동에게 가서 평소 알고 지내는 건장한 동생들 이야기를 하면서 김갑동의 위와 같은 잘못을 경찰에 알릴 수도 있는데 신용카드를 주면 참겠다고 하였더니 김갑동이 자신의 신용카드를 주면서 비밀번호도 알려주었습니다. 다음 날 그 신용카드를 사용해서 100만 원을 인출하여 생활비로 사용하였습니다.

이때 피의자에게 압수된 카메라와 금목걸이를 보여주면서

[59] 김갑동과 이을남이 사촌지간임을 알 수 있다. 친족관계 존재에 대한 증거로는 피고인 등의 진술 이외에 가족관계증명서가 추가로 등장함이 일반적이다.

문　이 카메라를 취득한 경위는 어떤가요.
답　실은 2008. 9.말경 경복궁에 갔다가 일본인 관광객이 벤치 옆에 놓고 간 카메라를 몰래 가져온 것입니다.
문　이 금목걸이를 취득한 경위는 어떤가요.
답　예. 2011. 크리스마스 일주일 전 쯤에 제 집 근처에 있는 봉천금은방에 갔다가 주인이 잠시 자리를 비운 사이에 진열대 위에 있던 금목걸이를 몰래 가져온 것입니다.
문　이상의 진술은 사실인가요.
답　**예. 모두 사실입니다.**

위의 조서를 진술자에게 열람하게 하였던바, 진술한 대로 오기나 증감·변경할 것이 전혀 없다고 말하므로 간인한 후 서명무인하게 하다.

진술자　이 을 남　(무인)

2013. 7. 5.

서울서초경찰서
사법경찰리　경장　권 장 기　㊞
사법경찰리　경사　변 동 구　㊞

[60] 금목걸이 절도의 점에 대한 피고인의 자백 취지 진술은 위법하게 수집된 금목걸이를 기초로 수집된 2차 증거에 해당하므로 역시 증거능력이 부정된다. 이러한 피고인의 자백진술의 증거능력을 예외적으로 인정한다 하더라도 자백보강법칙에 의해 피고인의 금목걸이 절도의 점에 대해서는 무죄판결이 선고될 것이다.

[61] 피의자들 사이에 진술이 모순되는 경우에는 대질신문을 통해 사실관계를 확인한다. 공모관계 인정여부 등 사실인정 쟁점과 관련하여 답안에 활용할 수 있는 내용이 많이 등장할 것이므로 꼼꼼하게 읽어야 한다.

피의자신문조서(대질)

성   명 : 김갑동
주민등록번호 : 53****-1******

위의 사람에 대한 배임 등 피의사건에 관하여 2013. 8. 5. 서울중앙지방검찰청 901호 검사실에서 검사 구사현은 검찰주사 전주사를 참여하게 한 후, 아래와 같이 피의자임에 틀림없음을 확인한다.

문   피의자의 성명, 주민등록번호, 직업, 주거, 등록기준지 등을 말하시오.
답   성명은   김갑동(金甲童)

주민등록번호, 직업, 주거, 등록기준지, 직장주소, 연락처는 각각 (생략)

검사는 피의사실의 요지를 설명하고 검사의 신문에 대하여 「형사소송법」제244조의3에 따라 진술을 거부할 수 있는 권리 및 변호인의 참여 등 조력을 받을 권리가 있음을 피의자에게 알려주고 이를 행사할 것인지 그 의사를 확인하다.

진술거부권 및 변호인 조력권 고지 등 확인

1. 귀하는 일체의 진술을 하지 아니하거나 개개의 질문에 대하여 진술을 하지 아니할 수 있습니다.
2. 귀하가 진술을 하지 아니하더라도 불이익을 받지 아니합니다.
3. 귀하가 진술을 거부할 권리를 포기하고 행한 진술은 법정에서 유죄의 증거로 사용될 수 있습니다.
4. 귀하가 신문을 받을 때에는 변호인을 참여하게 하는 등 변호인의 조력을 받을 수 있습니다.

문   피의자는 위와 같은 권리들이 있음을 고지받았는가요.
답   예. 고지받았습니다.
문   피의자는 진술거부권을 행사할 것인가요.
답   아닙니다.
문   피의자는 변호인의 조력을 받을 권리를 행사할 것인가요.
답   아닙니다. 혼자서 조사를 받겠습니다.

이에 검사는 피의자 김갑동 옆에 피의자 이을남을 동석하게 하고 피의자 김갑동을 다음과 같이 신문하다.

<피의자 김갑동에게>

문 피의자의 병역, 학력, 가족관계, 재산 및 월수입, 건강상태 등은 경찰에서 진술한 바와 같은가요.

이때 검사는 피의자에게 기록 중 해당 부분을 읽어준 바,

답 예. 사실과 같습니다.

문 피의자는 형사처벌을 받은 사실이 있는가요.

답 아니오, 없습니다.

문 피의자와 갑동주식회사의 관계는 어떤가요.

답 의류제조업체인 갑동주식회사는 2009. 6.경에 제가 자본금 5,000만 원과 시가 3억 원 상당의 서울 종로구 관철동 50-1 대 300㎡, 시가 6억 원 상당의 서울 구로구 개봉동 353-4 대 500㎡를 출연하여 설립한 회사이고, 그때부터 제가 대표이사로서 100퍼센트 주식을 가지고 있으며 단독으로 회사의 모든 의사결정을 해오고 있습니다.

문 그동안 토지들의 시세는 변동이 있었나요.

답 부동산 경기가 좋지 않아서 지금까지 시세는 계속 제자리입니다.

문 피의자 외에 다른 이사나 경영진은 없나요.

답 조그만 회사인데 다른 이사가 무슨 필요가 있나요. 경리부장인 이을남과 총무부장인 전총무만 직원으로 두고 저 혼자서 힘겹게 회사를 꾸려왔습니다.

문 피의자는 위 회사 소유의 토지를 임의로 처분한 사실이 있나요.

답 예. 2012. 2.말경에 고향 동생인 박고소에게 돈을 빌리러 갔는데 담보가 필요하다고 해서 2012. 3.초경에 제 명의로 되어 있는 회사 소유 토지인 서울 종로구 관철동 50-1 대 300㎡에 박고소 앞으로 채권최고액 2억 원의 근저당권을 설정하고 박고소로부터 1억 5,000만 원을 빌린 사실이 있습니다.

문 관철동 토지는 위 매매 당시 피의자 명의로 되어 있는데 어떻게 된 것인가요.

답 원래 회사를 설립할 때 회사 명의로 회사 자산을 매입했던 것인데, 대표이사인 제가 외형상 아무 재산도 없으면 위신이 떨어지는 것 같아서 서류상으로만 매매 형식을 꾸며 명의만 제 앞으로 돌려놓았던 것입니다.

문 회사 소유의 토지를 피의자 앞으로 명의신탁을 했다는 말인가요.

- 38 -

[64] 피고인 김갑동에게 불법영득의사가 부존재함을 확인할 수 있다.
추가 증거로 세금계산서가 존재한다는 점 역시 체크하여야 한다.

답　예. 그렇습니다.
문　위 토지를 처분하는 과정에서 회사 내부에서 어떤 절차를 거쳤나요.
답　제 회사인데 제 물건 제가 처분하는데 무슨 절차가 필요하나요. 제가 회사 소유의 토지에 근저당권을 설정한 것은 맞지만 그 일로 처벌받는 것은 억울합니다.
문　박고소는 피의자가 위 관철동 토지를 임의로 처분한다는 것을 알고 있었나요.
답　아니오, 박고소는 제 개인 토지에 정당하게 근저당권을 설정하는 줄로만 알았습니다.
문　빌린 돈은 1억 5,000만 원인데 채권최고액을 2억 원으로 설정한 이유는 무엇인가요.
답　개인에게 채권최고액의 70퍼센트 이상을 빌리는 것은 쉽지 않은 일입니다. 그나마 박고소가 제 고향 동생이어서 후하게 빌려준 것입니다.
문　박고소로부터 빌린 1억 5,000만 원은 어떻게 사용하였나요.
답　저희 회사에서 원단 납품업체들에게 돌린 어음 부도를 막기 위해서 모두 사용했습니다.
문　원단 납품업체들에게 돈을 지급한 자료는 있나요.
답　예. 제가 납품업체들에게 대금을 지급하고 받은 세금계산서들을 가지고 왔으니 제출하겠습니다.
이에 검사는 피의자로부터 위 세금계산서들을 임의 제출받아 본 조서 말미에 첨부하기로 하고,
문　피의자는 고소인 박고소에게 팔기로 한 토지를 다른 사람에게 판 사실이 있나요.
답　예. 2012. 4. 중순경에 회사 운영자금이 급히 필요해서 박고소를 찾아가 6억 원 상당의 회사 소유의 서울 구로구 개봉동 353-4 대 500㎡를 4억 원에 팔고 싶다고 했습니다. 박고소가 그 토지를 꼭 원했는지 그날 저녁에 바로 계약금 1억 원, 중도금 2억 원을 현금으로 마련해주었습니다. 그런데 제 개인 형편이 너무 어려워서 2012. 5. 10. 아는 사채업자인 최등기에게 4억 원을 받고 그 토지를 넘겼습니다.
문　박고소와 최등기는 피의자가 회사의 개봉동 토지를 임의로 처분한다는 것을 알고 있었나요.

- 39 -

답   아니오, 두 사람 모두 정당하게 회사 소유의 토지를 사는 줄로만 알았습니다.
문   그렇다면 최등기는 피의자가 이미 개봉동 토지를 박고소에게 매도하고 계약금과 중도금까지 받은 사실을 알고 있었나요.
답   아니오, 제가 알려주지도 않았고, 최등기는 사채업자라서 그것을 알았다면 사지 않았을 것입니다.

이때 검사는 피의자에게 서울 구로구 개봉동 353-4 대 500㎡에 관한 등기사항전부증명서를 보여주면서,

문   이 토지는 2010. 3. 15. 주식회사 신한은행이 채권최고액 2억 원의 근저당권을 설정한 것으로 되어 있는데, 그 내용은 무엇인가요.
답   예. 그 날짜에 회사에서 필요한 물품구입 자금이 필요해서 신한은행으로부터 1억 5,000만 원을 대출받으면서 위 토지에 채권최고액 2억 원의 근저당권을 설정해 준 것입니다. 다행히 이자는 꼬박꼬박 갚아와서 그때부터 현재까지 계속 대출금액에는 변동이 없는 상태입니다. **[65]**
문   박고소와 최등기로부터 받은 돈은 어떻게 하였나요.
답   최등기로부터 받은 4억 원 중 2억 원을 이을남에게 나누어주고 나머지는 제가 개인 빚이 좀 많아 그 빚을 갚는데 썼습니다.
문   이을남에게는 왜 돈을 나누어 주었나요.
답   사촌동생인 이을남이 급전이 필요하다고 하여 빌려준 것입니다.
문   처음부터 이을남과 짜고 회사 땅을 처분한 것은 아닌가요.
답   (잠시 생각하다가 한숨을 푹 쉬더니) 실은 박고소에게 관철동 토지에 대한 근저당을 설정해 준 것은 저 혼자 한 것이 맞으나, 최등기에게 개봉동 토지를 매도한 것은 이을남과 함께 처분한 것입니다. 그렇지 않다면 아무리 이을남이 사촌동생이라고 해도 2억 원 씩이나 주겠습니까? 경찰에서는 사촌동생이어서 감싸주었으나, 이제는 남보다 못한 사이가 되어 사실대로 말씀드리는 것입니다. **[66]**
문   이을남과 함께 범행을 한 경위는 어떠한가요.
답   실은 박고소에게 개봉동 토지를 매도한 직후에 이을남이 그 사실을 알고는 제게 와서 예전부터 현금 부자인 최등기가 그 토지에 관심을 많이 가지고 있었는데 아깝다는 말을 했습니다. 그리고 며칠 후에 이을남이 제게 다시 와서 혹시 박고소에게 개봉동 토지의 소유권이전등기까지 넘겼냐고

---

[65] 개봉동 토지에 설정된 근저당권의 실제 피담보채무액이 1억 5,000만 원임을 확인할 수 있다. 피고인 김갑동이 개봉동 토지와 관련하여 취득한 이익은 6억 원이 아니라 6억 원에서 위 1억 5,000만 원을 공제한 4억 5,000만 원에 불과하다.

[66] 기존 진술에 대한 번복진술이 등장한다. 진술에 일관성이 없다는 점은 신빙성 탄핵의 주요 근거로 활용할 수 있다.

물어보아서 등기는 아직 제 명의로 남아 있지만 박고소를 위해서 대신 보관만 하고 있을 뿐이고 그 토지는 이미 박고소의 물건이라고 대답했습니다. 그랬더니 이을남이 "형님이나 저나 요즘 형편이 너무 어려운데 최등기는 아직 토지를 박고소에게 넘긴 것을 모르니 최등기에게 팝시다."라고 제안해서 제가 마지못해 승낙했습니다. 그래서 이을남이 최등기에게 가서 토지를 살 의향이 있냐고 물어보자 최등기는 4억 원에 살 용의가 있다고 했습니다. 이을남이 제게 "덤으로 생기는 돈이니 최등기에게 그 토지를 팔아 4억을 반반씩 나누면 2억씩 이득이 되지 않겠느냐."라고 계속 강권하여 형편이 어려운 저로서는 마지못해 받아들였습니다. 그래서 2012. 5. 9. 제 사무실에서 최등기를 직접 만나 개봉동 토지에 대한 매매계약서를 작성하고, 다음 날인 2012. 5. 10. 최등기로부터 4억 원을 받은 즉시 서울남부지방법원 구로등기소에 가서 최등기 앞으로 소유권이전등기를 한 것입니다.

문 이을남에게 피의자 명의의 신용카드를 **빼앗긴** 사실이 있나요.

답 예, 2012. 5. 20. 이을남이 대낮부터 회사 사무실로 혼자 찾아와 제게 "신용카드를 주지 않으면 회사 토지를 마음대로 처분한 것을 경찰에 알려 콩밥을 먹게 하겠다. 내게는 힘 좀 쓰는 동생들도 있다."라고 협박하여 어쩔 수 없이 제 신용카드(카드번호 : 4***-****-****-****) 1장을 주었습니다.

문 "힘 좀 쓰는 동생들"은 누구를 말하는가요.

답 평소 조폭까지는 아니고 동네 건달 수준으로 보이는 건장한 남자들이 이을남에게 "형님"이라고 깍듯하게 인사하는 것을 본 적이 있습니다. 혹시 이을남 요구를 거절하면 그들을 회사에 데려와 소란을 피울까봐 염려되고 회사 소유의 토지를 임의로 처분한 것이 발각되는 것도 두려워 신용카드를 준 것입니다.

<피의자 이을남에게>

문 피의자의 성명, 주민등록번호, 직업, 주거, 등록기준지 등을 말하시오.

답 성명은 이을남(李乙男)

주민등록번호, 직업, 주거, 등록기준지, 직장주소, 연락처는 각각 (생략)

검사는 피의사실의 요지를 설명하고 검사의 신문에 대하여 「형사소송법」 제244조의3에 따라 진술을 거부할 수 있는 권리 및 변호인의 참여 등 조력을 받을 권리가 있음을 피의자에게 알려주고 이를 행사할 것인지 그 의사를 확인하다.

[67] 피고인 이을남이 김갑동에게 가한 협박의 정도가 강도죄의 그것에 이르지 아니한다는 사실을 확인할 수 있다.

- 41 -

진술거부권 및 변호인 조력권 고지 등 확인

1. 귀하는 일체의 진술을 하지 아니하거나 개개의 질문에 대하여 진술을 하지 아니할 수 있습니다.
2. 귀하가 진술을 하지 아니하더라도 불이익을 받지 아니합니다.
3. 귀하가 진술을 거부할 권리를 포기하고 행한 진술은 법정에서 유죄의 증거로 사용될 수 있습니다.
4. 귀하가 신문을 받을 때에는 변호인을 참여하게 하는 등 변호인의 조력을 받을 수 있습니다.

문 피의자는 위와 같은 권리들이 있음을 고지받았는가요.
답 예. 고지받았습니다.
문 피의자는 진술거부권을 행사할 것인가요.
답 아닙니다.
문 피의자는 변호인의 조력을 받을 권리를 행사할 것인가요.
답 아닙니다. 혼자서 조사를 받겠습니다.

이에 검사는 피의자 이을남의 피의사실에 관하여 다음과 같이 피의자를 신문하다.

문 피의자의 병역, 학력, 가족관계, 재산 및 월수입, 건강상태 등은 경찰에서 진술한 바와 같은가요.

이때 검사는 피의자에게 기록 중 해당부분을 읽어준 바,

답 예. 사실과 같습니다.
문 피의자는 형사처벌을 받은 사실이 있는가요.
답 아니오. 없습니다.
문 피의자는 김갑동과 어떤 사이인가요.
답 예. 김갑동은 제 사촌형님이고, 저는 김갑동이 운영하는 갑동주식회사의 경리부장으로 근무하여 잘 알고 있습니다.
문 지금까지 김갑동이 하는 말을 들었지요.
답 예. 그렇습니다.
문 김갑동이 위와 같이 회사 소유의 토지들을 처분한 것이 맞나요.
답 김갑동이 정확히 얼마를 챙겼는지는 모르지만, 김갑동이 말한 대로 박고소와 최등기에게 근저당을 설정하거나 소유권을 넘긴 것은 사실입니다.

문	김갑동이 관철동 토지에 관해서 박고소에게 채권최고액 2억 원의 근저당권을 설정해주고 1억 5,000만 원을 빌린 것은 적정한 것인가요.
답	김갑동이 회사에서 아무런 절차를 거치지 않고 독단적으로 회사 소유의 토지에 근저당권을 설정한 것은 잘못이지만, 시중 대출 관행에 비추어 볼 때 채권최고액 2억 원에 1억 5,000만 원을 빌린 것은 나쁘지 않은 것 같습니다.
문	회사에 김갑동 외에 다른 이사나 경영진이 있나요.
답	영세업체이다 보니 대표이사인 김갑동, 경리부장인 저, 그리고 총무부장인 전총무 3명이서 회사를 꾸려왔습니다.
문	김갑동이 관철동 토지를 담보로 빌린 돈을 어디에 썼는지 아는가요.
답	예. 당시 회사에서 원단 납품업체들에게 돌린 어음을 급히 막아야 해서 거기에 1억 5,000만 원을 쓴 것을 제가 직접 확인한 적이 있습니다. 김갑동이 회사의 부채를 갚기 위해서 쓴 것이 맞습니다.
문	혹시 피의자가 김갑동과 같이 위 돈을 나누어 쓰고 지금 거짓말을 하는 것은 아닌가요.
답	절대 아닙니다. 이미 김갑동과 저는 갈 데까지 간 험악한 사이인데 서로 감싸줄 이유가 없습니다.
문	피의자는 개봉동 토지를 처분한 돈 중 일부를 김갑동과 함께 나누어 쓴 사실이 있나요.
답	그런 사실이 없습니다.
문	김갑동은 피의자와 미리 짜고 회사 소유의 토지를 같이 처분했다고 하는데 어떤가요.
답	절대로 아닙니다. 제가 언젠가 지나가는 말로 김갑동에게 최등기가 개봉동 토지에 관심이 많이 있다는 말을 한 적이 있습니다. 그리고 2012. 5.초경에 김갑동이 제게 회사자금이 부족하여 개봉동 토지를 팔아야겠으니 최등기에게 가서 현금으로 토지를 살 수 있는지 의사를 타진해보라고 해서 제가 최등기와 김갑동을 오가며 4억 원에 매매가 성사되도록 한 것은 맞습니다. 하지만 저와 최등기는 모두 김갑동이 이미 박고소에게 개봉동 토지를 팔아먹은 상태에서 최등기에게 토지를 또 팔아먹은 줄은 꿈에도 몰랐습니다.
문	김갑동이 회사 소유의 토지를 개인이 임의로 파는 것에 피의자가 관여한 것은 잘못이 아닌가요.

[68] 피고인 이을남의 진술을 통해서도 피고인 김갑동에게 불법영득의사가 부정됨을 확인할 수 있다.

[69] 피고인 김갑동과 피고인 이을남의 진술이 대립하는 부분이다. 구체적으로는 공모 여부와 범행수익 2억 원의 교부 여부가 각각 문제된다.

답   앞서 말씀드렸듯이 김갑동이 박고소 앞으로 관철동 토지에 근저당을 설정하고 받은 돈 1억 5,000만 원으로 회사 부도를 막은 적이 있습니다. 그래서 저는 개봉동 토지를 최등기에게 팔 때도 김갑동이 회사자금이 필요하다고 해서 그 말만 믿고 매매를 성사시켜준 것 뿐입니다. 그런데 나중에 알고보니 김갑동은 개봉동 토지와 관련해서 박고소와 최등기로부터 현금으로 받은 돈을 직접 가지고 있다가 모든 돈을 회사와 무관하게 개인적으로 혼자 다 써버린 것을 알게 되었습니다. 그러고는 이제 책임을 회피하기 위해서 저에게 2억 원이나 주었다고 하니 황당할 뿐입니다. 그 인색한 사람이 감옥에 갈지언정 2억 원을 줄 리가 절대 없습니다.

문   피의자의 말을 증명할 증거가 있나요.

답   돈을 받았다면 증거가 있겠지만 받지도 않았는데 무슨 증거가 있겠습니까?

문   피의자는 김갑동을 협박하여 신용카드를 빼앗은 사실이 있는가요.

답   예. 제가 김갑동을 최등기에게 소개를 시켜주어 매가가 성사되었음에도 저에게 고맙다는 말 한마디 없어서 괘씸하게 생각하고 있던 중, 김갑동이 이미 그 토지를 박고소에게 팔고 또다시 최등기에게 팔아서 돈을 받았다는 사실을 알게 되었습니다. 그래서 2012. 5. 20. 점심 무렵에 김갑동의 회사 사무실에 혼자 점잖게 찾아가 왜 회사 토지를 마음대로 처분하느냐, 경찰에 알리겠다고 했더니 김갑동이 겁을 먹었는지 자신의 신용카드(카드번호 : 4***-****-****-****)를 주면서 비밀번호도 알려주었습니다. 그래서 다음 날인 2012. 5. 21. 서울 서초구 서초동 456-2에 있는 신한은행 현금자동지급기 코너에서 그 카드를 사용하여 김갑동의 예금계좌에서 100만 원을 인출하여 생활비에 사용하였습니다.

문   김갑동에게 신용카드를 달라고 하면서 "콩밥을 먹게 하겠다." "내게는 힘 좀 쓰는 동생들도 있다."라고 말한 사실이 있나요.

답   생각해보니 그런 말도 약간 했던 것 같습니다. 그 정도는 말해야 김갑동이 겁을 먹지 않겠습니까.

<피의자 김갑동에게>

문   이을남은 피의자로부터 신용카드 외에 2억 원을 받은 사실이 없다고 주장하는데 어떤가요.

답   말도 안 됩니다. 제가 처분한 토지들의 시가를 합치면 무려 9억 원입니다.

[70] '점잖게 찾아가'라는 표현을 통해 피고인 이을남이 김갑동에게 가한 협박의 정도가 강도죄의 그것에 이르지 아니함이 문제된다는 사실을 다시 한 번 확인할 수 있다.

[71] 피고인 이을남이 김갑동의 진술과 달리 2억 원을 교부받지 않았다는 점에 대한 근거로 활용할 수 있는 내용이다. 앞서 확인한 나부인의 법정진술과 함께 김갑동 진술에 대한 신빙성 탄핵의 근거가 된다.	제가 얼마를 챙겼는지 정확히 말하지는 않았지만 회사 경리부장인 이을남이 제 수중에 수억 원이 들어왔을 것이라 짐작하는 것은 당연합니다. 그런데 고작 신용카드 한 장만 받아서 100만 원만 인출했겠습니까. 이을남이 자신은 처벌을 적게 받으려고 거짓말을 하는 것입니다.

문 피의자의 주장을 뒷받침할 증거가 있나요.
답 예. 2012. 6.경 총무부장인 전총무가 교통사고를 당해 입원해 있을 때 제가 아끼던 직원이어서 안타까운 마음에 생활비라도 좀 보태주러 병문안을 갔다가 전총무로부터 제가 5만 원짜리 현금 다발 40개 합계 2억 원을 이을남에게 주는 것을 목격하였다는 내용의 증명서를 받은 사실이 있습니다. 전총무는 온 몸에 다발성골절상을 입어 글씨를 쓰기 어려운 상황이었기 때문에 위 증명서는 전총무가 하는 이야기를 병간호를 하고 있던 전총무의 아내 나부인이 전총무가 불러주는 그대로를 받아 적은 것입니다.

[72] 전총무 작성 증명서의 증거능력과 관련된 내용이다. 그 증거능력이 부정됨은 나부인의 법정진술을 통해 이미 확인하였다.

이때 검사는 피의자로부터 전총무 명의의 증명서를 제출받아 기록에 첨부하기로 하고,
문 전총무는 지금도 회사에서 근무하고 있는가요.
답 아닙니다. 제가 병문안 갔을 때만 하더라도 정신은 멀쩡했는데, 갑자기 내출혈이 심해져 한 달 정도 뒤 사망했습니다. 전총무가 입원했을 때부터 지금까지도 그랬지만 앞으로도 전총무 가족은 제가 책임지도록 하겠습니다.

<피의자들에게>
문 이상의 진술은 모두 사실인가요.
답 (피의자 김갑동) 예. 사실입니다.
    (피의자 이을남) 예. 사실입니다.

[73] 대질신문 조서의 경우 진술자가 두 명이므로 그 각각의 진술자로부터 따로 확인을 받고 서명날인 역시 따로 받아야 한다.

위의 조서를 진술자들에게 열람하게 하였던바, 진술한 대로 오기나 증감·변경할 것이 전혀 없다고 말하므로 간인한 후 서명무인하게 하다.

진술자 김갑동 (무인)
진술자 이을남 (무인)
2013. 8. 5.
서울중앙지방검찰청
검   사 구사현 ㊞
검찰주사 전주사 ㊞

증 명 서

저는 갑동주식회사의 총무부장으로서 2012년 5월 10일경에 회사 사무실에서 김갑동이 이을남에게 5만 원짜리 현금 다발 40개(2억 원)을 주는 것을 목격한 사실이 있습니다.

2012. 6. 5.

전 총 무

[74] 증명서의 내용뿐만 아니라 서명 역시 전총무 본인이 아닌 나부인이 하였다는 사실을 확인할 수 있다. 형사소송법 제313조 제1항의 자필 또는 서명요건을 갖추지 못한 이상, 제314조의 요건을 검토할 필요도 없이 그 진술서의 증거능력은 부정된다.

[75] 피고인 이을남의 점유이탈물횡령의 점과 금목걸이 절도의 점에 대한 피의자신문조서이다.

피의자신문조서(제2회)

피의자 : 이을남

위의 사람에 대한 절도 등 피의사건에 관하여 2013. 10. 7. 서울중앙지방검찰청 901호 검사실에서 검사 구사현은 검찰주사 전주사를 참여하게 한 후, 아래와 같이 피의자임에 틀림없음을 확인한다.

검사는 피의사실의 요지를 설명하고 검사의 신문에 대하여 「형사소송법」 제244조의3에 따라 진술을 거부할 수 있는 권리 및 변호인의 참여 등 조력을 받을 권리가 있음을 피의자에게 알려주고 이를 행사할 것인지 그 의사를 확인하다.

진술거부권 및 변호인 조력권 고지 등 확인

1. 귀하는 일체의 진술을 하지 아니하거나 개개의 질문에 대하여 진술을 하지 아니할 수 있습니다.
2. 귀하가 진술을 하지 아니하더라도 불이익을 받지 아니합니다.
3. 귀하가 진술을 거부할 권리를 포기하고 행한 진술은 법정에서 유죄의 증거로 사용될 수 있습니다.
4. 귀하가 신문을 받을 때에는 변호인을 참여하게 하는 등 변호인의 조력을 받을 수 있습니다.

문 피의자는 위와 같은 권리들이 있음을 고지받았는가요.
답 예. 고지받았습니다.
문 피의자는 진술거부권을 행사할 것인가요.
답 아닙니다.
문 피의자는 변호인의 조력을 받을 권리를 행사할 것인가요.
답 아닙니다. 혼자서 조사를 받겠습니다.

이에 검사는 피의사실에 관하여 다음과 같이 피의자를 신문하다.

문 피의자는 전회에 사실대로 진술하였나요.
이때 검사는 피의자에게 기록 중 해당부분을 읽어준바,

- 47 -

답   예. 사실대로 말씀드렸습니다.
문   피의자는 다른 사람의 카메라를 몰래 가져간 사실이 있나요.
답   예. 2008. 9.말경 김갑동과 함께 경복궁에 바람 쐬러 갔는데, 일본인 단체관광객들이 많았습니다. 저는 한적한 곳에 있는 벤치에 앉아 쉬고 있는데 일본인 아주머니가 풍경 사진을 찍다가 제 옆에 와서 앉았습니다. 얼마 후 단체관광 가이드가 비행기 시간이 다 되었는지 급히 신호를 하자 제 옆에 있던 아주머니가 벤치 옆에 카메라를 놓아둔 채 허겁지겁 달려갔고 관광객들이 다 모이자 버스에 타는 즉시 떠났습니다. 저는 김갑동과 함께 경복궁 경내를 한바퀴 돌고 왔는데도 그 카메라가 그대로 그 장소에 방치되어 있어서 주변을 둘러보니 경복궁 폐장 시간이 다 되어 보는 사람이 없어서 순간적으로 잘못된 마음을 먹고 출입문이 닫히기 직전 슬쩍 가져온 것입니다.
문   김갑동은 피의자가 카메라를 가져가는 것을 보았나요.
답   옆에 있기는 했는데 제가 카메라를 집어 잽싸게 가방에 집어넣었기 때문에 보았는지는 잘 모르겠습니다.
문   그 카메라를 지금까지 집에다 보관해 온 이유는 무엇인가요.
답   제가 몇 번 사용하다가 팔려고 하였지만 혹시 카메라가 절도로 신고되어 있었을지 몰라 그냥 집에 둔 것입니다.
문   피의자는 다른 사람의 금목걸이를 훔친 사실이 있나요.
답   예. 2011. 크리스마스 일주일 전쯤에 이웃집에서 돌잔치를 한다고 해서 선물을 사러 봉천금은방에 갔는데, 주인이 진열대 위에서 금목걸이를 닦고 있었습니다. 그런데 주인이 휴대폰을 받더니 제가 있는 자리에서 말하기 힘든 급한 사정이 있었는지 갑자기 가게 밖으로 뛰쳐나갔습니다. 얘기가 길어지는지 5분이 지나도 오지 않아서 순간적으로 잘못된 마음을 먹고 진열대 위에 있던 금목걸이를 몰래 가져와서 지금까지 제가 걸고 다녔습니다. 그런데 이번에 경찰에 체포되면서 제 집에 벗어놓았던 금목걸이를 압수당하였습니다.
문   금은방 주인과는 어떤 관계인가요.
답   아무런 관계도 아닙니다. 사실 금목걸이를 가져온 다음날 이를 돌려주고

[76] 금은방이 폐업하였고 피해자의 신원 역시 파악되지 않는다는 점에서 피고인의 자백 이외의 증거를 확보하기 어려운 상황임을 알 수 있다. 압수된 금목걸이의 증거능력이 부정되는 이상 자백보강법칙이 적용될 수 있다.

용서를 빌러 금은방에 찾아갔는데 유리로 된 출입문에는 "폐업"이라는 쪽지가 붙여있고 가게 안은 어수선하게 난장판이 되어 있는 것이 야반도주라도 한 것처럼 보였습니다.

문 이상의 진술은 사실인가요.
답 예. 사실입니다.
문 더 할 말이나 유리한 증거가 있는가요.
답 없습니다.

위의 조서를 진술자에게 열람하게 하였던바, 진술한 대로 오기나 증감·변경할 것이 전혀 없다고 말하므로 간인한 후 서명무인하게 하다.

진술자 이 을 남 (무인)

2013. 10. 7.

서울중앙지방검찰청
검　　사　구 사 현　㊞
검찰주사　전 주 사　㊞

기타 법원에 제출되어 있는 증거들

※ 편의상 다음 증거서류의 내용을 생략하였으나, 법원에 증거로 적법하게 제출되어 있음을 유의하여 변론할 것.

○ 부동산매매계약서(2012. 4. 15.자)
  - 김갑동이 개봉동 토지를 박고소에게 계약금 1억 원, 중도금 2억 원, 잔금 1억 원에 매도하는 계약서.

○ 영수증(2012. 4. 15.자)
  - 김갑동이 박고소로부터 개봉동 토지 매매 계약금과 중도금 합계 3억 원을 수령한 사실을 김갑동이 확인한 내용.

○ 신한카드 사용내역(카드번호 : 4***-****-****-****)
  - 2012. 5. 21. 신한은행 현금자동지급기에서 김갑동 명의의 신한카드를 이용하여 100만 원이 인출된 내역.

○ 각 가족관계증명서
  - 김갑동과 이을남이 사촌지간이라는 사실의 기재.

○ 피고인들에 대한 각 조회회보서
  - 피고인들에 대한 전과 조회로서 각각 특별한 전과 없음.

○ 갑동주식회사 납품업체들이 발행한 각 세금계산서
  - 갑동주식회사로부터 합계 1억 5,000만 원을 납품대금으로 받았음.

○ 사망진단서사본
  - 전총무가 2012. 7. 1. 사망함.

[77] 생략된 증거라도 답안에서 인용하는 경우가 있다. 다만 생략된 증거의 내용은 대부분 앞에서 등장한 기록과 중복되므로 답안에 기재할 증거 위주로 간단히 확인하도록 한다.
각 가족관계증명서와 갑동주식회사 납품업체들이 발행한 각 세금계산서 등은 답안에서 활용할 수 있는 증거들이다.

확 인 : 법무부 법조인력과장

2014년 제3회 변호사시험 형사법 기록형 — CH 02 메모예시

공소제기일 - 13. 10. 18. ※ 의뢰취지 쟁점 ※ 검토의견서-변론요지서간 서로 인용가능

피고인	죄명	공소사실 일시	장소	피해자	피해품	고소 기타	인정 및 부인취지	쟁점	+	증거	결론	비고
김갑동 대표이사	1. 배임	12. 3. 15.	사무실	v.갑동 주식회사	편청동대지		x-피고인 회사	2차간명의신탁 -배임 x → 횡령 (공소장변경?) 횡령-1인주주회사 불벌여득의사無	대질피신(p43) 세금계산서		횡령·추단 무죄	[검토보고서]
공범 ⓒ	2. 특경 (횡령)	12. 4. 15.	사무실	v. 박고소	개봉동토지 이중매매 to 최등기	13. 5. 6. v.고소有	○	1행위, 2행위별 개점토 이득액5억이하	등기사항전부증명서(p25)-2 억근저당,최고에1억5천		회사 -업무상배임 박고소 -배임	
이을남 경리부장 공범 ⓒ	2. 특경 (횡령)	12. 4. 15.	사무실	v. 박고소	개봉동토지 이중매매	13. 5. 6. v.고소有	x-공모 x	[사실]공모 x, 2의교부 x	김갑동 경찰단계 공모관계 부인(30) but 검찰단계 진술번복 p40 전종무 2012. 7. 1. 사망(사망진단서)	피고인 법정진술(18), 검사피신(대질)(37) 김갑동 법정진술(18),사경피신(29)-부인, 검사피신(대질)(37) 박고소 법정진술(20), 고소장(24), 진술조서(27)-316조2항 나부인 법정진술(21)-316조2항 부동산매매계약서, 영수증, 자동차등록사항전부증명서 ㄷ전종무 증명서(46)-313조1항, 자필 x	추단무죄	[변론요지서]
<체포>	3. 가. 강도	12. 5. 20.	사무실	v. 김갑동	신용카드 1장	13. 6. 3. v.고소	○-강도 치상여유	협박-강도 x-공갈 사촌지간-친족상도례 고소기간도과	협박내용-p31,32 각 가족관계증명서 고소장(p32)		공소기각 (2호)	
	나. 절도	12. 5. 21.	신한은행 atm		현금100 만 원인출		○	절취 x -공갈죄포괄일죄			전단무죄	
	나. 여신법	12. 5. 21.	신한은행 atm				○	부정사용 x			전단무죄	
	다. 점유이탈물횡령	08. 9. 일경	경복궁	v.성명불상	캐논카메라 1대		○	공소시효 완성	5년(294조4호)		면소(3호)	
	다. 절도 (금목걸이)	11. 12. 중순	봉천 금은방	v.성명불상	금목걸이 1대		○	위수증-별건압수, 사후영장 x 자백보강법칙	압수조서(p33)	피고인 법정진술(자백) - 보강증거無 나머지 위수증 등	추단무죄	

검토의견서[01]

사　건　2013고합1277 특정경제범죄가중처벌등에관한법률위반(횡령) 등
피고인　김갑동

I. 피고인 김갑동에 대하여

1. 배임의 점

가. 이 부분 공소사실에 대한 성립범죄

판례는 2자간 명의신탁에 있어서 수탁자가 수탁부동산을 임의로 처분한 경우 신탁자에 대한 횡령죄가 성립한다는 입장입니다.*[02]

> * [변경전 판례] 부동산을 소유자로부터 명의수탁받은 자가 이를 임의로 처분하였다면 명의신탁자에 대한 횡령죄가 성립하며, 그 명의신탁이 부동산실권리자명의등기에관한법률 시행 전에 이루어졌고 같은 법이 정한 유예기간 이내에 실명등기를 하지 아니함으로써 그 명의신탁약정 및 이에 따라 행하여진 등기에 의한 물권변동이 무효로 된 후에 처분행위가 이루어졌다고 하여 달리 볼 것이 아니다 (대법원 2000. 2. 22. 선고 99도5227 판결).
> [변경된 판례] 부동산실명법을 위반하여 명의신탁자가 그 소유인 부동산의 등기명의를 명의수탁자에게 이전하는 이른바 양자간 명의신탁의 경우, 계약인 명의신탁약정과 그에 부수한 위임약정, 명의신탁약정을 전제로 한 명의신탁 부동산 및 그 처분대금 반환약정은 모두 무효이다. 나아가 명의신탁자와 명의수탁자 사이에 무효인 명의신탁약정 등에 기초하여 존재한다고 주장될 수 있는 사실상의 위탁관계라는 것은 부동산실명법에 반하여 범죄를 구성하는 불법적인 관계에 지나지 아니할 뿐 이를 형법상 보호할 만한 가치 있는 신임에 의한 것이라고 할 수 없다. (중략) 따라서 말소등기의무의 존재나 명의수탁자에 의한 유효한 처분가능성을 들어 명의수탁자가 명의신탁자에 대한 관계에서 '타인의 재물을 보관하는 자'의 지위에 있다고 볼 수도 없다. 그러므로 부동산실명법을 위반한 양자간 명의신탁의 경우 명의수탁자가 신탁받은 부동산을 임의로 처분하여도 명의신탁자에 대한 관계에서 횡령죄가 성립하지 아니한다(대법원 2021. 2. 18. 선고 2016도18761 전원합의체 판결).

서울 종로구 관철동 50-1 대 300㎡(이하 '관철동 토지'라 하겠습니다)[03]는 실제소유자인 갑동주식회사로부터 피고인이 2009. 6. 4. 명의신탁 받은 부동산이고(2자간 명의신탁, 기록 제25쪽 등기사항전부증명서 참조),[04] 피고인이 대표이사의 지위에서 피해자로부터 수탁받은 위 토지를 임의로 박고소에게 근저당권을 설정함으로써 처분한 것은 피해자에 대한 배임이 아닌 업무상횡령에 해당합니다.

나. 공소장변경의 필요성

판례는 법원은 횡령죄로 기소된 공소사실을 공소장변경 없이 직권으로 배임죄로 인정할 수 있지만,** 단순배임죄로 기소된 공소사실을 법정형이 더 무거운 업무상횡령죄로는 처단할 수 없다는 입장입니다.***

> ** 횡령죄와 배임죄는 다같이 신임관계를 기본으로 하고 있는 같은 죄질의 재산범죄로서 그 형벌에 있어서도 경중의 차이가 없고 동일한 범죄사실에 대하여 단지 법률적용만을 달리하는 경우에 해당하므로 법원은 배임죄로 기소된 공소사실에 대하여 공소장변경 없이도 횡령죄를 적용하여 처벌할 수 있다(대법원 1999. 11. 26. 선고 99도2651 판결).
>
> *** 일반법과 특별법이 동일한 구성요건을 가지고 있고 어느 범죄사실이 그 구성요건에 해당하는데 검사가 그 중 형이 보다 가벼운 일반법의 법조를 적용하여 그 죄명으로 기소하였고, 그 일반법을 적용한 때의 형의 범위가 '징역 5년 이하'이며, 특별법 적용시 형의 범위가 '무기 또는 10년 이상의 징역'으로서 차이가 나는 경우에는, 비록 그 공소사실에 변경이 없고 그 적용 법조의 구성요건이 완전히 동일하다 하더라도, 그러한 적용 법조의 변경이 피고인의 방어권 행사에 실질적인 불이익을 초래한다고 보아야 하며, 따라서 법원은 공소장변경 없이는 형이 더 무거운 특별법의 법조를 적용하여 특별법 위반의 죄로 처단할 수는 없다(대법원 2008. 3. 14. 선고 2007도10601 판결).

결국 이 부분 공소사실에 대한 검사의 공소장변경 신청이 없는 이상, 피고인에 대해서는 단순횡령죄의 유죄판결만이 선고될 수 있습니다.

다. 1인회사 주주에 대한 횡령죄 성립 여부

판례는 1인회사의 주주가 회사의 재산을 임의로 처분한 경우 횡령죄 성립을 인정하고 있습니다.*

> * 배임죄의 주체는 타인을 위하여 사무를 처리하는 자이며, 그의 임무위반 행위로써 그 타인인 본인에게 재산상의 손해를 발생케 하였을 때 이 죄가 성립되는 것인 즉, 소위 1인회사에 있어서도 행위의 주체와 그 본인은 분명히 별개의 인격이며, 그 본인인 주식회사에 재산상 손해가 발생하였을 때 배임죄는 기수가 되는 것이므로 궁극적으로 그 손해가 주주의 손해가 된다 하더라도 이미 성립한 죄에는 아무 소장이 없다(대법원 1983. 12. 13. 선고 83도2330 전원합의체 판결).

[05] 피고인에게 불리한 내용은 변론요지서에서는 작성하지 아니함이 일반적이나, 사건을 객관적 입장에서 검토하는 검토의견서의 경우에는 작성하여야 한다.

따라서 피해자 갑동주식회사가 피고인을 주주로 하는 1인회사라는 사정은 피고인에 대한 횡령죄 성립에 영향이 없습니다.[05]

라. 불법영득의사 부존재에 따른 횡령죄 불성립

[06] 사실의 인정은 항상 증거에 의하여야 한다.

검사 작성 피고인·이을남에 대한 피의자신문조서(대질)의 각 진술기재, 갑동주식회사 납품업체들이 발행한 각 세금계산서의 기재에 의하면[06] 피고인은 관철동 토지에 근저당권을 설정하고 대출받은 1억 5,000만 원을 자신의 이익을 위해 사용하지 아니하고, 갑동주식회사가 발행한 어음의 부도를 막기 위해 사용하였습니다.

따라서 피고인에게는 불법영득의사를 인정할 수 없고, 횡령죄 역시 성립하지 아니합니다.

마. 소결

[07] 검토의견서는 향후 변론의 방향을 설정하기 위한 것이므로 소결론 표현이 변론요지서의 그것과 다르다.

따라서 이 부분 공소사실에 있어 피고인에 대해 배임죄는 물론 횡령죄 역시 성립하지 아니하므로, 이를 근거로 형사소송법 제325조 후단에 의한 무죄를 주장하여야 합니다.[07]

2. 특정경제범죄가중처벌등에관한법률위반(횡령)의 점

가. 이 부분 공소사실에 대한 성립범죄

피고인이 피해자 갑동주식회사 소유의 서울 구로구 개봉동 353-3 대 500㎡(이하 '개봉동 토지'라 하겠습니다)를 피해자 박고소에게 매도한 행위(이하 '제1행위'라 하겠습니다)는 위 갑동주식회사에 대한 업무상배임죄에 해당하고,[08][09] 개봉동 토지를 다시 최등기에게 매도하고 소유권이전등기를 경료하여 준 행위(이하 '제2행위'라 하겠습니다)는 피해자 박고소에 대한 배임죄에 해당합니다. 판례 역시 이러한 경우 제2행위를 제1행위의 불가벌적 사후행위로 보지 아니하고 별개의 범죄가 성립한다는 입장입니다.**

[08] 대표이사인 피고인이 위 부동산 자체를 보관하고 있다고는 평가할 수 없으므로 횡령죄가 성립하지는 아니한다.

[09] 관철동 토지와 달리 회사를 위하여 토지를 매매하였다는 사정이 없음에 주의하여야 한다.

> ** 횡령죄는 다른 사람의 재물에 관한 소유권 등 본권을 보호법익으로 하고 법익침해의 위험이 있으면 침해의 결과가 발생되지 아니하더라도 성립하는 위험범이다. 그리고 일단 특정한 처분행위로 인하여 법익침해의 위험이 발생함으로써 횡령죄가 기수에 이른 후 종국적인 법익침해의 결과가 발생하기 전에 새로운 처분행위가 이루어졌을 때, 후행 처분행위가 선행 처분행위에 의하여 발생한 위험을 현실적인 법익침해로 완성하는 수단에 불과하거나 그 과정에서 당연히 예상될 수 있는 것으로서 새로운 위험을 추가하는 것이 아니라면 후행 처분행위에 의해 발생한 위험은 선행 처분행위에 의하여 이미 성립된 횡령죄에 의해 평가된 위험에 포함되는 것이므로 후행 처분행위는 이른바 불가벌적 사후행위에 해당한다. 그러나 후행 처분행위가 이를 넘어서서, 선행 처분행위로 예상할 수 없는 새로운 위험을 추가함으로써 법익침해에 대한 위험을 증가시키거나 선행 처분행위와는 무관한 방법으로 법익침해의 결과를 발생시키는 경우라면, 이는 선행 처분행위에 의하여 이미 성립된 횡령죄에 의해 평가된 위험의 범위를 벗어나는 것이므로 특별한 사정이 없는 한 별도로 횡령죄를 구성한다고 보아야 한다(대법원 2013. 2. 21. 선고 2010도10500 판결).

제1행위와 제2행위는 피해자와 피해법익, 행위태양 등이 서로 다르므로 배임죄의 포괄일죄가 아닌 별개의 배임죄가 각각 성립하고, 양 죄는 실체적 경합관계에 있습니다.[10]

[10] 이와 달리 상상적 경합으로 묻힐할 수도 있다.

나. 공소장변경의 필요성

판례는 횡령죄로 기소된 공소사실에 대하여 공소장변경 없이도 배임죄를 적용하여 처벌할 수 있고, 동일한 범죄사실에 대해 포괄일죄로 보지 아니하고 실체적 경합관계로 인정할 수 있다는 입장입니다.

결국 특정경제범죄가중처벌등에관한법률위반(횡령)죄의 일죄로 기소된 이 부분 공소사실에 대해 법원은 공소장변경 없이도 피해자 박고소와 피해자 갑동주식회사에 대한 각 특정경제범죄가중처벌등에관한법률위반(배임)죄 경합범으로 처벌할 수 있습니다.

다. 특정경제범죄의가중처벌등에관한법률 적용 여부

특정경제범죄가중처벌등에관한법률 제3조는 재산범죄로 인해 취득한 이득액이 5억원 이상일 때 적용됩니다. 또한 판례는 부동산을 매도한 배임행위로 인한 이득액을 산정하는 경우에는 대상 부동산의 시가에서 그 부동산에 설정된 근저당권의 채권최고액의 범위 내에서 피담보채권액 등을 공제하여야 한다는 입장입니다.*

> * 배임행위로 얻은 재산상 이익의 일정한 액수 자체를 가중적 구성요건으로 규정하고 있는 특정경제범죄 가중처벌 등에 관한 법률 제3조 제1항의 적용을 전제로 하여 이중매매 대상이 된 부동산 가액을 산정하는 경우, 부동산에 아무런 부담이 없는 때에는 부동산 시가 상당액이 곧 가액이라고 볼 것이지만, 부동산에 근저당권설정등기가 경료되어 있거나 압류 또는 가압류 등이 이루어진 때에는 특별한 사정이 없는 한 아무런 부담이 없는 상태의 부동산 시가 상당액에서 근저당권의 채권최고액 범위 내에서 피담보채권액, 압류에 걸린 집행채권액, 가압류에 걸린 청구금액 범위 내에서 피보전채권액 등을 뺀 실제 교환가치를 부동산 가액으로 보아야 한다(대법원 2011. 6. 30. 선고 2011도1651 판결).

피고인의 진술과 부동산등기사항전부증명서(기록 제26쪽)의 기재에 의하면 개봉동 토지에는 2010. 3. 15. 근저당권자 신한은행, 채권최고액 2억 원을 내용으로 하는 근저당권이 설정되어 있고, 제2행위 당시 실제 채무액은 1억 5,000만 원입니다.

결국 피고인이 이 부분 각 범행으로 인하여 취득한 이득액은 개봉동 토지 시가 상당액인 6억 원에서 담보 채권액 1억 5,000만 원을 공제한 4억 5,000만에 불과하므로 이 부분 공소사실에 대해서는 특정경제범죄가중처벌등에관한법률 제3조 제1항 제2호가 적용될 수 없습니다.

라. 소결

피고인에 대해서는 특정경제범죄가중처벌등에관한법률위반(횡령)죄가 아닌 박고소에 대한 배임죄와 갑동주식회사에 대한 업무상배임죄만이 성립 가능합니다. 이러한 축소사실에 대해서는 공소장변경 없이도 법원이 직권으로 인정할 수 있고, 이 부분 공소사실에 대해서는 피고인의 자백 외에 보강증거 또한 존재합니다.

결국 피고인의 이 부분 공소사실에 대해서는 유죄인정을 전제로 정상변론을 하여야 할 것입니다.[11]

[11] 변론요지서와 소결론 기재 내용이 다름에 주의를 요한다.

2014. 1. 4.

법무법인 공정 변호사 김힘찬 ㉑

변론요지서

사 건 2013고합1277 특정경제범죄가중처벌등에관한법률위반(횡령) 등
피고인 이을남

위 사건에 관하여 피고인 이을남의 변호인 변호사 이사랑은 다음과 같이 변론합니다.

다 음

Ⅱ. 피고인 이을남에 대하여

1. 특정경제범죄가중처벌등에관한법률위반(횡령)의 점

가. 특정경제범죄가중처벌등에관한법률 적용 가부 및 죄책

앞서 검토의견서 Ⅰ의 2항에서도 살펴본 바와 같이[01] 이 부분 공소사실 관련 피고인에 대해서는 피해자 박고소에 대한 배임죄와 피해자 갑동주식회사에 대한 업무상배임죄만이 각각 성립할 수 있습니다.

[C1] [작성요령]에서 인용 기재를 허용하고 있으므로 이를 적극적으로 활용하여야 한다.

나. 공모사실의 부존재

피고인은 경찰 단계에서부터 이 법정에 이르기까지 일관되게 김갑동과 공모하여 토지를 임의로 처분한 사실이 없고, 김갑동이 위 토지 매매대금 중 자신에게 주었다는 2억 원을 받은 사실이 없다는 취지로 범행을 부인하고 있습니다. 아래에서는 증거관계를 바탕으로 공모관계가 부존재함을 살펴보도록 하겠습니다.

1) 검사 제출 증거

이 부분 공소사실에 대해 검사가 제출한 증거로는 피고인·김갑동·박고소·나부인의 각 법정진술, 검사 작성 피고인·김갑동에 대한 피의자신문조서(대질)의 각 진술기재, 사법경찰리 작성 김갑동에 대한 피의자신문조서의 진술기재, 사법경찰리 작성 박고소에 대한 진술조서의 진술기재, 전총무 작성 증명서의 기재, 부동산매매계약서·영수증·각 등기사항전부증명서의 각 기재 또는 현존이 있습니다.[02]

[02] 증거거시는 법원→검찰→경찰, 인증→서증→증거물, 피고인→참고인, 조서→진술서→검증조서→압수조서·실황조사서→진단서·견적서의 순서대로 함이 원칙이다.

2) 증거능력 없는 증거[03]

① 사법경찰리 작성 김갑동에 대한 피의자신문조서 중 공소사실 2항 부분은 피고인이 내용을 부인하는 취지로 증거로 함에 부동의하고 있으므로 증거능력이 없습니다(형사소송법 제312조 제3항).

② 증인 박고소의 법정진술과 사법경찰리 작성 박고소에 대한 진술조서 진술기재 중 김갑동이 "받은 돈은 이을남과 함께 다 써버렸다."고 말하는 것을 들었다는 부분은 피고

[03] 검토하여야 할 증거가 많으므로, 결론과 근거조문 중심으로 간단하게 기재한다.

인 아닌 자의 피고인 아닌 타인의 진술을 내용으로 하는 전문진술 또는 전문진술이 기재된 조서이고, 원진술자인 김갑동이 이 사건 법정에 출석하고 있는 이상 모두 증거능력이 없습니다(형사소송법 제316조 제2항, 제312조 제4항).

③ 나부인의 법정진술 중 전총무 작성 증명서의 기재 내용을 들었다는 내용은 전총무가 사망하여 형사소송법 제316조 제2항의 요건을 갖출 여지가 있으나, 그 진술에 대한 특신상태가 인정되지 아니하여[04] 증거능력이 없습니다.

[04] 나부인이 "남편 말을 받아 적어달라고 하여 불러주는 대로 증명서를 작성한 것이다"라고 진술하고 있는 점을 근거로 한다.

④ 전총무 작성 증명서는 전문증거인 진술서에 해당합니다. 그러나 위 증명서는 전총무가 직접 작성한 것이 아니라 나부인이 전총무가 불러주는 대로 기재하였고, 전총무가 아닌 나부인이 서명하였으므로(기록 제21쪽 나부인의 법정진술 참조) 증거능력이 없습니다(형사소송법 제313조 제1항).

3) 증명력 검토

김갑동의 법정진술 중 피고인과 공모하였다는 취지의 진술 부분과 검사 작성 김갑동에 대한 피의자신문조서 중 피고인과 공모하여 개봉동 토지를 처분하였고 그 대가로 2억 원을 교부하였다는 취지의 진술기재 부분은[05] ① 김갑동이 경찰단계와 검찰단계의 첫 신문에서는 피고인이 공범이 아니라고 진술하였다가 그 후 검찰단계에서 갑자기 피고인이 공범이라고 진술하는 등 진술의 일관성이 부족하고,[06] 김갑동에게 피고인과의 공모관계를 숨길 만한 이유가 없다는 점, ② 피고인이 김갑동의 주장대로 2억 원을 받았다면 생활비를 위해 단지 현금 100만 원 정도를 얻기 위해 신용카드를 강취하는 범행을 저지를 이유가 없고, 나부인에 법정진술에 의하더라도 범행 후에도 피고인이 월세 단칸방에서 어렵게 살고 있다는 점, ③ 김갑동이 자신의 회사 소유 토지를 매도하면서 그 수익의 절반에 해당하는 2억 원을 피고인에게 배분할 특별한 이유가 없다는 점, ④ 나부인의 법정진술에 의하면 이 부분 공소사실 범행 후에도 피고인은 월세 단칸방에서 혼자 어렵게 살고 있어 2억 원을 받았다는 사정이 존재하지 아니하는 점, ⑤ 김갑동은 피고인이 범한 강도범행의 피해자로서 피고인에게 악감정을 가지고 있어 이중매매에 대한 자신의 책임을 전가하기 위해 피고인을 공범으로 끌어들이기 위한 허위 진술을 하였을 가능성이 매우 높은 점 등을 고려할 때 신빙성이 매우 낮습니다.

[05] 증거의 일부만이 공소사실에 부합하는 경우 그 일부를 위와 같이 특정하여야 한다.
[06] 번복진술 등이 존재하여 진술의 일관성이 부정된다는 사정은 신빙성 탄핵에서 가장 자주 등장하는 내용이다.

4) 부족증거 등 설시

박고소의 경찰단계에서의 진술 등은 추측에 불과하고,[07] 나머지 증거들만으로는 이 부분 공소사실을 인정하기에 부족하고, 달리 이를 인정할 만한 증거가 존재하지 아니합니다.

[07] 단순한 추측성 진술에 대해서는 위와 같은 표현을 이용하여 간단하게 탄핵하도록 한다.

다. 소결

따라서 이 부분 공소사실은 범죄의 증명이 없는 때에 해당하므로 형사소송법 제325조 후단에 의하여 무죄가 선고되어야 합니다.

2. 강도의 점

가. 강도죄 아닌 공갈죄의 성립

강도죄에 있어서 협박과 폭행의 정도는 사회통념상 객관적으로 상대방의 반항을 억압하거나 항거를 불능케할 정도의 것이어야 합니다.*

> * 강도죄에 있어서 폭행과 협박의 정도는 사회통념상 객관적으로 상대방의 반항을 억압하거나 항거불능케 할 정도의 것이라야 한다(대법원 2001. 3. 23. 선고 2001도359 판결).

피고인은 김갑동에 대하여 어떠한 유형력을 행사하지도 않고 단지 경찰에 범행을 알리겠다는 취지의 협박을 하였을 뿐, 그의 반항을 억압하거나 항거를 불능케할 정도의 협박을 하지 않았습니다.

따라서 피고인의 이 부분 범행에 대하여 강도죄가 성립할 수는 없고, 축소사실인 공갈죄가 성립할 수 있을 뿐이며, 판례는 이러한 축소사실에 대해서는 공소장변경 없이도 직권으로 인정할 수 있다는 입장입니다.

나. 친족상도례의 적용

피고인과 피해자 김갑동은 동거하지 아니하는 사촌지간이므로(각 가족관계증명서 참조),[08] 피고인의 공갈 범행에 대해서는 피해자의 고소가 있어야 공소를 제기할 수 있습니다(상대적 친고죄, 형법 제354조, 제328조 제2항).[09] 또한 이러한 친고죄에 대하여는 범인을 알게 된 날로부터 6월을 경과하면 고소하지 못합니다(형사소송법 제230조 제1항).

김갑동은 2013. 6. 3. 피고인을 고소하였으나, 이는 김갑동이 피고인이 범인임을 알게 된 범행일 2012. 5. 20.로부터 6개월이 도과하여 이루어졌음이 기록상 명백합니다.

결국 피해자의 적법한 고소가 없는 이상, 이 부분 공소는 공소제기의 절차가 법률의 규정에 위반하여 무효인 때에 해당하므로 형사소송법 제327조 제2호에 따라 공소기각의 판결이 선고되어야 합니다.[10]

3. 현금 절도, 여신전문금융업법위반의 점

가. 현금 절도에 대하여

판례는 현금카드 소유자를 협박하여 예금인출 승낙과 함께 현금카드를 교부받은 후 이를 사용하여 현금자동지급기에서 예금을 인출한 경우 포괄하여 하나의 공갈죄를 구성할 뿐, 현금카드 갈취행위와 분리하여 따로 절도죄로 처단할 수는 없다는 입장입니다.**

> ** 예금주인 현금카드 소유자를 협박하여 그 카드를 갈취하였고, 하자 있는 의사표시이기는 하지만 피해자의 승낙에 의하여 현금카드를 사용할 권한을 부여받아 이를 이용하여 현금을 인출한 이상, 피해자가 그 승낙의 의사표시를 취소하기까지는 현금카드를 적법, 유효하게 사용할 수 있고, 은행의 경우에도 피해자의 지급정지 신청이 없는 한 피해자의 의사에 따라 그의 계산으로 적법하게 예금을 지급할 수밖에 없는 것이므로, 피고인이 피해자로부터 현금카드를 사용한 예금인출의 승낙을 받고 현금카드를 교부받은 행위와 이를 사용하여 현금자동지급기에서 예금을 여러 번 인출한

---

[08] 생략된 서류이나 가족관계에 대한 증거로 적시하여야 한다. 생략된 증거이므로 쪽수는 기재하지 않는다.

[09] 상대적 친고죄에 대한 자세한 내용을 기재하는 대신 위와 같이 키워드와 근거규정만을 적시한다.

[10] 전형적인 소결론 기재례이므로 정리 및 암기가 필요하다.

> 행위들은 모두 피해자의 예금을 갈취하고자 하는 피고인의 단일하고 계속된 범의 아래에서 이루어진 일련의 행위로서 포괄하여 하나의 공갈죄를 구성한다고 볼 것이지, 현금지급기에서 피해자의 예금을 취득한 행위를 현금지급기 관리자의 의사에 반하여 그가 점유하고 있는 현금을 절취한 것이라 하여 이를 현금카드 갈취행위와 분리하여 따로 절도죄로 처단할 수는 없다(대법원 1996. 9. 20. 선고 95도1728 판결).

따라서 이 부분 공소사실에 중 피고인이 현금을 인출한 행위는 피해자에 대한 공갈죄의 일부일 뿐 별개의 절도죄를 구성하지 아니합니다.

결국 이 부분 공소사실은 범죄로 되지 아니하므로 형사소송법 제325조 전단에 의하여 무죄판결이 선고되어야 합니다.

나. 여신전문금융업법위반의 점에 대하여

여신전문금융업법 제70조 제1항에서 정하는 '부정사용'이라 함은 위조·변조 또는 도난·분실된 신용카드나 직불카드를 진정한 카드로서 본래의 용법에 따라 사용하는 것을 의미하고, 이 부분 공소사실과 같이 신용카드를 현금자동지급기에 넣고 계좌에서 예금을 인출하는 행위는 위 '부정사용'에 해당하지 않습니다.*

> * 여신전문금융업법 제70조 제1항 소정의 부정사용이라 함은 위조·변조 또는 도난·분실된 신용카드나 직불카드를 진정한 카드로서 신용카드나 직불카드의 본래의 용법에 따라 사용하는 경우를 말하는 것이므로, 절취한 직불카드를 온라인 현금자동지급기에 넣고 비밀번호 등을 입력하여 피해자의 예금을 인출한 행위는 여신전문금융업법 제70조 제1항 소정의 부정사용의 개념에 포함될 수 없다(대법원 2003. 11. 14. 선고 2003도3977 판결).

따라서 이 부분 공소사실은 범죄가 성립하지 아니하므로 형법 제326조 전단에 의하여 무죄가 선고되어야 합니다.

4. 점유이탈물횡령의 점

점유이탈물횡령죄의 공소시효는 5년이고(형법 제360조 제1항, 형사소송법 제249조 제5호), 이 부분 공소는 범죄일인 2008. 9. 말경으로부터 5년이 경과한 후인 2013. 10. 18. 제기되었음이 기록상 명백합니다.[11]

[11] 공소시효 관련 공소제기일은 증거를 거시하지 아니하여도 된다.

[12] 각 호 규정까지 구체적으로 기재한다.

결국 이 부분 공소사실에 대해서는 형사소송법 제326조 제3호[12]에 의해 면소판결이 선고되어야 합니다.

5. 금목걸이 절도의 점[13]

가. 위법수집증거배제법칙에 의한 증거능력 부정

[13] 자백보강법칙 적용 사안은 사실인정의 목차대로 답안을 구성함이 원칙이므로, 검사 제출 증거부터 따로 목차를 잡아 기재할 수도 있다.

[14] 영장주의와 관련한 세부 내용을 기재할 필요는 없으나, 관련 근거규정은 정확하게 기재하여야 한다.

영장주의 예외로서 체포현장에서의 압수는 당해 피의사실과 관련된 증거물에 한하여 할 수 있습니다(형사소송법 제216조 제1항 제2호). 또한 체포현장에서 압수한 물건을 계속 압수할 필요가 있는 경우에는 사후영장을 발부받아야 합니다(제217조 제2항).[14]

그러나 이 사건 금목걸이 압수는 사법경찰관이 절도와는 무관한 피고인을 강도와 점유이탈물횡령의 피의사실로 체포하면서 이루어진 것이고, 또한 이에 대한 사후영장을 발부받지도 아니하였습니다.

결국 위 금목걸이는 위법한 절차에 의하여 수집한 증거이므로 증거능력이 없고(형사소송법 제308조의2), 이를 기초로 한 압수조서 및 피고인의 경찰 및 검찰, 이 사건 법정에서의 자백 역시 모두 증거능력이 없습니다(독수의 과실이론).[15]

나. 자백보강법칙에 따른 증거능력 부정

설령[16] 피고인의 이 사건 법정에서의 자백에 대해서는 인과관계 희석에 따라 증거능력을 인정한다 하더라도,[17] 피고인의 자백 이외에 다른 보강증거가 없는 이상 형사소송법 제310조에 따라 위 자백을 유죄의 증거로 할 수 없습니다.

다. 소결

따라서 이 부분 공소사실은 범죄의 증명이 없는 때에 해당하므로 형사소송법 제325조 후단에 의하여 무죄판결이 선고되어야 합니다.

2014. 1. 4.

피고인 이을남의 변호인 변호사 이사랑 ㊞

서울중앙지방법원 제26형사부 귀중

---

[15] 역시 위법수집증거배제법칙에 더한 상세한 내용을 기재할 필요는 없다. 위법한 절차에 기해 수집한 1차 증거와 그러한 1차 증거에 기초하여 수집한 2차 증거를 구별하여야 한다. 전자는 형사소송법 제308조의2에 따라, 후자는 독수의 과실이론에 따라 증거능력이 부정된다.

[16] 피고인에게 불리한 내용을 가정하는 것이므로 '설령'과 같은 표현을 사용하여 이하 내용이 가정에 불과함을 나타내어야 한다.

[17] 피고인의 법정에서의 자백에 대해서는 인과관계 희석에 의한 위법수집증거배제법칙 예외이론에 따라 증거능력이 인정될 여지가 있다. 따라서 증거능력인정을 전제로 보강증거가 없다는 점을 추가로 검토하여야 한다.

 MEMO

검토의견서

I. 피고인 김갑동에 대하여

1. 배임의 점

가. 이 부분 공소사실에 대한 성립범죄

판례는 2자간 명의신탁에 있어서 수탁자가 수탁부동산을 임의로 처분한 경우 신탁자에 대한 횡령죄가 성립한다는 입장입니다. 서울 종로구 관철동 50-1 대 300㎡(이하 '관철동 토지')는 실제소유자인 갑동주식회사로부터 피고인이 2009. 6. 4. 명의신탁 받은 부동산이고(2자간 명의신탁, 기록 제25쪽 등기사항전부증명서), 피고인이 대표이사의 지위에서 피해자로부터 수탁받은 위 토지를 임의로 박고소에게 근저당권을 설정함으로써 처분한 것은 피해자에 대한 배임이 아닌 업무상횡령에 해당합니다.

나. 공소장변경의 필요성

판례는 횡령죄로 기소된 공소사실을 공소장변경 없이 직권으로 배임죄로 인정할 수 있지만, 단순배임죄로 기소된 공소사실을 법정형이 더 무거운 업무상횡령죄로는 처단할 수 없다는 입장입니다. 따라서 검사의 공소장변경 신청이 없는 이상, 이 부분 공소사실에 대하여는 단순횡령죄에 대한 유죄판결만이 선고될 수 있습니다.

다. 1인회사 주주에 대한 횡령죄 성립 여부

판례는 1인회사의 주주가 회사의 재산을 임의로 처분한 경우 횡령죄 성립을 인정하고 있습니다. 따라서 피해자 갑동주식회사가 피고인을 주주로 하는 1인회사라는 사정은 피고인에 대한 횡령죄 성립에 영향이 없습니다.

라. 불법영득의사 부존재에 따른 횡령죄 불성립

검사 작성 피고인·이을남에 대한 피의자신문조서(대질)의 각 진술기재, 갑동주식회사 납품업체들이 발행한 각 세금계산서의 기재에 의하면 피고인은 관철동 토지에 근저당권을 설정하고 대출받은 1억 5,000만 원을 자신의 이익을 위해 사용하지 아니하고, 갑동주식회사가 발행한 어음의 부도를 막기 위해 사용하였습니다.
따라서 피고인에게는 불법영득의사를 인정할 수 없고, 횡령죄 역시 성립하지 아니합니다.

마. 소결

따라서 이 부분 공소사실에 있어 피고인에 대해 배임죄는 물론 횡령죄 역시 성립하지 아니하므로, 이를 근거로 형사소송법 제325조 후단에 의한 무죄를 주장하여야 합니다.

2. 특정경제범죄가중처벌등에관한법률위반(횡령)의 점

가. 이 부분 공소사실에 대한 성립범죄

피고인이 피해자 갑동주식회사 소유의 서울 구로구 개봉동 353-3 대 500㎡(이하 '개봉동 토지')를 피해자 박고소에게 매도한 행위(이하 '제1행위')는 위 갑동주식회사에 대한 업무상배임죄에 해당하고, 개봉동 토지를 다시 최등기에게 매도하고 소유권이전등기를 경료하여 준 행위(이하 '제2행위')는 피해자 박고소에 대한 배임죄에 해당합니다. 판례 역시 이러한 경우 제2행위를 제1행위의 불가벌적 사후행위로 보지 아니하고 별개의 범죄가 성립한다는 입장입니다. 제1행위와 제2행위는 피해자와 피해법익, 행위태양 등이 서로 다르므로 배임죄의 포괄일죄가 아닌 별개의 배임죄가 각각 성립하고, 양 죄는 실체적 경합관계에 있습니다.

나. 공소장변경의 필요성

판례는 횡령죄로 기소된 공소사실에 대하여 공소장변경 없이도 배임죄를 적용하여 처벌할 수 있고, 동일한 범죄사실에 대해 포괄일죄로 보지 아니하고 실체적 경합관계로 인정할 수 있다는 입장입니다. 따라서 특정경제범죄가중처벌등에관한법률위반(횡령)죄의 일죄로 기소된 이 부분 공소사실에 대해 법원은 공소장변경 없이도 피해자 박고소와 피해자 갑동주식회사에 대한 각 특정경제범죄가중처벌등에관한법률위반(배임)죄 경합범으로 처벌할 수 있습니다.

다. 특정경제범죄의가중처벌등에관한법률 적용 여부

특정경제범죄가중처벌등에관한법률 제3조는 재산범죄로 인해 취득한 이득액이 5억 원 이상일 때 적용됩니다. 또한 판례는 부동산을 매도한 배임행위로 인한 이득액을 산정하는 경우에는 대상 부동산의 시가에서 그 부동산에 설정된 근저당권의 채권최고액의 범위 내에서 피담보채권액 등을 공제하여야 한다는 입장입니다.

피고인의 진술과 부동산등기사항전부증명서(기록 제26쪽)의 기재에 의하면 개봉동 토지에는 2010. 3. 15. 근저당권자 신한은행, 채권최고액 2억 원을 내용으로 하는 근저당권이 설정되어 있고, 제2행위 당시 실제 채무액은 1억 5,000만 원입니다. 결국 피고인이 이 부분 각 범행으로 인하여 취득한 이득액은 개봉동 토지 시가 상당액인 6억 원에서 담보 채권액 1억 5,000만 원을 공제한 4억 5,000만에 불과하므로 이 부분 공소사실에 대해서는 특정경제범죄가중처벌등에관한법률 제3조 제1항 제2호가 적용될 수 없습니다.

라. 소결

피고인에 대해서는 특정경제범죄가중처벌등에관한법률위반(횡령)죄가 아닌 박고소에 대한 배임죄와 갑동주식회사에 대한 업무상배임죄만이 성립 가능하고, 이러한 축소사실에 대해서는 공소장변경 없이도 법원이 직권으로 인정할 수 있다는 것이 판례의 태도입니다. 따라서 피고인의 이 부분 공소사실에 대해서는 위 죄들에 대한 유죄인정을 전제로 정상변론을 하여야 할 것입니다.

변론요지서

II. 피고인 이을남에 대하여

1. 특정경제범죄가중처벌등에관한법률위반(횡령)의 점

가. 특정경제범죄가중처벌등에관한법률 적용 가부 및 죄책

앞서 검토의견서 I의 2항에서도 살펴본 바와 같이 이 부분 공소사실 관련 피고인에 대해서는 피해자 박고소에 대한 배임죄와 피해자 갑동주식회사에 대한 업무상배임죄만이 각각 성립할 수 있습니다.

나. 공모사실의 부존재

피고인은 김갑동과 공모하여 토지를 임의로 처분한 사실이 없고, 김갑동이 위 토지 매매대금 중 자신에게 주었다는 2억 원을 받은 사실이 없습니다.

① 사법경찰리 작성 김갑동에 대한 피의자신문조서 중 공소사실 2항 부분은 피고인이 내용을 부인하는 취지로 증거로 함에 부동의하고 있으므로 증거능력이 없습니다(형사소송법 제312조 제3항). ② 증인 박고소의 법

정진술과 사법경찰리 작성 박고소에 대한 진술조서 진술기재 중 김갑동이 "받은 돈은 이을남과 함께 다 써버렸다."고 말하는 것을 들었다는 부분은 원진술자인 김갑동이 이 사건 법정에 출석하고 있는 이상 모두 증거능력이 없습니다(형사소송법 제316조 제2항, 제312조 제4항). ③ 나부인의 법정진술 중 전총무 작성 증명서의 기재 내용을 들었다는 내용은 그 진술에 대한 특신상태가 인정되지 아니하여 증거능력이 없습니다. ④ 전총무 작성 증명서는 전총무가 직접 작성한 것이 아니라 나부인이 전총무가 불러주는 대로 기재하였고, 전총무가 아닌 나부인이 서명하였으므로(기록 제21쪽 나부인 법정진술) 증거능력이 없습니다(형사소송법 제313조 제1항).

김갑동의 법정진술 중 피고인과 공모하였다는 취지의 진술 부분과 검사 작성 김갑동에 대한 피의자신문조서 중 피고인과 공모하여 개봉동 토지를 처분하였고 그 대가로 2억 원을 교부하였다는 취지의 진술기재 부분은 ① 김갑동이 경찰단계와 검찰단계의 첫 신문에서는 피고인이 공범이 아니라고 진술하였다가 그 후 검찰단계에서 갑자기 피고인이 공범이라고 진술하는 등 진술의 일관성이 부족하고, 김갑동에게 피고인과의 공모관계를 숨길 만한 이유가 없다는 점, ② 피고인이 김갑동의 주장대로 2억 원을 받았다면 생활비를 위해 단지 현금 100만 원 정도를 얻기 위해 신용카드를 강취하는 범행을 저지를 이유가 없고, 나부인의 법정진술에 의하더라도 범행 후에도 피고인이 월세 단칸방에서 어렵게 살고 있다는 점, ③ 김갑동이 자신의 회사 소유 토지를 매도하면서 그 수익의 절반에 해당하는 2억 원을 피고인에게 배분할 특별한 이유가 없다는 점, ④ 나부인의 법정진술에 의하면 이 부분 공소사실 범행 후에도 피고인은 월세 단칸방에서 혼자 어렵게 살고 있어 2억 원을 받았다는 사정이 존재하지 아니하는 점, ⑤ 김갑동은 피고인이 범한 강도범행의 피해자로서 피고인에게 악감정을 가지고 있어 이중매매에 대한 자신의 책임을 전가하기 위해 피고인을 공범으로 끌어들이기 위한 허위 진술을 하였을 가능성이 매우 높은 점 등을 고려할 때 신빙성이 매우 낮습니다.

박고소의 경찰단계에서의 진술 등은 추측에 불과하고, 그 밖의 증거들만으로는 이 부분 공소사실을 인정하기에 부족하고, 달리 이를 인정할 만한 증거가 존재하지 아니합니다. 따라서 이 부분 공소사실은 범죄의 증명이 없는 때에 해당하므로 형사소송법 제325조 후단에 의하여 무죄가 선고되어야 합니다.

2. 강도의 점

가. 강도죄 아닌 공갈죄의 성립

강도죄에서 협박과 폭행의 정도는 사회통념상 객관적으로 상대방의 반항을 억압하거나 항거를 불능케 할 정도의 것이어야 합니다. 피고인은 김갑동에 대하여 어떠한 유형력을 행사하지도 않고 단지 경찰에 범행을 알리겠다는 취지의 협박을 하였을 뿐, 그의 반항을 억압하거나 항거를 불능케 할 정도의 협박을 하지 않았습니다. 따라서 피고인의 이 부분 범행에 대하여 강도죄가 성립할 수는 없고, 축소사실인 공갈죄가 성립할 수 있을 뿐이며, 판례는 이러한 축소사실에 대해서는 공소장변경 없이도 직권으로 인정할 수 있다는 입장입니다.

나. 친족상도례의 적용

피고인과 피해자 김갑동은 동거하지 아니하는 사촌지간이므로(각 가족관계증명서), 피고인의 공갈 범행에 대해서는 피해자의 고소가 있어야 공소를 제기할 수 있습니다(상대적 친고죄, 형법 제354조, 제328조 제2항). 또한 친고죄는 범인을 알게 된 날로부터 6월을 경과하면 고소하지 못합니다(형사소송법 제230조 제1항).

김갑동은 2013. 6. 3. 피고인을 고소하였으나, 이는 김갑동이 피고인이 범인임을 알게 된 범행일 2012. 5. 20.로부터 6개월이 도과하여 이루어졌음이 기록상 명백합니다. 결국 피해자의 적법한 고소가 없는 이상, 이 부분 공소는 공소제기의 절차가 법률의 규정에 위반하여 무효인 때에 해당하므로 형사소송법 제327조 제2호에 따라 공소기각의 판결이 선고되어야 합니다.

3. 현금 절도, 여신전문금융업법위반의 점

가. 현금 절도에 대하여

판례는 현금카드 소유자를 협박하여 예금인출 승낙과 함께 현금카드를 교부받은 후 이를 사용하여 현금자동지급기에서 예금을 인출한 경우 포괄하여 하나의 공갈죄를 구성할 뿐, 현금카드 갈취행위와 분리하여 따로 절도죄로 처단할 수는 없다는 입장입니다. 따라서 이 부분 공소사실에 중 피고인이 현금을 인출한 행위는 피해자에 대한 공갈죄의 일부일 뿐 별개의 절도죄를 구성하지 아니합니다. 결국 이 부분 공소사실은 범죄로 되지 아니하므로 형사소송법 제325조 전단에 의하여 무죄판결이 선고되어야 합니다.

나. 여신전문금융업법위반의 점에 대하여

이 부분 공소사실과 같이 신용카드를 현금자동지급기에 넣고 계좌에서 예금을 인출하는 행위는 여신전문금융업법 제70조 제1항에서 정하는 '부정사용'에 해당하지 않습니다. 따라서 이 부분 공소사실은 범죄가 성립하지 아니하므로 형법 제326조 전단에 의하여 무죄가 선고되어야 합니다.

4. 점유이탈물횡령의 점

점유이탈물횡령죄의 공소시효는 5년이고(형법 제360조 제1항, 형사소송법 제249조 제5호), 이 부분 공소는 범죄일인 2008. 9. 말경으로부터 5년이 경과한 후인 2013. 10. 18. 제기되었음이 기록상 명백합니다.

결국 이 부분 공소사실에 대해서는 형사소송법 제326조 제3호에 의해 면소판결이 선고되어야 합니다.

5. 금목걸이 절도의 점

가. 위법수집증거배제법칙에 의한 증거능력 부정

영장주의 예외로서 체포현장에서의 압수는 당해 피의사실과 관련된 증거물에 한하여 할 수 있습니다(형사소송법 제216조 제1항 제2호). 또한 체포현장에서 압수한 물건을 계속 압수할 필요가 있는 경우에는 사후영장을 발부받아야 합니다(제217조 제2항). 그러나 이 사건 금목걸이 압수는 사법경찰관이 절도와는 무관한 피고인을 강도와 점유이탈물횡령의 피의사실로 체포하면서 이루어진 것이고, 또한 이에 대한 사후영장을 발부받지도 아니하였습니다. 결국 위 금목걸이는 위법한 절차에 의하여 수집한 증거이므로 증거능력이 없고(형사소송법 제308조의2), 이를 기초로 한 압수조서 및 피고인의 경찰 및 검찰, 이 사건 법정에서의 자백 역시 모두 증거능력이 없습니다(독수의 과실이론).

나. 자백보강법칙에 따른 증거능력 부정

설령 피고인의 이 사건 법정에서의 자백에 대해서는 인과관계 희석에 따라 증거능력을 인정한다 하더라도, 피고인의 자백 이외에 다른 보강증거가 없는 이상 형사소송법 제310조에 따라 위 자백을 유죄의 증거로 할 수 없습니다.

다. 소결

따라서 이 부분 공소사실은 범죄의 증명이 없는 때에 해당하므로 형사소송법 제325조 후단에 의하여 무죄판결이 선고되어야 합니다.

2015년 제4회
변호사시험 형사법 기록형

2015년도 제4회 변호사시험 문제

시험과목	형사법(기록형)

응시자 준수사항

1. 시험 시작 전 문제지의 봉인을 손상하는 경우, 봉인을 손상하지 않더라도 문제지를 들추는 행위 등으로 문제 내용을 미리 보는 경우 그 답안은 영점으로 처리됩니다.

2. 답안은 흑색 또는 청색 필기구(사인펜이나 연필 사용 금지) 중 한 가지 필기구만을 사용하여 답안 작성란(흰색 부분) 안에 기재하여야 합니다.

3. 답안지에 성명과 수험번호 등을 기재하지 않아 인적사항이 확인되지 않는 경우에는 영점으로 처리되는 등 불이익을 받게 됩니다. 특히 답안지를 바꾸어 다시 작성하는 경우, 성명 등의 기재를 빠뜨리지 않도록 유의하여야 합니다.

4. 답안지에는 문제 내용을 쓸 필요가 없으며, 답안 이외의 사항을 기재하거나 밑줄 기타 어떠한 표시도 하여서는 안 됩니다. 답안을 정정할 경우에는 두 줄로 긋고 다시 써야 하며, 수정액 등은 사용할 수 없습니다.

5. 시험 종료 시각에 임박하여 답안지를 교체했더라도 시험 시간이 끝나면 그 즉시 새로 작성한 답안지를 회수합니다.

6. 시험 시간이 지난 후에는 답안지를 일절 작성할 수 없습니다. 이를 위반하여 **시험 시간이 종료되었음에도 불구하고 계속 답안을 작성할 경우 그 답안은 영점으로 처리됩니다.**

7. 답안은 답안지의 쪽수 번호 순으로 써야 합니다. **배부된 답안지는 백지 답안이라도 모두 제출하여야 하며, 답안지를 제출하지 아니한 경우 그 시간 시험과 나머지 시험에 응시할 수 없습니다.**

8. 지정된 시각까지 지정된 시험실에 입실하지 않거나 시험관리관의 승인 없이 시험 시간 중에 시험실에서 퇴실한 경우, 그 시간 시험과 나머지 시간의 시험에 응시할 수 없습니다.

9. 시험 시간 중에는 어떠한 경우에도 문제지를 시험실 밖으로 가지고 갈 수 없고, 그 시험 시간이 끝난 후에는 문제지를 시험장 밖으로 가지고 갈 수 있습니다.

[01] 가장 먼저 작성하여야 할 서면의 종류를 확인한다. 구체적으로 '누가' '누구에게' 제출하는 서면인지를 확인하여야 한다. 이에 따라 답안에서 사용할 어투뿐만 아니라 검토하여야 할 쟁점까지 달리하게 된다.

검토의견서는 변호인이 회사 내부적으로 대표변호사에게 보고하는 서면이므로 경어체를 사용하거나 '~할 것임'이라는 방식으로 답안을 작성하여야 하고, 피고인에게 유리한 내용뿐만 아니라 불리한 내용에 대하여도 객관적 입장에서 검토하여야 한다.

변론요지서는 변호인이 법원에 제출하는 서면이므로 경어체를 사용하여야 하고, 피고인에게 가장 유리한 결론으로 쟁점을 검토하여야 한다.

[02] 기록 답안은 판례의 태도를 기준으로 답안을 작성함을 원칙으로 한다. 사례형 답안과 달리 견해대립이나 일반론을 기재할 필요 없이 판례 결론에 따른 사안검토 위주로 작성한다.

판례의 태도에 반하는 견해를 바탕으로 피고인에 대한 무죄 등을 주장하는 예외적인 경우에는 판례태도부터 적시한 후 변론내용을 기재하도록 한다.

[03] 재판장의 석명사항은 새로운 쟁점을 추가하는 것이 아니라, 문제의 난이도를 낮추기 위한 출제자의 배려임을 명심해야 한다. 석명사항과 관련된 쟁점은 답안에서 절대 누락하여서는 아니 된다.

[04] 기재가 생략된 증거라도 필요한 경우에는 인정사실에 대한 근거로서 거시하여야 한다.

【문 제】

피고인 김갑동의 특정범죄가중처벌등에관한법률위반(뇌물)의 점에 대해서는 변론요지서를, 피고인 이을남의 사문서변조, 변조사문서행사, 사기, 폭력행위등처벌에관한법률위반(집단·흉기등협박), 명예훼손의 점에 대해서는 법무법인 공정 담당변호사 이사랑이 객관적인 입장에서 대표변호사에게 보고할 검토의견서를 작성하되, 다음 쪽 변론요지서 및 검토의견서 양식 중 **본문 Ⅰ, Ⅱ, Ⅲ, Ⅳ 부분**만 작성하시오.

【작성요령】

1. 학설·판례 등의 견해가 대립되는 경우, 한 견해를 취할 것. 단, 대법원 판례와 다른 견해를 취하여 의견을 제시하고자 하는 경우에는 대법원 판례의 취지를 적시할 것.
2. 증거능력이 없는 증거는 실제 소송에서는 증거로 채택되지 않아 증거조사가 진행되지 않지만, 이 문제에서는 시험의 편의상 증거로 채택되어 증거조사가 진행된 것을 전제하였음. 따라서 필요한 경우 증거능력에 대하여도 논할 것.
3. 검토의견서에서는 제2회 공판기일에 이루어진 재판장의 석명사항에 대한 검사의 향후 소송대응 및 법원의 판단을 염두에 두고 작성할 것.

【주의사항】

1. 쪽 번호는 편의상 연속되는 번호를 붙였음.
2. 조서, 기타 서류에는 필요한 서명, 날인, 무인, 간인, 정정인이 있는 것으로 볼 것.
3. 증거목록, 공판기록 또는 증거기록 중 '(생략)'이라고 표시된 부분에는 법에 따른 절차가 진행되어 그에 따라 적절한 기재가 있는 것으로 볼 것.
4. 공판기록과 증거기록에 첨부하여야 할 일부 서류 중 '(생략)' 표시가 있는 것, '증인선서서'와 수사기관의 조서에 첨부하여야 할 '수사과정확인서'는 적법하게 존재하는 것으로 볼 것.
5. 송달이나 접수, 통지, 결재가 필요한 서류는 모두 적법한 절차를 거친 것으로 볼 것.

- 1 -

【변론요지서 양식】

변론요지서 (50점)

사 건   2014고합1277 특정범죄가중처벌등에관한법률위반(뇌물) 등
피고인   김갑동

위 사건에 관하여 피고인 김갑동의 변호인 변호사 김힘찬은 다음과 같이 변론합니다.

다 음

Ⅰ. 특정범죄가중처벌등에관한법률위반(뇌물)의 점

※ 평가제외사항 - 공소사실의 요지, 정상관계 (답안지에 기재하지 말 것)

2015. 1. 6.
피고인 김갑동의 변호인 변호사 김힘찬 ㊞

서울중앙지방법원 제26형사부 귀중

【검토의견서 양식】

검토의견서 (50점)

사 건   2014고합1277 특정범죄가중처벌등에관한법률위반(뇌물) 등
피고인   이을남

Ⅱ. 사문서변조, 변조사문서행사, 사기의 점
Ⅲ. 폭력행위등처벌에관한법률위반(집단·흉기등협박)의 점
Ⅳ. 명예훼손의 점

※ 평가제외사항 - 공소사실의 요지, 정상관계 (답안지에 기재하지 말 것)

2015. 1. 6.
담당변호사 이사랑 ㊞

---

[05] 양식에서 주어진 답안 목차 그대로 답안을 작성한다. 특히 정상관계 등 평가제외사항에 대해서는 답안에서 언급하지 않음은 물론 기록을 읽는 과정에서도 관련 내용을 가볍게 읽고 넘어가야 한다.
메모 작성시 양식의 목차와 공소장의 공소사실 기재 등을 참고하여 메모의 피고인과 죄명란을 기재한다.

기록내용 시작

서울중앙지방법원

구공판 **형사제1심소송기록**

				구속만료		미결구금
				최종만료		
				대행갱신만료		

기일	사건번호	2014고합1277	담임	제26부	주심	다
1회기일						
12/5 △10						
12/19 ₱3	사건명	가. 특정범죄가중처벌등에관한법률위반(뇌물) 나. 폭력행위등처벌에관한법률위반(집단·흉기등협박) 다. 사기 라. 뇌물공여 마. 사문서변조 바. 변조사문서행사 사. 명예훼손				
	검 사	구영재		2014형제99999호		
	피고인	1. 가.　　　　　　　　김갑동 2. 나.다.라.마.바.사.　이을남				
	공소제기일	2014. 10. 17.				
	변호인	사선　변호사 김힘찬(피고인 김갑동) 사선　법무법인 공정 담당변호사 이사랑(피고인 이을남)				

확 정	
보존종기	
종결구분	
보 존	

	담임	과장	국장	주심판사	재판장	원장
완결 공람						

[06] 기록표지에서는 공소제기일 정도만 체크하면 충분하다.
추가적으로 왼쪽 상단에서 기일이 몇 번 열렸는지(시험에서는 2회가 일반적이다), 구속된 피고인이 있는지(구속된 피고인에 대해서는 피고인란에 '구속'이라는 박스표시가 붙는다) 등을 가볍게 확인할 수 있다.

[07] 체크할 내용이 없는 서면은 보지 않고 빠르게 넘기도록 한다.

접 수 공 람	과 장	국 장	원 장
	㊞	㊞	㊞

공 판 준 비 절 차

회 부 수명법관 지정 일자	수명법관 이름	재 판 장	비 고

법정외에서지정하는기일

기일의 종류	일 시	재 판 장	비 고
1회 공판기일	2014. 12. 5. 10:00	㊞	

- 5 -

서울중앙지방법원

목 록		
문 서 명 칭	장 수	비 고
증거목록	8	검사
공소장	10	
변호인선임신고서	(생략)	피고인 김갑동
변호인선임신고서	(생략)	피고인 이을남
영수증(공소장부본 등)	(생략)	피고인 김갑동
영수증(공소장부본 등)	(생략)	피고인 이을남
영수증(공판기일통지서)	(생략)	변호사 김힘찬
영수증(공판기일통지서)	(생략)	변호사 이사랑
국민참여재판 의사 확인서(불희망)	(생략)	피고인 김갑동
국민참여재판 의사 확인서(불희망)	(생략)	피고인 이을남
의견서	(생략)	피고인 김갑동
의견서	(생략)	피고인 이을남
공판조서(제1회)	14	
공소장변경허가신청	16	
영수증(공소장변경허가신청서부본)	(생략)	변호사 이사랑
공판조서(제2회)	17	
증인신문조서	20	박고소
증인신문조서	21	황금성

[08] 가장 먼저 공소장변경허가신청서가 있는지 체크한다. 허가신청이 있는 경우 그 다음 기일의 공판조서를 펼쳐 법원의 허가여부를 체크하여야 하고, 허가된 경우라면 공소장변경허가신청서를 펼쳐 변경된 공소사실을 확인하여야 한다. 공소사실이 변경된 경우 기존 공소장의 공소사실이 아닌 변경된 공소사실대로 기록을 읽고 메모를 시작하여야 한다.

그 다음 제1회 공판기일과 제2회 공판기일 사이에 제출된 증거가 있는지 확인한다. 공판단계에서 제출되는 합의서 등은 쟁점을 검토함에 있어 중요한 증거가 된다.

추가로 공판기일은 몇 차례 열렸는지 신청된 증인은 몇 명인지 등을 확인할 수도 있다.

[09] 공판기록 목록 다음에는 구속관계서류 목록이 등장한다. 긴급체포서 등이 생략되지 아니하고 제시되는 경우에는 체포의 적법성 등이 쟁점이 될 가능성이 크다.

[10] 피고인 이을남에 대한 긴급체포서가 기록에 등장하는바, 그 체포의 적법성 등이 문제됨을 예상할 수 있다.

서울중앙지방법원

목 록 (구속관계)		
문 서 명 칭	장 수	비 고
긴급체포서	13	피고인 이을남
피의자석방보고	(생략)	피고인 이을남

증거목록 (증거서류 등)
2014고합1277

2014형 제99999호

① 김갑동
② 이을남
신청인: 검사

순번	증거방법 작성	쪽수(수)	쪽수(중)	증거명칭	성명	참조사항 등	신청기일	증거의견 기일	증거의견 내용	증거결정 기일	증거결정 내용	증거조사기일	비고
1	검사	41		피의자신문조서	이을남		1	1	② ○ ① ×				
2	〃	45		〃	김갑동		1	1	① ○ ② ×				
3	〃	47		수사보고(금융거래내역)			1	1	① ○ ② ○				
4	〃	〃		각 금융거래내역	이을남		1	1	① ○ ② ○				
5	〃	48		수사보고(조은숙에 대한 소재수사)			1	1	① ○ ② ○				
6	사경	24		피의자신문조서	이을남		1	1	② ○ ① ×				
7	〃	26		〃(제2회)	이을남		1	1	② ○ ① ×				
8	〃	28		피의자신문조서	김갑동		1	1	① ○○○× ② ○				
9	〃	30		압수조서 및 압수목록(수첩)		(생략)	1	1	① ○ ② ○	(생략)			
10	〃	31		고소장	박고소		1	1	② ×				
11	〃	32		차용증(사본)	박고소		1	1	② ○				
12	〃	(생략)		금융거래내역	박고소 황금성		1	1	② ○				
13	〃	33		진술조서	박고소		1	1	② ×				
14	〃	35		압수조서 및 압수목록(칼)			1	1	② ○				
15	〃	36		피의자신문조서(제3회)	이을남		1	1	② ○				
16	〃	38		진술조서	황금성		1	1	② ×				
17	〃	40		진술서	조은숙		1	1	① × ② ○				
18	〃	(생략)		각 조회회보서	김갑동 이을남		1	1	① ○ ② ○				
19	〃	(생략)		수첩(증 제1호)			1	1	① × ② ○				
20		49		고소장	김갑동		2	2	② ○				

※ 증거의견 표시 - 피의자신문조서: 인정 ○, 부인 ×
 (여러 개의 부호가 있는 경우, 적법성/성립/임의성/내용의 순서임)
 - 기타 증거서류: 동의 ○, 부동의 ×
 - 진술이 특히 신빙할 수 있는 상태 하에서 행하여졌다는 점 부인: "특신성 부인"(비고란 기재)
※ 증거결정 표시 - 채 ○, 부 ×
※ 증거조사 내용은 제시, 내용고지

- 8 -

[11] 증거목록에서는 검찰단계와 경찰단계를 구별하여 표시한 후, 각 증거에 대한 증거의견란을 체크한다(증거의견란에 X 표시된 부분을 체크하는 정도로 충분하다). 아직 공소장을 읽지 아니한 단계에서는 각 증거가 어떤 공소사실에 관련된 것인지 알 수 없으므로 형식적인 부분만 체크한다.

[12] 검사 작성 이을남에 대한 피의자신문조서에 대해 피고인 김갑동이 증거부동의하고 있다. 그러나 이을남이 그 조서의 진정성립을 긍정하고 있고, 공판단계에서 이을남에 대한 반대신문권도 보장되었으므로 그 조서의 증거능력은 인정된다(형사소송법 제312조 제4항). 검사 작성 김갑동에 대한 피의자신문조서 역시 마찬가지이다.

[13] 사경 작성 이을남에 대한 각 피의자신문조서에 대해 피고인 김갑동이 증거부동의하고 있으므로 그 조서의 증거능력은 부정된다(제312조 제3항).

[14] 사경 작성 김갑동에 대한 피의자신문조서에 대해 피고인 김갑동은 내용부인, 피고인 이을남은 내용부인 취지로 증거부동의하고 있으므로 그 조서의 증거능력은 부정된다(제312조 제3항).

[15] 고소장이 제출된 경우 그 고소인에 대한 진술조서는 항상 이어서 등장한다.

[16] 진술조서에 대해 증거부동의하는 경우에는 그 참고인을 증인으로 신청하게 된다. 당해 참고인이 증인으로 출석하여 공판정에서 그 진술조서에 대한 진정성립을 인정하는 경우에는 진술조서의 증거능력이 인정된다.

[17] 조은숙에 대한 진술서에 대해 피고인 이을남이 증거부동의하였음에도 불구하고, 조은숙에 대한 증인신청이 존재하지 아니한다. 따라서 제314조 요건 구비여부에 대한 쟁점이 문제될 것임을 알 수 있다.

[18] 서류에 대한 증거목록 다음에는 증인과 물건에 대한 증거목록이 등장한다. 아직 공소장을 읽지 아니한 단계에서는 각 증인이 어떤 공소사실에 관련된 것인지 알 수 없으므로 간단히 실시여부만 체크하도록 한다. 철회되었거나 미실시된 증인이 존재하는 경우 해당 내용은 증거조사기일란에 표시된다.

증 거 목 록 (증인 등)
2014고합1277

① 김갑동
② 이을남

2014형제99999호　　　　　　　　　신청인: 검사

증거방법	쪽수(공)	입증취지 등	신청기일	증거결정 기일	증거결정 내용	증거조사기일	비고
등산용 칼 (증 제2호)		공소사실 2의 나항	1	1	○	2014. 12. 19. 15:00 (실시)	
증인 박고소		공소사실 2의 가, 나항	1	1	○	〃	
증인 황균성		공소사실 2의 가항	1	1	○	〃	

※ 증거결정 표시: 채 ○, 부 ×

서 울 중 앙 지 방 검 찰 청

2014. 10. 17.

사건번호   2014년 형제99999호
수 신 자   서울중앙지방법원
제   목   공소장

검사 구영재는 아래와 같이 공소를 제기합니다.

I. 피고인 관련사항

1. 피 고 인   김갑동 (70****-1******), 44세
              직업 구청 공무원, 010-****-****
              주거 서울 강남구 강남대로 111 강남아파트 101동 101호
              등록기준지 부산 서구 원양로 1010
   죄   명   특정범죄가중처벌등에관한법률위반(뇌물)
   적용법조   특정범죄 가중처벌 등에 관한 법률 제2조 제1항 제3호, 제2항,
              형법 제129조 제1항, 제134조
   구속여부   불구속
   변 호 인   없음

2. 피 고 인   이을남 (64****-1******), 50세
              직업 건설회사 대표이사, 010-****-****
              주거 서울 서초구 반포대로 222 래미안아파트 202동 202호
              등록기준지 경북 김천시 영남대로 22
   죄   명   폭력행위등처벌에관한법률위반(집단·흉기등협박), 사기, 뇌물공여,
              사문서변조, 변조사문서행사, 명예훼손
   적용법조   형법 제133조 제1항, 제129조 제1항, 제231조, 제234조, 제347조
              제1항, 폭력행위 등 처벌에 관한 법률 제3조 제1항, 제2조 제1항 제1호,
              형법 제283조 제1항, 제307조 제1항, 제37조, 제38조, 제48조 제1항
   구속여부   불구속
   변 호 인   없음

1277

접수 No. 15511
2014. 10. 17.
서울중앙지방법원
형사접수실

---

[19] 공소장은 공판조서와 함께 기록의 핵심이다.
공소장에서 I. 피고인 관련사항과 Ⅲ. 첨부서류는 보지 않아도 무방하고, Ⅱ. 공소사실을 꼼꼼하게 읽도록 한다. 추가로 적용법조에서 죄수관련 규정 정도만 확인할 수도 있다.

Ⅱ. 공소사실

1. 피고인들의 범행

피고인 김갑동은 서울 서초구청 건축계장으로 서초구의 건축허가 등 건축 관련 업무를 담당하는 공무원이고, 피고인 이을남은 을남건설 주식회사를 경영하는 대표이사이다.

가. 피고인 김갑동의 특정범죄가중처벌등에관한법률위반(뇌물)

피고인은 2014. 5. 8. 19:00경 서울 서초구 서초대로 130(서초구청 맞은 편)에 있는 '란' 커피숍에서, 이을남으로부터 을남건설 주식회사가 서울 서초구 방배로 240에 요양병원을 신축하기 위해 신청한 건축허가 절차를 신속히 처리하여 달라는 청탁을 받고, 그 자리에서 100만 원, 다음 날 09:00경 위 커피숍 앞에서 2,900만 원 등 합계 3,000만 원을 받았다.

이로써 피고인은 공무원의 직무에 관하여 뇌물을 수수하였다.

나. 피고인 이을남의 뇌물공여

피고인은 위 가.항 기재 일시, 장소에서 김갑동에게 위와 같이 청탁하면서 2회에 걸쳐 합계 3,000만 원을 교부하여 공무원의 직무에 관하여 뇌물을 공여하였다.

2. 피고인 이을남

가. 사문서변조, 변조사문서행사, 사기

피고인은 2009. 2. 1. 서울 서초구 반포대로 222 래미안아파트 202동 202호에 있는 피고인의 집에서 피해자 박고소로부터 "나 대신 사채업자인 황금성을 찾아가 3억 원 한도에서 돈을 빌려서 전해 달라."라는 부탁을 받고 피해자가 차용금액란을 공란으로 하여 작성한 차용증을 교부받았다.

피고인은 2009. 2. 2. 위 피고인의 집에서 위 차용증의 차용금액란에 "6억 원"이라고 임의로 기재하고, 서울 강남구 강남대로 333 황금빌라 G동에 있는 위 황금성의 집에 찾아가 황금성에게 위와 같이 변조한 차용증을 마치 진정한 것처럼 교부하면서 "박고소가 작성해 준 차용증을 가져왔으니 6억 원을 빌려 달라."라고 말하여 그 무렵 이에 속은 황금성으로부터 선이자를 공제한 5억 5,000만 원을 송금받았다.

이로써 피고인은 피해자로부터 위임받은 범위를 초과하여 행사할 목적으로 권리의무에 관한 사문서인 피해자 명의의 차용증을 변조 및 행사하여 피해자로 하여금 3억 원의 채무를 초과 부담하게 함으로써 3억 원을 편취하였다.

나. 폭력행위등처벌에관한법률위반(집단·흉기등협박)

피고인은 2009. 2. 3. 11:00경 그 무렵 피해자 박고소(42세)가 피고인에게 전화를 걸어 위와 같이 피해자의 차용증을 변조한 것을 따지자 화가 나서 위험한 물건인 등산용 칼(칼날길이 7cm)을 휴대하고 서울 서초구 반포대로 444 반포빌라 D동에 있는 위 피해자의 집에 찾아가 "계속 시비를 걸면 평생 불구로 만들어 버리겠다."라고 말하여 피해자를 협박하였다.

다. 명예훼손

피고인은 2014. 7. 30. 10:00경 서울 서초구 서초구청 건축계 사무실에서 그곳 사무실 직원 10여 명이 듣고 있는 가운데 피해자 김갑동에게 "이 나쁜 새끼, 거짓말쟁이"라고 소리침으로써 공연히 사실을 적시하여 피해자의 명예를 훼손하였다.

Ⅲ. 첨부서류

1. 긴급체포서 1통
2. 피의자석방보고 1통 (생략)

검사 구영재 ㊞

[24] 공소사실 기재만으로 사실의 적시가 부존재함에 따라 명예훼손죄가 성립하지 아니함을 알 수 있다. 공소장변경을 통해 예비적으로 추가된 모욕 부분을 추가로 검토하여야 한다.

[25] 체포관련 서류가 등장하는 경우 ① 체포요건 등 구비여부, ② 체포과정에서의 적법절차 준수 여부, ③ 체포와 함께 이루어진 압수의 적법 여부 등을 체크한다. 긴급체포의 경우 영장주의 예외 관련 체포일시까지 체크하여야 한다.

[26] 체포 장소가 경찰서 수사과라는 점과 뒤에 등장하는 이을남에 대한 피의자신문조서 작성일자 등을 고려하면 피의자신문을 위해 자진출석한 이을남을 수사기관이 체포한 사안임을 확인할 수 있다. 체포의 필요성 요건을 부정할 수 있다.

긴 급 체 포 서

제 2014-5432 호

피의자	성 명	이을남 (李乙男)
	주민등록번호	64**** - 1****** (50세)
	직 업	건설업
	주 거	서울 서초구 반포대로 222 래미안아파트 202동 202호
	변 호 인	

위 피의자에 대한 뇌물공여 등 피의사건에 관하여 「형사소송법」 제200조의3 제1항에 따라 동인을 아래와 같이 긴급체포함

2014. 7. 30.

서울서초경찰서

사법경찰관 경위 권장기 (인)

체포한 일시	2014. 7. 30. 14:00
체포한 장소	서울서초경찰서 수사과
범죄사실 및 체포의 사유	피의자는 을남건설 주식회사 대표이사로서, 2014. 5. 8. 19:00 서울 서초구에 있는 '란' 커피숍에서, 서초구청 건축계장 김갑동에게 요양병원 건축허가 절차를 신속히 처리하여 달라는 청탁을 하면서, 그 자리에서 100만 원을 교부하여 공무원의 직무에 관하여 뇌물을 공여한 것으로 도망하거나 증거인멸의 우려가 있고, 긴급을 요하여 체포영장을 받을 시간적 여유가 없음.
체포자의 관직 및 성명	서울서초경찰서 경위 권장기
인치한 일시	2014. 7. 30. 14:00
인치한 장소	서울서초경찰서 수사과
구금한 일시	2014. 7. 30. 14:30
구금한 장소	경찰서 유치장 내
구금을 집행한 자의 관직 및 성명	경찰서 유치장 근무 순경 유민규

- 13 -

[27] 공판조서는 공소장과 함께 기록의 핵심이다. 다만 제1회 공판조서의 첫 페이지는 읽지 않고 넘어가도 무방하다.

서 울 중 앙 지 방 법 원

공 판 조 서

제 1 회

사　　　건　2014고합1277　특정범죄가중처벌등에관한법률위반(뇌물) 등
재판장 판사 김성우　　　　　　기　일:　　　　2014. 12. 5. 10:00
　　　　판사 이주현　　　　　　장　소:　　　　제425호 법정
　　　　판사 박정훈　　　　　　공개 여부:　　　　　　공개
법원사무관 김효원　　　　　　고 지 된
　　　　　　　　　　　　　　　다음기일:　　　2014. 12. 19. 15:00

피 고 인　　1. 김갑동　2. 이을남　　　　　　　　　　각 출석
검　　사　　최상준　　　　　　　　　　　　　　　　　　출석
변 호 인　　변호사 김힘찬 (피고인 1을 위하여)　　　　출석
　　　　　　법무법인 공정 담당변호사 이사랑 (피고인 2를 위하여)　출석

재판장
　　피고인들은 진술을 하지 아니하거나 각개의 물음에 대하여 진술을 거부할 수 있고, 이익되는 사실을 진술할 수 있음을 고지
재판장의 인정신문
　　　성　　　명 : 1. 김갑동　　2. 이을남
　　　주민등록번호 : 각 공소장 기재와 같음
　　　직　　　업 :　　　　〃
　　　주　　　거 :　　　　〃
　　　등록기준지 :　　　　〃
재판장
　　피고인들에 대하여
　　주소가 변경될 경우에는 이를 법원에 보고할 것을 명하고, 소재가 확인되지 않을 때에는 피고인들의 진술 없이 재판할 경우가 있음을 경고
검　사
　　공소장에 의하여 공소사실, 죄명, 적용법조 낭독

[28] 제1회 공판기일에서의 피고인의 공소사실에 대한 인부진술은 기록에서 가장 중요한 부분이다. 피고인의 공소사실 인정여부와 부인 또는 일부부인하는 경우 그 취지까지 함께 메모하도록 한다. 피고인의 공소사실 부인취지는 사실인정 쟁점에 대한 답안 기재시 '피고인 변소의 요지' 부분에 그대로 기재하여도 무방하다.
피고인 이을남은 피해자를 협박한 사실은 인정하고 있으나, 흉기를 휴대한 사실에 대해서는 인정하지 아니하고 있다.

[29] 실제 소송에서는 피고인이 인부진술을 한 후 피고인의 변호인이 다시 인부진술을 함이 원칙이다. 그러나 최근 변호사시험에서는 변호인의 진술부분이 생략되고 있다.

피고인 김갑동
 피고인 이을남으로부터 돈을 받은 사실이 없다고 진술

피고인 이을남
 피고인 김갑동에게 돈을 준 것과 박고소를 찾아가 "계속 시비를 걸면 평생 불구로 만들어 버리겠다."라고 협박한 사실 및 서초구청에서 고함을 친 사실은 인정하나, 박고소 명의의 차용증을 변조 및 행사하여 돈을 편취한 사실이 없다고 진술

피고인 김갑동의 변호인 변호사 김힘찬
 피고인 김갑동을 위하여 유리한 변론을 함. (변론기재는 생략).

피고인 이을남의 변호인 법무법인 공정 담당변호사 이사랑
 피고인 이을남을 위하여 유리한 변론을 함. (변론기재는 생략).

재판장
 증거조사를 하겠다고 고지
증거관계 별지와 같음(검사, 변호인)

재판장
 각 증거조사 결과에 대하여 의견을 묻고 권리를 보호하는 데에 필요한 증거조사를 신청할 수 있음을 고지

소송관계인
 별 의견 없다고 각각 진술

재판장
 변론 속행

2014. 12. 5.

법원사무관 김효원 ㊞

재판장 판사 김성우 ㊞

- 15 -

[30] 공판기록 목록에서 변경신청서의 존재와 제2회 공판기일에서의 그 신청에 대한 허가 여부를 체크한 후, 공소장변경허가신청서에서 추가된 공소사실 내용을 차례로 확인하도록 한다.

서울중앙지방검찰청
(02-530-3114)

제2014-111호 2014. 12. 18.
수신 서울중앙지방법원 발신 서울중앙지방검찰청
제목 공소장변경허가신청 검사 강 민 지 ㊞

　　　귀원 2014고합1277호 피고인 이을남에 대한 명예훼손
　　　　　　　　　　■ 추가
피고사건의 공소장을 다음과 같이 □ 철회 하고자 합니다.
　　　　　　　　　　□ 변경

다 음

1. 죄명에
　　"예비적 죄명 : 모욕"을,
2. 적용법조에
　　"예비적 적용법조 : 형법 제311조"를,
3. 공소사실에
　　"예비적 공소사실 : 피고인 이을남은 2014. 7. 30. 10:00경 서울 서초구 서초구청 건축계 사무실에서 그곳 사무실 직원 10여 명이 듣고 있는 가운데 피해자 김갑동에게 "이 나쁜 새끼, 거짓말쟁이"라고 소리침으로써 공연히 피해자를 모욕하였다."
를 각각 추가함. (인)

- 16 -

서울중앙지방법원
공판조서

제 2 회

사 건	2014고합1277 특정범죄가중처벌등에관한법률위반(뇌물) 등		
재판장 판사	김성우	기 일:	2014. 12. 19. 15:00
판사	이주현	장 소:	제425호 법정
판사	박정훈	공개 여부:	공개
법원사무관	김효원	고 지 된 다음기일:	2015. 1. 9. 15:00

피고인	1. 김갑동 2. 이을남	각 출석
검 사	강민지	출석
변 호 인	변호사 김힘찬 (피고인 1을 위하여)	출석
	법무법인 공정 담당변호사 이사랑 (피고인 2를 위하여)	출석
증 인	박고소, 황금성	각 출석

재판장
    전회 공판심리에 관한 주요사항의 요지를 공판조서에 의하여 고지
소송관계인
    변경할 점이나 이의할 점이 없다고 진술
재판장
    2014. 12. 18.자 공소장변경허가신청을 허가한다는 결정 고지
검 사
    위 서면에 의하여 변경된 공소사실, 죄명 및 적용법조 낭독
피고인 이을남 및 그 변호인 법무법인 공정 담당변호사 이사랑
    예비적 공소사실을 모두 인정한다고 진술
재판장
    출석한 증인 박고소, 황금성을 별지와 같이 신문하다.
증거관계 별지와 같음(검사, 변호인)
재판장
    각 증거조사 결과에 대하여 의견을 묻고 권리를 보호하는 데에 필요한 증거
    조사를 신청할 수 있음을 고지
소송관계인
    별 의견 없으며, 달리 신청할 증거도 없다고 각각 진술

― 17 ―

---

[31] 제2회 공판조서에서는 가장 먼저 피고인이 기존에 진술한 내용 등을 변경하였거나 기존에 진행된 절차에 대해 이의를 제기하였는지 여부를 체크한다. 예컨대 피고인이 제1회 공판기일에서 부인한 공소사실에 대해 번의하여 인정하는 경우 제2회 공판조서 첫 부분에 해당 내용이 등장한다.

[32] 검사의 공소장변경허가신청에 대한 법원의 허가결정이다. 시험 기록에서는 검사의 공소장변경신청을 불허하는 사례는 출제되기 어렵다고 생각된다.

[33] 검사의 공소장변경을 허가한 후에는 변경된 공소사실에 대한 모두절차를 진행한다. 피고인의 공소사실에 대한 인부진술을 추가로 체크하고 메모한다.

재판장
    증거조사를 마치고 피고인신문을 하겠다고 고지
검 사
피고인 김갑동에게
문 피고인은 2014. 5. 15.경 퇴근길에 '란' 커피숍에 간 사실이 있나요.
답 예.
문 그때 '란' 커피숍 주인 조은숙에게 "저번에 이을남과 함께 오고 나서 1주일도 안 되었는데 커피숍 인테리어가 바뀌었네."라는 말을 한 사실이 있지요.
답 그러한 사실이 없습니다.

피고인 이을남에게
문 피고인 김갑동은 2014. 5. 8. 피고인과 만난 사실도 없다고 하나 피고인이 그 날 피고인 김갑동을 만난 사실은 분명하지요.
답 예.
문 피고인은 박고소로부터 위임받은 범위를 초과하여 박고소 명의의 차용증을 변조 및 행사하여 박고소로 하여금 3억 원의 채무를 초과 부담하도록 한 사실이 있지요.
답 아니오. 그런 사실이 없습니다.
문 피고인은 2009. 2. 3. 등산용 칼을 지니고 박고소를 찾아가 "계속 시비를 걸면 평생 불구로 만들어버리겠다."라고 협박한 사실이 있지요.
답 검찰에서 진술한 바와 같이 그렇게 말한 사실은 있습니다.

피고인 김갑동의 변호인 변호사 김힘찬
피고인 이을남에게
문 피고인은 2014. 5. 9. 12:30 서울 출발 아시아나 항공편으로 부산에 내려간 사실이 있지요.
답 예.
문 서울에는 언제 돌아왔나요.
답 대략 1주일 정도 있다가 귀경하였습니다.
문 부산에는 왜 간 것인가요.
답 업무상 출장입니다.
문 구체적으로 어떤 일인지 말할 수 있나요.
답 여러 사람을 만났고 구체적으로 말할 정도는 아닙니다.
문 혹 그 무렵 부산에서 도박한 것은 아닙니까.
답 아닙니다.
문 부산에서 머문 1주일간 어디에 투숙하였나요.

[34] 피고인신문은 대부분 쟁점과 직접 관련된 중요한 내용이므로 꼼꼼하게 읽어야 한다.

[35] 피고인 김갑동의 진술과 피고인 이을남, 조은숙의 진술 내용이 대립하는 부분이다.

[36] 피고인 이을남이 부산에서 도박을 한 것이 아니냐는 질문 내용은 피고인 이을남의 진술에 대한 증명력 검토부분에서 활용할 수 있는 자료가 된다.

[37] 현금 2,900만 원을 쇼핑백에 담아 출근길에 전달하였다는 사정은 경험칙에 반한다.

[38] 2,900만 원 교부 부분에 대해 이을남의 진술 외에 증명할 자료가 없다는 점은 이을남 진술에 대한 증명력 검토부분에서 직접적으로 활용할 수 있는 자료이다.

[39] 피고인 이을남이 박고소로부터 금원 차용에 대한 위임을 받았다는 주장은 피고인의 해당 공소사실에 대한 부인진술을 보충하는 내용이다.

[40] 재판장의 석명사항은 쟁점에 대한 직접적인 힌트이므로 꼼꼼하게 읽어야 한다.
앞서 공소장 공소사실 기재에서 파악했던 쟁점들을 다시 한 번 확인할 수 있다.

답 호텔은 아니고, 아는 사람 집에 투숙하였습니다.
문 피고인 김갑동에게 2,900만 원은 어떻게 전달하였나요.
답 5만 원권을 쇼핑백에 담아서 주었습니다.
문 쇼핑백은 어떤 종류인지 설명할 수 있나요.
답 오래되어서 분명하지 않습니다.
문 피고인 김갑동은 보통 출퇴근할 때 빈손으로 출퇴근하는데, 당시 피고인으로부터 쇼핑백을 받아서 그대로 들고 구청으로 들어가던가요.
답 지금은 정확히 기억은 안 나지만 그냥 들고 들어간 것 같습니다.
문 피고인은 그 돈을 피고인 김갑동에게 교부하기 전에 어떻게 보관한 것인가요.
답 2014. 5. 7.에 현금으로 인출하여 제 사무실 서랍에 보관하고 있다가 아침에 가져가서 준 것입니다.
문 피고인 김갑동에게 주기 위해 5. 7. 미리 인출해 둔 것인가요.
답 예.
문 2,900만 원에 대해서 교부하였다는 점을 피고인의 진술 외에 증명할 자료가 있나요.
답 따로는 없습니다. 교부한 것이 사실입니다.

피고인 이을남의 변호인 법무법인 공정 담당변호사 이사랑
피고인 이을남에게
문 피고인은 박고소의 정당한 위임을 받아 황금성으로부터 돈을 빌려서 박고소에게 전달한 것이지요.
답 예. 그렇습니다.

재판장
　피고인신문을 마쳤음을 고지

검사에게
　공소사실 중 제2의 가항에 대한 죄명, 피해자 등을 검토해 보고 적절한 조치를 할 것을 명하다.

재판장
　변론 속행 (변론 준비를 위한 검사, 변호인들의 요청으로)

2014. 12. 19.

법원사무관　　김효원　㊞
재판장 판사　　김성우　㊞

서울중앙지방법원
증인신문조서 (제2회 공판조서의 일부)

사   건   2014고합1277   특정범죄가중처벌등에관한법률위반(뇌물) 등
증 인 이 름   박고소
         생년월일 및 주거는 (생략)

재판장
    증인에게 형사소송법 제148조 또는 제149조에 해당하는가의 여부를 물어 증인이 이에 해당하지 아니함을 인정하고, 위증의 벌을 경고한 후 별지 선서서와 같이 선서를 하게 하였다. 다음에 신문할 증인은 재정하지 아니하였다.

검사
    증인에게 수사기록 중 증인이 작성한 고소장과 사법경찰관이 작성한 증인에 대한 진술조서를 보여주고 이를 열람하게 한 후,
문   증인은 고소장을 직접 작성하여 경찰에 제출하고, 경찰에서 사실대로 진술하고, 그 조서를 읽어보고 서명, 무인한 사실이 있고, 그 진술조서에는 그때 경찰관에게 진술한 내용과 동일하게 기재되어 있는가요.
답   예. 그렇습니다.

피고인 이을남의 변호인 법무법인 공정 담당변호사 이사랑
문   증인이 먼저 이을남을 찾아가 황금성으로부터 돈을 빌려달라고 부탁한 것은 맞지요.
답   예. 그렇습니다.

2014. 12. 19.

법 원 사 무 관   김효원 ㊞
재판장 판 사   김성우 ㊞

---

[41] 증인신문조서는 공판조서와 별개의 조서가 아니라, 공판조서의 일부에 불과하다.
증인신문조서에 등장하는 사실관계는 쟁점과 관련하여 중요한 내용이므로 꼼꼼하게 읽어야 한다.

[42] 박고소가 작성한 고소장과 박고소에 대한 진술조서에 대한 진정성립 인정 진술이다. 원진술자가 진정성립을 인정하는 이상 증거능력이 인정되므로 답안에서 그 증거능력에 대해 따로 언급할 필요는 없다.

[43] 박고소의 이을남에 대한 위임사실 자체는 존재함을 알 수 있다.

서울중앙지방법원
증인신문조서 (제2회 공판조서의 일부)

사　　건　　2014고합1277 특정범죄가중처벌등에관한법률위반(뇌물) 등
증　인　이　름　　황금성
　　　　생년월일 및 주거는 (생략)

재판장
　　증인에게 형사소송법 제148조 또는 제149조에 해당하는가의 여부를 물어 증인이 이에 해당하지 아니함을 인정하고, 위증의 벌을 경고한 후 별지 선서서와 같이 선서를 하게 하였다.

검사
　　증인에게 수사기록 중 사법경찰관이 작성한 증인에 대한 진술조서를 보여주고 이를 열람하게 한 후,
문　증인은 경찰에서 사실대로 진술하고 그 조서를 읽어보고 서명, 무인한 사실이 있고, 그 진술조서에는 그때 경찰관에게 진술한 내용과 동일하게 기재되어 있는가요.
답　예. 그렇습니다.
문　통상 사채업을 하는 사람이 돈을 빌려주는 절차는 어떻게 되나요.
답　본인 확인을 거쳐 자력이나 신용을 평가하여 대출액을 정합니다.

피고인 이을남의 변호인 법무법인 공정 담당변호사 이사랑
문　증인은 이을남이 아니라 박고소를 채무자로 생각하고 돈을 빌려준 것이지요.
답　예. 그렇습니다.

2014. 12. 19.

법 원 사 무 관　　김효원 ㊞
재판장 판 사　　　김성우 ㊞

[44] 사경 작성 황금성에 대한 진술조서에 대한 진정성립 인정 진술이다.

[45] 민사상 표현대리가 성립하지 아니하여 박고소에 대한 배임죄가 성립하지 아니함을 확인할 수 있다.

[46] 황금성을 피해자로 하는 사기죄가 성립함을 확인할 수 있다.

				제 1 책	
				제 1 권	

서울중앙지방법원
증거서류등(검사)

사건번호	2014고합1277	담임	제26형사부	주심	다
	20 노		부		
	20 도		부		

사건명	가. 특정범죄가중처벌등에관한법률위반(뇌물) 나. 폭력행위등처벌에관한법률위반(집단·흉기등협박) 다. 사기 라. 뇌물공여 마. 사문서변조 바. 변조사문서행사 사. 명예훼손
검 사	구영재　　　　　2014년 형제99999호
피고인	1. 가.　　　　　　**김갑동** 2. 나.다.라.마.바.사.　　**이을남**
공소제기일	2014. 10. 17.
1심 선고	20 . . .　항소　20 . . .
2심 선고	20 . . .　상고　20 . . .
확 정	20 . . .　보존

[47] 수사기록표지 등은 읽지 않고 넘어가도 무방하다.
수사기록은 앞에서 읽었던 공판기록의 내용과 중복되는 부분은 간단히 확인만 하고, 새로운 내용이나 모순되는 내용 위주로 읽어야 한다.

				제 1 책	
				제 1 권	

구공판	서울중앙지방검찰청 증 거 기 록			
검 찰	사건번호	2014년 형제99999호	법원	사건번호	2014년 고합1277호
	검 사	구영재		판 사	
피 고 인	1. 가. **김갑동** 2. 나.다.라.마.바.사. **이을남**				
죄 명	가. 특정범죄가중처벌등에관한법률위반(뇌물) 나. 폭력행위등처벌에관한법률위반(집단·흉기등협박) 다. 사기 라. 뇌물공여 마. 사문서변조 바. 변조사문서행사 사. 명예훼손				
공소제기일	2014. 10. 17.				
구 속	각 불구속		석 방		
변 호 인					
증 거 물	있음				
비 고					

[48] 피고인 이을남의 명예훼손의 점에 대한 피의자신문이다. 신문 후반에 이을남의 뇌물공여 및 김갑동의 뇌물수수의 범행을 수사기관이 추가로 인지하였다.

피 의 자 신 문 조 서

피 의 자 : 이을남

위의 사람에 대한 명예훼손 피의사건에 관하여 2014. 7. 30. 서울서초경찰서 수사과 사무실에서 사법경찰관 경위 권장기는 사법경찰리 경사 변동구를 참여하게 하고, 아래와 같이 피의자임에 틀림없음을 확인하다.

문　피의자의 성명, 주민등록번호, 직업, 주거, 등록기준지 등을 말하십시오.
답　성명은 이을남(李乙男)
　　주민등록번호, 직업, 주거, 등록기준지, 직장주소, 연락처는 각각 (생략)

사법경찰관은 피의사건의 요지를 설명하고 사법경찰관의 신문에 대하여 「형사소송법」 제244조의3에 따라 진술을 거부할 수 있는 권리 및 변호인의 참여 등 조력을 받을 권리가 있음을 피의자에게 알려주고 이를 행사할 것인지 그 의사를 확인하다.

진술거부권 및 변호인 조력권 고지 등 확인

1. 귀하는 일체의 진술을 하지 아니하거나 개개의 질문에 대하여 진술을 하지 아니할 수 있습니다.
2. 귀하가 진술을 하지 아니하더라도 불이익을 받지 아니합니다.
3. 귀하가 진술을 거부할 권리를 포기하고 행한 진술은 법정에서 유죄의 증거로 사용될 수 있습니다.
4. 귀하가 신문을 받을 때에는 변호인을 참여하게 하는 등 변호인의 조력을 받을 수 있습니다.

문　피의자는 위와 같은 권리들이 있음을 고지받았는가요.
답　예. 고지를 받았습니다.
문　피의자는 진술거부권을 행사할 것인가요.
답　아닙니다.
문　피의자는 변호인의 조력을 받을 권리를 행사할 것인가요.
답　변호사 없이 조사를 받겠습니다.
이에 사법경찰관은 피의사실에 관하여 다음과 같이 피의자를 신문하다.

- 24 -

[피의자의 범죄전력, 경력, 학력, 가족·재산 관계 등(생략)]

문 피의자는 2014. 7. 30. 10:00경 서울 서초구 서초구청 건축계 사무실에서 그곳 사무실 직원 10여 명이 듣고 있는 가운데 피해자 김갑동에게 "이 나쁜 새끼, 거짓말쟁이"라고 소리침으로써 공연히 사실을 적시하여 피해자의 명예를 훼손한 사실이 있나요.

답 예.

문 피의자가 그렇게 한 이유는 무엇인가요.

답 김갑동이 저에게 섭섭하게 하였기 때문입니다.

문 어떤 점이 섭섭하였나요.

답 제가 투자자를 구하여 서울 서초구 방배동에 요양병원을 건축하려고 오랫동안 준비해왔는데, 민원을 이유로 계속하여 허가를 미루었습니다. 법적으로는 문제도 없고 여러 번 하소연도 하였음에도 곧 될 것이니 조금만 기다려보라고 해 놓고는 이제 와서 결재가 안 된다고 하면서 반려하였습니다. 너무 손해가 막심하고 투자자도 그만두려고 하여 억울한 생각에 구청을 찾아간 것인데 제가 잘못하였다고 생각합니다.

[49] 피고인 김갑동이 피고인 이을남의 건축허가를 반려하여 이을남이 섭섭하였다는 내용은, 이을남의 진술에 대한 신빙성 탄핵에서 활용할 수 있는 자료이다.

문 그렇다고 하여 담당공무원에게 가서 행패까지 부렸나요.

답 이렇게 된 마당에 사실대로 진술하겠습니다. 사실은 김갑동에게 잘 부탁한다고 하면서 100만 원을 준 사실이 있습니다.

[50] 수사초기 단계에서는 3천만 원이 아닌 1백만 원 만을 교부하였다고 진술하고 있다.

문 이상의 진술에 대하여 이의나 의견이 있는가요.

답 **없습니다.**

위의 조서를 진술자에게 열람하게 하였던바, 진술한 대로 오기나 증감·변경할 것이 전혀 없다고 말하므로 간인한 후 서명무인하게 하다.

진술자 이 을 남 (무인)

2014. 7. 30.

서울서초경찰서
사법경찰관 경위 권 장 기 ㊞
사법경찰리 경사 변 동 구 ㊞

피 의 자 신 문 조 서 (제 2 회)

피 의 자 : 이을남

위의 사람에 대한 뇌물공여 등 피의사건에 관하여 2014. 7. 30. 서울서초경찰서 수사과 사무실에서 사법경찰관 경위 권장기는 사법경찰리 경사 변동구를 참여하게 하고, 피의자에 대하여 다시 아래의 권리들이 있음을 알려주고 이를 행사할 것인지 그 의사를 확인하다.

1. 귀하는 일체의 진술을 하지 아니하거나 개개의 질문에 대하여 진술을 하지 아니할 수 있습니다.
2. 귀하가 진술을 하지 아니하더라도 불이익을 받지 아니합니다.
3. 귀하가 진술을 거부할 권리를 포기하고 행한 진술은 법정에서 유죄의 증거로 사용될 수 있습니다.
4. 귀하가 신문을 받을 때에는 변호인을 참여하게 하는 등 변호인의 조력을 받을 수 있습니다.

문 피의자는 위와 같은 권리들이 있음을 고지받았는가요.
답 **예. 고지를 받았습니다.**
문 피의자는 진술거부권을 행사할 것인가요.
답 **아닙니다.**
문 피의자는 변호인의 조력을 받을 권리를 행사할 것인가요.
답 **변호사 없이 조사를 받겠습니다.**

이에 사법경찰관은 피의사실에 관하여 다음과 같이 피의자를 신문하다.

문 피의자는 김갑동을 알고 있나요.
답 예.
문 피의자는 김갑동에게 돈을 준 사실이 있나요.
답 예.

[51] 같은 피고인에 대한 피의자신문조서가 여러 개 등장하는 경우에는 그 회차를 구별하여 메모하여야 한다. 해당 피의자신문이 어느 공소사실에 대한 것인지 구별하며 읽도록 한다.

문	그 경위를 자세히 진술하시오.
답	제가 2014. 1.경 제 고향 선배 절친해에게서 돈을 투자받아 서울 서초구 방배동에 요양병원을 세우기로 하였습니다. 제가 그 절차를 모두 진행하기로 하고 절차에 들어가는 비용으로 절친해로부터 1월경 1억 원을 미리 입금받았습니다. 대지를 매수하기 위해 소개인을 만나는 등 많은 비용을 써 가면서 진행해 오다가 건축허가에 편의를 봐 주겠다는 김갑동의 말을 믿고 2014. 5. 8. 19:00경 서울 서초구 서초구청 맞은 편에 있는 '란' 커피숍에서 100만 원을 지급한 것입니다.
문	그 돈을 지급하였다는 사실을 인정할 다른 증거가 있나요.
답	예. 제가 그 사실을 수첩에 기재까지 해 두었습니다.
문	이상의 진술에 대하여 이의나 의견이 있는가요.
답	**없습니다.**

위의 조서를 진술자에게 열람하게 하였던바, 진술한 대로 오기나 증감·변경할 것이 전혀 없다고 말하므로 간인한 후 서명무인하게 하다.

　　　　　　　　　　　진술자　**이을남**　(무인)

　　　　　　　　　　　2014. 7. 30.

　　　　　　　　　　　서울서초경찰서
　　　　　　　　　　　사법경찰관　경위　**권장기** ㊞
　　　　　　　　　　　사법경찰리　경사　**변동구** ㊞

[52] 피고인 이을남은 경찰단계에서는 김갑동에게 3,000만 원이 아닌 100만 원만을 지급하였다고 진술하고 있다.

[53] 100만 원 교부사실과 관련하여 수첩이 중요한 증거로 등장한다.

피 의 자 신 문 조 서

> 피 의 자 : 김 갑 동
> 위의 사람에 대한 뇌물수수 피의사건에 관하여 2014. 7. 30. 서울서초경찰서 수사과 사무실에서 사법경찰관 경위 권장기는 사법경찰리 경사 변동구를 참여하게 하고, 아래와 같이 피의자임에 틀림없음을 확인하다.

문　피의자의 성명, 주민등록번호, 직업, 주거, 등록기준지 등을 말하십시오.
답　성명은 김갑동(金甲東)
　　주민등록번호, 직업, 주거, 등록기준지, 직장주소, 연락처는 각각 (생략)

사법경찰관은 피의사건의 요지를 설명하고 사법경찰관의 신문에 대하여 「형사소송법」 제244조의3에 따라 진술을 거부할 수 있는 권리 및 변호인의 참여 등 조력을 받을 권리가 있음을 피의자에게 알려주고 이를 행사할 것인지 그 의사를 확인하다.

진술거부권 및 변호인 조력권 고지 등 확인

> 1. 귀하는 일체의 진술을 하지 아니하거나 개개의 질문에 대하여 진술을 하지 아니할 수 있습니다.
> 2. 귀하가 진술을 하지 아니하더라도 불이익을 받지 아니합니다.
> 3. 귀하가 진술을 거부할 권리를 포기하고 행한 진술은 법정에서 유죄의 증거로 사용될 수 있습니다.
> 4. 귀하가 신문을 받을 때에는 변호인을 참여하게 하는 등 변호인의 조력을 받을 수 있습니다.

문　피의자는 위와 같은 권리들이 있음을 고지받았는가요.
답　**예. 고지를 받았습니다.**
문　피의자는 진술거부권을 행사할 것인가요.
답　**아닙니다.**
문　피의자는 변호인의 조력을 받을 권리를 행사할 것인가요.
답　**변호사 없이 조사를 받겠습니다.**

이에 사법경찰관은 피의사실에 관하여 다음과 같이 피의자를 신문하다.

[피의자의 범죄전력, 경력, 학력, 가족・재산 관계 등(생략)]

문　피의자는 이을남을 알고 있나요.
답　예. 방배동에서 요양병원을 운영하겠다고 하면서 건축허가신청을 한 사람으로 별다른 관계는 없습니다.
문　피의자는 2014. 5. 8. '란' 커피숍에서 이을남을 만난 사실이 있나요.
답　예. 그렇습니다.
문　그날 이을남으로부터 돈을 받은 사실이 있나요.
답　그런 사실은 전혀 없습니다.
문　이을남은 피의자에게 100만 원을 주었다고 하는데요.
답　이을남이 거짓말을 하는 것입니다.
문　이상의 진술에 대하여 이의나 의견이 있는가요.
답　**없습니다.**

위의 조서를 진술자에게 열람하게 하였던바, 진술한 대로 오기나 증감・변경할 것이 전혀 없다고 말하므로 간인한 후 서명무인하게 하다.

진술자　김갑동　(무인)

2014. 7. 30.

서울서초경찰서
사법경찰관　경위　권장기 ㊞
사법경찰리　경사　변동구 ㊞

[54] 피고인 김갑동은 경찰단계에서는 피고인 이을남을 커피숍에서 만난 사실 자체는 인정하고 있다.

압 수 조 서

피의자 이을남에 대한 뇌물공여 등 피의사건에 관하여 2014. 8. 1. 13:00경 서울 서초구 반포대로 233 을남건설 주식회사 사무실에서 사법경찰관 경위 권장기는 사법경찰리 경사 변동구를 참여하게 하고 별지 목록의 물건을 다음과 같이 압수하다.

압 수 경 위

피의자 이을남에 관한 뇌물공여 등 혐의로 서울서초경찰서에서 피의자를 긴급체포한 후, 형사소송법 제217조 제1항에 따라 피의자의 을남건설 주식회사 사무실을 수색하던 중 책상 서랍에 보관 중인 피의자 소유의 수첩을 발견한 바, 그 수첩에 "2014. 5. 8. 100만 원, 란"이라고 기재되어 있어 뇌물공여 혐의의 증거라고 사료되고, 긴급히 압수할 필요가 있어 별지 압수목록과 같이 영장 없이 압수하다.

참여인	성 명	주민등록번호	주 소	서명 또는 날인
	(기재 생략)			

2014년 8월 1일
서울서초경찰서 수사과
사법경찰관 경위 **권 장 기** (인)
사법경찰리 경사 **변 동 구** (인)

압 수 목 록

번호	품 명	수량	소지자 또는 제출자	소유자	경찰의견	비고
1	수첩	1개	이을남(인적사항 생략)	이을남	압수	이을남 (무인)

[55] 형사소송법 제217조 제1항에 의한 압수는 체포 후 24시간 이내에 하여야 한다. 그러나 수첩의 압수는 긴급체포가 이루어진 14. 7. 30. 14:00로부터 24시간이 경과한 후인 14. 8. 1. 13:00경에 이루어졌다. 이에 대한 사후영장도 발부받지 아니하였다.

[56] 고소장에서는 고소인과 피고소인, 고소죄명 등을 체크한다.

고 소 장

서울서초경찰서 접수인(5555호)(2014.8.6.)

고 소 인   박 고 소 (주민등록번호 : 67****-1******)
          주소   서울 서초구 반포대로 444 반포빌라 D동
          기타 인적사항(생략)

피고소인   이 을 남
          인적사항(생략)

죄   명   사기 등

피고소인은

1. 2009. 2. 2. 서울 강남구 강남대로 333 황금빌라 G동 사채업자 황금성의 집에서 피고소인이 제 멋대로 조작한 고소인 명의의 6억 원짜리 차용증을 제시하면서 "박고소가 작성해 준 차용증을 가져왔으니 6억 원을 빌려 달라."라고 거짓말하여 6억 원을 빌리고,

2. 2009. 2. 3. 고소인이 피고소인에게 전화를 걸어 차용증을 변조한 것을 따지자 등산용 칼을 가지고 제 집까지 찾아와 "계속 시비를 걸면 평생 불구로 만들어 버리겠다."라고 협박하였습니다.

피고소인을 조사하여 엄벌해주시기 바랍니다.

참 고 자 료

1. 차용증(사본)
2. 금융거래내역

2014. 8. 6.

고소인   박 고 소 ㉑

서울서초경찰서장 귀중

차 용 증

차용인 : 박 고 소
        휴대폰 010-****-××××

차용금액 : 6억 원

오늘 박고소는 황금성으로부터 위 금액의 돈을 차용했음을 확인하고, 1년 내로 위 돈을 갚을 것을 약속합니다.

2009. 2. 2.

박 고 소 ㊞

- 32 -

[57] 차용증의 차용금액란이 수기로 기재되어 있음을 확인할 수 있다.

진 술 조 서

성   명: 박고소
주민등록번호, 직업, 주거, 등록기준지, 직장주소, 연락처는 각각 (생략)

위의 사람은 피의자 이을남에 대한 사기 등 피의사건에 관하여 2014. 8. 13. 서울서초경찰서 수사과 사무실에 임의 출석하여 다음과 같이 진술하다.
[피의자와의 관계, 피의사실과의 관계 등(생략)]

문   진술인이 박고소인가요.
답   예. 그렇습니다.
문   피의자를 상대로 고소한 취지는 무엇인가요.
답   제 고향 선배인 이을남이 사기를 쳐서 저를 빚더미에 앉게 했다는 것과 흉기를 지니고 와서 저를 협박했다는 것입니다.
문   사기와 관련된 구체적인 고소 내용은 무엇인가요.
답   제가 땅 장사를 하는데 좋은 물건이 나와서 이를 구입하려다 보니 3억 원 정도가 모자랐습니다. 그래서 2009. 2. 1. 이을남의 집에 찾아가 이을남에게 그 다음 날 사채업자인 황금성을 찾아가 제 대신 3억 원의 한도에서 돈을 빌려달라고 부탁했던 것인데, 이을남이 2009. 2. 2. 제 차용증을 변조하여 황금성으로부터 6억 원을 빌렸습니다.

이때 고소인이 제출한 차용증을 보여주면서

문   이 차용증은 누가 작성한 것인가요.
답   금액란을 공란으로 해서 제가 작성한 것인데, 이을남이 마음대로 6억 원이라고 적어넣은 것입니다.
문   금액란은 왜 공란으로 해 두었나요.
답   황금성으로부터 3억 원을 모두 빌릴 수 있을지 알 수 없었기 때문에 이을남에게 3억 원 범위 내에서 실제로 빌리는 액수를 대신 채워넣도록 한 것입니다. 그래서 차용증 작성일도 실제로 돈을 빌릴 날인 2009. 2. 2.로 제가 기재했던 것입니다.
문   이을남이 황금성으로부터 빌린 돈을 전달받았나요.
답   고소장에 첨부된 금융거래내역과 같이 2009. 2. 2. 이을남으로부터 3억 원을 송금받은 것이 전부입니다.

- 33 -

[58] 박고소가 피의자 이을남에 대해 3억 원 한도에서 돈을 빌려달라고 부탁하였음을 알 수 있다.

[59] 박고소가 피의자 이을남에게 금액란을 공란으로 한 차용증을 교부하였고, 이을남이 임의로 금액란에 6억 원을 기재하였음을 확인할 수 있다.

문   이을남이 고소인을 협박한 내용은 무엇인가요.
답   2009. 2. 2. 저녁에 황금성이 제게 전화를 걸어 돈을 잘 받았느냐고 물어봐서 제가 3억 원을 잘 전달받았다고 했습니다. 그러자 황금성이 깜짝 놀라면서 자신은 이을남에게 6억 원에서 선이자만 공제한 금액을 송금했다면서 제게 자신의 금융거래내역까지 보내주었습니다. 그래서 2009. 2. 3. 10:00경 이을남에게 전화를 걸어 왜 차용증을 조작했느냐고 따지니 약 한 시간 후인 11:00경 제 집에 너덜너덜해진 등산용 배낭을 메고 찾아와서는 "계속 시비를 걸면 평생 불구로 만들어 버리겠다."라고 협박했습니다. 이을남이 떠난 후 가슴이 너무 답답해서 집 밖으로 나왔는데 집 앞 쓰레기 봉투 놓아두는 곳에 아까 이을남이 가져왔던 배낭이 보였습니다. 무엇인지 궁금해서 배낭을 열어보니 등산용 칼과 찢어진 등산복 상의가 들어있었습니다. 제가 이을남에게 대항했으면 죽을 수도 있었겠다는 생각이 들며 간담이 서늘해졌습니다. 훗날 필요할지도 몰라서 이을남의 칼을 보관해 두었는데 오늘 경찰에 증거로 제출하겠습니다.
문   그런데 왜 그 즉시 고소를 하지 않았나요.
답   보시면 아시겠지만 저는 왜소한 체구인데 반해서 이을남은 체육대학에서 유도선수를 한 사람이라서 너무 겁이 났습니다. 그런데 얼마 전에 이을남이 뇌물죄로 구속될지도 모른다는 소문을 듣고 이제는 진실을 말할 수 있을 것 같아서 용기를 내어 고소를 하게 된 것입니다.
문   이상의 진술은 사실인가요.
답   **예. 사실대로 진술하였습니다.**

위의 조서를 진술자에게 열람하게 하였던바, 진술한 대로 오기나 증감·변경할 것이 전혀 없다고 말하므로 간인한 후 서명무인하게 하다.

진술자 **박 고 소** (무인)

2014. 8. 13.
서울서초경찰서
사법경찰관 경위 **권 장 기** ㊞

[6C] 박고소가 협박의 범행 당시에는 피고인 이을남이 칼을 소지하였음을 알지 못하였고, 범행 후 비로소 이을남의 가방에 칼이 들어 있었음을 알았다는 사정을 확인할 수 있다.

[61] 임의제출물을 압수하는 경우에는 사후영장을 발부받을 필요가 없다. 박고소가 피고인 이을남이 버리고 간 배낭에서 찾은 칼을 임의로 제출하였으므로 보관자 지위가 인정된다.

압 수 조 서 (임의제출)

피의자 이을남에 대한 폭력행위등처벌에관한법률위반(집단·흉기등협박) 피의사건에 관하여 2014. 8. 13. 15:00경 서울서초경찰서 수사과 사무실에서 사법경찰관 경위 권장기는 사법경찰리 경사 변동구를 참여하게 하고 별지 목록의 물건을 다음과 같이 압수하다.

압 수 경 위

피의자 이을남의 폭력행위등처벌에관한법률위반(집단·흉기등협박) 혐의에 관하여 고소인이 관련 증거라며 피의자 이을남의 등산용 칼 1자루를 임의로 제출하므로, 증거물로 사용하기 위하여 영장 없이 압수하다.

참여인	성 명	주민등록번호	주 소	서명 또는 날인
	(기재 생략)			

2014년 8월 13일
서울서초경찰서 수사과
사법경찰관 경위 권 장 기 (인)
사법경찰리 경사 변 동 구 (인)

압 수 목 록

번호	품 명	수량	소지자 또는 제출자	소유자	경찰의견	비고
2	등산용 칼 (칼날길이 7cm)	1자루	박고소(인적사항 생략)	이을남	압수	박고소 (무인)

피 의 자 신 문 조 서 (제 3 회)

> 피 의 자 : 이을남
> 위의 사람에 대한 명예훼손 등 피의사건에 관하여 2014. 8. 20. 서울서초경찰서 수사과 사무실에서 사법경찰관 경위 권장기는 사법경찰리 경사 변동구를 참여하게 하고, 피의자에 대하여 다시 아래의 권리들이 있음을 알려주고 이를 행사할 것인지 그 의사를 확인하다.

> 1. 귀하는 일체의 진술을 하지 아니하거나 개개의 질문에 대하여 진술을 하지 아니할 수 있습니다.
> 2. 귀하가 진술을 하지 아니하더라도 불이익을 받지 아니합니다.
> 3. 귀하가 진술을 거부할 권리를 포기하고 행한 진술은 법정에서 유죄의 증거로 사용될 수 있습니다.
> 4. 귀하가 신문을 받을 때에는 변호인을 참여하게 하는 등 변호인의 조력을 받을 수 있습니다.

문 피의자는 위와 같은 권리들이 있음을 고지받았는가요.
답 **예. 고지를 받았습니다.**
문 피의자는 진술거부권을 행사할 것인가요.
답 **아닙니다.**
문 피의자는 변호인의 조력을 받을 권리를 행사할 것인가요.
답 **변호사 없이 조사를 받겠습니다.**

이에 사법경찰관은 피의사실에 관하여 다음과 같이 피의자를 신문하다.

문 피의자는 박고소 명의의 차용증을 변조 및 행사한 사실이 있나요.
답 **아니오. 그런 사실이 없습니다.**

이때 피의자에게 고소인이 제출한 차용증을 보여주면서

[62] 이미 앞에서 확인한 사실관계에 대한 것이므로 간단히 확인한다.

문　위 차용증은 누가 작성한 것인가요.
답　박고소가 전부 작성한 것입니다.
문　박고소를 대신하여 황금성으로부터 얼마를 빌렸고, 이를 어떻게 처분하였나요.
답　차용증에 쓰여진 바와 같이 6억 원을 빌려서 그날 그 돈 전부를 박고소에게 전해주었습니다.
문　피의자는 2009. 2. 3. 11:00경 박고소를 찾아가 "불구로 만들겠다."라고 협박한 사실이 있나요.
답　예. 그런 사실이 있습니다.
문　이상의 진술에 대하여 이의나 의견이 있는가요.
답　**없습니다.**

위의 조서를 진술자에게 열람하게 하였던바, 진술한 대로 오기나 증감·변경할 것이 전혀 없다고 말하므로 간인한 후 서명무인하게 하다.

진술자　이을남　(무인)

2014. 8. 20.

서울서초경찰서
사법경찰관　경위　권장기 ㊞
사법경찰리　경사　변동구 ㊞

진 술 조 서

성 명 : 황금성
주민등록번호, 직업, 주거, 등록기준지, 직장주소, 연락처는 각각 (생략)

위의 사람은 피의자 이을남에 대한 사기 등 피의사건에 관하여 2014. 8. 21. 서울서초경찰서 수사과 사무실에 임의 출석하여 다음과 같이 진술하다.
[피의자와의 관계, 피의사실과의 관계 등(생략)]

문 진술인이 황금성인가요.
답 예. 그렇습니다.
문 진술인은 피의자 이을남을 통해서 박고소에게 돈을 빌려준 사실이 있나요.
답 예. 이을남이 2009. 2. 2. 전화로 자신이 잘 아는 박고소가 급전이 필요한데 얼마를 빌려줄 수 있느냐고 물어봐서 제가 6억 원까지 빌려줄 수 있다고 했습니다. 그러자 그날 이을남이 제 집에 찾아와서 "박고소가 작성해준 차용증을 가져왔으니 6억 원을 빌려달라."라고 했습니다. 저는 이을남의 말만 믿고 선이자 5,000만 원을 공제한 5억 5,000만 원을 이을남의 계좌로 송금했습니다. 그리고 그날 저녁에 박고소에게 전화를 걸어 돈을 잘 받았느냐고 물어보니 자신은 이을남에게 최대 3억 원만 빌려달라고 하면서 차용 금액란을 비워둔 차용증을 만들어준 사실은 있지만, 6억 원짜리 차용증은 만든 사실이 없고 이을남으로부터 3억 원만 전달받았다고 했습니다.
문 박고소와는 원래부터 알던 사이인가요.
답 아니오. 2009. 2. 2. 이을남이 전화를 걸어 돈을 빌려줄 수 있냐고 물어볼 때 처음 들어본 사람입니다. 제가 다른 일로 바빠서 박고소에게 직접 연락한 것은 이을남에게 돈을 송금한 날 저녁에 차용증에 적힌 전화번호로 전화를 걸었을 때가 처음입니다. 이럴 줄 알았으면 돈을 빌려주기 전에 진작 연락을 해 볼 걸 그랬습니다.
문 박고소가 돈을 갚을 의사나 능력도 없으면서 이을남과 짜고 진술인의 돈을 편취한 것은 아닌가요.
답 나중에 확인해보니 박고소는 이을남을 통해서 위 돈을 빌릴 당시 건실한 사업가로서 돈을 갚을 능력이 충분했기 때문에 처음부터 돈을 갚을 의사

[63] 황금성의 법정진술과 함께 황금성의 금원대여에 과실이 존재함을 확인할 수 있는 부분이다. 표현대리가 성립하지 아니하는 이상 손해발생의 위험이 부정되어 배임죄가 성립하지 아니한다는 주장을 할 수 있다.

[64] 피고인 이을남에 대해 박고소가 아닌 황금성에 대한 사기죄가 성립함을 다시 한 번 확인할 수 있다.

나 능력이 없으면서 이을남과 짜고 사기를 친 것은 아니라고 생각합니다. 이을남은 박고소를 위해서 위 돈을 빌려갈 무렵에 대박피라미드라는 다단계업체에 투자를 했다가 큰 손해를 봐서 빚이 많았다는 사실을 제가 잘 알고 있었지만, 제 돈을 갚을 사람은 박고소이기 때문에 이을남의 재산 상태는 별로 관계가 없다고 생각했습니다. 다만 박고소가 이을남에게 본건 차용금과 관련하여 얼마 범위에서 위임을 했는지에 대해서 박고소와 이을남 중 누가 거짓말을 하는 것인지는 정말로 모르겠습니다.

문 이상의 진술은 사실인가요.
답 예. 모두 사실입니다.

위의 조서를 진술자에게 열람하게 하였던바, 진술한 대로 오기나 증감·변경할 것이 전혀 없다고 말하므로 간인한 후 서명무인하게 하다.

진술자 **황 금 성** (무인)

2014. 8. 21.

서울서초경찰서
사법경찰관 경위 **권 장 기** ㊞

진 술 서

성 명   조은숙 (65****-2******)
주 소, 전화번호   (생략)

1. 저는 경찰의 요청으로 서울 서초경찰서에 출석하여 다음과 같이 임의로 진술합니다.
1. 저는 서울 서초구 서초동 서초구청 맞은 편에서 '란' 커피숍을 운영하고 있습니다.
1. 김갑동은 저의 커피숍을 관할하는 서초구청 건축계장이므로 평소 안면이 있고, 이을남은 서초동에서 사업을 하면서 가끔씩 저의 커피숍에 오므로 알고 있습니다.
1. 김갑동과 이을남은 가끔씩 저의 커피숍에 들르기도 하지만 함께 만났는지는 제가 기억이 분명하지 않습니다. 다만, 김갑동이 2014. 5월 초순의 낮쯤에 퇴근길에 저의 커피숍에 들러 "저번에 이을남과 함께 오고 나서 1주일도 안되었는데 커피숍 인테리어가 바뀌었네."라고 말한 것은 그 무렵 제가 커피숍 인테리어 공사를 하였기 때문에 기억합니다.
1. 저의 커피숍 근처에 '란'이라는 이름이 들어가는 커피숍은 저희 1곳뿐이지만 '란'이라는 이름이 들어가는 음식점이나 술집 등 다른 가게들은 많이 있는 것으로 알고 있습니다.

2014. 8. 25.

진술자   조 은 숙 ㉑

- 40 -

[65] 진술인 조은숙이 수사기관에 출석하여 작성·제출한 진술서이므로 형사소송법 제313조 제1항이 아닌, 제312조 제4항 등이 적용된다(제312조 제5항).

[66] '란'이라는 이름이 들어가는 음식점 등 다른 가게들이 많이 있다는 사정은 이을남 진술의 신빙성을 탄핵할 수 있는 자료가 된다.

[67] 검찰단계 서류와 경찰단계 서류를 미리 구분하여 헷갈리지 않도록 한다.
검찰단계의 수사기록, 특히 피의자신문조서는 경찰단계의 수사기록보다 사실관계 등이 보다 압축적으로 정리되어 있다. 따라서 사실관계 등을 보다 빠르게 파악하기 위해 경찰기록보다 검찰기록을 먼저 읽는 방법도 유효하다.

피의자신문조서

성　　　명 : 이을남
주민등록번호 : (생략)

위의 사람에 대한 명예훼손 등 피의사건에 관하여 2014. 9. 17. 서울중앙지방검찰청 901호 검사실에서 검사 구영재는 검찰주사 전주사를 참여하게 한 후, 아래와 같이 피의자임에 틀림없음을 확인하다.
주민등록번호, 직업, 주거, 등록기준지, 직장주소, 연락처는 각각 (생략)

검사는 피의사실의 요지를 설명하고 검사의 신문에 대하여「형사소송법」제244조의3에 따라 진술을 거부할 수 있는 권리 및 변호인의 참여 등 조력을 받을 권리가 있음을 피의자에게 알려주고 이를 행사할 것인지 그 의사를 확인하다.

진술거부권 및 변호인 조력권 고지 등 확인

1. 귀하는 일체의 진술을 하지 아니하거나 개개의 질문에 대하여 진술을 하지 아니할 수 있습니다.
2. 귀하가 진술을 하지 아니하더라도 불이익을 받지 아니합니다.
3. 귀하가 진술을 거부할 권리를 포기하고 행한 진술은 법정에서 유죄의 증거로 사용될 수 있습니다.
4. 귀하가 신문을 받을 때에는 변호인을 참여하게 하는 등 변호인의 조력을 받을 수 있습니다.

문　피의자는 위와 같은 권리들이 있음을 고지받았는가요.
답　예. 고지받았습니다.
문　피의자는 진술거부권을 행사할 것인가요.
답　아닙니다.
문　피의자는 변호인의 조력을 받을 권리를 행사할 것인가요.
답　아닙니다. 혼자서 조사를 받겠습니다.

이에 검사는 피의사실에 관하여 다음과 같이 피의자를 신문하다.
[피의자의 병역, 학력, 가족관계, 재산 및 월수입, 건강상태 등(생략)]

문 피의자는 박고소, 황금성을 아는가요.
답 예. 박고소는 고향 후배로서 건설업자이고, 황금성은 대학 때부터 알던 친구로서 사채업자입니다.
문 피의자는 박고소를 대신하여 황금성으로부터 돈을 빌린 사실이 있나요.
답 예. 2009. 2. 1. 박고소가 제 집에 찾아와서는 "좋은 땅이 나왔는데 돈이 좀 부족하다. 형님 친구 중 사채업자가 있다고 들었는데 그에게 잘 이야기해서 6억 원만 빌려달라."라고 부탁을 하면서 6억 원짜리 차용증을 써 주었습니다. 그래서 제가 다음 날 황금성에게 전화를 해서 "건설업을 하는 박고소라는 고향 후배가 있는데 얼마까지 빌려줄 수 있느냐."라고 물어보니 황금성이 6억 원까지 가능하다고 해서 그 즉시 황금성에게 찾아가 "아까 전화로 말했던 박고소가 작성해 준 차용증을 가져왔으니 6억 원을 빌려달라."라고 하면서 차용증을 건네 주었고 잠시 후 황금성이 제 계좌로 선이자를 공제한 5억 5,000만 원을 송금해주었습니다.

이때 검사는 박고소 명의의 차용증을 제시하면서 [68] 이미 앞에서 확인한 내용과 중복되는 부분은 가볍게 읽고 넘어가도록 한다.
문 얼핏 보기에도 차용증 금액란의 글씨체가 다른 것으로 보이는데 어떤가요.
답 (잠시 머뭇거리다가) 실은 그 부분은 제가 채워넣은 것입니다.
문 그런데 왜 박고소가 직접 차용증을 작성했다고 하였나요.
답 박고소가 제게 금액을 대신 적어달라고 부탁했기 때문에 박고소가 직접 작성한 것이나 다름없고 제가 멋대로 작성한 것이 아니라고 생각했기 때문입니다. [69] 피고인 이을남이 자신의 권한을 초과하여 차용증의 금액란을 임의로 기재하였음을 알 수 있다.
문 위와 같이 빌린 돈은 어떻게 하였나요.
답 그날 즉시 박고소에게 5억 5,000만 원 모두 송금해주었습니다.

이때 검사는 박고소가 제출한 금융거래내역을 제시하면서
문 박고소의 금융거래내역을 살펴보면 피의자로부터 3억 원을 받은 자료만 있는데 어떤가요.
답 (이때 피의자는 대답을 하지 못하다가) 오래 전 일이라 제가 착각을 한 것 같습니다. 지금 생각났는데 그날 황금성으로부터 송금받은 계좌에서 3억 원은 박고소의 계좌로 송금하고 2억 5,000만 원은 현금으로 찾아서 박고소에게 직접 건네 준 것이 확실합니다.
문 피의자는 등산용 칼을 지니고 박고소를 찾아가 협박한 사실이 있나요.

[70] 협박 사실 자체는 인정된다. 다만 위험한 물건인 칼의 휴대는 부정할 수 있다.

답 저는 억울합니다. 2009. 2. 3. 아침에 제가 등산을 하려고 청계산에 가던 중이었는데, 10:00경 박고소가 제게 전화를 해서 다짜고짜 왜 자신의 차용증을 변조했냐고 따져서 제가 너무 황당해서 즉시 방향을 돌려 11:00경 박고소의 집에 찾아가 "더 이상 엉뚱한 시비를 걸면 평생 불구로 살 수도 있다."라고 점잖게 타일렀을 뿐이고 협박까지 한 것은 아닙니다.

문 박고소의 말에 의하면, 피의자는 유도선수까지 한 건장한 체구이고 박고소는 왜소한 체격이어서 피의자의 말에 너무 겁이 났다고 하는데 어떤가요.

답 뭐 그럴 수도 있겠네요. 하지만 박고소의 몸이 부실한 것이 제 탓인가요.

문 등산용 칼은 왜 가져갔나요.

답 실은 그날 아침에 산행을 가려고 짐을 챙기다보니 등산용 배낭, 상의, 칼이 모두 너무 낡아서 이 참에 낡은 것들은 버리고 청계산 앞 단골 매장에서 새 것들로 구입하려고 위 등산용 칼을 상의로 몇 겹으로 싸서 배낭에 넣어 가지고 나왔던 것입니다. 그런데 중간에 위와 같은 박고소의 항의 전화를 받고 너무 화가 나서 저도 모르게 위 배낭을 등에 멘 채로 박고소를 찾아가 위와 같이 박고소에게 따끔하게 충고한 후 그 집을 나오다 집 앞에 놓인 쓰레기봉투들을 보니 버리려고 메고 나왔던 배낭이 생각나서 쓰레기봉투들 옆에 배낭을 버려두고 온 것입니다.

문 피의자는 무심코 등산용 칼을 가지고 갔다고 하지만 박고소를 협박할 당시 피의자가 위 칼을 지니고 있었던 것은 사실이지요.

답 (못마땅하다는 듯이) 예. 그건 사실입니다.

문 피의자는 김갑동에게 건축허가 건과 관련하여 100만 원을 준 사실이 있나요.

답 예. 2014. 5. 8. 19:00경 서울 서초구 서초대로 130(서초구청 맞은 편)에 있는 '란' 커피숍에서 김갑동에게 서울 서초구 방배로 240에 건축할 요양병원 건축허가 절차를 신속히 처리해달라고 부탁하면서 100만 원을 준 사실이 있습니다.

검사는 경찰에서 압수한 피의자 작성의 수첩을 제시하면서

문 이것은 피의자가 작성한 수첩이 맞나요.

답 예.

문 이 수첩 3면에 보면, "2014. 5. 8. 100만 원, 란"이라는 숫자가 기재되어 있는데 이것은 그날 사용한 돈의 액수를 나타내는 것인가요.

답 서초구청 맞은 편 '란' 커피숍에서 김갑동에게 100만 원을 주었다는 내용을 쓴 것입니다.

[71] 위법수집증거인 수첩을 제시하면서 피고인 이을남의 진술을 획득하였으므로 위 진술은 독수의 과실에 해당한다.

추가로 수첩에 100만 원 교부사실만 적혀 있을 뿐, 2,900만 원 교부사실에 대해서는 적혀 있지 아니하다는 사정은 이을남 신빙성 탄핵의 근거 자료가 된다.

- 43 -

문 　 왜 100만 원을 주었나요.
답 　 요양병원 건축허가 절차를 신속히 처리해달라는 명목이었습니다.
문 　 피의자는 그 외에도 김갑동에게 뇌물을 주었나요.
답 　 예. 지금 생각해보니 2014. 5. 9. 09:00경 위 커피숍 앞에서 위와 같은 명목으로 2,900만 원을 더 주었습니다.
문 　 그 경위를 진술하시오.
답 　 제가 5. 9. 09:00경 위 커피숍 앞에서 출근하는 김갑동을 기다렸다가 만나서 5만 원권 현금 2,900만 원을 쇼핑백에 넣어 전달하였습니다.
문 　 피의자는 위 건축허가 건과 관련하여 김갑동을 찾아가 소란을 피운 사실이 있나요.
답 　 예. 김갑동이 위 돈을 받고도 제 부탁을 들어주지 않아 2014. 7. 30. 10:00경 서초구청 건축계 사무실로 김갑동을 찾아가 직원 10여 명이 들을 수 있게 "이 나쁜 새끼, 거짓말쟁이"라고 크게 말한 적이 있습니다.
문 　 박고소, 김갑동과 관련된 금융거래내역을 제출할 수 있나요.
답 　 예. 김갑동과 관련된 것은 다른 것은 없고 제가 그 돈을 저의 계좌에서 2014. 5. 7. 인출하였다는 사실을 나타내는 거래내역은 조만간 제출하도록 하겠습니다. 박고소와 관련된 금융거래내역도 같이 제출하겠습니다.
문 　 조서에 진술한 대로 기재되지 아니하였거나 사실과 다른 부분이 있는가요.
답 　 **없습니다.**

위의 조서를 진술자에게 열람하게 하였던바, 진술한 대로 오기나 증감·변경할 것이 전혀 없다고 말하므로 간인한 후 서명무인하게 하다.

진술자　이 을 남　(무인)

2014. 9. 17.

서울중앙지방검찰청
검　　사　　구 영 재 ㊞
검찰주사　　전 주 사 ㊞

[72] 피고인 이을남이 검찰단계에서 2,900만 원 교부사실을 추가로 진술하고 있다.

피의자신문조서

성　　　명 : 김갑동
주민등록번호 : (생략)

　　위의 사람에 대한 특정범죄가중처벌등에관한법률위반(뇌물) 피의사건에 관하여 2014. 9. 18. 서울중앙지방검찰청 901호 검사실에서 검사 구영재는 검찰주사 전주사를 참여하게 한 후, 아래와 같이 피의자임에 틀림없음을 확인하다.
주민등록번호, 직업, 주거, 등록기준지, 직장주소, 연락처는 각각 (생략)

　　검사는 피의사실의 요지를 설명하고 검사의 신문에 대하여「형사소송법」제244조의3에 따라 진술을 거부할 수 있는 권리 및 변호인의 참여 등 조력을 받을 권리가 있음을 피의자에게 알려주고 이를 행사할 것인지 그 의사를 확인하다.

진술거부권 및 변호인 조력권 고지 등 확인

1. 귀하는 일체의 진술을 하지 아니하거나 개개의 질문에 대하여 진술을 하지 아니할 수 있습니다.
2. 귀하가 진술을 하지 아니하더라도 불이익을 받지 아니합니다.
3. 귀하가 진술을 거부할 권리를 포기하고 행한 진술은 법정에서 유죄의 증거로 사용될 수 있습니다.
4. 귀하가 신문을 받을 때에는 변호인을 참여하게 하는 등 변호인의 조력을 받을 수 있습니다.

문　　피의자는 위와 같은 권리들이 있음을 고지받았는가요.
답　　예. 고지받았습니다.
문　　피의자는 진술거부권을 행사할 것인가요.
답　　아닙니다.
문　　피의자는 변호인의 조력을 받을 권리를 행사할 것인가요.
답　　아닙니다. 혼자서 조사를 받겠습니다.

이에 검사는 피의사실에 관하여 다음과 같이 피의자를 신문하다.
[피의자의 병역, 학력, 가족관계, 재산 및 월수입, 건강상태 등(생략)]

문　　피의자는 서초구청에서 무슨 일을 하나요.
답　　2011. 3.부터 현재까지 서초구청 건축계장으로서 건축허가 등 건축관련 업무를 맡고 있습니다.
문　　피의자는 직무와 관련하여 이을남으로부터 돈을 받은 사실이 있나요.
답　　아니오. 일체의 돈을 받은 사실이 없습니다.
문　　피의자는 서초구청 맞은 편에 있는 '란' 커피숍에서 이을남을 만난 사실은 있지요.
답　　위 커피숍에서 이을남을 만난 사실도 없습니다.
문　　그럼 다른 장소에서 이을남을 만난 사실도 없나요.
답　　제가 근무하는 서초구청 사무실에 찾아왔을 때는 만났지만 사무실 바깥에서 따로 만난 사실은 없습니다.
문　　피의자는 경찰에서는 '란' 커피숍에서 이을남을 만난 사실을 인정하지 않았나요.
답　　제가 '란' 커피숍에 가끔씩 들른 적이 있었고, 이을남을 저희 사무실에서 민원 관계로 가끔씩 본 사실이 있는데, 갑자기 경찰관이 신문하자 경황이 없어서 혼동한 것입니다. 사실은 사무실 바깥에서 만난 적이 없습니다.
문　　피의자가 '란' 커피숍에서 이을남을 만난 사실이 있다면 뇌물을 받은 사실이 밝혀질 것 같아서 이을남을 만난 사실 자체를 부인하는 것은 아닌가요.
답　　아닙니다.
문　　이을남은 2014. 5. 8. 100만 원, 그 다음 날 2,900만 원을 피의자에게 주었다고 하는데 어떤가요.
답　　전혀 그런 사실이 없습니다.
문　　조서에 진술한 대로 기재되지 아니하였거나 사실과 다른 부분이 있는가요.
답　　**없습니다.**

위의 조서를 진술자에게 열람하게 하였던바, 진술한 대로 오기나 증감·변경할 것이 전혀 없다고 말하므로 간인한 후 서명무인하게 하다.

　　　　　　　　진술자　김갑동　(무인)

　　　　　　　　　　2014. 9. 18.

　　　　　　　서울중앙지방검찰청
　　　　　　　검　　사　　구 영 재　㊞
　　　　　　　검찰주사　　전 주 사　㊞

[73] 피고인 김갑동이 경찰단계에서의 진술과 달리 커피숍에서 피고인 이을남을 만난 사실 자체를 부인하고 있다.

서울중앙지방검찰청

주임검사 ㉑

수신   검사 구영재
제목   수사보고(피의자 이을남 금융거래내역 제출)

위 사건에 관하여 피의자 이을남이 자신의 금융거래내역을 제출하였기에 보고합니다.

첨부 : 금융거래내역. 끝.

2014. 10. 8.
위 보고자 검찰주사 전 주 사 ㉑

계좌개설인 인적사항

계좌번호 : (생략)   개설점 : 신안은행 법조타운지점
개 설 일 : (생략)
성   명 : 이을남 (기타 인적사항 생략)

거 래 내 역 서

조회기간(2009. 2. 1. - 2009. 2. 7.)

거래일시	출금	내용	입금	내용	잔액
2009-02-01			1,000,000	대박피라미드	15,000,000
	5,000,000	대박피라미드			10,000,000
2009-02-02			550,000,000	황금성	560,000,000
	300,000,000	박고소			260,000,000
2009-02-05	10,000,000	대박피라미드			250,000,000
2009-02-07	10,000,000	대박피라미드			240,000,000

조회기간(2014. 5. 4. - 2014. 5. 10.)

거래일시	출금	내용	입금	내용	잔액
2014-05-07	30,000,000				100,000

[74] 피고인 이을남에게 유리한 증거로 제출된 거래내역서이나 그 기재에 대박피라미드 관련 출금 내역이 다수 존재하고 최종 잔액이 10만 원에 불과하다는 사실을 추가로 확인할 수 있다.

서 울 서 초 경 찰 서

수신   검사 구영재
제목   조은숙에 대한 소재수사 보고

| 주임검사 |
| ㉑ |

1. 서울중앙지방검찰청 검사 구영재의 2014. 10. 13. 유선 지휘 내용
○ 서울서초경찰서에서 송치한 서울중앙지방검찰청 2014형제99999호 피의자 김갑동에 대한 특정범죄가중처벌등에관한법률위반(뇌물) 등 피의사건과 관련임
○ 서울중앙지방검찰청에서 위 사건의 보완수사를 위하여 주요 참고인인 조은숙에게 서울중앙지방검찰청 901호 검사실로 2014. 10. 13. 10:00에 출석하라는 출석요구서를 발송하였으나, 수취인 부재로 반송되었고, 경찰 진술서에 기재된 조은숙의 휴대전화(010-****-****)는 계속 전원이 꺼져 있어 소재 파악이 어려우므로 2014. 10. 13. 서울서초경찰서에 위 조은숙에 대한 소재수사를 지휘함

2. 위 조은숙에 대한 소재수사 보고
○ 2014. 10. 15. 3회에 걸쳐 위 조은숙의 휴대전화로 연락한바, 역시 전원이 꺼져 있으므로 10. 16. 10:00 직접 위 조은숙의 주거지에 임하여 소재 확인하였음
○ 위 조은숙 주거지에는 현재 조은숙의 노모 이영란(82세)만 기거하고 있는바, 이영란의 진술에 의하면 조은숙은 2014. 10. 12. 재미교포인 딸 박순덕 방문차 미국 뉴욕 시로 출국하였고, 두 달 정도 머물다가 귀국하겠다고 하였으나 자신은 나이가 많아 정확한 연락처나 귀국일은 잘 모르겠다고 하므로, 출입국 사실을 조회한바, 위 조은숙이 2014. 10. 12. 출국하여 귀국하지 않은 사실을 확인하였으므로 보고합니다. 끝.

2014. 10. 17.

서울서초경찰서
경위 권장기 (인)

[75] 조은숙에 대한 소재수사가 충분하지 않았다는 사실을 확인할 수 있다. 조은숙이 출국하여 귀국하지 아니하고 있다는 사정만으로는 형사소송법 제314조의 원진술자의 진술불능 요건을 인정할 수 없다.

고 소 장

고 소 인   김 갑 동
　　　　　　인적사항(생략)

피고소인   이 을 남
　　　　　　인적사항(생략)

죄　　명   모욕

　피고소인은 2014. 7. 30. 10:00경 서울 서초구 서초구청 건축계 사무실에서 그곳 사무실 직원 10여 명이 듣고 있는 가운데 고소인에게 "이 나쁜 새끼, 거짓말쟁이"라고 소리침으로써 공연히 피해자를 모욕하였습니다.
　피고소인을 조사하여 죄가 인정되면 엄중하게 처벌해 주시기 바랍니다.

　　　　　　　　　　　　　　2014. 12. 18.
　　　　　　　　　　　　고소인　김 갑 동 ㊞

[76] 고소장에 기재된 고소일자를 체크하여야 한다. 고소의 추완이 인정되지 않는 이상 모욕죄에 대한 공소제기 후의 고소는 유효하지 아니하다.

기타 법원에 제출되어 있는 증거들

※ 편의상 다음 증거서류의 내용을 생략하였으나, 법원에 증거로 적법하게 제출되어 있음을 유의하여 변론할 것.

○ 수첩
 - 3면에 "2014. 5. 8. 100만 원, 나"이라고 기재되어 있음

○ 금융거래내역(박고소 고소장 첨부)
 - 황금성이 2009. 2. 2. 이을남 계좌로 5억 5,000만 원 송금
 - 이을남이 2009. 2. 2. 박고소 계좌로 3억 원 송금

○ 피고인들에 대한 각 조회회보서
 - 김갑동 : 전과 없음
 - 이을남 : 2014. 9. 5. 부산지방법원 도박죄 벌금 100만 원

[77] 생략된 증거라도 답안에서 인용하는 경우가 있다. 다만 생략된 증거의 내용은 대부분 앞에서 등장한 기록과 중복되므로 답안에 기재할 증거 위주로 간단히 확인하도록 한다.

[78] 피고인 이을남이 도박죄로 벌금형을 선고받았다는 사실과 이을남에 대한 피고인신문 내용 등을 통해 이을남이 14. 5. 7. 출금한 금원이 도박자금으로 사용되었을 가능성이 크다는 점을 확인할 수 있다.

확 인 : 법무부 법조인력과장

2015년 제4회 변호사시험 형사법 기록형 | CH 02 메모예시

공소제기일 - 14. 10. 17.　　[성명] 사문서변조·행사, 사기 관련 죄명·피해자 검토

피고인	죄명	공소사실					인정 및 부인취지	쟁점	+	증거	결론	비고
		일시	장소	피해자	피해금	고소 기타						
김갑동 구청건축 과장	1. 가. 특가 (뇌물)	14. 5. 8. 14. 5. 9.	'난'커피숍 커피숍앞	from 이을남	100만 2900만	건축허가 신속처리 청탁	x - 돈받은 사실 x	[사실 교부사실無 100만~2900만 개별검토 임의출석자-긴급체포 영장주의예외(24시간, 사후영장)]	〈100만부분〉 '단' 이름多(40), 등기날순, 진술외증거無 〈2900만부분〉 정황서는 100 만교부만진술, 수첩기재無, 현금출금근입교부, 도박, 야간정	피고인 법정진술(18), 판미신(28), 검미(46) 이을남 법정진술(19), 판미신(24), 판미신(2회, 37), 검미(43) 수첩, 압수조서(30), 수사보고(금융거래내역)(47) 조은숙 진술서(40), 소제수사보고(48)	후단무죄	[변론요지서]
이을남 을남건설 대표이사	나. (뇌물공여)											
〈긴급체포〉 -뇌물	2. 가. 사문서 변조 및 행사	09. 2. 1. 09. 2. 2.		박고소 명의	차용증 금액 6억기재	금액단배 지교부	x - 정당 위임有	위임有? - only 3억 변조 아닌 위조	이을남-매매피라미드, 빚多 황금성의사, 과실(21)-표현대리 x, 손해발생위험 x	피고인 법정진술~ 박고소 법정진술(20), 고소장(31), 판진술조서(38) 황금성 법정진술(21), 판진술조서(47) 금융거래내역	사문서위 조및행사	[검토의견서]
	가. 사기	09. 2. 2.		v. 박고소	3억	v. 고소有 (31)	×	사기 x. (표현대리) 황금성에 대한 사기-독립적有, 공소장변경			v. 박고소 배임죄 -무죄 v. 황금성 사기죄 -유죄	
	나. 폭행 (존속협)	09. 2. 3. 11:00	v. 집	v. 박고소	등신용 갈	v. 고소有 (31)	△-협박 사실만인정	갈 휴대여부 협박죄 공소시효	피해자도 인식x(34)		독치-주단 무죄 협박-면소 (3호)	
	다. 명예훼손	14. 7. 30.	서초구청 건축계사 무실	v. 건각동	"이 나쁜~"	14.12.18. v. 고소	○고향친 사실有	사실적시無		고소장(p49)	전단무죄	
		"	"	"	"	"	○	기소후고소 (고소의주완x)			공소기각 (2호)	
모욕-예 비적추가												

변론요지서

사 건 2014고합 특정경제범죄가중처벌등에관한법률위반(뇌물) 등
피고인 김갑동

위 사건에 관하여 피고인 김갑동의 변호인 변호사 김힘찬은 다음과 같이 변론합니다.

다 음

I. 특정범죄가중처벌등에관한법률위반(뇌물)의 점

피고인은 이을남으로부터 돈을 받은 사실이 없습니다.

1. 검사 제출 증거[01]

이 사건 공소사실에 대해 검사가 제출한 증거로는 피고인·이을남의 각 법정진술, 검사 작성 피고인·이을남에 대한 각 피의자신문조서의 진술기재, 사법경찰관 작성 피고인·이을남에 대한 각 피의자신문조서의 진술기재, 조은숙 작성 진술서의 진술기재, 수첩·압수조서·수사보고(금융거래내역)·소재수사보고의 각 현존 또는 기재가 있습니다.

2. 증거능력 없는 증거

가. 사법경찰관 작성 피고인에 대한 피의자신문조서

위 조서에 대해서는 피고인이 내용을 부인하고 있으므로 형사소송법 제312조 제3항에 의해 증거능력이 없습니다.

나. 사법경찰관 작성 이을남에 대한 각 피의자신문조서

위 조서들에 대해서는 피고인이 내용부인의 취지로 증거로 함에 부동의하고 있으므로 형사소송법 제312조 제3항에 의해 증거능력이 없습니다.

다. 조은숙 작성 진술서

위 진술서는 조은숙이 서초경찰서에 출석하여 임의로 진술한 내용을 기재한 것으로 형사소송법 제312조 제4항 또는 제314조의 요건을 갖추어야 증거능력을 인정할 수 있습니다(제312조 제5항). 그러나 위 조은숙이 공판기일에 출석하지 아니하여 제312조 제4항의 요건을 갖추지 못하였고, 조은숙이 일시적으로 미국으로 출국하였다는 내용의 수사보고(기록 제47쪽 소재수사보고 참조)만으로는 조은숙이 법정에 출석하여 진술할 수 없는 경우라고 볼 수 없으므로 제314조의 요건도 갖추지 못하였습니다.

따라서 위 진술서는 증거능력이 없습니다.*

[01] 증거거시는 법원→검찰→경찰, 인증→서증→증거물, 피고인→참고인, 조서→진술서→검증조서→압수조서·실황조사서→진단서·견적서의 순서대로 한다. 검사 제출 증거를 위와 같이 따로 묶어서 기재하지 않는 경우에는 부족증거 등을 설시함에 있어 증거들을 구체적으로 나열하여야 한다.

* 형사소송법 제314조의 요건 충족 여부는 엄격히 심사하여야 하고, 전문증거의 증거능력을 갖추기 위한 요건에 관한 증명책임은 검사에게 있으므로, 법원이 증인이 소재불명이거나 그 밖에 이에 준하는 사유로 인하여 진술할 수 없는 때에 해당한다고 인정할 수 있으려면, 증인의 법정 출석을 위한 가능하고도 충분한 노력을 다하였음에도 불구하고 부득이 증인의 법정 출석이 불가능하게 되었다는 사정을 검사가 증명한 경우여야 한다(대법원 2013. 4. 11. 선고 2013도1435 판결).

라. 압수된 수첩 및 이에 대한 압수조서

위 수첩은 이을남을 긴급체포한 후 형사소송법 제217조 제1항에 따라 영장없이 압수한 것입니다. 그러나 임의로 출석하여 조사를 받는 과정에 있었던 이을남에 대해서는 제200조의3[02]에서 정하는 긴급체포의 요건 자체가 인정되지 아니할 뿐만 아니라,** 위 압수는 긴급체포시인 2014. 7. 30. 14:00로부터 24시간이 경과한 후인 2014. 8. 1. 13:00에 이루어져 그 자체로도 위법한 압수입니다(제217조 제1항). 또한 수사기관은 위 압수 후 사후영장을 발부받지도 아니하였습니다(같은 조 제2항, 제3항).[03]

[02] 같은 단락에서 이미 법명을 기재하였으므로 반복되는 법명의 기재는 생략한다.
[03] 영장주의 예외에 대한 내용 기재를 법조문 적시로 갈음한다.

** 검사나 사법경찰관이 수사기관에 자진출석한 사람을 긴급체포의 요건을 갖추지 못하였음에도 실력으로 체포하려고 하였다면 적법한 공무집행이라고 할 수 없고, 자진출석한 사람이 검사나 사법경찰관에 대하여 이를 거부하는 방법으로써 폭행을 하였다고 하여 공무집행방해죄가 성립하는 것은 아니다(대법원 2006. 9. 8. 선고 2006도148 판결).

결국 위법한 긴급체포절차에서 영장주의를 위반하여 압수한 위 수첩은 증거능력이 없고(제308조의2), 이를 기초로 획득한 2차 증거인 압수조서 역시 증거능력이 없습니다(독수의 과실이론).

마. 검사 작성 이을남에 대한 피의자신문조서 중 일부

위 피의자신문조서 중 검사가 압수된 수첩을 제시하면서 그 내용의 의미를 묻자 이을남이 '김갑동에게 100만 원을 주었다는 내용을 쓴 것입니다'고 진술한 부분 또한 위법하게 수집된 증거인 수첩을 기초로 수집된 2차 증거이므로 증거능력이 없습니다(독수의 과실이론).[04]

[04] 인과관계 희석에 의한 예외이론에 해당하지 않는다는 내용을 추가적으로 기재할 수도 있다.

3. 증명력 검토 - 이을남의 진술에 대하여

이을남이 피고인에게 3,000만 원을 교부하였다는 취지의 이 사건 법정에서의 진술 및 검사 작성 피의자신문조서의 일부 진술기재 내용은 아래에서 보는 바와 같이 신빙성이 없고, 나머지 증거들만으로는 이 부분 공소사실을 인정할 수 없으며, 달리 이를 인정할 만한 증거도 없습니다.[05]

[05] 부족증거 등 설시 기재를 증명력 검토 첫 부분에 기재하였다.
[06] 100만 원 부분과 2,900만 원 부분의 증거관계가 서로 다르므로 별개로 검토한다.
[07] 증거능력이 부정된 압수된 수첩 등에 대해서는 증명력 검토 단계에서 고려하지 아니한다.
[08] 이와 달리 100만 원 교부 부분에 대해 유죄결론을 내릴 경우, 특가법이 아닌 형법상 수뢰죄가 성립한다는 의율착오 쟁점을 추가로 검토하여야 한다.

가. 100만 원 교부 부분[06]

이을남이 '란' 커피숍에서 피고인에게 100만 원을 전달하였다는 내용의 진술은 ① '란'이라는 이름의 음식점이나 술집이 주변에 많으므로 이을남이 '란' 커피숍에서 위 100만 원을 전달하였는지 여부 자체가 불분명한 점, ② 이을남은 자신에게 건축허가를 내어 주지 않은 피고인에 대해 악감정을 가지고 허위의 진술을 할 가능성이 높다는 점, ③ 이을남의 진술 이외에는 이을남이 김갑동에게 100만 원을 교부하였다는 사실을 인정할 만한 객관적인 증거가 존재하지 않는 점 등을 고려하면 믿기 어렵습니다.[07][08]

나. 2,900만 원 교부 부분

이에 대한 이을남의 진술은 ① 이을남이 경찰 단계에서는 100만 원 만을 김갑동에게 교부하였다고 진술하다가 검찰 단계에 이르러서야 그보다 훨씬 고액인 2,900만 원의 교부사실을 진술하고 있어 그 진술이 일관되지 아니한 점, ② 이을남이 100만 원보다 훨씬 고액인 2,900만 원에 대해서 수첩 등에 전혀 기재하지 아니한 점, ③ 금원을 교부함에 있어 현금 3,000만 원을 인출한 당일 바로 3,000만 원 전부를 전달하지 않고 굳이 2,900만 원만 다음 날 전달할 합리적인 이유가 없다는 점, ④ 은밀하게 교부하여야 할 뇌물을 김갑동의 출근길에 교부한다는 것 자체가 경험칙에 반하고, 이를 받은 피고인이 거액의 뇌물을 쇼핑백에 담아 그대로 구청으로 출근하였다는 사실 역시 경험칙에 반한다는 점, ⑤ 이을남은 2014. 9. 5. 부산지방법원에서 도박죄로 벌금 100만 원을 선고받는 등 2014. 5.경 부산에서 도박을 하였는바, 거래내역서에 기재된 2014. 5. 7. 출금은 김갑동에게 교부하기 위한 금원이 아니라, 이을남의 도박자금을 위한 것일 가능성이 큰 점, ⑥ 이을남은 자신에게 건축허가를 내어 주지 않은 피고인에 대해 악감정을 가지고 허위의 진술을 할 가능성이 높다는 점 등을 고려하면 역시 믿기 어렵습니다.

4. 소결

결국 이 부분 공소사실은 범죄의 증명이 없는 경우에 해당하므로 형사소송법 제325조 후단에 의하여 무죄가 선고되어야 합니다.

2015. 1. 6.

피고인 김갑동의 변호인 변호사 김힘찬 ㉑

서울중앙지방법원 제26형사부 귀중

검토의견서

사 건   2014고합1277 특정경제범죄가중처벌등에관한법률위반(뇌물) 등
피고인   김갑동

Ⅱ. 사문서변조, 변조사문서행사, 사기의 점[01]

1. 피고인이 적법한 위임을 받았는지 여부[02]

피고인은 박고소[03]로부터 6억 원 전부에 대한 적법한 권한을 위임받았다고 주장하고 있습니다. 그러나 박고소와 황금성의 법정 및 수사기관에서의 각 진술[04] 및 금융거래내역서의 기재 등에 의하면 ① 피고인은 처음에는 대여금 전액을 송금하였다고 진술하였으나 나중에는 2억 5천만 원은 현금으로 인출하였다고 진술을 번복하고 있는 점, ② 피고인이 위와 같이 현금을 인출한 내역이 전혀 존재하지 않는다는 점, ③ 피고인이 위 금원을 다단계에 투자하여 큰 손해를 입은 것으로 보이는 점 등을 고려하면 피고인은 박고소로부터 6억 원이 아닌 3억 원의 차용에 관한 위임을 받은 것에 불과하다고 판단됩니다.

2. 사문서변조 및 변조사문서행사의 점에 대하여

판례는 문서 작성권한의 위임을 받은 자가 그 위임받은 권한을 초월하여 문서를 작성한 경우는 사문서위조죄가 성립한다는 입장입니다.*

> * 문서 작성권한의 위임이 있는 경우라고 하더라도 그 위임을 받은 자가 그 위임받은 권한을 초월하여 문서를 작성한 경우는 사문서위조죄가 성립하고, 단지 위임받은 권한의 범위 내에서 이를 남용하여 문서를 작성한 것에 불과하다면 사문서위조죄가 성립하지 아니한다고 할 것이다(대법원 2012. 6. 28. 선고 2010도690 판결).

피고인은 박고소로부터 3억 원의 차용에 관한 위임을 받았음에도 불구하고 그 권한을 초월하여 차용금액을 6억 원으로 하는 차용증을 작성하여 행사하였습니다. 결국 이 부분 공소사실에 대해서는 사문서변조 및 변조사문서행사죄가 아닌 사문서위조 및 위조사문서행사죄가 성립가능합니다.

다만 이 경우는 피고인의 방어권 행사에 실질적 불이익을 초래하지는 아니하므로, 피고인은 공소장변경 없이도 사문서위조죄와 위조행사죄로 처벌될 수 있습니다.[05]

3. 사기의 점에 대하여

가. 박고소에 대한 사기죄 성립 여부

판례는 형법 제347조 제1항에서 정하는 사기죄의 처분행위는 재산적 처분행위를 의미하고 그것은 주관적으로 피기망자에게 처분의사가 있을 것을 요한다는 입장입니다.**

---

[01] 사실인정 쟁점이나 전형적인 사실인정 쟁점 목차가 아닌 사안검토 위주로 답안을 구성하였다. 이러한 비정형적인 답안 구성은 검토의견서, 그 중에서도 특히 피고인에게 불리한 사실을 인정하게 되는 쟁점 또는 판례의 법리를 중심으로 사실인정을 검토하는 쟁점에서 자주 활용하게 된다.

[02] 피고인이 박고소로부터 적법한 위임을 받았는지 여부에 따라 사문서위조죄의 성부가 달라지므로 적법한 위임 존재 여부를 먼저 검토하여야 한다.

[03] 박고소는 위조된 문서의 명의자일 뿐 사문서위조죄의 피해자가 아니므로 '피해자 박고소'라고 기재하여서는 아니 된다.

[04] 경찰과 검찰 단계의 증거들을 위와 같이 하나로 묶어 표현할 수 있다.

[05] 공소사실에 대해 기소된 죄명과 다른 범죄가 성립하는 경우에는 공소장변경의 필요성에 대한 검토를 누락하지 않도록 주의한다.

> ** 사기죄에서 처분행위는 행위자의 기망행위에 의한 피기망자의 착오와 행위자 등의 재물 또는 재산상 이익의 취득이라는 최종적 결과를 중간에서 매개·연결하는 한편, 착오에 빠진 피해자의 행위를 이용하여 재산을 취득하는 것을 본질적 특성으로 하는 사기죄와 피해자의 행위에 의하지 아니하고 행위자가 탈취의 방법으로 재물을 취득하는 절도죄를 구분하는 역할을 한다. 처분행위가 갖는 이러한 역할과 기능을 고려하면, 피기망자의 의사에 기초한 어떤 행위를 통해 행위자 등이 재물 또는 재산상의 이익을 취득하였다고 평가할 수 있는 경우라면 사기죄에서 말하는 처분행위가 인정된다(대법원 2017. 2. 16. 선고 2016도13362 전원합의체 판결).

박고소는 피고인에게 3억 원의 차용에 대해 위임하였을 뿐, 자신을 채무자로 하는 6억 원의 채무부담에 대해서는 처분행위를 하지 아니하였습니다. 따라서 이 부분 공소사실에 대해 피해자를 박고소로 하는 사기죄는 성립하지 아니합니다.

나. 박고소에 대한 배임죄 성립 여부

박고소의 위임에 따라 차용에 관한 업무를 처리하는 피고인이 그 위임 범위를 초과하여 금원을 차용하여 박고소에 손해를 가한 경우에 박고소에 대한 배임죄가 성립할 수 있습니다.* 그러나 위 차용행위가 법률상 효력이 없는 경우에는 그로 인하여 박고소에게 어떠한 손해가 발생하였다고 할 수 없으므로 배임죄가 성립하지 아니합니다.**[06]

[06] 이와 달리 손해발생의 위험은 인정할 수 있어 배임미수죄가 성립할 수 있다는 검토도 가능하다(2014도1104 전원합의체 판결 참조).

> * 저금통장에서 인출의뢰받은 금원보다 많은 금원을 의뢰인의 의사에 반하여 인출한 행위는 배임행위에 해당한다 할 것이다(대법원 1972. 3. 28. 선고 72도297 판결).
> ** 법인의 대표자 또는 피용자가 그 법인 명의로 한 채무부담행위가 관련 법령에 위배되어 법률상 효력이 없는 경우에는 그로 인하여 법인에게 어떠한 손해가 발생한다고 할 수 없으므로, 그 행위로 인하여 법인이 민법상 사용자책임 또는 법인의 불법행위책임을 부담하는 등의 특별한 사정이 없는 한 그 대표자 또는 피용자의 행위는 배임죄를 구성하지 아니한다(대법원 2010. 9. 30. 선고 2010도6490 판결).
> [비교판례] 주식회사의 대표이사가 대표권을 남용하는 등 그 임무에 위배하여 회사 명의로 의무를 부담하는 행위를 하더라도 일단 회사의 행위로서 유효하고, 다만 상대방이 대표이사의 진의를 알았거나 알 수 있었을 때에는 회사에 대하여 무효가 된다. 따라서 상대방이 대표권남용 사실을 알았거나 알 수 있었던 경우 그 의무부담행위는 원칙적으로 회사에 대하여 효력이 없고, 경제적 관점에서 보아도 이러한 사실만으로는 회사에 현실적인 손해가 발생하였다거나 실해 발생의 위험이 초래되었다고 평가하기 어려우므로, 달리 그 의무부담행위로 인하여 실제로 채무의 이행이 이루어졌다거나 회사가 민법상 불법행위책임을 부담하게 되었다는 등의 사정이 없는 이상 배임죄의 기수에 이른 것은 아니다. 그러나 이 경우에도 대표이사로서는 배임의 범의로 임무위배행위를 함으로써 실행에 착수한 것이므로 배임죄의 미수범이 된다. 그리고 상대방이 대표권남용 사실을 알지 못하였다는 등의 사정이 있어 그 의무부담행위가 회사에 대하여 유효한 경우에는 회사의 채무가 발생하고 회사는 그 채무를 이행할 의무를 부담하므로, 이러한 채무의 발생은 그 자체로 현실적인 손해 또는 재산상 실해 발생의 위험이라고 할 것이어서 그 채무가 현실적으로 이행되기 전이라도 배임죄의 기수에 이르렀다고 보아야 한다(대법원 2017. 7. 20. 선고 2014도1104 전원합의체 판결).

① 황금성이 본인확인절차를 거쳐 신용상태에 따라 돈을 빌려주는 것이 일반적이라고 스스로 진술하고 있음에도 불구하고 실제 박고소에게 전화를 하는 등 확인절차를 전혀 거치지 아니하고 금원을 대여하였다는 점, ② 이을남이 당시 대박피라미드로 인하여 많은 피해를 입고 빚이 많다는 사실 역시 알고 있었다는 점 등을 고려하면 피고인이 박고소 명의로 행한 차용행위에 대해 표현대리(민법 제126조) 등이 성립하지 아니하고, 박고소와

황금성 사이에 유효한 계약이 성립하지 아니하는 이상 박고소에게 재산상의 손해 또는 손해발생의 위험이 있다고 할 수도 없습니다.

따라서 박고소에 대한 배임죄 역시 성립하지 아니합니다.

다. 황금성에 대한 사기죄 성립 여부

피고인은 황금성에게 위조된 차용증을 행사하면서 위임 범위에 관해 거짓말을 하여 황금성으로부터 5억 5,000만 원을 송금 받았습니다. 황금성은 피고인이 아닌 박고소를 채무자로 생각하고 돈을 빌려준 것이므로(기록 제21쪽 황금성의 법정진술 참조), 피고인이 개인적인 용도로 위 금원을 사용하려 한 것을 알았더라면 금원을 대여하지 않았을 것입니다.

따라서 이 부분 공소사실에 대해서는 황금성을 피해자로 하는 사기죄가 성립하고, 그 편취금액이 5억 5천만 원으로 5억 원 이상이므로 형법상 단순사기죄가 아닌 특정경제범죄가중처벌등에관한법률위반(사기)죄가 성립합니다.

다만 단순사기죄로 공소가 제기된 피고인을 공소장변경 없이 특정경제범죄가중처벌등에관한법률위반(사기)죄로 처벌하는 것은 피고인에게 실질적으로 불이익한 것으로서 허용되지 아니합니다.

[07] [작성요령]에서 '재판장의 석명사항에 대한 검사의 향후 소송 대응 및 법원의 판단을 염두에 두고 작성할 것'이라고 하였으므로 위와 같이 소결론을 기재한다.

결국 이에 대해서는 피해자를 황금성으로, 죄명을 특정경제범죄가중처벌등에관한법률위반(사기)죄로 변경하는 검사의 공소장변경신청이 예상됩니다.[07]*

> * [1] 공소사실의 동일성을 해하지 않고 피고인의 방어권 행사에 실질적 불이익을 주지 않는 한, 공소장변경의 절차 없이 공소장에서 적시된 피해자와 다른 피해자를 인정하여 피고인에 대한 범죄사실을 유죄로 인정하였다 하여도 불고불리의 원칙에 위배한 위법이 있다고 할 수 없다. [2] 공소사실의 사기피해자와 인정된 범죄사실의 사기피해자가 일부 다르지만 기본적 사실에 있어서 차이가 없으므로 불고불리의 원칙에 위배되지 않는다고 한 사례(대법원 1992. 10. 23. 선고 92도1983 판결).

[08] 2016. 1. 6. 법률 개정으로 인하여 폭력행위 등 처벌에 관한 법률 제3조 제1항이 삭제되었다. 따라서 흉기를 휴대하여 협박한 경우 형법 제284조의 특수협박죄가 성립하게 되나, 본 해설에서는 구법에 따라 답안을 구성하였다.

III. 폭력행위등처벌에관한법률위반(집단·흉기등협박)의 점[08]

1. 흉기 기타 위험한 물건의 휴대 인정 여부

판례는 폭력행위 등 처벌에 관한 법률 제3조 제1항에서 정하는 '흉기 기타 위험한 물건을 휴대하여 그 죄를 범한 자'란 범행현장에서 '사용하려는 의도' 아래 흉기 기타 위험한 물건을 소지하거나 몸에 지니는 경우를 가리키는 것이고, 그 범행과는 전혀 무관하게 우연히 이를 소지하게 된 경우까지를 포함하는 것은 아니라는 입장입니다.**

> ** 폭력행위 등 처벌에 관한 법률의 목적과 그 제3조 제1항의 규정 취지에 비추어 보면, 같은 법 제3조 제1항 소정의 '흉기 기타 위험한 물건을 휴대하여 그 죄를 범한 자'란 범행현장에서 '사용하려는 의도' 아래 흉기 기타 위험한 물건을 소지하거나 몸에 지니는 경우를 가리키는 것이고, 그 범행과는 전혀 무관하게 우연히 이를 소지하게 된 경우까지를 포함하는 것은 아니라 할 것이나, 범행 현장에서 범행에 사용하려는 의도 아래 흉기 등 위험한 물건을 소지하거나 몸에 지닌 이상 그 사실을

> 피해자가 인식하거나 실제로 범행에 사용하였을 것까지 요구되는 것은 아니라 할 것이다(대법원 2007. 3. 30. 선고 2007도914 판결).

피고인은 범행 당시 낡은 등산용 칼을 버리기 위하여 배낭에 넣어 가지고 나왔을 뿐, 위 칼을 피해자 박고소에 대한 협박에 사용할 의도가 없었을 뿐만 아니라, 위 협박 당시 자신이 칼을 소지하고 있다는 사실조차 인식하지 못했습니다. 또한 피해자 역시 협박 당시에는 피고인이 등산용 칼을 소지하였다는 사실을 전혀 알지 못했고, 범행 후 피고인이 버리고 간 배낭에서 위 칼을 발견했을 뿐입니다(기록 제34쪽 진술조서 참조).

따라서 이 부분 공소사실은 범죄의 증명이 없어 형사소송법 제325조 후단에 의하여 무죄판결이 선고되어야 합니다.

2. 축소사실 협박죄에 대하여

피고인이 위험한 물건을 휴대하지는 않았으나 박고소를 협박한 사실 자체는 인정하고 있으므로 이에 대해서는 형법 제283조 제1항의 협박죄가 성립할 수 있고, 이러한 축소사실에 대해 법원은 공소장변경 없이도 직권으로 인정할 수 있습니다.

그러나 위 협박죄는 공소시효가 5년이고(형사소송법 제249조 제1항 제5호), 이 사건 공소는 범행일인 2009. 2. 3.로부터 5년이 경과된 후인 2014. 10. 17. 제기되었음이 기록상 명백합니다.

따라서 이 부분 공소사실에 대해서는 공소시효가 완성되었으므로 형사소송법 제326조 제3호에 의해 면소판결이 선고되어야 합니다.

IV. 명예훼손의 점

1. 주위적 공소사실 - 명예훼손죄[09]

명예훼손죄는 공연히 사실을 적시하여 사람의 명예를 훼손하여야 성립하는 범죄이고(형법 제307조 제1항), 이를 위해서는 특정인의 사회적 가치 내지 평가의 침해가 있을 정도로 구체적인 사실을 적시하여야 합니다.

피고인이 피해자 김갑동에게 한 "이 나쁜 새끼, 거짓말쟁이"라고 한 것은 사실의 적시가 아니라 추상적 가치판단이나 경멸적 언사로서 욕설에 불과합니다.

따라서 이 부분 공소사실은 죄가 되지 아니하므로 형사소송법 제325조 전단에 의해 무죄가 선고되어야 합니다.

[09] 공소장변경을 통해 예비적으로 추가된 모욕죄까지 고려하여 목차를 구성하여야 한다.

2. 예비적 공소사실 - 모욕죄

피고인이 피해자에게 욕설을 한 사실은 인정되므로 이에 대해서는 형법 제311조의 모욕죄 성립이 가능합니다. 그러나 모욕죄는 친고죄에 해당하고(제312조 제1항) 본 건 모욕죄에 대한 고소는 2014. 10. 17. 공소제기 이 후인 2014. 12. 18.에 있었습니다(기록 제49쪽 고소장 참조).

고소의 추완을 허용하지 아니하는 판례의 입장에 의하면[10]* 이 부분 공소제기는 공소제기 절차가 법률의 규정에 위반하여 무효인 때에 해당하므로 형사소송법 제327조 제2호에 의해 공소기각의 판결이 선고되어야 합니다.

[10] 고소 자체는 기록상 존재하므로, 고소의 추완이 허용되지 않는다는 내용을 간단히 검토하였다.

> * 강간죄는 친고죄로서 피해자의 고소가 있어야 죄를 논할 수 있고 기소 이후의 고소의 추완은 허용되지 아니한다 할 것이며 이는 비친고죄인 강간치사죄로 기소되었다가 친고죄인 강간죄로 공소장이 변경되는 경우에도 동일하다 할것이니, 강간치사죄의 공소사실을 강간죄로 변경한 후에 이르러 비로소 피해자의 부가 고소장을 제출한 경우에는 강간죄의 공소 제기절차는 법률의 규정에 위반하여 무효인때에 해당한다(대법원 1982. 9. 14. 선고 82도1504 판결).

2015. 1. 6.

담당변호사 이사랑 ㊞

변론요지서

I. 특정범죄가중처벌등에관한법률위반(뇌물)의 점

피고인은 이을남으로부터 돈을 받은 사실이 없습니다.

1. 검사 제출 증거

이 사건 공소사실에 대해 검사가 제출한 증거로는 피고인·이을남의 각 법정진술, 검사 작성 피고인·이을남에 대한 각 피의자신문조서의 진술기재, 사법경찰관 작성 피고인·이을남에 대한 각 피의자신문조서의 진술기재, 조은숙 작성 진술서의 진술기재, 수첩·압수조서·수사보고(금융거래내역)·소재수사보고의 각 현존 또는 기재가 있습니다.

2. 증거능력 없는 증거

① 사법경찰관 작성 피고인에 대한 피의자신문조서에 대하여 피고인이 내용을 부인하고 있으므로 형사소송법 제312조 제3항에 의해 증거능력이 부정됩니다.

② 사법경찰관 작성 이을남에 대한 각 피의자신문조서에 대하여 피고인이 내용부인의 취지로 증거로 함에 부동의하고 있으므로 형사소송법 제312조 제3항에 의해 증거능력이 없습니다.

③ 조은숙 작성 진술서는 조은숙이 공판기일에 출석하지 아니하여 제312조 제5항에 따라 준용되는 같은 조 제4항의 요건을 갖추지 못하였고, 조은숙이 일시적으로 미국으로 출국하였다는 내용의 수사보고(기록 제47쪽 소재수사보고)만으로는 조은숙이 법정에 출석하여 진술할 수 없는 경우라고 볼 수 없으므로 제314조의 요건도 갖추지 못하였습니다. 결국 위 진술서는 증거능력이 없습니다.

④ 압수된 수첩은 이을남을 긴급체포한 후 형사소송법 제217조 제1항에 따라 영장없이 압수한 것입니다. 그러나 임의로 출석하여 조사를 받는 과정에 있었던 이을남에 대해서는 제200조의3에서 정하는 긴급체포의 요건 자체가 인정되지 아니할 뿐만 아니라, 위 압수는 긴급체포시인 2014. 7. 30. 14:00로부터 24시간이 경과한 후인 2014. 8. 1. 13:00에 이루어져 그 자체로도 위법한 압수입니다(제217조 제1항). 또한 수사기관은 위 압수 후 사후영장을 발부받지도 아니하였습니다(같은 조 제2항, 제3항). 결국 위법한 긴급체포절차에서 영장주의를 위반하여 압수한 위 수첩은 증거능력이 없고(제308조의2), 이를 기초로 획득한 2차 증거인 압수조서 역시 증거능력이 없습니다(독수의 과실이론).

⑤ 검사 작성 이을남에 대한 피의자신문조서 중 검사가 압수된 수첩을 제시하면서 그 내용의 의미를 묻자 이을남이 '김갑동에게 100만 원을 주었다는 내용을 쓴 것입니다'고 진술한 부분 또한 위법하게 수집된 증거인 수첩을 기초로 수집된 2차 증거이므로 증거능력이 없습니다(독수의 과실이론).

3. 신빙성 탄핵

이을남은 피고인에게 3,000만 원을 교부하였다는 취지로 진술하고 있습니다. 그러나 이는 아래에서 보는 바와 같이 신빙성이 없고, 나머지 증거들만으로는 이 부분 공소사실을 인정할 수 없으며, 달리 이를 인정할 만한 증거도 없습니다.

가. 100만 원 교부 부분

이을남이 '란' 커피숍에서 피고인에게 100만 원을 전달하였다는 내용의 진술은 ① '란'이라는 이름의 음식점이나 술집이 주변에 많으므로 이을남이 '란' 커피숍에서 위 100만 원을 전달하였는지 여부 자체가 불분명한 점, ② 이을남은 자신에게 건축허가를 내어 주지 않은 피고인에 대해 악감정을 가지고 허위의 진술을 할 가능성이 높다는 점, ③ 이을남의 진술 이외에는 이을남이 김갑동에게 100만 원을 교부하였다는 사실을 인정할 만한 객관적인 증거가 존재하지 않는 점 등을 고려하면 믿기 어렵습니다.

나. 2,900만 원 교부 부분

이에 대한 이을남의 진술은 ① 이을남이 경찰 단계에서는 100만 원 만을 김갑동에게 교부하였다고 진술하다가 검찰 단계에 이르러서야 그보다 훨씬 고액인 2,900만 원의 교부사실을 진술하고 있어 그 진술이 일관되지 아니한 점, ② 이을남이 100만 원보다 훨씬 고액인 2,900만 원에 대해서 수첩 등에 전혀 기재하지 아니한 점, ③ 금원을 교부함에 있어 현금 3,000만 원을 인출한 당일 바로 3,000만 원 전부를 전달하지 않고 굳이 2,900만 원만 다음 날 전달할 합리적인 이유가 없다는 점, ④ 은밀하게 교부하여야 할 뇌물을 김갑동의 출근길에 교부한다는 것 자체가 경험칙에 반하고, 이를 받은 피고인이 거액의 뇌물을 쇼핑백에 담아 그대로 구청으로 출근하였다는 사실 역시 경험칙에 반한다는 점, ⑤ 이을남은 2014. 9. 5. 부산지방법원에서 도박죄로 벌금 100만 원을 선고받는 등 2014. 5.경 부산에서 도박을 하였는바, 거래내역서에 기재된 2014. 5. 7. 출금은 김갑동에게 교부하기 위한 금원이 아니라, 이을남의 도박자금을 위한 것일 가능성이 큰 점, ⑥ 이을남은 자신에게 건축허가를 내어 주지 않은 피고인에 대해 악감정을 가지고 허위의 진술을 할 가능성이 높다는 점 등을 고려하면 역시 믿기 어렵습니다.

4. 소결

따라서 이 부분 공소사실은 범죄의 증명이 없는 경우에 해당하므로 형사소송법 제325조 후단에 의하여 무죄가 선고되어야 합니다.

검토의견서

II. 사문서변조, 변조사문서행사, 사기의 점

1. 피고인이 적법한 위임을 받았는지 여부

피고인은 박고소로부터 6억 원 전부에 대한 적법한 권한을 위임받았다고 주장하고 있습니다. 그러나 ① 피고인은 처음에는 대여금 전액을 송금하였다고 진술하였으나 나중에는 2억 5천만 원은 현금으로 인출하였다고 진술을 번복하고 있는 점, ② 피고인이 위와 같이 현금을 인출한 내역이 전혀 존재하지 않는다는 점, ③ 피고인이 위 금원을 다단계에 투자하여 큰 손해를 입은 것으로 보이는 점 등을 고려하면 피고인은 박고소로부터 6억 원이 아닌 3억 원의 차용에 관한 위임을 받은 것에 불과하다고 판단됩니다.

2. 사문서변조 및 변조사문서행사의 점에 대하여

판례는 문서 작성권한의 위임을 받은 자가 그 위임받은 권한을 초월하여 문서를 작성한 경우는 사문서위조죄가 성립한다는 입장입니다. 피고인은 박고소로부터 3억 원의 차용에 관한 위임을 받았음에도 불구하고 그 권한을 초월하여 차용금액을 6억 원으로 하는 차용증을 작성하여 행사하였습니다. 결국 이 부분 공소사실에 대해서는 사문서변조 및 변조사문서행사죄가 아닌 사문서위조 및 위조사문서행사죄가 성립가능합니다.

다만 이 경우는 피고인의 방어권 행사에 실질적 불이익을 초래하지는 아니하므로, 피고인은 공소장변경 없이도 사문서위조죄와 위조행사죄로 처벌될 수 있습니다.

3. 사기의 점에 대하여

가. 박고소에 대한 사기죄 성립 여부

판례는 형법 제347조 제1항에서 정하는 사기죄의 처분행위는 재산적 처분행위를 의미하고 그것은 주관적으로 피기망자에게 처분의사가 있을 것을 요한다는 입장입니다. 박고소는 피고인에게 3억 원의 차용에 대해 위임하였을 뿐, 자신을 채무자로 하는 6억 원의 채무부담에 대해서는 처분행위를 하지 아니하였습니다. 따라서 이 부분 공소사실에 대해 피해자를 박고소로 하는 사기죄는 성립하지 아니합니다.

나. 박고소에 대한 배임죄 성립 여부

박고소의 위임에 따라 차용에 관한 업무를 처리하는 피고인이 그 위임 범위를 초과하여 금원을 차용하여 박고소에 손해를 가한 경우에 박고소에 대한 배임죄가 성립할 수 있습니다. 그러나 위 차용행위가 법률상 효력이 없는 경우에는 그로 인하여 박고소에게 어떠한 손해가 발생하였다고 할 수 없으므로 배임죄가 성립하지 아니합니다.

① 황금성이 본인확인절차를 거쳐 신용상태에 따라 돈을 빌려주는 것이 일반적이라고 스스로 진술하고 있음에도 불구하고 실제 박고소에게 전화를 하는 등 확인절차를 전혀 거치지 아니하고 금원을 대여하였다는 점, ② 이을남이 당시 대박피라미드로 인하여 많은 피해를 입고 빚이 많다는 사실 역시 알고 있었다는 점 등을 고려하면 피고인이 박고소 명의로 행한 차용행위에 대해 표현대리(민법 제126조) 등이 성립하지 아니하고, 박고소와 황금성 사이에 유효한 계약이 성립하지 아니하는 이상 박고소에게 재산상의 손해 또는 손해발생의 위험이 있다고 할 수도 없습니다.

따라서 박고소에 대한 배임죄 역시 성립하지 아니합니다.

다. 황금성에 대한 사기죄 성립 여부

피고인은 황금성에게 위조된 차용증을 행사하면서 위임 범위에 관해 거짓말을 하여 황금성으로부터 5억 5,000만 원을 송금 받았습니다. 황금성은 피고인이 아닌 박고소를 채무자로 생각하고 돈을 빌려준 것이므로(기록 제21쪽 황금성의 법정진술), 피고인이 개인적인 용도로 위 금원을 사용하려 한 것을 알았더라면 금원을 대여하지 않았을 것입니다. 따라서 이 부분 공소사실에 대해서는 황금성을 피해자로 하는 사기죄가 성립하고, 그 편취금액이 5억 5천만 원으로 5억 원 이상이므로 형법상 단순사기죄가 아닌 특정경제범죄가중처벌등에관한법률위반(사기)죄가 성립합니다.

다만 단순사기죄로 공소가 제기된 피고인을 공소장변경 없이 특정경제범죄가중처벌등에관한법률위반(사기)죄로 처벌하는 것은 피고인에게 실질적으로 불이익한 것으로서 허용되지 아니합니다. 결국 이에 대해서는 피해자를 황금성으로, 죄명을 특정경제범죄가중처벌등에관한법률위반(사기)죄로 변경하는 검사의 공소장변경신청이 예상됩니다.

III. 폭력행위등처벌에관한법률위반(집단·흉기등협박)의 점

1. 흉기 기타 위험한 물건의 휴대 인정 여부

판례는 폭력행위 등 처벌에 관한 법률 제3조 제1항에서 정하는 '흉기 기타 위험한 물건을 휴대하여 그 죄를 범한 자'란 범행현장에서 '사용하려는 의도' 아래 흉기 기타 위험한 물건을 소지하거나 몸에 지니는 경우를 가리키는 것이고, 그 범행과는 전혀 무관하게 우연히 이를 소지하게 된 경우까지를 포함하는 것은 아니라는 입장입니다.

피고인은 범행 당시 낡은 등산용 칼을 버리기 위하여 배낭에 넣어 가지고 나왔을 뿐, 위 칼을 피해자 박고소에 대한 협박에 사용할 의도가 없었을 뿐만 아니라, 위 협박 당시 자신이 칼을 소지하고 있다는 사실조차 인식하지 못했습니다. 또한 피해자 역시 협박 당시에는 피고인이 등산용 칼을 소지하였다는 사실을 전혀 알지 못했고, 범행 후 피고인이 버리고 간 배낭에서 위 칼을 발견했을 뿐입니다(기록 제34쪽 진술조서).

따라서 이 부분 공소사실은 범죄의 증명이 없어 형사소송법 제325조 후단에 의하여 무죄판결이 선고되어야 합니다.

2. 축소사실 협박죄에 대하여

피고인이 위험한 물건을 휴대하지는 않았으나 박고소를 협박한 사실 자체는 인정하고 있으므로 이에 대해서는 형법 제283조 제1항의 협박죄가 성립할 수 있고, 이러한 축소사실에 대해 법원은 공소장변경 없이도 직권으로 인정할 수 있습니다.

그러나 위 협박죄는 공소시효가 5년이고(형사소송법 제249조 제1항 제5호), 이 사건 공소는 범행일인 2009. 2. 3.로부터 5년이 경과된 후인 2014. 10. 17. 제기되었음이 기록상 명백합니다.

따라서 이 부분 공소사실에 대해서는 공소시효가 완성되었으므로 형사소송법 제326조 제3호에 의해 면소판결이 선고되어야 합니다.

IV. 명예훼손의 점

1. 주위적 공소사실 - 명예훼손죄

명예훼손죄는 공연히 사실을 적시하여 사람의 명예를 훼손하여야 성립하는 범죄이고(형법 제307조 제1항), 이를 위해서는 특정인의 사회적 가치 내지 평가의 침해가 있을 정도로 구체적인 사실을 적시하여야 합니다.

피고인이 피해자 김갑동에게 한 "이 나쁜 새끼, 거짓말쟁이"라고 한 것은 사실의 적시가 아니라 추상적 가치판단이나 경멸적 언사로서 욕설에 불과합니다.

따라서 이 부분 공소사실은 죄가 되지 아니하여 형사소송법 제325조 전단에 의해 무죄가 선고되어야 합니다.

2. 예비적 공소사실 - 모욕죄

피고인이 피해자에게 욕설을 한 사실은 인정되므로 이에 대해서는 형법 제311조의 모욕죄 성립이 가능합니다. 그러나 모욕죄는 친고죄에 해당하고(제312조 제1항) 본 건 모욕죄에 대한 고소는 2014. 10. 17. 공소제기 이후인 2014. 12. 18.에 있었습니다(기록 제49쪽 고소장).

고소의 추완을 허용하지 아니하는 판례의 입장에 의하면 이 부분 공소제기는 공소제기 절차가 법률의 규정에 위반하여 무효인 때에 해당하므로 형사소송법 제327조 제2호에 의해 공소기각의 판결이 선고되어야 합니다.

2016년 제5회
변호사시험 형사법 기록형

2016년도 제5회 변호사시험 문제

| 시험과목 | 형사법(기록형) |

응시자 준수사항

1. 시험 시작 전 문제지의 봉인을 손상하는 경우, 봉인을 손상하지 않더라도 문제지를 들추는 행위 등으로 문제 내용을 미리 보는 경우 그 답안은 영점으로 처리됩니다.

2. 답안은 흑색 또는 청색 필기구(사인펜이나 연필 사용 금지) 중 한 가지 필기구만을 사용하여 답안 작성란(흰색 부분) 안에 기재하여야 합니다.

3. 답안지에 성명과 수험번호 등을 기재하지 않아 인적사항이 확인되지 않는 경우에는 영점으로 처리되는 등 불이익을 받게 됩니다. 특히 답안지를 바꾸어 다시 작성하는 경우, 성명 등의 기재를 빠뜨리지 않도록 유의하여야 합니다.

4. 답안지에는 문제 내용을 쓸 필요가 없으며, 답안 이외의 사항을 기재하거나 밑줄 기타 어떠한 표시도 하여서는 안 됩니다. 답안을 정정할 경우에는 두 줄로 긋고 다시 써야 하며, 수정액 등은 사용할 수 없습니다.

5. 시험 종료 시각에 임박하여 답안지를 교체했더라도 시험 시간이 끝나면 그 즉시 새로 작성한 답안지를 회수합니다.

6. 시험 시간이 지난 후에는 답안지를 일절 작성할 수 없습니다. 이를 위반하여 **시험 시간이 종료되었음에도 불구하고 계속 답안을 작성할 경우 그 답안은 영점으로 처리됩니다.**

7. 답안은 답안지의 쪽수 번호 순으로 써야 합니다. **배부된 답안지는 백지 답안이라도 모두 제출**하여야 하며, **답안지를 제출하지 아니한 경우 그 시간 시험과 나머지 시험에 응시할 수 없습니다.**

8. 지정된 시각까지 지정된 시험실에 입실하지 않거나 시험관리관의 승인 없이 시험 시간 중에 시험실에서 퇴실한 경우, 그 시간 시험과 나머지 시간의 시험에 응시할 수 없습니다.

9. 시험 시간 중에는 어떠한 경우에도 문제지를 시험실 밖으로 가지고 갈 수 없고, 그 시험 시간이 끝난 후에는 문제지를 시험장 밖으로 가지고 갈 수 있습니다.

[01] 가장 먼저 작성하여야 할 서면의 종류를 확인한다. 구체적으로 '누가' '누구에게' 제출하는 서면인지를 확인하여야 한다. 이에 따라 답안에서 사용할 어투뿐만 아니라 검토하여야 할 쟁점까지 달리하게 된다.

검토의견서는 변호인이 회사 내부적으로 대표변호사에게 보고하는 서면이므로 경어체를 사용하거나 '~할 것임'이라는 방식으로 답안을 작성하여야 하고, 피고인에게 유리한 내용뿐만 아니라 불리한 내용에 대하여도 객관적 입장에서 검토하여야 한다.

변론요지서는 경어체를 사용하여야 하고, 피고인에게 가장 유리한 결론으로 쟁점을 검토하여야 한다.

[02] 기록 답안은 판례의 태도를 기준으로 답안을 작성함을 원칙으로 한다. 사례형 답안과 달리 견해 대립이나 일반론을 기재할 필요 없이 판례 결론에 따른 사안검토 위주로 작성한다.

판례의 태도에 반하는 견해를 바탕으로 피고인에 대한 무죄 등을 주장하는 예외적인 경우에는 판례 태도부터 적시한 후 변론내용을 기재하도록 한다.

[03] 재판장의 석명사항은 새로운 쟁점을 추가하는 것이 아니라, 문제의 난이도를 낮추기 위한 출제자의 배려임을 명심해야 한다. 석명사항과 관련된 쟁점은 답안에서 절대 누락하여서는 아니 된다.

[04] 기재가 생략된 증거라도 필요한 경우에는 인정사실에 대한 근거로서 거시하여야 한다.

【문 제】

피고인 김갑동에 대해서는 법무법인 명변 담당변호사 김변호가 객관적인 입장에서 대표변호사에게 보고할 검토의견서를, 피고인 이을남에 대해서는 변호사 이변론의 입장에서 변론요지서를 작성하되, 다음 쪽 검토의견서 및 변론요지서 양식 중 **본문 Ⅰ, Ⅱ 부분만 작성하시오.**

【작성 요령】

1. 학설·판례 등의 견해가 대립되는 경우, 한 견해를 취할 것. 단, 대법원 판례와 다른 견해를 취하여 의견을 제시하고자 하는 경우에는 대법원 판례의 취지를 적시할 것.
2. 증거능력이 없는 증거는 실제 소송에서는 증거로 채택되지 않아 증거조사가 진행되지 않지만, 이 문제에서는 시험의 편의상 증거로 채택되어 증거조사가 진행된 것을 전제하였음. 따라서 필요한 경우 증거능력에 대하여도 논할 것.
3. 검토의견서에서는 제2회 공판기일에 이루어진 재판장의 석명사항에 대한 쟁점도 반영하여 작성할 것.

【주의 사항】

1. 쪽 번호는 편의상 연속되는 번호를 붙였음.
2. 조서, 기타 서류에는 필요한 서명, 날인, 무인, 간인, 정정인이 있는 것으로 볼 것.
3. 증거목록, 공판기록 또는 증거기록 중 '생략'이라고 표시된 부분에는 법에 따른 절차가 진행되어 그에 따라 적절한 기재가 있는 것으로 볼 것.
4. 공판기록과 증거기록에 첨부하여야 할 일부 서류 중 '생략' 표시가 있는 것, '증인선서서'와 수사기관의 조서에 첨부하여야 할 '수사과정확인서'는 적법하게 존재하는 것으로 볼 것.
5. 송달이나 접수, 통지, 결재가 필요한 서류는 모두 적법한 절차를 거친 것으로 볼 것.

- 1 -

【검토의견서 양식】

검토의견서 (45점)

사 건   2015고합1223 특정경제범죄가중처벌등에관한법률위반(사기) 등
피고인   김갑동

I. 피고인 김갑동에 대하여
 1. 사문서위조, 위조사문서행사의 점
 2. 특정경제범죄가중처벌등에관한법률위반(사기)의 점
 3. 변호사법위반의 점
 4. 절도의 점
 5. 범인도피교사의 점
※ 평가제외사항 - 공소사실의 요지, 정상관계 (답안지에 기재하지 말 것)

2016. 1. 5.
담당변호사 김변호 ㊞

【변론요지서 양식】

변론요지서 (55점)

사 건   2015고합1223 특정경제범죄가중처벌등에관한법률위반(사기) 등
피고인   이을남

위 사건에 관하여 피고인 이을남의 변호인 변호사 이변론은 다음과 같이 변론합니다.

다 음

II. 피고인 이을남에 대하여
 1. 사문서위조, 위조사문서행사, 공전자기록등불실기재, 불실기재공전자기록등행사, 사기의 점
 2. 범인도피의 점
※ 평가제외사항 - 공소사실의 요지, 정상관계 (답안지에 기재하지 말 것)

2016. 1. 5.
피고인 이을남의 변호인 변호사 이변론 ㊞

서울중앙지방법원 제23형사부 귀중

---

[05] 양식에서 주어진 답안 목차 그대로 답안을 작성한다. 특히 정상관계 등 평가제외사항에 대해서는 답안에서 언급하지 않음은 물론 기록을 읽는 과정에서도 관련 내용을 가볍게 읽고 넘어가야 한다.

메모 작성시 양식의 목차와 공소장의 공소사실 기재 등을 참고하여 메모의 피고인과 죄명란을 기재한다.

[06] 본 문제에서는 검토의견서에서는 법률판단쟁점을 위주로, 변론요지서에서는 사실인정쟁점을 위주로 작성하도록 출제되었다.

기록내용 시작

				미결구금	
		구속만료			
서울중앙지방법원		최종만료			
구공판 **형사제1심소송기록**		대행갱신만료			

기일 1회기일	사건번호	2015고합1223	담임	제23부	주심	다
12/4 A10	사건명	가. 특정경제범죄가중처벌등에관한법률위반(사기) 나. 사문서위조 다. 위조사문서행사 라. 공전자기록등불실기재 마. 불실기재공전자기록등행사 바. 사기 사. 변호사법위반 아. 절도 자. 범인도피교사 차. 범인도피				
12/18 P3						
	검 사	성수연		2015형제151223호		
	피고인	1. 가.나.다.라.마.바.사.아.자. 김갑동 2. 가.나.다.라.마.바.차. 이을남				
	공소제기일	2015. 10. 16.				
	변호인	사선 법무법인 명변 담당변호사 김변호(피고인 김갑동) 사선 변호사 이변론(피고인 이을남)				

확 정	
보존종기	
종결구분	
보 존	

완결공람	담임	과장	국장	주심판사	재판장	원장

[07] 기록표지에서는 공소제기일 정도만 체크하면 충분하다. 추가적으로 왼쪽 상단에서 기일이 몇 번 열렸는지(시험에서는 2회가 일반적이다), 구속된 피고인이 있는지(구속된 피고인에 대해서는 피고인란에 '구속'이라는 박스표시가 붙는다) 등을 가볍게 확인할 수 있다.

[08] 체크할 내용이 없는 서면은 보지 않고 빠르게 넘기도록 한다.

접 수 공 람	과 장 ㉙	국 장 ㉙	원 장 ㉙

공 판 준 비 절 차

회 부 수명법관 지정	일자	수명법관 이름	재 판 장	비 고

법정외에서 지정하는 기일

기일의 종류	일 시	재판장	비 고
1회 공판기일	2015. 12. 4. 10:00	㉙	

- 5 -

서울중앙지방법원

목 록

문 서 명 칭	장 수	비 고
증거목록	7	검사
공소장	11	
변호인선임서	(생략)	피고인 김갑동
변호인선임서	(생략)	피고인 이을남
영수증(공소장부본 등)	(생략)	피고인 김갑동
영수증(공소장부본 등)	(생략)	피고인 이을남
영수증(공판기일통지서)	(생략)	변호사 김변호
영수증(공판기일통지서)	(생략)	변호사 이변론
국민참여재판 의사 확인서(불희망)	(생략)	피고인 김갑동
국민참여재판 의사 확인서(불희망)	(생략)	피고인 이을남
의견서	(생략)	피고인 김갑동
의견서	(생략)	피고인 이을남
공판조서(제1회)	15	
공판조서(제2회)	17	
증인신문조서	19	정고소
증인신문조서	20	한직원
증거신청서	21	변호사 이변론
통장사본	21	
증거신청서	22	변호사 김변호
약식명령등본	23	

[09] 가장 먼저 공소장변경허가신청서가 있는지 체크한다. 허가신청이 있는 경우 그 다음 기일의 공판조서를 펼쳐 법원의 허가여부를 체크하여야 하고, 허가된 경우라면 공소장변경허가신청서를 펼쳐 변경된 공소사실을 확인하여야 한다. 공소사실이 변경된 경우 기존 공소장의 공소사실이 아닌 변경된 공소사실대로 기록을 읽고 메모를 시작하여야 한다.

그 다음 제1회 공판기일과 제2회 공판기일 사이에 제출된 증거가 있는지 확인한다. 공판단계에서 제출되는 합의서 등은 쟁점을 검토함에 있어 중요한 증거가 된다. 추가로 공판기일은 몇 차례 열렸는지 신청된 증인은 몇 명인지 등을 확인할 수도 있다.

[10] 약식명령등본이 등장하는 순간 제326조 제1호 면소판결 사유 검트가 쟁점이 됨을 예상할 수 있다.

[11] 증거목록에서는 검찰단계와 경찰단계를 구별하여 표시한 후, 각 증거에 대한 증거의견란을 체크한다(증거의견란에 X 표시된 부분을 체크하는 정도로 충분하다). 아직 공소장을 읽지 아니한 단계에서는 각 증거가 어떤 공소사실에 관련된 것인지 알 수 없으므로 형식적인 부분만 체크하도록 한다.

[12] 고소장이 제출된 경우 그 고소인에 대한 진술조서는 항상 이어서 등장한다.

[13] 진술조서에 대해 증거부동의하는 경우에는 그 참고인을 증인으로 신청하게 된다. 당해 참고인이 증인으로 출석하여 공판정에서 그 진술조서에 대한 진정성립을 인정하는 경우에는 진술조서의 증거능력이 인정된다.

[14] 사경 작성 피고인 이을남에 대한 피의자신문조서에 대해 피고인 이을남이 내용부인하고 있다. 내용부인 취지로 증거부동의하는 것이 아니라 직접적으로 내용을 부인하고 있음에 주의를 요한다.

[15] 사경 작성 피고인 김갑동에 대한 피의자신문조서(제2회)에 대해 피고인 이을남이 내용부인 취지로 증거부동의하고 있다. 직접 내용부인한 이을남에 대한 피의자신문조서와 구별하여야 한다.

증 거 목 록 (증거서류 등)
2015고합1223

2015형제151223호

① 김갑동
② 이을남
신청인 : 검사

순번	증거방법 작성	쪽수(수)	쪽수(중)	증거명칭	성명	참조사항 등	신청기일	증거의견 기일	내용	증거결정 기일	내용	증거조사기일	비고
1	사경	26		고소장	정고소		1	1	① ○ ② ×				
2	〃	27		진술조서	정고소		1	1	① ○ ② ×				
3	〃	(생략)		부동산매매계약서 사본			1	1	① ○ ② ○				
4	〃	29		등기사항 전부증명서			1	1	① ○ ② ○				
5	〃	(생략)		소장사본	박갑수		1	1	① ○ ② ○				
6	〃	30		진술조서	박갑수		1	1	① ○ ② ○				
7	〃	31		소장사본	김갑동		1	1	① ○ ② ○				
8	〃	32		부동산매매계약서 사본		(생략)	1	1	① ○ ② ○	(생략)			
9	〃	33		피의자신문조서	김갑동		1	1	① ○ ② ○				
10	〃	35		피의자신문조서	이을남		1	1	② ○○○×				
11	〃	37		수사보고 (진술서 등 첨부)			1	1	① ○ ② ○				
12	〃	37		진술서	이을남		1	1	② ○				
13	〃	38		진술서	나부자		1	1	① ○ ② ○				
14	〃	38		자동차등록원부 등본			1	1	① ○ ② ○				
15	〃	(생략)		필적감정서			1	1	① ○ ② ○				
16	〃	39		피의자신문조서 (제2회)	김갑동		1	1	① ○ ② ×				

※ 증거의견 표시 - 피의자신문조서 : 인정 ○, 부인 ×
  (여러 개의 부호가 있는 경우, 적법성/성립/임의성/내용의 순서임)
  - 기타 증거서류 : 동의 ○, 부동의 ×
  - 진술이 특히 신빙할 수 있는 상태 하에서 행하여졌다는 점 부인 : "특신성 부인"(비고란 기재)
※ 증거결정 표시 : 채 ○, 부 ×
※ 증거조사 내용은 제시, 내용고지

증거목록 (증거서류 등)
2015고합1223

① 김갑동
② 이을남

2015형제151223호

신청인 : 검사

순번	증거방법					참조사항등	신청기일	증거의견		증거결정		증거조사기일	비고
	작성	쪽수(수)	쪽수(증)	증거명칭	성명			기일	내용	기일	내용		
17	사경	41		피의자신문조서(제2회)	이을남		1	1	② ○ ① ○				
18	〃	43		고소장	왕근심		1	1	① ○ ② ○				
19	〃	44		피의자신문조서(제3회)	김갑동		1	1	① ○ ② ×				
20	〃	(생략)		조회회보서	김갑동		1	1	① ○ ② ○				
21	〃	(생략)		조회회보서	이을남		1	1	① ○ ② ○				
22	검사	46		피의자신문조서(대질)	김갑동		1	1	① ○ ② ×				
					이을남		1	1	② ○ ① ○				
23	〃	(생략)		부동산감정서		(생략)	1	1	① ○ ② ○	(생략)			
24	〃	(생략)		수사보고			1	1	① ○ ② ○				
25	〃	(생략)		가족관계증명서			1	1	① ○ ② ○				
26	〃	(생략)		가족관계증명서			1	1	① ○ ② ○				
27	〃	(생략)		판결문			1	1	① ○ ② ○				
28	〃	(생략)		판결확정증명			1	1	① ○ ② ○				
29	〃	(생략)		제적등본			1	1	① ○ ② ○				

※ 증거의견 표시 - 피의자신문조서 : 인정 ○, 부인 ×
　　　　　　　　(여러 개의 부호가 있는 경우, 적법성/성립/임의성/내용의 순서임)
　　　　　　　- 기타 증거서류 : 동의 ○, 부동의 ×
　　　　　　　- 진술이 특히 신빙할 수 있는 상태 하에서 행하여졌다는 점 부인 : "특신성 부인"(비고란 기재)
※ 증거결정 표시 : 채 ○, 부 ×
※ 증거조사 내용은 게시, 내용고지

[16] 사경 작성 김갑동에 대한 피의자신문조서(제3회)에 대해서도 피고인 이을남이 내용부인 취지로 증거부동의하고 있다.

[17] 대질신문조서의 경우 그 신문의 대상인 피고인들이 자신의 진술부분과 상대방의 진술부분을 구별하여 각각 증거동의를 한다.
검사 작성 김갑동에 대한 피의자신문조서에 대해 피고인 이을남이 증거부동의하고 있으나, 김갑동이 그 조서의 진정성립을 인정하고 있고, 공판단계에서 김갑동에 대한 반대신문권도 보장되었으므로 그 조서의 증거능력은 인정된다(형사소송법 제312조 제4항).

[18] 서류에 대한 증거목록 다음에는 증인과 물건에 대한 증거목록이 등장한다. 아직 공소장을 읽지 아니한 단계에서는 각 증인이 어떤 공소사실에 관련된 것인지 알 수 없으므로 간단히 실시여부만 체크하도록 한다. 철회되었거나 미실시된 증인이 존재하는 경우 해당 내용은 증거조사기일란에 표시된다.

증거목록 (증인 등)

2015고합1223

① 김갑동
② 이을남

2015형제151223호   신청인 : 검사

증거방법	쪽수(공)	입증취지 등	신청기일	증거결정 기일	증거결정 내용	증거조사기일	비고
증인 정고소	19	공소사실 1항	1	1	○	2015. 12. 18. 15:00 (실시)	
증인 한직원	20	〃	1	1	○	〃	

※ 증거결정 표시 : 채 ○, 부 ×

- 9 -

[13] 검사가 제출한 증거목록 다음에 피의자측이 제출한 증거목록이 등장한다. 피의자측이 제출한 증거는 쟁점 검토에 있어서 중요한 증거가 됨이 일반적이다.

증거목록 (증거서류 등)
2015고합1223

2015형제151223호

① 김갑동
② 이을남

신청인: 피고인 및 변호인

순번	증거방법					참조사항 등	신청기일	증거의견		증거결정		증거조사기일	비고
	작성	쪽수(수)	쪽수(공)	증거명칭	성명			기일	내용	기일	내용		
1			21	통장사본			2	2	○				②신청
2			23	약식명령등본			2	2	○				①신청
						(생략)				(생략)			

※ 증거의견 표시 - 피의자신문조서 : 인정 ○, 부인 ×
  (여러 개의 부호가 있는 경우, 적법성/성립/임의성/내용의 순서임)
  - 기타 증거서류 : 동의 ○, 부동의 ×
  - 진술이 특히 신빙할 수 있는 상태 하에서 행하여졌다는 점 부인 : "특신성 부인"(비고란 기재)
※ 증거결정 표시 - 채 ○, 부 ×
※ 증거조사 내용은 제시, 내용고지

- 10 -

[20] 공소장은 공판조서와 함께 기록의 핵심이다.
공소장에서 Ⅰ. 피고인 관련사항과 Ⅲ. 첨부서류는 보지 않아도 무방하고, Ⅱ. 공소사실을 꼼꼼하게 읽도록 한다.

[21] Ⅰ. 피고인 관련사항에서는 적용법조에서 공범관계나 죄수와 관련된 규정을 추가적으로 확인할 수 있다.
형법 제30조를 통해 피고인 김갑동과 이을남이 공동정범 관계에 있음을 알 수 있고, 형법 제37조·제38조를 통해 김갑동이 범한 범죄들을 검사가 실체적 경합관계에 있다고 판단하여 기소하였음을 알 수 있다.
문제에서 죄수관계 등이 쟁점으로 등장하는 경우에는 적용법조 부분을 체크할 필요가 있다.

서울중앙지방검찰청

2015. 10. 16.

사건번호 2015년 형제151223호
수 신 자 서울중앙지방법원   발 신 자
                              검 사   성수연 성수연 (인)

제   목 공소장
        아래와 같이 공소를 제기합니다.

Ⅰ. 피고인 관련사항
 1. 피 고 인 김갑동 (70****-1******), 45세
              직업 부동산중개업, 010-****-****
              주거 서울 서초구 법원로2길 1, 3동 101호(서초동, 무지개아파트)
              등록기준지 대구 북구 산격동 500
   죄   명 특정경제범죄가중처벌등에관한법률위반(사기), 사문서위조, 위조사문서행사, 공전자기록등불실기재, 불실기재공전자기록등행사, 사기, 변호사법위반, 절도, 범인도피교사
   적용법조 특정경제범죄 가중처벌 등에 관한 법률 제3조 제1항 제2호, 형법 제347조 제1항, 제231조, 제234조, 제228조 제1항, 제229조, 제329조, 제151조 제1항, 변호사법 제111조 제1항, 제116조, 형법 제30조, 제31조 제1항, 제37조, 제38조.
   구속여부 불구속
   변 호 인 법무법인 명변, 담당변호사 김변호

 2. 피 고 인 이을남 (74****-1******), 41세
              직업 무직, 010-****-****
              주거 서울 중구 남대문시장8길 222
              등록기준지 서울 도봉구 쌍문동 88
   죄   명 특정경제범죄가중처벌등에관한법률위반(사기), 사문서위조, 위조사문서행사, 공전자기록등불실기재, 불실기재공전자기록등행사, 사기, 범인도피

- 11 -

적용법조   특정경제범죄 가중처벌 등에 관한 법률 제3조 제1항 제2호, 형법
          제347조 제1항, 제231조, 제234조, 제228조 제1항, 제229조, 제151조
          제1항, 제30조, 제37조, 제38조.
구속여부   불구속
변 호 인   변호사 이변론

II. 공소사실

1. 피고인들의 공동범행

가. 사문서위조, 위조사문서행사

피고인들은 사실은 망 박병서(2014. 3. 1. 사망)의 생전에 그로부터 박병서 소유의 과천시 중앙동 100 대지 2,015㎡(이하 '이 사건 대지'라 한다)를 매수한 사실이 없음에도 불구하고 이 사건 대지의 소유권을 취득하기 위해 박병서 명의의 문서를 위조·행사하기로 공모하여, 2014. 5. 7. 19:00경 서울 종로구 종로5길 15에 있는 피고인 김갑동 운영의 갑동부동산 사무실에서 행사할 목적으로 권한 없이 '2014. 2. 25. 박병서가 김갑동에게 이 사건 대지를 매도한다'는 취지의 매매계약서를 작성하고 말미에 박병서의 서명·날인을 함으로써 권리의무에 관한 사문서인 박병서 명의의 부동산매매계약서 1장을 위조하고, 2014. 5. 8. 서울중앙지방법원에서 그 위조사실을 모르는 법원공무원에게 원고 김갑동, 피고 박병서로 하는 위 대지에 대한 소유권이전등기를 청구하는 소장을 제출하면서 위와 같이 위조한 부동산매매계약서를 첨부, 제출함으로써 이를 행사하였다.

나. 특정경제범죄가중처벌등에관한법률위반(사기)

피고인들은 공모하여, 피고인 김갑동은 2014. 5. 8. 서울중앙지방법원에서 위와 같이 위조한 박병서 명의의 부동산매매계약서를 첨부한 소장을 제출하면서 피고 박병서의 주소에 피고인 이을남의 주소를 기재하고, 피고인 이을남은 마치 자신이 박병서인 것처럼 자신의 집으로 소장 부본을 송달받는 방법으로 법원을 기망하여 2014. 8. 13. 이에 속은 법원 담당재판부로부터 피고인 김갑동 앞으로 이 사건 대지에 대한 소유권이전등기를 명하는 승소 판결을 받았다.

이로써 피고인들은 공모하여 피해자 박갑수 소유의 이 사건 대지 시가 5억 원 상당을 편취하였다.

---

[22] 공소사실은 주체·일시·장소·목적(대상)·행위 및 결과 등을 중심으로 꼼꼼하게 읽으면서 메모하도록 한다.
공소사실만으로 쟁점이나 그에 대한 결론을 알 수 있는 경우에는 해당 내용을 바로 메모하도록 한다.

[23] 피고인들의 소제기일자와 망 박병서의 사망일자를 체크하여야 한다. 공소사실 기재만으로 사자 명의의 문서위조 쟁점과 사자를 상대로 한 소송사기 쟁점과 결론을 확인할 수 있다.

[24] 사기 등 재산범죄에서 편취 금액 등은 습관적으로 체크하도록 한다. 그 금액에 따라 적용되는 법률이 달라질 수 있다.

다. 공전자기록등불실기재, 불실기재공전자기록등행사

피고인들은 공모하여, 피고인 이을남은 2014. 8. 18. 위와 같이 받은 승소판결을 마치 피고 박병서인 것처럼 송달받아 피고인 김갑동에게 전달하고, 피고인 김갑동은 2014. 9. 15. 수원지방법원 안양지원 과천등기소에서, 사실은 피고인 김갑동이 망 박병서로부터 이 사건 대지를 매수한 사실이 없음에도 불구하고 마치 매수한 것처럼 법원을 기망하여 받은 승소확정판결에 기하여 소유권이전등기 신청서류를 작성, 제출한 다음 그 사정을 모르는 등기공무원이 이 사건 대지의 소유권이전등기를 마치는 전산입력을 하도록 함으로써 공무원에게 허위신고를 하여 공전자기록에 불실의 사실을 기록하게 하고, 즉석에서 그 공전자기록을 비치하게 하여 이를 행사하였다.

라. 사기

피고인들은 이 사건 대지를 다른 사람에게 처분하여 매매대금을 편취하기로 공모하여, 피고인 이을남은 2014. 9. 20. 위 갑동부동산 사무실에서 친구인 피해자 정고소에게 이 사건 대지를 시세보다 저렴하게 매수할 수 있다며 피고인 김갑동을 소개해 주고, 피고인 김갑동은 피해자에게 마치 이 사건 대지를 박병서로부터 정상적으로 매수하여 소유권을 취득한 것처럼 거짓말하여 이에 속은 피해자로부터 즉석에서 계약금 4,000만 원을, 2014. 9. 24. 중도금 1억 6,000만 원을, 2014. 9. 30. 잔금 2억 원을 각각 교부받아 피해자로부터 매매대금 명목으로 합계 4억 원을 편취하였다.

2. 피고인 김갑동

가. 변호사법위반

피고인은 2013. 5. 7. 14:00경 서울 양천구 목동동로 135에 있는 목동빌라 302호 왕근심의 집에서 왕근심의 아들이 사기 혐의로 검찰수사를 받고 있다는 사실을 알게 되자 피고인이 마치 담당검사에게 청탁하여 선처할 수 있는 것처럼 말하고 왕근심으로부터 청탁에 필요한 돈으로 현금 500만 원을 교부받았다.

이로써 피고인은 공무원이 취급하는 사건에 관하여 청탁을 한다는 명목으로 금품을 받았다.

---

[25] 답안 목차에 등장하지 아니하는 공소사실에 대해서는 메모를 하지 아니하고, 기록 역시 해당부분은 가볍게 읽도록 한다.
피고인 이을남에 대해서는 공동범행 전체에 대한 공모여부 등이 문제될 뿐이므로 관련 쟁점과 관계된 내용 위주로 기록을 확인하고 메모하도록 한다.

[26] 공소사실 기재만으로 변호사법위반죄와 상상적 경합관계에 있는 사기죄 역시 문제될 수 있음을 알 수 있다. 뒤에 등장하는 사기죄에 대한 약식명령등본으로 면소판결 쟁점이 문제됨을 확인할 수 있다.

나. 절도

피고인은 2015. 3. 1. 22:20경 서울 종로구 종로5길 16에 있는 반줄커피숍 앞에서, 별거 중인 피고인의 처인 피해자 나부자 소유의 01다2323호 포르쉐 승용차(시가 1억 3,000만원 상당)에 차열쇠가 꽂힌 채 주차된 것을 발견하고 몰래 운전하여 가 이를 절취하였다.

[27] 별거 중이나 아직 법률상 배우자인 처의 자동차를 절취하였으므로 친족상도례가 적용되는 사안임을 알 수 있다.

다. 범인도피교사

피고인은 2015. 3. 1. 23:00경 서울 서초구 법원로2길 1, 3동 101호에 있는 피고인의 집에서, 위와 같이 포르쉐 승용차를 절취한 사실을 은폐하고자 이을남에게 전화하여 그가 승용차를 절취하였다고 자수해 달라고 말하여 허위자백할 것을 마음먹게 하였다. 그리하여 이을남은 2015. 3. 2. 09:00경 서울서초경찰서에 자수하여 자신이 위 포르쉐 승용차를 절취하였다는 취지로 허위로 진술하였다.

이로써 피고인은 이을남으로 하여금 벌금 이상의 형에 해당하는 죄를 범한 자를 도피하게 하도록 교사하였다.

[23] 피고인 김갑동의 절도죄에 대하여 친족상도례가 적용되는 이상 김갑동은 형법 제151조 제1항에서 정하는 '죄를 범한 자'에 해당하지 아니한다. 따라서 피고인 이을남에 대해서는 범인도피죄가 성립하지 아니하고, 이를 교사한 피고인 김갑동에 대해서도 범인도피교사죄가 성립하지 아니한다.

3. 피고인 이을남

피고인은 2015. 3. 2. 09:00경 서울서초경찰서에서 사실은 김갑동이 위와 같이 나부자 소유의 포르쉐 승용차를 절취하였음에도 불구하고 마치 피고인이 절취한 것처럼 경찰서에 자수하여 허위로 진술함으로써 벌금 이상의 형에 해당하는 죄를 범한 김갑동을 도피하게 하였다.

Ⅲ. 첨부서류

1. 변호인선임서 2통 (생략)

[29] 공판조서는 공소장과 함께 기록의 핵심이다. 다만 제1회 공판조서의 첫 페이지는 읽지 않고 넘어가도 무방하다.

서울중앙지방법원

공 판 조 서

제 1 회

사　　　건	2015고합1223 특정경제범죄가중처벌등에관한법률위반(사기) 등
재판장 판사	최진훈　　　　　기　　일: 2015. 12. 4. 10:00
판사	김정환　　　　　장　　소: 제425호 법정
판사	류동영　　　　　공개 여부: 공개
법원사무관	도혜광　　　　　고 지 된
	다음기일: 2015. 12. 18. 15:00

피 고 인　　1. 김갑동　2. 이을남　　　　　　　　　　각 출석
검　　사　　석보라　　　　　　　　　　　　　　　　출석
변 호 인　　법무법인 명변 담당변호사 김변호 (피고인 1을 위하여)　출석
　　　　　　변호사 이변론 (피고인 2를 위하여)　　　　　　　출석

재판장
　　피고인들은 진술을 하지 아니하거나 각개의 물음에 대하여 진술을 거부할
　　수 있고, 이익되는 사실을 진술할 수 있음을 고지
재판장의 인정신문
　　성　　　명: 1. 김갑동　　2. 이을남
　　주민등록번호: 각 공소장 기재와 같음
　　직　　　업:　　　　〃
　　주　　　거:　　　　〃
　　등록기준지:　　　　〃
재판장
　　피고인들에 대하여
　　주소가 변경될 경우에는 이를 법원에 보고할 것을 명하고, 소재가 확인되지
　　않을 때에는 피고인들의 진술 없이 재판할 경우가 있음을 경고
검　사
　　공소장에 의하여 공소사실, 죄명, 적용법조 낭독

- 15 -

피고인 김갑동
　　공소사실 모두 인정하나 1항은 이을남이 주도하였다고 진술
피고인 이을남
　　매매계약서가 위조된 줄 몰랐고, 김갑동이 박병서의 과천시 대지를 실제로 매수한 것으로 믿고 김갑동과 정고소를 도와준 것이며, 공소사실 3항은 인정한다고 진술
피고인 김갑동의 변호인 변호사 김변호
　　피고인 김갑동을 위하여 유리한 변론을 함. (변론기재는 생략).
피고인 이을남의 변호인 변호사 이변론
　　피고인 이을남을 위하여 유리한 변론을 함. (변론기재는 생략).
재판장
　　증거조사를 하겠다고 고지
증거관계 별지와 같음(검사, 변호인)
재판장
　　각 증거조사 결과에 대하여 의견을 묻고 권리를 보호하는 데에 필요한 증거조사를 신청할 수 있음을 고지
소송관계인
　　별 의견 없다고 각각 진술
재판장
　　변론 속행

2015. 12. 4.

법 원 사 무 관　　　도혜광 ㊞

재판장　판 사　　　최진훈 ㊞

---

[30] 제1회 공판기일에서의 피고인의 공소사실에 대한 인부진술은 기록에서 가장 중요한 부분이다. 피고인의 공소사실 인정여부와 부인 또는 일부부인하는 경우 그 취지까지 함께 메모하도록 한다. 피고인의 공소사실 부인취지는 사실인정 쟁점에 대한 답안 기재시 '피고인 변소의 요지' 부분에 그대로 기재하여도 무방하다.

피고인이 인정하는 공소사실에 대해서는 법률판단 쟁점이 주로 문제되고, 부인하는 공소사실에 대해서는 사실인정 쟁점이 주로 문제된다.

[31] 실제 소송에서는 피고인이 인부진술을 한 후 피고인의 변호인이 다시 인부진술을 함이 원칙이다. 그러나 최근 변호사시험에서는 변호인의 진술부분이 생략되고 있다.

서울중앙지방법원
공 판 조 서

제 2 회

사　　　　건	2015고합1223 특정경제범죄가중처벌등에관한법률위반(사기) 등
재판장 판사	최진훈　　　　　　　　기　일 : 2015. 12. 18. 15:00
판사	김정환　　　　　　　　장　소 : 제425호 법정
판사	류동영　　　　　　　　공개 여부 : 공개
법원사무관	도혜광
	고 지 된
	다음기일 : 2016. 1. 8. 15:00

피 고 인	1. 김갑동　2. 이을남	각 출석
검　　사	석보라	출석
변 호 인	법무법인 명변 담당변호사 김변호 (피고인 1을 위하여)	출석
	변호사 이변론 (피고인 2를 위하여)	출석
증　　인	정고소, 한직원	각 출석

재판장
　　전회 공판심리에 관한 주요 사항의 요지를 공판조서에 의하여 고지
소송관계인
　　변경할 점이나 이의할 점이 없다고 진술
재판장
　　출석한 증인 정고소, 한직원을 별지와 같이 신문하다.
증거관계 별지와 같음(검사, 변호인)
재판장
　　각 증거조사 결과에 대하여 의견을 묻고 권리를 보호하는 데에 필요한 증거
　　조사를 신청할 수 있음을 고지
소송관계인
　　별 의견 없으며, 달리 신청할 증거도 없다고 각각 진술
재판장
　　증거조사를 마치고 피고인신문을 하겠다고 고지
검　사
　　(검찰 피의자신문조서와 동일한 내용으로 피고인 김갑동 신문. 신문사항 생략)
피고인 김갑동의 변호인 변호사 김변호

[32] 제2회 공판조서에서는 가장 먼저 피고인이 기존에 진술한 내용 등을 변경하였거나 기존에 진행된 절차에 대해 이의를 제기하였는지 여부를 체크한다. 예컨대 피고인이 제1회 공판기일에서 부인한 공소사실에 대해 번의하여 인정하는 경우 제2회 공판조서 첫 부분에 해당 내용이 등장한다.

(피고인 김갑동에게 유리한 사항 신문. 신문사항 생략)
피고인 이을남의 변호인 변호사 이변론
피고인 김갑동에게
문 피고인은 과천시 대지를 이전받아 정고소에게 처분할 때 형편이 어떠했나요.
답 부동산 경기가 안 좋아 제 상가 세입자들이 갑자기 전출하고 새로운 세입자가 없어서 2억 정도 보증금을 급히 반환해주어야 했습니다.
문 피고인은 사망한 박병서와 평소 친분관계가 어떠하였나요.
답 제가 예전에 여러 건 중개를 해 준 적 있어서 친했습니다. 재산이 많은 노인이라 생각했는데 자식 이야기를 물어보면 대답이 없고 사망 후에 장례를 치러 주는 사람도 없어서 친인척 없는 독거노인으로 알았습니다.
문 독거노인이 죽자 무연고 재산을 가로채려고 피고인 주도로 범행한 것 아닌가요
답 그렇다면 제가 이을남에게 큰 돈을 줄 이유가 없겠지요.
문 피고인은 이을남에게 5,000만 원을 준 증거가 있는가요.
답 오늘 증인으로 나온 한직원 말을 들어보아도 명백합니다.
검 사
(검찰 피의자신문조서와 동일한 내용으로 피고인 이을남 신문. 신문사항 생략)
피고인 이을남의 변호인 변호사 이변론
(피고인 이을남에게 유리한 사항 신문. 신문사항 생략)
피고인 김갑동의 변호인 변호사 김변호
피고인 이을남에게
문 피고인이 박병서 행세를 하면서 소장부본과 승소판결문을 송달받아 주었기 때문에 김갑동 앞으로 과천시 대지를 소유권이전등기할 수 있었던 것 아닌가요.
답 예. 하지만 김갑동을 너무 믿었던 것이 제 잘못입니다.
재판장
피고인신문을 마쳤음을 고지
검사에게
피고인 김갑동의 절도와 관련하여 포르쉐 승용차는 김갑동 명의로 등록되어 있는데 절도죄가 성립할 수 있는지 검토할 것을 명
재판장
변론 속행 (변론 준비를 위한 검사, 변호인들의 요청으로)

2015. 12. 18.

법 원 사 무 관   도혜광 ㊞
재판장 판 사   최진훈 ㊞

[33] 피고인신문은 대부분 쟁점과 직접 관련된 중요한 내용이므로 꼼꼼하게 읽어야 한다.

[34] 재판장의 석명사항은 쟁점에 대한 직접적인 힌트이므로 꼼꼼하게 읽어야 한다.
공소사실 기재만으로는 파악할 수 없었던 쟁점을 재판장의 석명사항을 통해 가르쳐주고 있다.

[35] 증인신문조서는 공판조서와 별개의 조서가 아니라, 공판조서의 일부에 불과하다.
증인신문조서에 등장하는 사실관계는 쟁점과 관련하여 중요한 내용이므로 꼼꼼하게 읽어야 한다.

[36] 정고소가 작성한 고소장과 정고소에 대한 진술조서에 대한 진정성립 인정 진술이다. 원진술자가 진정성립을 인정하는 이상 증거능력이 인정되므로 답안에서 그 증거능력에 대해 따로 언급할 필요는 없다.

[37] 피고인 이을남이 부인하는 공소사실에 대한 증거로서 피고인 아닌 자의 진술이 피고인 아닌 타인의 진술을 내용으로 하는 전문진술에 해당한다. 원진술자인 김갑동이 이 사건 법정에 출석하고 있는 이상 증거능력이 부정된다(제316조 제2항). 답안 기재시 진술조서 전체가 아닌, 전문진술 부분만을 특정하여 증거능력을 부정하여야 한다.

[38] 피고인 이을남이 부인하는 공소사실에 대한 증거로서 피고인 아닌 자의 진술이 피고인의 진술을 내용으로 하는 전문진술에 해당한다. 이는 특신상태 요건을 갖추었음을 전제로 증거능력이 인정되는바, 특신상태에 대한 별도의 증명이 없으므로 증거능력이 부정된다는 판단이 가능하다.

서울중앙지방법원
증인신문조서 (제2회 공판조서의 일부)

사　건　　2015고합1223 특정경제범죄가중처벌등에관한법률위반(사기) 등
증　인　이　름　　정고소
　　　　생년월일 및 주거 (생략)

재판장
　　증인에게 형사소송법 제148조 또는 제149조에 해당하는가의 여부를 물어 증인이 이에 해당하지 아니함을 인정하고, 위증의 벌을 경고한 후 별지 선서서와 같이 선서를 하게 하였다. 다음에 신문할 증인은 재정하지 아니하였다.

검사
문　(증거목록 순번 1, 2를 제시, 열람케 하고) 증인은 수사기관에서 사실대로 진술하고 진술한 대로 기재되어 있음을 확인한 다음 서명, 날인하였는가요.
답　예. 그렇습니다.
문　증인은 박갑수로부터 소송을 당한 후 김갑동에게 매매대금을 돌려달라고 따지면서 어떤 말을 들었는가요.
답　김갑동이 이미 돈을 다 써버렸고 그 중 5,000만 원은 이을남에게 나누어주었다고 하였습니다.
문　이을남에게도 확인하였나요.
답　예. 이을남도 돈을 받아 여자친구에게 주었다고 하였습니다.
문　그 때 이을남이 5,000만 원을 받았다고 하였나요.
답　얼마를 받았다고 했는지는 잘 기억나지 않지만, 올봄에 이을남이 김갑동으로부터 받은 돈이 있는데, 그 돈을 여자친구에게 주었다고 한 것은 기억납니다.

2015. 12. 18.

법 원 사 무 관　　도혜광 ㊞
재판장 판 사　　최진훈 ㊞

서울중앙지방법원
증인신문조서 (제2회 공판조서의 일부)

사 건   2015고합1223 특정경제범죄가중처벌등에관한법률위반(사기) 등
증 인   이 름   한직원
         생년월일 및 주거 (생략)

재판장
　증인에게 형사소송법 제148조 또는 제149조에 해당하는가의 여부를 물어 증인이 이에 해당하지 아니함을 인정하고, 위증의 벌을 경고한 후 별지 선서서와 같이 선서를 하게 하였다.

검사
문　증인은 피고인 김갑동과 어떤 사이인가요.
답　피고인 김갑동이 운영하는 갑동부동산의 중개보조원으로 근무하고 있습니다.
문　증인은 피고인 이을남을 아는가요.
답　예. 김갑동의 먼 친척 동생인데 사무실에 자주 찾아와서 압니다.
문　증인은 김갑동이 이을남에게 돈을 주는 것을 목격한 적이 있는가요.
답　예. 5,000만 원을 주는 것을 보았습니다.
문　어떤 방법으로 주었나요.
답　김갑동이 매매대금 수령 후 이을남에게 1,000만 원을 송금하라고 해서 제가 김갑동 계좌에서 이을남 계좌로 스마트뱅킹으로 송금했고, 김갑동이 사무실을 찾아온 이을남에게 현금으로 4,000만 원을 줬습니다.

피고인 이을남의 변호인 변호사 이변론
문　현금 4,000만 원을 어떻게 주었나요.
답　편지봉투 크기의 돈봉투 여러 개에 나누어 담아 주는 것을 보았습니다.

2015. 12. 18.

법 원 사 무 관　도혜광 ㊞
재판장 판 사　최진훈 ㊞

[39] 한직원의 진술은 피고인 이을남에게 불리한 내용으로서 신빙성 탄핵의 대상이 된다.

[40] 한직원이 김갑동의 피고용자로서 객관적 지위의 증인이 아니라는 점은 한직원 진술의 신빙성을 탄핵할 수 있는 근거가 된다.

[41] 별다른 이유없이 현금 5천만 원 중 1천만 원만을 계좌이체하고 나머지를 현금으로 교부하였다는 점과 현금으로 교부한 4천만 원을 여러 개의 돈봉투에 나누어 담아 주었다는 점은 한직원 진술의 신빙성을 탄핵할 수 있는 근거가 된다.

[42] 증거신청서가 제출된 경우 제출일자 등만 확인한 후 바로 첨부된 증거의 내용을 확인한다.

증 거 신 청 서

사 건 2015고합1223 특정경제범죄가중처벌등에관한법률위반(사기) 등
피고인 이을남

위 사건에 관하여 피고인 이을남의 변호인은 피고인의 이익을 위하여 다음 증거서류를 증거로 신청합니다.

다 음

1. 통장사본 1부. 끝.

2015. 12. 18.

피고인 이을남의 변호인
변호사 이변론 ㊞

서울중앙지방법원 제23형사부 귀중

---

[43] 김갑동으로부터 실제 1천만 원을 송금받았음을 확인할 수 있으나, 그 송금일자가 매수대금 잔금 수령일인 2014. 9. 30.로부터 약 5개월이나 경과한 2015. 3. 2.라는 사실 역시 확인할 수 있다. 김갑동으로부터 위 1천만 원을 송금받은 당일 바로 이을남이 여친 병원비 명목으로 그대로 출금한 사실 역시 확인할 수 있다.
피고인에게 불리한 진술의 신빙성을 탄핵할 수 있는 근거가 되는 내용 또는 피고인의 변소가 타당함을 뒷받침할 수 있는 내용들은 꼭 답안에 기재하도록 한다.

보통예금통장

예금주	이을남		개설은행	국민은행 광화문지점
계좌번호	987-04-******		개설일자	2013-11-07
거래일시	출금	입금	잔액	비고
2014-09-20	50,000		2,100,000	ATM
2014-10-01		5,000,000	7,100,000	창구입금-이을남
2014-11-08	2,000,000		5,100,000	ATM
2014-12-10	1,000,000		4,100,000	BC카드
2015-01-10	100,000		4,000,000	SK텔레콤
2015-01-10	700,000		3,300,000	국민카드
2015-02-10	400,000		2,900,000	BC카드
2015-02-10	100,000		2,800,000	SK텔레콤
2015-03-01	500,000		2,300,000	ATM
2015-03-02		10,000,000	12,300,000	스마트뱅킹이체-김갑동
2015-03-02	10,000,000		2,300,000	여친병원비
2015-03-10	100,000		2,200,000	SK텔레콤
(이하 생략)				

원본과 상이함이 없음을 확인합니다. 변호사 이변론 ㊞

증 거 신 청 서

사　건　2015고합1223 특정경제범죄가중처벌등에관한법률위반(사기) 등
피고인　김갑동

위 사건에 관하여 피고인 김갑동의 변호인은 피고인의 이익을 위하여 다음 증거서류를 증거로 신청합니다.

다　음

1. 약식명령등본 1부. 끝.

2015. 12. 18.

피고인 김갑동의 변호인
변호사　김변호 ㊞

서울중앙지방법원 제23형사부 귀중

[44] 증거신청서가 제출된 경우 제출일자 등만 확인한 후 바로 첨부된 증거의 내용을 확인한다.

[45] 확정된 약식명령 또는 판결문 등본에서는 가장 먼저 발령일(선고일)과 확정일을 체크한다(확정일은 일반적으로 우측 상단에 위치한다). 확정일이 등본에 표시되어 있지 아니한 경우에는 수사보고서 등을 통하여 확정사실과 확정일자를 별도로 확인하여야 한다.

서울남부지방법원
약식명령

사 건   2015고약2127   사기
피고인   김갑동
         (인적사항 생략)

> 2015. 12. 15. 확정
> 서울남부지방검찰청
> 검찰주사 이화정 ㊞

주형과   피고인을 벌금 2,000,000(이백만)원에 처한다.
부수처분 피고인이 위 벌금을 납입하지 않는 경우 금 100,000원을 1일로 환산한 기간 위 피고인을 노역장에 유치한다.
         피고인에 대하여 위 벌금에 상당한 금액의 가납을 명한다.

범죄사실   별지 기재와 같다.

적용법령   형법 제347조 제1항, 형사소송법 제334조 제1항

검사 또는 피고인은 이 명령등본을 송달받은 날로부터 7일 이내에 정식재판을 청구할 수 있습니다.

                              2015. 10. 30.

                          판 사   김 정 봉

> 등본임.
> 2015. 12. 17.
> 서울남부지방검찰청
> 검찰주사 박주환 ㊞

(별지)

범 죄 사 실

피고인은 2013. 5. 7. 14:00경 서울 양천구 목동동로 135 목동빌라 302호 장봉구의 집에서, 아들 장사기가 서울남부지방검찰청에서 사기 혐의로 수사를 받고 있다는 사실을 알게 되자 사실은 피고인이 아는 검사도 없고 담당검사에게 청탁하여 선처를 요구할 의사나 능력이 없음에도 불구하고 장봉구의 처 피해자 왕근심에게 마치 피고인이 담당검사에게 청탁하여 장사기를 선처할 수 있는 것처럼 말하여 이에 속은 피해자로부터 현금 500만 원을 교부받아 이를 편취하였다.

- 23 -

[46] 확정된 약식명령의 기판력이 해당 공소사실에 미치는지 여부를 확인하기 위해서는 확정된 약식명령의 범죄사실과 해당 공소사실의 동일성이 인정되어야 한다. 이를 답안에서 검토할 경우 양 사실의 주체·일시·장소·목적(대상)·행위 및 결과 등을 구체적으로 비교하여야 한다.

제 1 책
제 1 권

서울중앙지방법원
증거서류등(검사)

사건번호	2015고합1223	담임	제23형사부	주심	다
	20 노		부		
	20 도		부		

사건명	가. 특정경제범죄가중처벌등에관한법률위반(사기) 나. 사문서위조 다. 위조사문서행사 라. 공전자기록등불실기재 마. 불실기재공전자기록등행사 바. 사기 사. 변호사법위반 아. 절도 자. 범인도피교사 차. 범인도피
검 사	성수연　　　　2015년 형제151223호
피고인	1. 가.나.다.라.마.바.사.아.자.　**김갑동** 2. 가.나.다.라.마.바.차.　　　**이을남**
공소제기일	2015. 10. 16.
1심 선고	20 . . .	항소	20 . . .
2심 선고	20 . . .	상고	20 . . .
확 정	20 . . .	보존	

- 24 -

[47] 수사기록표지 등은 읽지 않고 넘어가도 무방하다.
수사기록은 앞에서 읽었던 공판기록의 내용과 중복되는 부분은 간단히 확인만 하고, 새로운 내용이나 고순되는 내용 위주로 읽어야 한다.

					제 1 책
					제 1 권

구공판

서울중앙지방검찰청
증 거 기 록

검 찰	사건번호	2015년 형제151223호	법원	사건번호	2015년 고합1223호
	검 사	성수연		판 사	

피 고 인	1. 가.나.다.라.마.바.사.아.자. **김갑동** 2. 가.나.다.라.마.바.차. **이을남**

죄 명	가. 특정경제범죄가중처벌등에관한법률위반(사기) 나. 사문서위조 다. 위조사문서행사 라. 공전자기록등불실기재 마. 불실기재공전자기록등행사 바. 사기 사. 변호사법위반 아. 절도 자. 범인도피교사 차. 범인도피

공소제기일	2015. 10. 16.		
구 속	각 불구속	석 방	
변 호 인			
증 거 물	없음		
비 고			

고 소 장

서울서초경찰서 접수인(1234호)(2014.10.27.)

고 소 인   정고소
            (인적사항 생략)
피고소인   김갑동, 이을남
            (인적사항 생략)
죄   명   사기

피고소인 김갑동은 서울 종로구 종로5길 15에서 '갑동부동산'을 운영하는 부동산 중개업자이고 피고소인 이을남은 고소인을 김갑동에게 소개시켜 준 사람입니다.

고소인은 좋은 부동산 투자처를 찾고 있던 중 친구인 이을남으로부터 "과천시에 외사촌 형 김갑동이 소유한 좋은 땅이 있는데 급전이 필요하여 시세보다 저렴하게 내놓으려고 하니 빨리 계약해라"라는 소개를 받게 되었습니다. 이에 고소인은 2014. 9. 20. 김갑동, 이을남이 있는 가운데, 김갑동으로부터 매매대금 4억 원에 과천시 중앙동 100 대지를 매수하는 부동산매매계약을 체결하고 즉석에서 계약금 4,000만 원, 2014. 9. 24. 중도금 1억 6,000만 원, 2014. 9. 30. 잔금 2억 원을 지급하고 소유권이전등기를 받았습니다.

그런데 최근 박갑수란 사람이 저에게 소유권이전등기말소를 구하는 소를 제기하여 사정을 알아보니, 이 대지는 원래 박갑수의 아버지 박병서 소유였던 것으로 박병서가 사망한 후 박갑수가 상속받은 것인데 김갑동 앞으로 잘못 소유권이전등기가 된 것이라고 합니다.

피고소인들은 정상적으로 소유권을 취득하지도 않은 부동산을 마치 아무런 문제가 없는 것처럼 고소인을 속여 매매대금 4억 원을 받아갔으니 이를 편취한 것입니다. 증거자료는 조사시 제출 예정이니 피고소인들을 조사하여 엄벌해주시기 바랍니다.

2014. 10. 27.
고소인 정 고 소 ㊞

서울서초경찰서장 귀중

[48] 고소인과 피고소인, 고소죄명 등을 간단히 체크한다. 구체적인 범죄사실에 대해서는 고소인에 대한 진술조서에 더 자세히 기재되어 있으므로 고소장은 가볍게 읽도록 한다.

[49] 피해자에 대한 진술조서에서는 사실인정 쟁점 관련 범죄경위 등과 마지막에 등장하는 피고인에 대한 처벌의사 존부를 체크한다.

진 술 조 서

성　　　명 : 정고소
주민등록번호, 직업, 주거, 등록기준지, 직장주소, 연락처는 각각 (생략)

　　위의 사람은 피의자 김갑동 등에 대한 사기 피의사건에 관하여 2014. 11. 3. 서울서초경찰서 수사과 사무실에 임의 출석하여 다음과 같이 진술하다.

[피의자와의 관계, 피의사실과의 관계 등(생략)]

문　진술인이 피의자들을 상대로 고소한 취지는 무엇인가요.
답　피의자들이 저에게 과천시 중앙동 100 대지를 매도하고 총 4억 원을 받아갔는데 원래 소유인 박갑수로부터 소유권이전등기말소청구소송을 당하여 대지를 뺏기게 될 상황입니다. 피의자들이 타인 소유의 부동산을 팔고 매매대금을 편취하였다는 것입니다.

문　피의자가 매매대금을 지급한 경위가 구체적으로 어떻게 되는가요.
답　저는 2014. 9.초순경 토지수용보상금으로 4억 원 정도를 받게 되어 좋은 투자처를 찾고 있었습니다. 그러던 중 한동안 연락이 없던 고향친구 이을남을 만나게 되어 제 사정을 이야기했더니 이을남이 저에게 "과천시에 외사촌 형 김갑동이 소유한 좋은 땅이 있는데 급전이 필요하여 시세보다 저렴하게 내놓으려고 하니 빨리 계약해라"면서 김갑동을 소개해 주었습니다. 김갑동은 종로에서 오랫동안 부동산중개업에 종사하여 정보도 많고 투자가치가 높은 부동산을 많이 알고 있다고 했습니다. 그래서 고소인은 2014. 9. 20. 김갑동이 운영하는 갑동부동산 사무실에 찾아가서 김갑동, 이을남을 만났는데, 김갑동은 "과천시 대지는 투자가치가 높아서 내가 매수하여 소유한 것이다. 정부청사가 이전하고 개발이 시작되면 가치가 급등할 것이다. 지금도 시세는 5억 원이나 되지만, 내가 지금 돈이 급하고 또 동생 친구라니 4억 원에 싸게 팔겠다."라고 하길래 저는 솔깃하여 즉석에서 매매대금 4억 원에 계약을 체결하고 바로 계약금 4,000만 원을 주고, 2014. 9. 24. 중도금 1억 6,000만 원, 2014. 9. 30. 잔금 2억 원을 지급하고 소유권이전등기를 받았습니다.

이때 고소인이 부동산매매계약서를 제출하여 사본하여 조서말미에 편철하다.

문　김갑동으로부터 매수하여 매매대금도 김갑동에게 교부하였는데, 이을남은 고소인을 어떻게 속였는가요.

[50] 매매계약 체결과 매매대금 교부 등을 모두 김갑동이 주도하였다는 점은 공모관계를 부정하는 피고인 이을남의 변소 내용을 뒷받침할 수 있는 내용이다.

- 27 -

답	처음부터 저를 유혹하여 김갑동과 계약하게 하였으며, 제가 나중에 김갑동으로부터 듣기로는 이을남과 매매대금을 나누어 사용하였다고 하였습니다.
문	무엇을 믿고 매매대금을 지급한 것인가요.
답	김갑동이 자기가 소유한 대지라면서 등기 내역을 제게 열람시켜 주었는데 박병서로부터 김갑동 앞으로 소유권이전등기가 되어 있어서 등기 상 아무런 문제가 없었고, 또한 친구인 이을남이 설마 저에게 사기치리라고는 생각도 못했기 때문에 피의자들을 믿었습니다.

이때 고소인이 등기사항전부증명서를 제출하여 조서말미에 편철하다.

문	고소인은 소유권이전등기까지 마쳤는데 무슨 피해를 보았다는 것인가요.
답	과천시 대지는 김갑동 소유가 아니었습니다.
문	그게 무슨 말인가요.
답	제가 박갑수란 사람으로부터 소유권이전등기말소청구 소송을 당했습니다. 이 대지는 원래 박병서 소유이고 박병서가 2014. 3. 1. 사망하여 박갑수가 상속받는 것인데 김갑동이 매매계약서를 위조하고 박병서 앞으로 소유권이전등기청구의 소를 제기하여 김갑동 앞으로 소유권이전등기를 받아갔다고 합니다. 그래서 제가 소유권이전등기 받은 것도 말소될 처지입니다.

이때 고소인이 소장을 제출하여 사본하여 조서말미에 편철하다.

문	이에 대해 피의자들은 어떤 반응이 있었는가요.
답	피의자들은 아무 문제 없다며 저를 안심시켰지만 변호사와 상담해보니 제가 패소할 수도 있다고 하였습니다. 이런 문제 있는 부동산을 멀쩡한 것처럼 저에게 매도하였기 때문에 피해가 생긴 것입니다. 피의자들을 수사하여 엄벌해 주시고 제가 매매대금 4억 원을 반환받을 수 있게 해 주십시오.
문	이상의 진술은 사실인가요.
답	**예. 사실대로 진술하였습니다.**

위의 조서를 진술자에게 열람하게 하였던바, 진술한 대로 오기나 증감·변경할 것이 전혀 없다고 말하므로 간인한 후 서명날인하게 하다.

진술자   **정 고 소**   ㊞

2014. 11. 3.
서울서초경찰서
사법경찰관   경위   **권 장 기**   ㊞

[51] 김갑동의 진술을 내용으로 하는 전문진술이다.

[52] 정고소에 대한 사기범행 수사 중 사문서위조 등 새로운 범죄를 인지한 경우에 해당한다.

[53] 편취대상 토지의 등기사항 전부증명서가 등장하는 경우에는 편취금액과 관련하여 을구 란까지 꼼꼼하게 체크하여야 한다.
본 문제에서는 편취대상이 된 토지에 근저당권 등이 설정되어 있지 아니하여 이득액에 따른 죄명의 의율착오는 별도 쟁점이 되지 아니한다.

등기사항전부증명서(말소사항 포함) - 토지

[토지] 경기도 과천시 중앙동 100　　　　　　고유번호 1234-5678-1000001

[표 제 부]　　　　(토지의 표시)

표시번호	접 수	소재지번	지목	면적	등기원인 및 기타사항
1	(생략)				
2	2000년 6월 27일	경기도 과천시 중앙동 100	대	2015㎡	부동산등기법 제177조의 6 제1항의 규정에 의하여 2000년 11월 22일 전산이기

[갑 구]　　　　(소유권에 관한 사항)

순위번호	등기목적	접 수	등기원인	권리자 및 기타사항
		(생략)		
2	소유권이전	1987년 11월 3일 제54321호	1987년11월1일 상속	소유자 박병서 (인적사항 생략)
3	소유권이전	2014년 9월 15일 제12345호	2014년2월25일 매매	소유자 김갑동 (인적사항 생략)
4	소유권이전	2014년 9월 30일 제22345호	2014년9월20일 매매	소유자 정고소 (인적사항 생략)

[을 구]　　　　(소유권 외의 권리에 관한 사항)

순위번호	등기목적	접 수	등기원인	권리자 및 기타사항
		기재사항 없음 (생략)		

2014년 10월 20일

법원행정처 등기정보중앙관리소 전산운영책임관 박전산　　[등기정보중앙관리소전산운영책임관]

- 29 -

진 술 조 서

성 명 : 박갑수
주민등록번호, 직업, 주거, 등록기준지, 직장주소, 연락처는 각각 (생략)

위의 사람은 피의자 김갑동 등에 대한 사기 피의사건에 관하여 2014. 11. 14. 서울서초경찰서 수사과 사무실에 임의 출석하여 다음과 같이 진술하다.

[피의자와의 관계, 피의사실과의 관계 등(생략)]

문 진술인은 김갑동과 정고소를 상대로 민사소송 중인가요.
답 예. 제가 상속받은 과천시 대지를 김갑동이 무단으로 소유권이전등기한 다음 정고소에게 처분하여 등기를 모두 말소하는 소송 중에 있습니다.
문 어떤 이유로 소송하게 된 것인가요.
답 저는 오래전 미국에 이민 가서 아버지 박병서 혼자 한국에 계시다가 2014. 3. 1. 사망하였는데 제가 너무 바빠 2014. 9.경에야 입국하여 아버지 재산정리를 하던 중 아버지 소유의 과천시 대지가 김갑동 앞으로 소유권이전등기된 것을 발견하였습니다. 김갑동은 아버지가 생전에 종종 부동산거래를 맡기시던 부동산 중개업자로 알고 있는데 김갑동 앞으로 아버지 소유 대지가 넘어간 것이 이상했습니다. 등기 경위를 추적해보니 김갑동이 매매계약서를 위조하여 아버지를 상대로 허위주소를 기재하여 소를 제기한 후 승소판결을 받아 그것으로 소유권이전등기를 한 것 같습니다.

이때 진술인이 소장과 매매계약서의 각 사본을 제출하여 조서 말미에 편철하다.

문 혹시 박병서가 김갑동에게 실제로 과천시 대지를 매도한 것 아닌가요.
답 제가 유일한 상속인이어서 아버지는 평소에도 중요한 재산거래는 저와 상의 후 처리하셨습니다. 또 과천시 대지는 조상 대대로 살던 곳이라 제가 상속받아도 처분하지 말라고 생전에 누차 말씀하셨기 때문에 처분하셨을 리가 없습니다. 잔금지급일도 아버지 사후로 기재되어 있는 것으로 보아 매매계약서 위조가 분명합니다.
문 과천시 대지는 시가가 어떻게 되는가요.
답 상속재산 정리를 하면서 알아보니 시가가 최소 5억 원은 되었습니다.
문 이상의 진술은 사실인가요.
답 **예. 법원을 속여 제 상속재산을 빼앗아간 김갑동을 엄벌해 주십시오.**

위의 조서를 진술자에게 열람하게 하였던바, 진술한 대로 오기나 증감·변경할 것이 전혀 없다고 말하므로 간인한 후 서명무인하게 하다.

　　　　　　진술자 **박갑수** (무인)
　　　　　　2014. 11. 14.
　　　　　　서울서초경찰서
　　　　　　사법경찰관 경위 **권장기** ㊞

[54] 사자 명의의 매매계약서를 위조하였다는 점과 사자를 상대로 소를 제기하여 부동산을 편취하였다는 점을 다시 한 번 확인할 수 있다.

[55] 실제 승소판결을 받았음을 확인하는 정도로 간단히 체크한다.

소 장

원 고   김갑동 (주소 등 인적사항 생략)
피 고   박병서 (45****-1******)
         서울 중구 남대문시장8길 222

소유권이전등기청구의 소

청 구 취 지

1. 피고는 원고에게 과천시 중앙동 100 대 2,015㎡에 관하여 2014. 2. 25. 매매를 원인으로 한 소유권이전등기절차를 이행하라.
2. 소송비용은 피고가 부담한다.
라는 재판을 구합니다.

청 구 원 인

원고는 피고와의 사이에 2014. 2. 25. 청구취지 기재 부동산에 관하여 매매대금 4억 원으로 하는 매매계약을 체결하고 2014. 3. 25. 매매대금 지급을 완료하였으므로 피고는 원고에게 위 부동산에 대해 소유권이전등기절차를 이행할 의무가 있습니다. (이하 생략)

입 증 방 법

1. 부동산매매계약서

2014. 5. 8.
원고   김갑동 ㊞

서울중앙지방법원 귀중

- 31 -

[56] 매매계약서의 명의자가 실제 망 박병서로 기재되어 있음을 확인하는 정도로 간단히 체크한다.

부동산매매계약서

매도인과 매수인 쌍방은 아래 표시 부동산에 관하여 다음 계약 내용과 같이 매매계약을 체결한다.

1. 부동산의 표시
경기 과천시 중앙동 100 대 2,015㎡

2. 계약내용
제1조(목적) 위 부동산의 매매에 대하여 매도인과 매수인은 합의에 의하여 매매대금을 아래와 같이 지불하기로 한다.

매매대금 사억 원(₩400,000,000)
계약금 오천만 원(₩50,000,000)은 계약시에 지불하고 영수함.
중도금 일억오천만 원(₩150,000,000)은 2014. 3. 5.에 지불하며,
잔금 이억 원(₩200,000,000)은 2014. 3. 25.에 지불한다.

제2조(소유권이전 등) 매도인은 매매대금의 잔금 수령과 동시에 매수인에게 소유권이전등기에 필요한 모든 서류를 교부하고 등기절차에 협력하며, 위 부동산의 인도일은 2014. 3. 25.로 한다. (이하 생략)

2014년 2월 25일

매도인 박병서 (인적사항 생략) *박병서* (인)
매수인 김갑동 (인적사항 생략) *김갑동* (인)

[57] 사실인정 쟁점과 관련된 공소사실에 대한 진술내용 위주로 꼼꼼하게 읽도록 한다. 구체적으로 공판단계나 검찰단계에서의 진술과 비교하여 모순되거나 번복, 추가되는 내용이 있는지 여부를 체크할 수 있어야 한다.

피 의 자 신 문 조 서

피 의 자 : 김 갑 동

위의 사람에 대한 사기 등 피의사건에 관하여 2014. 11. 28. 서울서초경찰서 수사과 사무실에서 사법경찰관 경위 권장기는 사법경찰리 경사 변동구를 참여하게 하고, 아래와 같이 피의자임에 틀림없음을 확인하다.

문 피의자의 성명, 주민등록번호, 직업, 주거, 등록기준지 등을 말하십시오.
답 성명은 김갑동(金甲東)
    주민등록번호, 직업, 주거, 등록기준지, 직장주소, 연락처는 각각 (생략)

사법경찰관은 피의사건의 요지를 설명하고 사법경찰관의 신문에 대하여 「형사소송법」 제244조의3에 따라 진술을 거부할 수 있는 권리 및 변호인의 참여 등 조력을 받을 권리가 있음을 피의자에게 알려주고 이를 행사할 것인지 그 의사를 확인하다.

진술거부권 및 변호인 조력권 고지 등 확인

1. 귀하는 일체의 진술을 하지 아니하거나 개개의 질문에 대하여 진술을 하지 아니할 수 있습니다.
1. 귀하가 진술을 하지 아니하더라도 불이익을 받지 아니합니다.
1. 귀하가 진술을 거부할 권리를 포기하고 행한 진술은 법정에서 유죄의 증거로 사용될 수 있습니다.
1. 귀하가 신문을 받을 때에는 변호인을 참여하게 하는 등 변호인의 조력을 받을 수 있습니다.

문 피의자는 위와 같은 권리들이 있음을 고지받았는가요.
답 예. 고지를 받았습니다.
문 피의자는 진술거부권을 행사할 것인가요.
답 아닙니다.
문 피의자는 변호인의 조력을 받을 권리를 행사할 것인가요.
답 변호사 없이 조사를 받겠습니다.

이에 사법경찰관은 피의사실에 관하여 다음과 같이 피의자를 신문하다.
[피의자의 범죄전력, 경력, 학력, 가족·재산 관계 등(생략)]

문 피의자는 정고소를 알고 있나요.
답 예. 제가 소유하던 과천시 중앙동 100 대지를 매수한 사람입니다.
문 정고소는 피의자 소유도 아닌 대지를 매도하고 매매대금 4억 원을 편취하였다고 고소하였는데 사실인가요.
답 아닙니다. 제가 박병서로부터 매수하여 제 앞으로 소유권이전등기하라는 법원의 승소판결도 받았고 그에 따라 제 명의로 등기도 마쳐서 정고소에게 소유권이전등기까지 해 주었습니다. 시가가 최소 5억 원 하는 것인데 4억 원에 싸게 판 것이고 등기도 다 넘겨줬는데 도대체 무슨 손해를 봤다는 것인가요?
문 피의자는 박병서로부터 실제로 과천시 대지를 매수하였나요.
답 예. 그렇습니다.
문 박병서의 아들 박갑수는 박병서가 자신 몰래 피의자에게 처분하였을 리가 없다고 하는데요.
답 저는 박병서가 아들이 있는 줄도 몰랐습니다. 의지할 곳 없이 혼자 지내던 노인인데 갑자기 아들이라고 나타난 것이 오히려 수상합니다. 아무튼 저는 법원에서 승소판결을 받았습니다. 법원 판결을 받은 것이 죄가 되나요?
문 이상의 진술에 대하여 이의나 의견이 있는가요.
답 **없습니다.**

위의 조서를 진술자에게 열람하게 하였던바, 진술한 대로 오기나 증감·변경할 것이 전혀 없다고 말하므로 간인한 후 서명무인하게 하다.

진술자 **김갑동** (무인)

2014. 11. 28.

서울서초경찰서
사법경찰관 경위 **권장기** ㊞
사법경찰리 경사 **변동구** ㊞

[58] 공판단계에서의 피고인 김갑동의 진술과 모순되는 내용이다. 수사단계에서의 진술을 김갑동이 번복하였음을 알 수 있다.

피 의 자 신 문 조 서

피 의 자 : 이을남

위의 사람에 대한 사기 등 피의사건에 관하여 2014. 12. 10. 서울서초경찰서 수사과 사무실에서 사법경찰관 경위 권장기는 사법경찰리 경사 변동구를 참여하게 하고, 아래와 같이 피의자임에 틀림없음을 확인하다.

문　피의자의 성명, 주민등록번호, 직업, 주거, 등록기준지 등을 말하십시오.
답　성명은　이을남(李乙男)
　　　주민등록번호, 직업, 주거, 등록기준지, 직장주소, 연락처는 각각 (생략)

사법경찰관은 피의사건의 요지를 설명하고 사법경찰관의 신문에 대하여 「형사소송법」 제244조의3에 따라 진술을 거부할 수 있는 권리 및 변호인의 참여 등 조력을 받을 권리가 있음을 피의자에게 알려주고 이를 행사할 것인지 그 의사를 확인하다.

진술거부권 및 변호인 조력권 고지 등 확인

1. 귀하는 일체의 진술을 하지 아니하거나 개개의 질문에 대하여 진술을 하지 아니할 수 있습니다.
1. 귀하가 진술을 하지 아니하더라도 불이익을 받지 아니합니다.
1. 귀하가 진술을 거부할 권리를 포기하고 행한 진술은 법정에서 유죄의 증거로 사용될 수 있습니다.
1. 귀하가 신문을 받을 때에는 변호인을 참여하게 하는 등 변호인의 조력을 받을 수 있습니다.

문　피의자는 위와 같은 권리들이 있음을 고지받았는가요.
답　**예. 고지를 받았습니다.**
문　피의자는 진술거부권을 행사할 것인가요.
답　**아닙니다.**
문　피의자는 변호인의 조력을 받을 권리를 행사할 것인가요.
답　**변호사 없이 조사를 받겠습니다.**

이에 사법경찰관은 피의사실에 관하여 다음과 같이 피의자를 신문하다.
[피의자의 범죄전력, 경력, 학력, 가족·재산 관계 등(생략)]

| 문 | 피의자는 김갑동과 정고소가 매매계약을 하도록 소개한 사실이 있나요.
| 답 | 예. 그런 사실이 있습니다. 김갑동은 외사촌 형, 정고소는 고향친구입니다.
| 문 | 그런데 정고소가 피의자와 김갑동을 사기로 고소한 사실을 알고 있나요.
| 답 | 예. 저도 당황스럽습니다. 저는 김갑동이 과천시 대지를 저렴한 가격으로 팔겠다고 하고, 정고소가 투자처를 구한다길래 연결시켜준 것인데 고소당하고 보니 앞으로는 남의 일에 끼어들지 말아야겠다는 생각이 듭니다.
| 문 | 정고소는 과천시 대지가 김갑동 소유가 아니었다는데 어떻게 된 것인가요.
| 답 | 저는 당연히 김갑동 소유인줄 알았습니다.
| 문 | 그렇게 믿은 이유가 무엇인가요.
| 답 | 김갑동이 자기 고객 박병서로부터 과천시 대지를 매수하였다며 매매계약서를 제게 보여주어서 저는 당연히 매매계약이 있었던 것으로 알았습니다.
| 문 | 피의자는 김갑동이 박병서를 상대로 민사소송을 한 것을 아는가요.
| 답 | 예. 알고 있습니다. 김갑동이 "박병서와 매매계약을 체결하고 잔금도 지급했는데 등기하기 전에 죽어버렸고 상속인도 없어 등기이전이 골치 아프다. 박병서를 상대로 소송해서 등기를 이전할테니 도와달라."라고 하였습니다. 그래서 저는 김갑동에게 제 주소를 알려주어 김갑동은 소장 피고 주소란에 제 주소를 기재하고 저는 박병서인 것처럼 소장 부본을 수령했습니다.
| 문 | 피의자 주소로 소장을 송달받는 것은 법원을 속이는 것이 아닌가요.
| 답 | 그것은 제가 잘못한 것을 인정합니다.
| 문 | 정고소가 소유권을 취득하지 못하게 되면 결국 피의자의 잘못으로 정고소가 손해를 보게 되는데 어떻게 처리할 것인가요.
| 답 | 그렇게 되면 제가 정고소에게 사기친 것이 되는데, 저도 김갑동으로부터 돈을 받았기 때문에 정고소에 대해서 책임을 져야 하겠지요.
| 문 | 이상의 진술에 대하여 이의나 의견이 있는가요.
| 답 | **없습니다.**

위의 조서를 진술자에게 열람하게 하였던바, 진술한 대로 오기나 증감·변경할 것이 전혀 없다고 말하므로 간인한 후 서명무인하게 하다.

진술자 **이 을 남** (무인)

2014. 12. 10.
서울서초경찰서
사법경찰관 경위 **권 장 기** ㉛
사법경찰리 경사 **변 동 구** ㉛

[59] 김갑동과 이을남이 사촌형 제이므로 친족상도례가 적용됨을 알 수 있다. 이는 뒤의 생략된 수사보고서 및 각 가족관계증명서 내용을 통해 다시 확인할 수 있다.

[60] 이을남이 김갑동 대신 자수하였다는 사정 정도만 확인하면 충분하다.

서 울 서 초 경 찰 서

2015. 3. 2.

제2015-532호

수 신 : 경찰서장
참 조 : 수사과장
제 목 : 수사보고(진술서 등 첨부)

금일 09시경 피의자 이을남이 경찰서에 자진출석하여 자동차 절도를 자수하겠다고 하여 진술서를 제출받았고, 이을남이 절취한 01다2323호 포르쉐 승용차에 대한 도난신고 내역을 조회하여 본바, 2015. 3. 1. 야간에 112 신고 접수되어 서울종로경찰서에서 수사 중이므로 종로경찰서에 접수된 나부자의 진술서를 송부받았고, 서울서초구청에서 위 승용차에 대한 자동차등록원부등본을 교부받아 첨부하였음을 보고합니다.

첨부 : 이을남 진술서, 나부자 진술서, 자동차등록원부등본

수사과 경제1팀

경사 변 동 구 ㉑

진 술 서

성 명 이을남 (인적사항 생략)

진술거부권 고지 및 변호인 조력 등 확인 (생략)

1. 저는 2015. 3. 1. 22:20경 서울 종로구에 있는 반줄커피숍 앞에 세워진 01다2323호 포르쉐 승용차에 차열쇠가 꽂힌 채 주차된 것을 발견하고 견물생심에 이를 훔친 사실이 있습니다.

1. 잘못을 깊이 반성하고 자수하오니 선처 바랍니다. 훔친 자동차는 반환합니다.

2015. 3. 2.

진술자 이 을 남 ㉑

진 술 서

성 명   나부자 (인적사항 생략)

1. 저는 2015. 3. 1. 22:20경 서울 종로구에 있는 반줄커피숍 앞에서 제 소유의 01다2323호 포르쉐 승용차를 도난당하였습니다.
1. 이 승용차는 별거중인 남편 김갑동 명의로 등록되어 있지만 김갑동과 헤어지면서 김갑동이 저에게 준 것이므로 제 소유이고 시가는 1억 3,000만 원 상당입니다.
1. 도난당한 장소가 김갑동의 사무실 인근이고, 최근 김갑동과 사이가 좋지 않아 김갑동을 피하고 있었는데 갑자기 차가 없어진 것으로 보아 김갑동이 제 차를 훔쳐간 것으로 보입니다.
1. 김갑동을 철저히 수사하여 엄벌해 주십시오.

2015. 3. 1.

진술인   나 부 자 ㉑

자동차등록원부(갑) 등본

제231454호   총 1면 중 제 1면

자동차등록번호	01다2323	제원관리번호	A03-1-234-300-002	말소등록일	
차 명	포르쉐			차 종	승용
차 대 번 호	DQWERDDG2140975	원동기형식	O4FKJ	용 도	자가용
모 델 연 도	2014	색상	은색	출처구분	신조차
최 초 등 록 일	2014-10-02	세부유형		제작연월일	2014. 07. 10.
최종소유자	김갑동			주민(법인)등록번호	생략
사용본거지 (차고지)	서울특별시 서초구 법원로2길 1, 3동 101호(서초동, 무지개아파트)				
검 사 유 효 기 간	2014-10-02 ~ 2018-10-01			등록사항 확인일	
				폐 쇄 일	

순위번호		사 항 란	주민(법인) 등록번호	등록일	접수번호
주등록	부기등록				
1-1		신규등록(신조차) 성명(상호): 김갑동(70****-1******) 주소: (생략)	70****-1******	2014-10-02	014894

이 등본은 자동차등록원부(갑)의 기재사항과 틀림없음을 증명합니다.

2015년 3월 2일

서울서초구청장 [서울서초구청장인]

---

[61] 재판장의 석명사항과 관련하여 자동차등록원부의 소유자 명의를 체크하여야 한다.
그 밖에 피해자의 처벌의사 역시 확인할 수 있다.

피 의 자 신 문 조 서 (제 2 회)

피 의 자 : 김갑동

위의 사람에 대한 사기 등 피의사건에 관하여 2015. 3. 19. 서울서초경찰서 수사과 사무실에서 사법경찰관 경위 권장기는 사법경찰리 경사 변동구를 참여하게 하고, 피의자에 대하여 다시 아래의 권리들이 있음을 알려주고 이를 행사할 것인지 그 의사를 확인하다.

진술거부권 및 변호인 조력권 고지 등 확인

1. 귀하는 일체의 진술을 하지 아니하거나 개개의 질문에 대하여 진술을 하지 아니할 수 있습니다.
1. 귀하가 진술을 하지 아니하더라도 불이익을 받지 아니합니다.
1. 귀하가 진술을 거부할 권리를 포기하고 행한 진술은 법정에서 유죄의 증거로 사용될 수 있습니다.
1. 귀하가 신문을 받을 때에는 변호인을 참여하게 하는 등 변호인의 조력을 받을 수 있습니다.

문   피의자는 위와 같은 권리들이 있음을 고지받았는가요.
답   **예. 고지를 받았습니다.**
문   피의자는 진술거부권을 행사할 것인가요.
답   **아닙니다.**
문   피의자는 변호인의 조력을 받을 권리를 행사할 것인가요.
답   **변호사 없이 조사를 받겠습니다.**

이에 사법경찰관은 피의사실에 관하여 다음과 같이 피의자를 신문하다.
문   피의자는 박갑수 명의의 부동산매매계약서를 위조한 사실이 있나요.
답   아니오. 그런 사실이 없습니다.
이때 피의자에게 국립과학수사연구원에서 2015. 3. 16.자로 받은 필적감정서를 보여주면서
문   매매계약서에 기재된 박병서의 필적은 박병서의 것이 아니라 오히려 피의자의 것과 동일하다는 감정결과가 나왔는데 피의자가 작성한 것 아닌가요.
답   (묵묵부답하다)

[62] 객관적 증거인 필적감정서가 제시되자 기존 진술을 번복하여 범행을 인정하고 있다는 점은 피고인 김갑동 진술의 신빙성을 탄핵할 수 있는 주요한 근거가 된다.

문 박병서의 아들인 박갑수는 과천시 대지의 거래 사실을 박병서로부터 전혀 들은 적 없고 박병서도 선대로부터 내려오는 땅이라 처분할 계획이 전혀 없었다는데 피의자가 위조한 것 아닌가요.
답 (묵묵부답하다)
문 이을남은 피의자가 자신에게 주소를 빌려달라고 하여 피의자가 박병서를 상대로 소를 제기하면서 이을남이 박병서인 것처럼 소장을 송달받아주었다고 하는데 매매계약서를 위조하였기 때문에 이렇게 일을 처리한 것 아닌가요.
답 죄송합니다. 사실 박병서 허락없이 제가 매매계약서를 위조하였습니다. 하지만 이을남이 모두 주도한 것입니다. 제가 고종사촌 동생인 이을남에게 제 고객인 박병서가 혼자 살다가 과천시에 알짜배기 땅을 놔두고 죽어버렸다고 하니 이을남이 "정고소라고 눈먼 친구가 하나 있으니 같이 등을 쳐먹자. 형님이 박병서를 상대로 소송을 제기하고 내가 피고 행세를 하고 소장을 송달받아 줄테니 승소판결을 받고 형님 앞으로 등기를 받아와라. 그러면 내가 친구를 데려와 과천시 대지를 팔아 매매대금을 챙기고 돈을 나눠가지자."라고 하였습니다. 저는 요즘 급전이 필요하던 차에 그에 혹하여 이을남이 하자는 대로 했고 매매대금을 받아 이을남이 요구하는 대로 5,000만 원도 건네주었습니다. 이을남에게 5,000만 원을 건네줄 때에는 제 사무실 직원인 한직원도 목격하였습니다.
문 이상의 진술에 대하여 이의나 의견이 있는가요.
답 **없습니다.**

위의 조서를 진술자에게 열람하게 하였던바, 진술한 대로 오기나 증감·변경할 것이 전혀 없다고 말하므로 간인한 후 서명무인하게 하다.

진술자 **김 갑 동**   (무인)

2015. 3. 19.

서울서초경찰서
사법경찰관 경위   **권 장 기** ㊞
사법경찰리 경사   **변 동 구** ㊞

피 의 자 신 문 조 서 (제 2 회)

피 의 자 : 이을남

위의 사람에 대한 사기 등 피의사건에 관하여 2015. 4. 1. 서울서초경찰서 수사과 사무실에서 사법경찰관 경위 권장기는 사법경찰리 경사 변동구를 참여하게 하고, 피의자에 대하여 다시 아래의 권리들이 있음을 알려주고 이를 행사할 것인지 그 의사를 확인하다.

진술거부권 및 변호인 조력권 고지 등 확인

1. 귀하는 일체의 진술을 하지 아니하거나 개개의 질문에 대하여 진술을 하지 아니할 수 있습니다.
1. 귀하가 진술을 하지 아니하더라도 불이익을 받지 아니합니다.
1. 귀하가 진술을 거부할 권리를 포기하고 행한 진술은 법정에서 유죄의 증거로 사용될 수 있습니다.
1. 귀하가 신문을 받을 때에는 변호인을 참여하게 하는 등 변호인의 조력을 받을 수 있습니다.

문 피의자는 위와 같은 권리들이 있음을 고지받았는가요
답 **예. 고지를 받았습니다.**
문 피의자는 진술거부권을 행사할 것인가요.
답 **아닙니다.**
문 피의자는 변호인의 조력을 받을 권리를 행사할 것인가요.
답 **변호사 없이 조사를 받겠습니다.**

이에 사법경찰관은 피의사실에 관하여 다음과 같이 피의자를 신문하다.

문 김갑동은 피의자가 주도하여 김갑동으로 하여금 박병서를 상대로 허위로 소송을 제기하게 하여 승소판결을 받아 과천시 대지의 소유권이전등기를 김갑동 앞으로 넘기고 피의자가 데려온 정고소에게 과천시 대지를 처분한 다음 그 대가로 김갑동으로부터 돈도 받았다는데 사실인가요.

답 형님이 그렇게 말하였나요? 어이가 없습니다. 저는 형님이 박병서로부터 과천시 대지를 실제로 매수해서 매수인 앞으로 소유권이전등기를 넘기는 소송을 하고 이전등기한 것으로 알았지 제가 뭐가 아쉬워 주도하겠습니까?

문	피의자는 김갑동으로부터 허위로 소송을 하고 정고소를 속여 과천시 대지를 처분한 대가로 5,000만원을 받지 않았나요.
답	아닙니다. 5,000만 원이나 받은 적 없습니다. 형님이 거짓말을 하는 것입니다. 형님이 그렇게 나오신다면 저도 할 말이 있습니다.
문	무슨 할 말이 있는가요.
답	사실 얼마 전에 포르쉐 자동차 절도 건으로 자수한 것은 허위자수입니다. 제가 훔친 것이 아니라 형님이 별거 중인 형수님 나부자의 차를 훔친 것인데 저에게 대신 범인으로 자수해 달라고 하여 제가 형님 대신 죄를 뒤집어 쓴 것입니다.
문	상세히 진술해 보세요.
답	형님이 삼일절에 술에 만취하여 형님 사무실 옆 커피숍을 지나가다가 나부자의 포르쉐 승용차에 차 열쇠가 꽂힌 채로 발레파킹된 것을 발견하고 몰래 운전해 왔다고 합니다. 그런데 나부자가 형님을 의심하여 절도로 즉시 신고하였고 형님은 경찰의 출석 연락을 받고 음주운전이 발각될 것을 걱정하여 제가 훔친 것으로 자수해 달라고 부탁하였습니다. 형님은 음주전과가 두 번 있어서 이번에 걸리면 구속될 수도 있다면서 제가 대신 자수하는 대가로 1,000만 원을 주었습니다.
문	이상의 진술에 대하여 이의나 의견이 있는가요.
답	**없습니다.**

위의 조서를 진술자에게 열람하게 하였던바, 진술한 대로 오기나 증감·변경할 것이 전혀 없다고 말하므로 간인한 후 서명무인하게 하다.

진술자 **이 을 남** (무인)

2015. 4. 1.

서울서초경찰서
사법경찰관 경위 **권 장 기** ㉑
사법경찰리 경사 **변 동 구** ㉑

[63] 피고인들의 진술이 서로 배치되는 경우에는 누구에게 유리한 결론을 내려야 할 것인지를 먼저 염두에 두고 기록을 읽도록 한다. 본 문제의 경우 피고인들의 공모관계는 피고인 이을남의 변론요지서에서 검토하는 쟁점이다. 따라서 이을남에게 유리한 결론 즉, 공모관계를 부정하는 결론을 내리게 될 것이다.

고 소 장

서울서초경찰서 접수인(311호)(2015.4.22.)

고 소 인 왕 근 심
        (인적사항 생략)

피고소인 김 갑 동
        (인적사항 생략)

죄   명 변호사법위반

피고소인은 고소인의 남편 장봉구의 친구입니다. 피고소인은 2013. 5. 7. 14:00경 서울 양천구 목동동로 135 목동빌라 302호에 있는 고소인의 집에 고소인의 남편을 만나러 찾아왔는데, 고소인의 아들 장사기가 마침 서울남부지방검찰청에서 사기 혐의로 수사를 받고 있어 고소인은 평소 부동산중개업을 하며 법에 대해 지식이 있는 피고소인에게 그에 대해 상담하게 되었습니다. 피고소인은 아는 검사가 많이 있어 담당검사에게 청탁하여 선처할 수 있는 것처럼 말하길래 고소인은 솔깃하여 피고소인이 요구하는 500만 원을 현금으로 교부하였습니다. 그런데도 고소인의 아들 장사기는 이후에 구속되었으며 피고소인은 아직도 500만 원을 돌려주지도 않고 있습니다.

귀 서에서 피고소인을 수사 중이라고 하는데, 담당조사관이 이 사건도 함께 수사해 줄 것을 요청하오니 피고소인을 구속 수사하여 엄벌해 주시기 바랍니다.

2015. 4. 22.

고소인 왕 근 심 ㉠

서울서초경찰서장 귀중

---

[64] 피고인 김갑동에 대한 사기죄의 약식명령등본의 범죄사실과 비교하면서 읽어야 한다.
피고인 김갑동의 왕근심에 대한 범행에 대해서는 사기죄와 변호사법위반죄가 모두 성립하고, 양 죄는 상상적 경합의 관계에 있다는 것이 판례의 태도이다.

피의자신문조서(제3회)

> 피 의 자 : 김갑동
> 위의 사람에 대한 사기 등 피의사건에 관하여 2015. 5. 20. 서울서초경찰서 수사과 사무실에서 사법경찰관 경위 권장기는 사법경찰리 경사 변동구를 참여하게 하고, 피의자에 대하여 다시 아래의 권리들이 있음을 알려주고 이를 행사할 것인지 그 의사를 확인하다.

진술거부권 및 변호인 조력권 고지 등 확인

> 1. 귀하는 일체의 진술을 하지 아니하거나 개개의 질문에 대하여 진술을 하지 아니할 수 있습니다.
> 1. 귀하가 진술을 하지 아니하더라도 불이익을 받지 아니합니다.
> 1. 귀하가 진술을 거부할 권리를 포기하고 행한 진술은 법정에서 유죄의 증거로 사용될 수 있습니다.
> 1. 귀하가 신문을 받을 때에는 변호인을 참여하게 하는 등 변호인의 조력을 받을 수 있습니다.

문 피의자는 위와 같은 권리들이 있음을 고지받았는가요.
답 **예. 고지를 받았습니다.**
문 피의자는 진술거부권을 행사할 것인가요.
답 **아닙니다.**
문 피의자는 변호인의 조력을 받을 권리를 행사할 것인가요.
답 **변호사 없이 조사를 받겠습니다.**

이에 사법경찰관은 피의사실에 관하여 다음과 같이 피의자를 신문하다.
문 피의자는 피해자 나부자 소유의 01다2323호 포르쉐 승용차를 절취하고도 이을남으로 하여금 허위로 자수하게 한 사실이 있는가요.
답 **예. 그렇습니다. 죄송합니다.**
문 상세히 진술해 보세요.
답 나부자는 별거 중인 처입니다. 나부자와의 사이에 아들도 있는데 작년에 성격 차이로 헤어져서 별거하게 되었습니다. 헤어지면서 그간 살림도 잘해 주고 아들도 낳아주어서 고마운 마음에 제 명의로 등록된 포르쉐 승용차를 주었습니다. 그런데 별거한 후로는 연락도 잘 안 되고 아들 얼굴도 안 보여줘서

[65] 피고인 김갑동과 피해자 나부자와의 사이에 절취대상 승용차의 소유권을 피해자에게 넘기기로 하였다는 사정을 확인할 수 있다.

괘씸하게 생각하였습니다. 지난 삼일절 밤 10시 20분쯤에 술에 만취하여 제 사무실 옆 커피숍을 지나가다가 마침 그 포르쉐 승용차에 차 열쇠가 꽂힌 채로 주차된 것을 발견하고 차를 빼앗아와야겠다고 생각하여 몰래 운전해 왔습니다. 그런데 잠시 후 바로 나부자가 저를 자동차 절도범으로 신고해서 경찰서로 나오라는 경찰 연락을 받았습니다. 자동차야 나부자가 전적으로 운행·관리하던 것으로 나부자의 소유이니 돌려주면 그만이지만 문제는 제가 술을 엄청 마시고 운전해 온 것이라 경찰서에 나가면 음주운전이 발각되어 처벌받을 것이 겁이 났습니다. 제가 음주운전으로 벌금과 집행유예로 처벌받은 전과가 2번 있어서 삼진아웃에 걸리면 구속될 것이 걱정되었습니다. 그래서 고종사촌 동생인 이을남에게 훔친 것으로 자수해달라고 부탁하였습니다. 이을남은 절도 전과도 없고 차를 돌려주면 차주인도 크게 문제삼지 않을 것 같았습니다.

문 피의자는 이을남이 허위로 자수하는 대가로 1,000만 원을 주었는가요.

[66] 피고인 김갑동이 피고인 이을남에게 교부한 1천만 원은 사기 등 범행의 대가로 교부된 것이 아니라, 피고인 이을남의 허위자수의 대가로 교부되었음을 알 수 있다.

답 아닙니다. 물론 제가 이을남에게 허위로 자수하는 대가로 돈을 주었지만, 이을남과 짜고서 박병서의 계약서를 위조하고 법원을 속여 소유권이전등기를 넘겨오는 대가를 포함하여 총 5,000만 원을 준 것입니다.

문 피의자는 왕근심으로부터 수사 청탁 대가로 500만 원을 받은 사실이 있는가요.

이때 왕근심의 고소장을 피의자에게 보여주다.

답 예. 왕근심이 고소한 내용을 모두 인정합니다. 조속히 500만 원을 돌려주도록 하겠습니다.

문 이상의 진술에 대하여 이의나 의견이 있는가요.

답 **없습니다.**

위의 조서를 진술자에게 열람하게 하였던바, 진술한 대로 오기나 증감·변경할 것이 전혀 없다고 말하므로 간인한 후 서명무인하게 하다.

진술자 김갑동 (무인)

2015. 5. 20.

서울서초경찰서
사법경찰관 경위 권장기 ㊞
사법경찰리 경사 변동구 ㊞

피의자신문조서(대질)

성　　　명 : 김갑동
주민등록번호 : (생략)

　위의 사람에 대한 특정경제범죄가중처벌등에관한법률위반(사기) 등 피의사건에 관하여 2015. 8. 12. 서울중앙지방검찰청 601호 검사실에서 검사 성수연은 검찰주사 전주사를 참여하게 한 후, 아래와 같이 피의자임에 틀림없음을 확인하다.
　주민등록번호, 직업, 주거, 등록기준지, 직장 주소, 연락처는 각각 (생략)

　검사는 피의사실의 요지를 설명하고 검사의 신문에 대하여 「형사소송법」 제244조의3에 따라 진술을 거부할 수 있는 권리 및 변호인의 참여 등 조력을 받을 권리가 있음을 피의자에게 알려주고 이를 행사할 것인지 그 의사를 확인하다.

[진술거부권 및 변호인 조력권 고지하고 변호인 참여 하에 진술하기로 함(생략)]

[피의자의 병역, 학력, 가족관계, 재산 및 월수입, 건강상태 등(생략)]

이때 검사는 피의자 이을남을 입실하게 하다.
문　　피의자의 성명, 주민등록번호, 직업, 등록기준지 등을 진술하세요.
답　　성명은 이을남,
　　　(기타 인적사항 생략)

　검사는 피의사실의 요지를 설명하고 검사의 신문에 대하여 「형사소송법」 제244조의3에 따라 진술을 거부할 수 있는 권리 및 변호인의 참여 등 조력을 받을 권리가 있음을 피의자에게 알려주고 이를 행사할 것인지 그 의사를 확인하다.

[진술거부권 및 변호인 조력권 고지하고 변호인 참여 하에 진술하기로 함(생략)]

[피의자의 병역, 학력, 가족관계, 재산 및 월수입, 건강상태 등(생략)]

이때 검사는 피의자 김갑동을 상대로 신문하다.
문　　피의자는 과천시 중앙동 100 대지 2,015㎡에 대하여 매매대금 4억 원, 매도인 박병서, 매수인 피의자로 된 매매계약서를 위조한 사실이 있는가요.
답　　예. 2014. 5. 7. 19:00경 서울 종로구 종로5길 15에 있는 갑동부동산 사무실에서 제가 매매계약서 용지에 임의로 내용을 작성하고 사망한 박병서의 서명을 한 다음 박병서의 막도장을 파서 날인했습니다.

[67] 검찰단계의 수사기록, 특히 피의자신문조서는 경찰단계의 수사기록보다 사실관계 등이 보다 압축적으로 정리되어 있다. 따라서 사실관계 등을 보다 빠르게 파악하기 위해 경찰기록보다 검찰기록을 먼저 읽는 방법도 유효하다. 이미 앞에서 확인한 내용과 중복되는 부분은 가볍게 읽고 넘어가도록 한다.

문　이러한 범행을 한 이유가 무엇인가요.
답　자식 없고 재산 많은 고객인 박병서가 죽어서 그 재산이 욕심나던 차에, 이런 이야기를 이을남과 하게 되었는데, 이을남이 박병서의 부동산을 정고소에게 팔고 매매대금을 나눠가지자고 하여 범행하게 되었습니다.

이을남에게
문　피의자는 김갑동의 진술과 같이 김갑동과 공모하여 위조하였는가요.
답　아닙니다. 거짓말입니다. 김갑동이 박병서로부터 과천시 대지를 매수하였는데 박병서가 죽어서 등기이전을 못 받았다며 박병서 상대로 소송을 할테니 주소를 빌려달라고 하여 도와준 것입니다. 저는 위조한 적 없습니다.

김갑동에게
문　위조한 매매계약서를 어떻게 사용하였는가요.
답　2014. 5. 8. 서울중앙지방법원에서 피고를 박병서로 하여 과천시 대지에 대한 소유권이전등기청구의 소를 제기하면서 소장에 첨부하여 제출했습니다.
문　이을남의 말처럼 피의자 혼자서 위조한 것 아닌가요.
답　아닙니다. 정고소에게 전매할 생각으로 함께 위조한 것이지 안 그러면 부동산 경기도 안 좋은데 굳이 제 앞으로 소유권을 가져올 이유가 없습니다.
문　그래서 소송은 어떻게 진행되었나요.
답　피고 박병서의 주소에 이을남의 주소를 적어 소장을 작성하여 소장이 이을남 집으로 송달되었고, 저만 원고로 재판에 출석하고 피고는 불출석하여 2014. 8. 13. 승소판결을 선고받았습니다.
문　과천시 대지의 시가는 어떻게 되는가요.
답　계약상 4억 원에 매수한 것으로 되었는데 실제 시가는 5억 원입니다.
문　승소판결을 받아 피의자 앞으로 2014. 9. 15.자로 소유권이전등기하였나요.
답　예. 제가 과천등기소에 소유권이전등기신청을 하였습니다.
문　피의자는 허위의 사실을 신고하여 등기한 것이네요.
답　예. 그렇습니다.

이을남에게
문　피의자는 박병서 행세를 하여 승소판결을 송달받아 김갑동에게 전달해 주어 김갑동 앞으로 등기가 완료되도록 도와준 것인가요.
답　예. 그것은 사실입니다. 하지만 김갑동을 믿었습니다.

김갑동에게
문　피의자는 그 다음 정고소에게 과천시 대지를 처분하였지요.

- 47 -

답   예. 2014. 9. 20. 제 사무실에서 이을남이 데려온 정고소에게 제가 과천시 대지를 박병서로부터 정상적으로 매수한 것처럼 거짓말하여 계약을 체결하고 이후 매매대금 총 4억 원을 받았습니다. 이을남이 시킨 것입니다.

이을남에게
문   김갑동의 말이 사실인가요.
답   아닙니다. 저는 정말 김갑동이 박병서로부터 과천시 대지를 매수한 것으로 믿었습니다. 시세가 5억 원인데 김갑동도 급전이 필요하고 시세보다 저렴한 4억 원에 처분한다니 김갑동과 정고소 모두에게 좋은 일이라고 생각했습니다.

김갑동에게
문   이을남의 말이 사실인가요.
답   이을남이 아니었으면 이렇게 엄청난 일을 꾸미지는 않았을 것입니다. 그렇지 않으면 이을남에게 5,000만 원이나 되는 돈을 줄 이유가 없었습니다.
문   이을남에게 돈을 나누어 주었는가요.
답   예. 정고소로부터 매매대금을 받아 1,000만 원은 이을남 계좌로 송금하고, 4,000만 원은 현금으로 주었는데, 제 직원인 한직원이 모두 목격하였습니다.

이을남에게
문   김갑동으로부터 돈을 받은 것이 사실인가요.
답   제 계좌로 1,000만 원을 받았지만 이는 김갑동이 나부자의 승용차를 훔쳐왔는데 걸리면 음주운전이 발각되니 제가 훔친 것으로 한 대가로 받은 것입니다.
문   한직원이 모두 보았다는데 한직원을 불러서 대질조사를 할까요.
답   (잠시 침묵하다가) 사실 경찰 조사 때 숨긴 것이 있는데 사실대로 말씀드리겠습니다. 현금으로 500만 원을 더 받았습니다.
문   그 500만 원은 무슨 대가로 받았나요.
답   김갑동을 도와 제 주소지로 박병서에 대한 소장을 송달 받아주고, 판결문도 송달 받아 김갑동을 도와주고, 정고소도 소개해 준 대가로 받았습니다.
문   현금 4,000만 원을 받고 500만 원으로 축소하여 거짓진술하는 것 아닌가요.
답   아닙니다.

김갑동에게
문   이을남의 말이 사실인가요.
답   거짓말입니다. 경찰에서 거짓말해 놓고 또 말을 교묘하게 바꾸네요.
문   피의자는 2013. 5. 7. 14:00경 목동빌라 302호 왕근심의 집에서 왕근심의 아들의 사기 사건 수사청탁 명목으로 현금 500만 원을 받았지요.

[68] 피고인 이을남의 진술이 번복되었다는 점은 이을남에게 불리한 사정이다. 이는 피고인 이을남의 변론요지서에서는 굳이 검토하지 않아도 무방한 내용이다.

답	예. 인정합니다. 왕근심의 남편 장봉구가 목동에서 사업하는 제 친구인데 이 일로 저를 고소해서 양천경찰서에서 조사받았던 적이 있습니다.
문	피의자는 왕근심의 아들이 실제로 선처받도록 할 의사나 능력이 있었나요.
답	아니오. 그냥 돈이 필요해서 속였고 받은 돈은 모두 생활비로 썼습니다.
문	피의자는 2015. 3. 1. 22:20경 서울 종로구 종로5길 16에 있는 반줄커피숍 앞에서, 나부자 소유의 01다2323호 포르쉐 승용차를 훔친 사실이 있지요.
답	예. 이 차는 제가 2014. 10.초순경 구입하여 별거 중인 제 처 나부자에게 재산분할 명목으로 준 것인데, 올해 삼일절에 술을 먹고 지나가다가 훔쳐왔습니다.
문	피의자는 훔친 사실을 숨기려고 이을남에게 허위자수하게 하였지요.
답	예. 경찰연락을 받았는데 출석하면 음주운전이 들통날까 겁이 나서, 그날 밤 11시경 이을남에게 급히 전화해 절도범으로 자수해달라고 부탁했습니다.

이을남에게

문	김갑동의 진술이 사실인가요.
답	예. 제 여자친구 아버지가 위암수술을 받고 수술비가 급하였습니다. 김갑동이 1,000만 원을 준다길래 그리했습니다. 죄송합니다.

피의자들에게

문	조서에 진술한 대로 기재되지 아니하였거나 사실과 다른 부분이 있는가요.
답	(김갑동) **없습니다.** (이을남) **없습니다.**

위의 조서를 진술자에게 열람하게 하였던바, 진술한 대로 오기나 증감·변경할 것이 전혀 없다고 말하므로 간인한 후 서명무인하게 하다.

진술자 김 갑 동 (무인)   변호인 김변호 ㊞
       이 을 남 (무인)   변호인 이변호 ㊞

2015. 8. 12.

서울중앙지방검찰청
검   사 성 수 연 ㊞
검찰주사 전 주 사 ㊞

법원에 제출되어 있는 기타 증거들

※ 편의상 다음 증거서류의 내용을 생략하였으나, 법원에 증거로 적법하게 제출되어 있음을 유의하여 변론할 것.

○ 부동산매매계약서 사본
  - 김갑동이 정고소에게 과천시 대지를 매도함(정고소의 경찰 진술 내용과 동일)

○ 소장 사본
  - 원고 박갑수가 2014. 10. 7. 수원지방법원 안양지원에 피고 김갑동, 정고소를 상대로 과천시 중앙동 100 대지 2,015㎡에 대하여 피고들 명의로 마친 소유권이전등기의 각 말소등기절차를 이행하라고 청구하는 내용

○ 필적감정서
  - 국립과학수사연구원에서 매매계약서에 기재된 박병서의 필적은 박병서의 것과 다르고 김갑동의 필적과 일치함을 감정 후 2015. 3. 16.자로 회보함

○ 피고인들에 대한 각 조회회보서
  - 김갑동 : 범죄경력자료로 2012. 3. 6. 서울중앙지방법원 도로교통법위반(음주운전)죄 벌금 300만 원, 2012. 5. 7. 서울중앙지방법원 도로교통법위반(음주운전)죄 징역 6월 및 집행유예 2년. 수사경력자료로 2015. 8. 3. 서울남부지방검찰청 사기죄 처분미상전과
  - 이을남 : 2013. 9. 5. 부산지방법원 도박죄 벌금 100만 원

○ 부동산감정서
  - 과천시 중앙동 100 대지 2,015㎡의 2014년 시가는 5억 원으로 감정

○ 수사보고서 및 각 가족관계증명서
  - 2015. 10. 15. 현재, 김갑동은 배우자(妻) 나부자, 자녀(子) 김자손을 두고 있으나 나부자와 이혼소송 중으로 별거상태에 있고, 김갑동의 부(父)는 김성균, 이을남의 모(母)는 김선영인데, 김선영은 김성균의 동생임

○ 판결문, 판결확정증명
  - '피고 박병서는 원고 김갑동에게 과천시 중앙동 100 대지 2,015㎡에 대하여 2014. 2. 25. 매매를 원인으로 한 소유권이전등기절차를 이행하라'는 취지로 2014. 8. 13. 서울중앙지방법원에서 판결 선고하고, 2014. 9. 1. 판결 확정

○ 제적등본
  - 박병서는 2014. 3. 1. 사망함

[71] 생략된 증거라도 답안에서 인용하는 경우가 있다. 다만 생략된 증거의 내용은 대부분 앞에서 등장한 기록과 중복되므로 답안에 기재할 증거 위주로 간단히 확인하도록 한다.

본 문제의 경우 피고인들 사이의 친족관계에 대해 수사보고서 및 각 가족관계증명서가, 망 박병서의 사망일자에 대해 제적등본 등은 답안에서 활용할 수 있는 증거이다.

확 인 : 법무부 법조인력과장

2016년 제5회 변호사시험 형사법 기록형 **CH 02** 메모예시

공소제기일 - 15. 10. 16.   [선명] 자동차 명의 관련 검토죄 성부

피고인	죄명	공소사실 일시	장소	피해자	피해품	고소 기타	인정 및 부인취지	쟁점	+	증거	결론	비고
김감동㉠ 공범㉡	1. 가. 사문서 위조, 동행사	14. 5. 7. 14. 5. 8.	김동 부동산	ㄴ박병수 명의	중앙동 대지매매 계약서 소장첨부 제출	소송사기 자료	○-이을남 주도	사자명의 위조죄 성부	제적등본(생략) - 2014. 3. 1. 사망	-	유죄	[검토의견서]
공범㉡	나. 특가(사기)	14. 5. 8. ~14. 8. 13.	서울중앙 지법	v. 박갑수	5억토지		○-이을남 주도	법원기망 삼각사기 사자상대소송 -사기죄성립×	제적등본		전단무죄	
	2. 가. 변호사법	13. 5. 7.	왕고집집	v. 왕고집	청탁목적 500만 원	왕고집 고소(p43)	○	상경사기와약식명령有	약식명령(p23)		면소(1호)	
	나. 절도	15. 3. 1.	반줄거미 집	v. 나부자	포르쉐		○	친족상도례(배우자) 자동차명의자(외부夫 내부)	수사보고서 및 가족관계증명서(생략) -사촌형제		형면제	
	다. 범인 도피교사	15. 3. 1.	집	경범 이을남	허위자수	대가 7천만 원?	○	'죄를 범한 자' 해당? 정범진출상도례 자기도피교사	수사보고서 및 가족관계증명서 자동등록본(p38)	나부인과 피고인 사이에 소유권 넘김 (38진술서, 44피신3회)	전단무죄	
이을남㉢ 공범㉣	1. 가.나.다.라. 사문서위조, 행사, 공전자기록 불실기재, 행사 사기	14. 8. 18. 14. 9. 15. 14. 9. 20. 14. 9. 24.		사기 v. 정고소	매매대금 4억	v. 정고소 고소	×-공모× 몰랐음	[사실] 5천교부 및 공모 여부		김감동 사경피의진술(18), 피신(33), 피신2회 (39)-번복, 검찰피신(메일)(46) 이을남 법정진술(19), 피신(35), 피신2회(41) 정고소 사경진술(19)-전문, 고소장, 사경관진술조서 통장사본, 한지원메우서사본(21), 등기사항전부증명서(29), 소장사본(31), 부동산매매약어서사본, 부동산매매예약서사본, 소장사본, 팔적감정서, 감조회회보서, 부동산감정서, 판결문, 판결확정증명	후단무죄	[변론요지서]
	3. 범인도피	15. 3. 2.	서초 경찰서	본범 김감동	허위자수 대가 1천		○	본범 친족상도례(344조) '교사 범한 자' × 친족상도례(151조2항)	수사보고서 및 가족관계증명서 등		전단무죄	

검토의견서

사 건　2015고합1223 특정경제범죄가중처벌등에관한법률위반(사기) 등
피고인　김갑동

I. 피고인 김갑동에 대하여

1. 사문서위조, 위조사문서행사의 점

판례는 문서위조죄의 요건을 구비한 이상 그 명의인이 실재하지 않는 허무인이거나 문서의 작성일자 전에 이미 사망하였다고 하더라도 공공의 신용을 해할 위험성이 있으므로 문서위조죄가 성립한다는 입장입니다.*

> *문서위조죄는 문서의 진정에 대한 공공의 신용을 그 보호법익으로 하는 것이므로 행사할 목적으로 작성된 문서가 일반인으로 하여금 당해 명의인의 권한 내에서 작성된 문서라고 믿게 할 수 있는 정도의 형식과 외관을 갖추고 있으면 문서위조죄가 성립하는 것이고, 위와 같은 요건을 구비한 이상 그 명의인이 실재하지 않는 허무인이거나 또는 문서의 작성일자 전에 이미 사망하였다고 하더라도 그러한 문서 역시 공공의 신용을 해할 위험성이 있으므로 문서위조죄가 성립한다고 봄이 상당하며, 이는 공문서뿐만 아니라 사문서의 경우에도 마찬가지라고 보아야 한다(대법원 2005. 2. 24. 선고 2002도18 전원합의체 판결).

피고인이 행사할 목적으로 권리의무에 관한 사문서인 박병서 명의의 부동산매매계약서를 위조한 이상, 박병서가 그 범행 이전에 이미 사망하였더라도 사문서위조죄는 성립하고, 이를 행사한 이상 위조사문서행사죄 역시 성립하며, 양 죄는 실체적 경합관계에 있습니다.

따라서 이 부분 공소사실들에 대하여는 유죄판결의 선고가 예상됩니다.[01]

[C1] 객관적 입장에서 작성하는 검토의견서의 특성상 피고인에게 불리한 내용에 대해서도 검토하여야 한다.

2. 특정경제범죄가중처벌등에관한법률위반(사기)의 점

가. 소송사기와 사기죄

사기죄에 있어 피기망자는 재산상의 피해자와 반드시 일치하여야 할 필요가 없으므로, 피고인이 법원을 기망하여 피고인 앞으로 피해자 박갑수 소유의 대지에 대한 소유권이전등기를 명하는 승소판결을 받은 경우 사기죄가 성립할 수 있습니다.[02]

[C2] 역시 피고인에게 불리한 내용이나 검토의견서이므로 간단히 검토한다.

나. 사자를 상대로 한 소송사기

판례는 사자를 상대로 제소한 경우 제소 당시 사자임을 알고 제소한 때는 물론 사자임을 모르고 소송을 제기하여 소송과정에서 사자임이 밝혀진 때에도 사망한 자에 대한 판결은 그 내용에 따른 효력이 생기지 아니하여 상속인에게 효력이 미치지 아니하므로 사기죄가 성립하지 않는다는 입장입니다.**

> ** 소송사기에 있어서 피기망자인 법원의 재판은 피해자의 처분행위에 갈음하는 내용과 효력이 있는 것이어야 하고, 그렇지 아니하는 경우에는 착오에 의한 재물의 교부행위가 있다고 할 수 없어서 사기죄는 성립되지 아니한다고 할 것이므로, 피고인의 제소가 사망한 자를 상대로 한 것이라면 이와 같은 사망한 자에 대한 판결은 그 내용에 따른 효력이 생기지 아니하여 상속인에게 그 효력이 미치지 아니하고 따라서 사기죄를 구성한다고 할 수 없다(대법원 2002. 1. 11. 선고 2000도1881 판결).

피고인은 이미 사망한 박병서를 상대로 이 사건 대지에 대한 소유권이전등기를 청구하는 소를 제기하여 승소판결을 받았습니다. 그러나 위 판례 법리에 의하면 법원의 승소판결을 받았더라도 위 판결에는 피해자의 처분행위에 갈음하는 내용과 효력을 인정할 수 없어 사기죄는 성립하지 아니합니다.

결국 이 부분 공소사실은 죄가 되지 아니하므로 형사소송법 제325조 전단에 의해 무죄판결이 선고되어야 합니다.

3. 변호사법위반의 점

피고인은 2015. 10. 30. 서울남부지방법원에서 사기죄로 벌금 200만 원의 약식명령을 발령받았고, 그 약식명령은 2015. 12. 15. 확정되었습니다(기록 제23쪽 약식명령등본 참조).[03]

위 확정된 약식명령의 범죄사실은 피고인이 청탁의 의사나 능력이 없음에도 불구하고 공무원인 담당검사 취급 사건에 관하여 청탁을 하겠다는 명목으로 피해자 왕근심을 기망하여 현금 500만 원을 편취하였다는 사기에 대한 것이고, 이 부분 공소사실은 같은 피해자에 대해 동일한 내용으로 공무원 취급 사건에 대해 청탁 명목으로 금품을 교부받았다는 변호사법위반에 대한 것으로서 양 죄는 상상적 경합관계에 있다는 것이 판례의 태도입니다.*[04] 따라서 상상적 경합관계에 있는 사기죄의 일부에 관하여 확정판결이 있는 이상 그 기판력은 나머지 범죄인 이 부분 변호사법위반의 점에도 당연히 미칩니다.

> * 공무원이 취급하는 사건 또는 사무에 관하여 청탁 또는 알선을 한다는 명목으로 금품·향응 기타 이익을 받거나 받을 것을 약속하고 또 제3자에게 이를 공여하게 하거나 공여하게 할 것을 약속한 때에는 위와 같은 금품을 받거나 받을 것을 약속하는 것으로써 구 변호사법 제111조 위반죄가 성립된다고 할 것이고, 위 금품의 수교부자가 실제로 청탁할 생각이 없었다 하더라도 위 금품을 교부받은 것이 자기의 이득을 취하기 위한 것이라면 동 죄의 성립에는 영향이 없다. 원심이 같은 취지에서, 공무원이 취급하는 사건에 관하여 청탁 또는 알선을 할 의사와 능력이 없음에도 청탁 또는 알선을 한다고 기망하고, 이에 속은 피해자로부터 이른바 로비자금 명목으로 금원을 송금 받은 피고인의 행위가 형법 제347조 제1항과 구 변호사법 제111조에 각 해당하고, 이러한 사기죄와 변호사법 위반죄는 상상적 경합의 관계에 있다고 판단한 것은 옳고, 거기에 상고이유의 주장과 같은 사기, 변호사법위반죄의 죄수에 관한 법리를 오해한 위법이 없다(대법원 2006. 1. 27. 선고 2005도8704 판결).

결국 이 부분 공소사실은 확정판결이 있는 때에 해당하므로 형사소송법 제326조 제1호[05]에 의해 면소판결이 선고되어야 합니다.

---

[03] 일시-법원-죄명-선고형-선고사실-확정일자-확정사실-증거 기재 순서대로 누락 없이 기재한다.

[04] 변호사법위반죄와 사기죄가 상상적 경합관계에 있다는 판례 법리를 사안검토 앞부분에 따로 적시할 수도 있다.

[05] 각 호까지 규정을 정확히 기재한다.

4. 절도의 점

가. 자동차 명의 관련 절도죄 성립 여부 - 재판장의 석명사항

판례는 당사자 사이에 자동차의 소유권을 그 등록명의자가 아닌 자가 보유하기로 약정한 경우, 그 당사자 사이의 내부관계에 있어서는 등록명의자가 아닌 자가 소유권을 보유하게 된다는 입장입니다.*

> *피고인이 택시를 회사에 지입하여 운행하였다고 하더라도, 피고인이 회사와 사이에 위 택시의 소유권을 피고인이 보유하기로 약정하였다는 등의 특별한 사정이 없는 한, 위 택시는 그 등록명의자인 회사의 소유이고 피고인의 소유는 아니라고 할 것이므로 회사의 요구로 위 택시를 회사 차고지에 입고하였다가 회사의 승낙을 받지 않고 이를 가져간 피고인의 행위는 권리행사방해죄에 해당하지 않는다고 한 사례(대법원 2003. 5. 30. 선고 2000도5767 판결).

피고인이 피해자 나부자와의 사이에 위 자동차의 소유권을 피해자에게 넘기기로 한 이상(기록 제38쪽 진술서, 제44쪽 피의자신문조서(제3회) 등 참조),[06] 그 등록명의자가 피고인으로 되어 있더라도 피고인과 피해자 사이의 내부관계에서는 피고인이 아닌 피해자가 자동차의 소유자입니다. 따라서 피고인이 피해자 몰래 피해자 소유의 승용차를 운전하여 가 절취한 이상, 이 부분 공소사실에 대해서는 절도죄가 성립할 수 있습니다.[07]

나. 친족상도례 적용 여부

직계혈족, 배우자, 동거친족, 동거가족 또는 그 배우자간 절도죄 등은 그 형을 면제하고(형법 제344조, 제328조 제1항), 이러한 친족상도례가 적용되는 친족의 범위는 민법의 규정에 의하여야 한다는 것이 판례의 태도입니다.**

> **[1] 친족상도례가 적용되는 친족의 범위는 민법의 규정에 의하여야 하는데, 민법 제767조는 배우자, 혈족 및 인척을 친족으로 한다고 규정하고 있고, 민법 제769조는 혈족의 배우자, 배우자의 혈족, 배우자의 혈족의 배우자만을 인척으로 규정하고 있을 뿐, 구 민법 제769조에서 인척으로 규정하였던 '혈족의 배우자의 혈족'을 인척에 포함시키지 않고 있다. 따라서 사기죄의 피고인과 피해자가 사돈지간이라고 하더라도 이를 민법상 친족으로 볼 수 없다. [2] 피고인이 백화점 내 점포에 입점시켜 주겠다고 속여 피해자로부터 입점비 명목으로 돈을 편취하였다며 사기로 기소된 사안에서, 피고인의 딸과 피해자의 아들이 혼인하여 피고인과 피해자가 사돈지간이라고 하더라도 민법상 친족으로 볼 수 없는데도, 2촌의 인척인 친족이라는 이유로 위 범죄를 친족상도례가 적용되는 친고죄라고 판단한 후 피해자의 고소가 고소기간을 경과하여 부적법하다고 보아 공소를 기각한 원심판결 및 제1심판결에 친족의 범위에 관한 법리오해의 위법이 있다고 하여 모두 파기한 사례(대법원 2011. 4. 28. 선고 2011도2170 판결).

범행 당시 피고인은 피해자와 별거 중이긴 하였으나 법률상 배우자 관계에 있었습니다(수사보고서 및 각 가족관계증명서 등 참조).[08] 따라서 피고인의 피해자에 대한 절도죄에 대해서는 위 친족상도례 규정이 적용됩니다.

따라서 이 부분 공소사실에 대해서는 형을 면제하는 판결이 선고되어야 합니다.[09]

---

[06] 인정사실을 기재하는 경우 그 근거로써 증거를 기재함이 원칙이다.

[07] 이와 달리 사안에서 피고인과 나부자 사이에 내부적인 소유권을 나부자가 보유하기로 약정하였다고 볼 수 없다고 판단할 경우, 절도죄 성립을 부정하고 권리행사방해죄 성부를 검토하여야 한다.

[08] 친족관계의 존재 등에 관한 사실 기재시 가족관계증명서 등 증거기재를 누락하지 않도록 주의한다.

[09] 앞에서 규정을 기재하였으므로 소결부분 규정기재는 생략하였다.

5. 범인도피교사의 점[10]

가. 자기도피의 교사의 처벌 가부

판례는 범인이 자신을 위하여 타인으로 하여금 허위의 자백을 하게 하여 범인도피죄를 범하게 하는 행위는 방어권의 남용으로 범인도피교사죄에 해당한다는 입장입니다.*

> * 범인이 자신을 위하여 타인으로 하여금 허위의 자백을 하게 하여 범인도피죄를 범하게 하는 행위는 방어권의 남용으로 범인도피교사죄에 해당하는바, 이 경우 그 타인이 형법 제151조 제2항에 의하여 처벌을 받지 아니하는 친족, 호주 또는 동거 가족에 해당한다 하여 달리 볼 것은 아니다(대법원 2006. 12. 7. 선고 2005도3707 판결).

따라서 피고인이 자신을 위하여 이을남으로 하여금 허위의 자백을 하게 하여 범인도피죄를 범하게 하는 행위를 한 이상, 그것이 자기도피에 해당한다 하더라도 피고인에 대해서는 범인도피교사죄가 성립할 수 있습니다.

나. 친족상도례와 범인도피교사죄 성립 여부

판례는 자기도피교사에 있어 범인도피교사죄의 성립을 긍정함과 동시에, 그 타인이 형법 제151조 제2항에 의하여 처벌을 받지 아니하는 친족 등에 해당하는 경우에도 역시 범인도피교사죄의 성립을 긍정하고 있습니다.**

> ** 위 2005도3707 판결

따라서 피고인이 이을남으로 하여금 범인도피를 교사한 이상, 이을남이 형법 제151조 제2항에 의하여 처벌을 받지 아니하는 친족 등에 해당하더라도 피고인에 대해서는 범인도피교사죄가 성립할 수 있습니다.

다. '죄를 범한 자'에 해당하는지 여부

범인도피죄가 성립하기 위해서는 벌금 이상의 형에 해당하는 죄를 범한 자를 은닉 또는 도피하게 하여야 합니다(형법 제151조 제1항). 위 '죄를 범한 자'에는 정범뿐만 아니라 교사범과 종범·예비·음모한 자도 포함되고, 그 행위가 구성요건에 해당하고 위법·유책하며 처벌조건과 소송조건을 구비하였을 것을 요합니다.***

> *** [참고판례] (전략) 그런데 위 공소사실과 기록에 의하면, 공소외인의 이 사건 행위는 자신이 위 승용차를 운전하던 중 사고 장소 좌측에 설치된 노면 턱을 들이받는 바람에 그 충격으로 조수석에 탑승하고 있던 피고인에게 전치 4주간의 상해를 입혔다는 것인바, 이러한 경우 공소외인에 대하여 적용이 가능한 죄는 가볍게는 도로교통법 제113조 제1호, 제44조 위반죄로부터 교통사고처리특례법 제3조 제1항 위반죄를 거쳐 공소외인의 범의에 따라서는 형법 제257조 제1항의 상해죄에 이르기까지 다양하고, 위 각 죄는 모두 벌금 이상의 형을 정하고 있음이 분명할 뿐만 아니라, 나아가 공소외인에게 적용될 수 있는 죄가 결과적으로 위 공소사실과 같이 교통사고처리특례법 제3조 제1항 위반죄에 한정된다고 하더라도, 원심이 내세우는 자동차종합보험 가입사실은 같은 법 제4조 제1항이 규정하는 바와 같이 공소를 제기할 수 없다는 소송조건에 해당하는 것으로서, 그것도 같은 법 제3조 제2항에 의하여 피해자가 나중에 사망에 이르거나 또는 같은 항이 규정하는 10가지

---

[10] 피고인이 형법 제151조 제1항의 '죄를 범한 자'에 해당하지 아니함을 근거로 범인도피죄의 구성요건해당성을 부정하는 이상, 아래 가와 나항 쟁점은 기재하지 않는 것이 논리상 타당하다. 다만 검토의견서의 특성을 고려하여 위 쟁점들을 간단히 검토하였다.

> 의 단서, 특히 음주나 과속 운전 등에 해당하는 경우에는 적용되지 아니하는 것이므로, 이러한 경우 수사기관으로서는 위 단서의 적용 여부를 가리기 위하여 공소외인의 행위에 대하여 얼마든지 수사를 할 수 있는 것이고 그 결과에 따라 공소외인에 대한 소추나 처벌 여부가 가려지게 되는 것이다. 따라서 이 사건에 있어서 원심이 내세우는 자동차종합보험 가입사실만으로 위와 같은 공소외인의 행위가 형사소추 또는 처벌을 받을 가능성이 없는 경우에 해당한다고 단정할 수 없는 것임은 물론이고, 피고인이 수사기관에 적극적으로 자신이 운전자라는 허위사실을 진술함으로써 실제 운전자인 공소외인을 도피하게 하였다면 그로써 수사권의 행사를 비롯한 국가의 형사사법 작용은 곤란 또는 불가능하게 되는 것이라고 아니할 수 없으므로(예컨대, 수사기관이 초동단계에서 실제 운전자에 대한 음주측정을 하지 못하여 교통사고처리특례법위반죄로 기소하지 못하게 되는 상황이 발생할 수 있다), 이는 범인도피죄에 해당한다고 할 것이다(대법원 2000. 11. 24. 선고 2000도4078 판결).

앞서 살펴본 바와 같이 피고인의 절도의 점에 대하여는 친족상도례가 적용되어 형이 면제되고(형법 제344조, 제328조 제1항), 이러한 친족상도례는 처벌조건 중 인적 처벌조각사유에 해당합니다. 따라서 처벌조건을 갖추지 못한 피고인은 제151조 제1항에서 정하는 '죄를 범한 자'에 해당하지 아니합니다.

피고인이 '죄를 범한 자'에 해당하지 아니하는 이상, 이러한 피고인을 도피 또는 은닉시킨 이을남에 대해 범인도피죄는 성립하지 아니하고, 이을남의 행위를 교사한 피고인에게 범인도피교사죄 역시 성립하지 아니합니다(제한종속형식).

따라서 이 부분 공소사실은 죄가 되지 아니하므로 형사소송법 제325조 전단에 의하여 무죄판결이 선고되어야 합니다.

2016. 1. 5.

담당변호사 김변호 ㊞

변론요지서

사 건   2015고합1223 특정경제범죄가중처벌등에관한법률위반(사기) 등
피고인   이을남

위 사건에 관하여 피고인 이을남의 변호인 변호사 이변론은 다음과 같이 변론합니다.

다 음

II. 피고인 이을남에 대하여

1. 사문서위조, 위조사문서행사, 공전자기록등불실기재, 불실기재공전자기록등행사, 사기의 점[01]

가. 피고인 변소의 요지

피고인은 망 박병서 소유의 대지에 대한 매매계약서가 위조된 줄 몰랐고, 김갑동이 위 대지를 실제로 매수한 것으로 믿고 김갑동과 정고소를 도와준 것에 불과합니다.[02]

나. 검사 제출 증거

이 부분 공소사실에 대해 검사가 제출한 증거로는 피고인·김갑동·정고소·한직원의 각 법정진술,[03][04] 검사 작성 김갑동에 대한 피의자신문조서(대질)의 진술기재,[05] 사법경찰관 작성 피고인·김갑동에 대한 각 피의자신문조서의 진술기재, 사법경찰관 작성 정고소·박갑수에 대한 각 진술조서의 진술기재, 박갑수 작성 고소장의 기재, 통장사본·등기사항전부증명서·각 소장사본·각 부동산매매계약서 사본·필적감정서·피고인들에 대한 각 조회회보서·부동산감정서·판결문·판결확정증명의 각 기재 또는 현존이 있습니다.[06]

다. 증거능력 없는 증거

1) 사법경찰관 작성 피고인에 대한 피의자신문조서(제1회)

위 조서는 피고인이 그 내용을 부인하였으므로 증거능력이 없습니다(형사소송법 제312조 제3항).[07]

2) 사법경찰관 작성 김갑동에 대한 각 피의자신문조서(제2회, 제3회)

위 각 조서는 피고인이 그 내용을 부인하는 취지로 증거부동의하고 있으므로 증거능력이 없습니다(형사소송법 제312조 제3항).

3) 정고소의 법정진술 중 일부 및 정고소에 대한 진술조서의 진술기재 중 일부

위 법정진술 및 진술조서 진술기재 중 "김갑동이 매매대금 중 5,000만 원은 이을남에게 나누어 주었다고 하였다"는 부분은 피고인 아닌 자의 피고인 아닌 자의 진술을 내용으

---

[01] 전형적인 사실인정 쟁점이다. 피고인 변소의 요지-검사제출 증거-증거능력 없는 증거-증명력 검토-부족증거 등 설시-소결론 순서대로 목차를 구성한다.

[02] 제1회 공판조서에 기재되어 있는 피고인의 공소사실 부인 취지를 활용하여 기재한다.

[03] 여러 개의 법정진술을 하나로 묶고 '각'으로 특정한다.

[04] 증인의 공판정에서의 진술 역시 '증언'이 아닌 '법정진술'이라 적시하여야 한다.

[05] '피의자신문조서'가 아니라 '피의자신문조서의 진술기재'가, '진술서'가 아니라 '진술서의 기재'가 증거이다. 다만 실제 답안에서는 증거명칭만을 기재해도 무방할 것이라 생각된다.

[06] 증거거시는 법원→검찰→경찰, 인증→서증→증거물, 피고인→참고인, 조서→진술서→검증조서→압수조서·실황조사서→진단서·견적서, 피고인진술→범죄경력조회→수사보고서→판결문등본의 순서대로 기재한다.

[07] 위 조서는 피고인이 내용부인취지로 증거부동의한 것이 아니라 직접 내용을 부인하였다(증거목록 참조).

로 하는 전문진술 및 전문진술 기재 조서이고, 그 원진술자인 김갑동이 이 사건 법정에 출석하고 있는 이상 증거능력이 없습니다(형사소송법 제316조 제2항, 제312조 제4항).

또한 "이을남도 돈을 받아 여자친구에게 주었다고 하였다"는 진술 및 "올봄에 이을남이 김갑동으로부터 받은 돈이 있는데, 그 돈을 여자친구에게 주었다고 한 것"이라는 진술 부분은 피고인 아닌 자의 피고인의 진술을 내용으로 하는 전문진술이고, 그 특신상태에 대한 별다른 증명이 없으므로 역시 증거능력이 없습니다(형사소송법 제316조 제1항).[08]

[08] 증인 정고소의 법정진술 중 김갑동의 진술을 내용으로 하는 부분에 대해서는 형사소송법 제316조 제2항이, 이을남의 진술을 내용으로 하는 부분에 대해서는 같은 조 제1항이 적용된다.

라. 신빙성 탄핵

1) 피고인의 범행 주도 여부

김갑동은 피고인이 이 부분 범행을 주도하였다고 진술하고 있습니다. 그러나 ① 김갑동은 경찰단계에서의 제1회 피의자신문에서는 자신이 실제로 망 박병서로부터 이 사건 대지를 매수하였다고 하면서 자신의 범행을 부인하였으나, 제2회 피의자신문에서 필적감정서 등 자신에게 불리한 객관적 증거가 제시되자 피고인의 주도 아래 범행을 하였다는 취지로 진술을 번복하고 있어 그 진술의 일관성이 결여된 점, ② 매매계약서 위조에서부터 소 제기 및 승소판결에 기한 이전등기 신청 등 일련의 범행을 피고인이 아닌 김갑동이 직접하였다는 점, ③ 김갑동의 진술을 직접 뒷받침하는 증거는 아래에서 살펴보는 신빙성 없는 한직원의 진술뿐인 점, ④ 김갑동의 주장대로라도 범행을 주도한 피고인이 편취금 4억 원 중 소액에 불과한 5천만 원만을 교부받았다는 것은 상식에 반한다는 점, ⑤ 김갑동은 범행 당시 경제적 어려움으로 인한 범행 동기가 분명하나 이을남에게는 범행 동기가 존재하지 아니하는 점, ⑥ 김갑동은 사기전과 등 범죄전력이 다수 있는 자로서 그 진술의 진실성을 인정하기 어려운 사람인 점, ⑦ 김갑동은 본건 범행이 밝혀져 처벌받을 것이 두려워 피고인에게 책임을 전가할 가능성이 매우 높은 점 등을 고려하면 김갑동의 위와 같은 진술은 믿기 어렵습니다.

2) 5천만 원 교부사실 인정 여부

김갑동은 피고인에게 5천만 원을 교부하였다고 진술하고 있고, 한직원 역시 김갑동이 피고인에게 5천만 원을 교부하는 것을 목격하였다고 진술하고 있습니다. 그러나 ① 한직원은 김갑동이 운영하는 갑동부동산의 중개보조원으로서 김갑동의 피고용인이므로 김갑동에게 불리한 진술을 하기 어려운 지위에 있다는 점, ② 한직원은 김갑동이 매매대금 수령 후 피고인에게 1,000만 원을 송금하였다고 진술하고 있으나, 김갑동이 매매대금을 수령한 것은 2014. 9. 말경이고, 위 금원을 송금한 것은 그로부터 약 5개월이 경과한 2015. 3. 2.으로서 그 송금시기가 일치하지 아니하는 점, ③ 5,000만 원을 교부함에 있어 굳이 1,000만 원만 계좌이체의 방법으로 송금할 특별한 이유가 없을 뿐만 아니라 현금으로 교부한 4,000만 원 역시 굳이 여러 장의 봉투에 담을 필요 없이 쇼핑백 등에 한꺼번에 담아 주면 족하다는 점, ④ 피고인은 김갑동으로부터 1,000만 원을 송금받은 당일 1,000만 원을 '여친병원비'로 바로 출금하였다는 점 등을 고려하면, 피고인은 김갑동으로부터 이 부분 공소사실 범행의 공모 대가로 5,000만 원을 받은 것이 아니라 김갑동 대신 허위 자수하는 대가로 1,000만 원을 교부받았을 뿐임을 알 수 있습니다.

마. 부족증거 등 설시

그 밖에 나머지 증거들만으로는[09] 이 부분 공소사실을 인정하기에 부족하고 달리 이를 인정할 만한 증거가 없습니다.[10]

바. 소결

결국 이 부분 공소사실은 범죄의 증명이 없으므로 형사소송법 제325조 후단에 의하여 무죄판결이 선고되어야 합니다.

2. 범인도피의 점

가. 김갑동의 절도의 점에 대하여

직계혈족, 배우자, 동거친족, 동거가족 또는 그 배우자간 절도죄 등은 그 형을 면제하고(형법 제344조, 제328조 제1항),[11] 이러한 친족상도례가 적용되는 친족의 범위는 민법의 규정에 의하여야 한다는 것이 판례의 태도입니다.*

> * [1] 친족상도례가 적용되는 친족의 범위는 민법의 규정에 의하여야 하는데, 민법 제767조는 배우자, 혈족 및 인척을 친족으로 한다고 규정하고 있고, 민법 제769조는 혈족의 배우자, 배우자의 혈족, 배우자의 혈족의 배우자만을 인척으로 규정하고 있을 뿐, 구 민법 제769조에서 인척으로 규정하였던 '혈족의 배우자의 혈족'을 인척에 포함시키지 않고 있다. 따라서 사기죄의 피고인과 피해자가 사돈지간이라고 하더라도 이를 민법상 친족으로 볼 수 없다. [2] 피고인이 백화점 내 점포에 입점시켜 주겠다고 속여 피해자로부터 입점비 명목으로 돈을 편취하였다며 사기로 기소된 사안에서, 피고인의 딸과 피해자의 아들이 혼인하여 피고인과 피해자가 사돈지간이라고 하더라도 민법상 친족으로 볼 수 없는데도, 2촌의 인척인 친족이라는 이유로 위 범죄를 친족상도례가 적용되는 친고죄라고 판단한 후 피해자의 고소가 고소기간을 경과하여 부적법하다고 보아 공소를 기각한 원심판결 및 제1심판결에 친족의 범위에 관한 법리오해의 위법이 있다고 하여 모두 파기한 사례(대법원 2011. 4. 28. 선고 2011도2170 판결).

따라서 법률상 배우자인 나부자의 자동차를 절취한 김갑동에 대해서는 위 친족상도례가 적용되어 그 형이 면제됩니다.

나. 피고인 이을남의 범인도피죄 성립 여부[12]

범인도피죄가 성립하기 위해서는 벌금 이상의 형에 해당하는 죄를 범한 자를 은닉 또는 도피하게 하여야 합니다(형법 제151조 제1항). 위 '죄를 범한 자'에는 정범뿐만 아니라 교사범과 종범·예비·음모한 자도 포함되고, 그 행위가 구성요건에 해당하고 위법·유책하며 처벌조건과 소송조건을 구비하였을 것을 요합니다.

앞서 살펴본 바와 같이 김갑동의 절도의 점에 대해서는 형법 제328조 제1항이 적용되어 형이 면제되고(제344조), 이러한 친족상도례는 인적 처벌조각사유에 해당합니다. 따라서 처벌조건을 갖추지 못한 피고인은 제151조 제1항에서 정하는 '죄를 범한 자'에 해당하지 아니합니다.** 김갑동이 '죄를 범한 자'에 해당하지 아니하는 이상 김갑동을 도피 또는 은닉시킨 피고인에 대해 범인도피죄는 성립하지 아니합니다.

** [참고판례] (전략) 그런데 위 공소사실과 기록에 의하면, 공소외인의 이 사건 행위는 자신이 위 승용차를 운전하던 중 사고 장소 좌측에 설치된 노면 턱을 들이받는 바람에 그 충격으로 조수석에 탑승하고 있던 피고인에게 전치 4주간의 상해를 입혔다는 것인바, 이러한 경우 공소외인에 대하여 적용이 가능한 죄는 가볍게는 도로교통법 제113조 제1호, 제44조 위반죄로부터 교통사고처리특례법 제3조 제1항 위반죄를 거쳐 공소외인의 범의에 따라서는 형법 제257조 제1항의 상해죄에 이르기까지 다양하고, 위 각 죄는 모두 벌금 이상의 형을 정하고 있음이 분명할 뿐만 아니라, 나아가 공소외인에게 적용될 수 있는 죄가 결과적으로 위 공소사실과 같이 교통사고처리특례법 제3조 제1항 위반죄에 한정된다고 하더라도, 원심이 내세우는 자동차종합보험 가입사실은 같은 법 제4조 제1항이 규정하는 바와 같이 공소를 제기할 수 없다는 소송조건에 해당하는 것으로서, 그것도 같은 법 제3조 제2항에 의하여 피해자가 나중에 사망에 이르거나 또는 같은 항이 규정하는 10가지의 단서, 특히 음주나 과속 운전 등에 해당하는 경우에는 적용되지 아니하는 것이므로, 이러한 경우 수사기관으로서는 위 단서의 적용 여부를 가리기 위하여 공소외인의 행위에 대하여 얼마든지 수사를 할 수 있는 것이고 그 결과에 따라 공소외인에 대한 소추나 처벌 여부가 가려지게 되는 것이다. 따라서 이 사건에 있어서 원심이 내세우는 자동차종합보험 가입사실만으로 위와 같은 공소외인의 행위가 형사소추 또는 처벌을 받을 가능성이 없는 경우에 해당한다고 단정할 수 없는 것임은 물론이고, 피고인이 수사기관에 적극적으로 자신이 운전자라는 허위사실을 진술함으로써 실제 운전자인 공소외인을 도피하게 하였다면 그로써 수사권의 행사를 비롯한 국가의 형사사법작용은 곤란 또는 불가능하게 되는 것이라고 아니할 수 없으므로(예컨대, 수사기관이 초동단계에서 실제 운전자에 대한 음주측정을 하지 못하여 교통사고처리특례법위반죄로 기소하지 못하게 되는 상황이 발생할 수 있다), 이는 범인도피죄에 해당한다고 할 것이다(대법원 2000. 11. 24. 선고 2000도4078 판결).

다. 형법 제151조 제2항의 친족상도례 적용[13]

설사 피고인에 대해 범인도피죄의 구성요건해당성이 인정된다 하더라도, 김갑동의 아버지는 김성균, 피고인 이을남의 어머니는 김선영이고, 김선영은 김성균의 동생입니다(수사보고서 및 각 가족관계증명서 참조). 즉, 피고인은 김갑동과 사촌형제로서 친족관계에 있고, 피고인이 친족인 김갑동을 위하여 범인도피죄를 범한 이상 피고인은 처벌받지 아니합니다(형법 제151조 제2항, 책임조각사유).

라. 소결

결국 이 부분 공소사실은 죄가 되지 아니하므로 형사소송법 제325조 전단에 의하여 무죄판결이 선고되어야 합니다.

2016. 1. 5.

피고인 이을남의 변호인 변호사 이변론 ㊞

서울중앙지방법원 제23형사부 귀중

[13] 피고인의 범인도피의 점에 대해 구성요건해당성이 부정되는 이상, 책임조각사유인 형법 제151조 제2항은 검토하지 아니함이 논리적으로 타당하다. 다만 수험답안임을 고려하여 방어적으로 검토하였다.

변론요지서

I. 피고인 김갑동에 대하여

1. 사문서위조, 위조사문서행사의 점

판례는 문서의 명의인이 실재하지 않는 허무인이거나 사자라도 문서위조죄의 요건을 구비한 이상 위 죄가 성립한다는 입장입니다. 피고인이 행사할 목적으로 권리의무에 관한 사문서인 박병서 명의의 부동산매매계약서를 위조한 이상, 박병서가 그 범행 이전에 이미 사망하였더라도 사문서위조죄는 성립하고, 이를 행사한 이상 위조사문서행사죄 역시 성립하며, 양 죄는 실체적 경합관계에 있습니다.

따라서 이 부분 공소사실들에 대하여는 유죄판결의 선고가 예상됩니다.

2. 특정경제범죄가중처벌등에관한법률위반(사기)의 점

사기죄에 있어 피기망자는 재산상의 피해자와 반드시 일치하여야 할 필요가 없으므로, 피고인이 법원을 기망하여 피고인 앞으로 피해자 박갑수 소유의 대지에 대한 소유권이전등기를 명하는 승소판결을 받은 경우 사기죄가 성립할 수 있습니다. 다만, 판례는 사자를 상대로 제소한 경우, 사망한 자에 대한 판결은 그 내용에 따른 효력이 생기지 아니하여 상속인에게 효력이 미치지 아니하므로 사기죄가 성립하지 않는다는 입장입니다.

피고인은 이미 사망한 박병서를 상대로 이 사건 대지에 대한 소유권이전등기를 청구하는 소를 제기하여 승소판결을 받았습니다. 그러나 법원의 승소판결을 받았더라도 위 판결에는 피해자의 처분행위에 갈음하는 내용과 효력을 인정할 수 없어 사기죄는 성립하지 아니합니다.

따라서 이 부분 공소사실은 죄가 되지 아니하여 무죄판결이 선고되어야 합니다(형사소송법 제325조 전단).

3. 변호사법위반의 점

피고인은 2015. 10. 30. 서울남부지방법원에서 사기죄로 벌금 200만 원의 약식명령을 발령받았고, 그 약식명령은 2015. 12. 15. 확정되었습니다(기록 제23쪽 약식명령등본).

위 확정된 약식명령의 범죄사실은 피고인이 청탁의 의사나 능력이 없음에도 불구하고 공무원인 담당검사 취급 사건에 관하여 청탁을 하겠다는 명목으로 피해자 왕근심을 기망하여 현금 500만 원을 편취하였다는 사기에 대한 것이고, 이 부분 공소사실은 같은 피해자에 대해 동일한 내용으로 공무원 취급 사건에 대해 청탁 명목으로 금품을 교부받았다는 변호사법위반에 대한 것으로서 양 죄는 상상적 경합관계에 있다는 것이 판례의 태도입니다. 따라서 상상적 경합관계에 있는 사기죄의 일부에 관하여 확정판결이 있는 이상 그 기판력은 나머지 범죄인 이 부분 변호사법위반의 점에도 당연히 미칩니다.

따라서 이 부분 공소사실은 확정판결이 있는 때에 해당하여 면소판결이 선고되어야 합니다(형사소송법 제326조 제1호).

4. 절도의 점

가. 자동차 명의 관련 절도죄 성립 여부

판례는 당사자 사이에 자동차의 소유권을 그 등록명의자가 아닌 자가 보유하기로 약정한 경우, 그 당사자 사이의 내부관계에 있어서는 등록명의자가 아닌 자가 소유권을 보유하게 된다는 입장입니다. 피고인이 피해자 나부자와의 사이에 위 자동차의 소유권을 피해자에게 넘기기로 한 이상(기록 제38쪽 진술서 등), 그 등록명의자가 피고인으로 되어 있더라도 피고인과 피해자 사이의 내부관계에서는 피고인이 아닌 피해자가 자동차의 소유자입니다. 따라서 피고인이 피해자 몰래 피해자 소유의 승용차를 운전하여 가 절취한 이상, 이 부분 공소사실에 대해서는 절도죄가 성립할 수 있습니다.

나. 친족상도례 적용 여부

직계혈족, 배우자, 동거친족, 동거가족 또는 그 배우자간 절도죄 등은 그 형을 면제하고(형법 제344조, 제328조 제1항), 이러한 친족상도례가 적용되는 친족의 범위는 민법의 규정에 의하여야 한다는 것이 판례의 태도입니다. 범행 당시 피고인은 피해자와 별거 중이긴 하였으나 법률상 배우자 관계에 있었으므로(수사보고서 및 각 가족관계증명서 등), 피고인의 피해자에 대한 절도죄에 대해서는 위 친족상도례 규정이 적용됩니다.

따라서 이 부분 공소사실에 대해서는 형을 면제하는 판결이 선고되어야 합니다.

5. 범인도피교사의 점

가. 자기도피의 교사의 처벌 가부

판례는 범인이 자신을 위하여 타인으로 하여금 허위의 자백을 하게 하여 범인도피죄를 범하게 하는 행위는 방어권의 남용으로 범인도피교사죄에 해당한다는 입장입니다. 따라서 피고인이 자신을 위하여 이을남으로 하여금 허위의 자백을 하게 하여 범인도피죄를 범하게 하는 행위를 한 이상, 그것이 자기도피에 해당한다 하더라도 피고인에 대해서는 범인도피교사죄가 성립할 수 있습니다.

나. 친족상도례와 범인도피교사죄 성립 여부

판례는 자기도피교사에 있어 범인도피교사죄의 성립을 긍정함과 동시에, 그 타인이 형법 제151조 제2항에 의하여 처벌을 받지 아니하는 친족 등에 해당하는 경우에도 역시 범인도피교사죄의 성립을 긍정하고 있습니다. 따라서 피고인이 이을남으로 하여금 범인도피를 교사한 이상, 이을남이 형법 제151조 제2항에 의하여 처벌을 받지 아니하는 친족 등에 해당하더라도 피고인에 대해서는 범인도피교사죄가 성립할 수 있습니다.

다. '죄를 범한 자'에 해당하는지 여부

범인도피죄가 성립하기 위해서는 벌금 이상의 형에 해당하는 죄를 범한 자를 은닉 또는 도피하게 하여야 합니다(형법 제151조 제1항). 위 '죄를 범한 자'에는 정범뿐만 아니라 교사범과 종범·예비·음모한 자도 포함되고, 그 행위가 구성요건에 해당하고 위법·유책하며 처벌조건과 소송조건을 구비하였을 것을 요합니다.

앞서 살펴본 바와 같이 피고인의 절도의 점에 대하여는 친족상도례가 적용되어 형이 면제되고(형법 제344조, 제328조 제1항), 이러한 친족상도례는 처벌조건 중 인적 처벌조각사유에 해당합니다. 따라서 처벌조건을 갖추지 못한 피고인은 제151조 제1항에서 정하는 '죄를 범한 자'에 해당하지 아니합니다. 피고인이 '죄를 범한 자'에 해당하지 아니하는 이상, 이러한 피고인을 도피 또는 은닉시킨 이을남에 대해 범인도피죄는 성립하지 아니하고, 이을남의 행위를 교사한 피고인에게 범인도피교사죄 역시 성립하지 아니합니다(제한종속형식).

따라서 이 부분 공소사실은 죄가 되지 아니하므로 무죄판결이 선고되어야 합니다(형사소송법 제325조 전단).

변론요지서

Ⅱ. 피고인 이을남에 대하여

1. 사문서위조, 위조사문서행사, 공전자기록등불실기재, 불실기재공전자기록등행사, 사기의 점

가. 피고인 변소의 요지

피고인은 망 박병서 소유의 대지에 대한 매매계약서가 위조된 줄 몰랐고, 김갑동이 위 대지를 실제로 매수한 것으로 믿고 김갑동과 정고소를 도와준 것에 불과합니다.

나. 증거능력 없는 증거

① 사법경찰관 작성 피고인에 대한 피의자신문조서(제1회)는 피고인이 그 내용을 부인하였으므로 증거능력이 없습니다(형사소송법 제312조 제3항). ② 사법경찰관 작성 김갑동에 대한 각 피의자신문조서(제2회, 제3회)는 피고인이 그 내용을 부인하는 취지로 증거부동의하고 있으므로 모두 증거능력이 없습니다(형사소송법 제312조 제3항). ③ 정고소의 법정진술 및 정고소에 대한 진술조서의 진술기재 중 "김갑동이 매매대금 중 5,000만 원은 이을남에게 나누어 주었다고 하였다"는 부분은 피고인 아닌 자의 피고인 아닌 자의 진술을 내용으로 하는 전문진술 및 전문진술 기재 조서이고, 그 원진술자인 김갑동이 이 사건 법정에 출석하고 있는 이상 증거능력이 없습니다(형사소송법 제316조 제2항, 제312조 제4항). 또한 ④ "이을남도 돈을 받아 여자친구에게 주었다고 하였다"는 진술 및 "올봄에 이을남이 김갑동으로부터 받은 돈이 있는데, 그 돈을 여자친구에게 주었다고 한 것"이라는 진술 부분은 피고인 아닌 자의 피고인의 진술을 내용으로 하는 전문진술이고, 그 특신상태에 대한 별다른 증명이 없으므로 역시 증거능력이 없습니다(형사소송법 제316조 제1항).

다. 신빙성 탄핵

1) 피고인의 범행 주도 여부

김갑동은 피고인이 이 부분 범행을 주도하였다고 진술하고 있습니다. 그러나 ① 김갑동은 경찰단계에서의 제1회 피의자신문에서는 자신이 실제로 망 박병서로부터 이 사건 대지를 매수하였다고 하면서 자신의 범행을 부인하였으나, 제2회 피의자신문에서 필적감정서 등 자신에게 불리한 객관적 증거가 제시되자 피고인의 주도 아래 범행을 하였다는 취지로 진술을 번복하고 있어 그 진술의 일관성이 결여된 점, ② 매매계약서 위조에서부터 소 제기 및 승소판결에 기한 이전등기 신청 등 일련의 범행을 피고인이 아닌 김갑동이 직접하였다는 점, ③ 김갑동의 진술을 직접 뒷받침하는 증거는 아래에서 살펴보는 신빙성 없는 한직원의 진술뿐인 점, ④ 김갑동의 주장대로라도 범행을 주도한 피고인이 편취금 4억 원 중 소액에 불과한 5천만 원만을 교부받았다는 것은 상식에 반한다는 점, ⑤ 김갑동은 범행 당시 경제적 어려움으로 인한 범행 동기가 분명하나 이을남에게는 범행 동기가 존재하지 아니하는 점, ⑥ 김갑동은 사기전과 등 범죄전력이 다수 있는 자로서 그 진술의 진실성을 인정하기 어려운 사람인 점, ⑦ 김갑동은 본건 범행이 밝혀져 처벌받을 것이 두려워 피고인에게 책임을 전가할 가능성이 매우 높은 점 등을 고려하면 김갑동의 위와 같은 진술은 믿기 어렵습니다.

2) 5천만 원 교부사실 인정 여부

김갑동은 피고인에게 5천만 원을 교부하였다고 진술하고 있고, 한직원 역시 김갑동이 피고인에게 5천만 원을 교부하는 것을 목격하였다고 진술하고 있습니다. 그러나 ① 한직원은 김갑동이 운영하는 갑동부동산의 중개보조원으로서 김갑동의 피고용인이므로 김갑동에게 불리한 진술을 하기 어려운 지위에 있다는 점, ② 한직원은 김갑동이 매매대금 수령 후 피고인에게 1,000만 원을 송금하였다고 진술하고 있으나, 김갑동이 매매대금을 수령한 것은 2014. 9. 말경이고, 위 금원을 송금한 것은 그로부터 약 5개월이 경과한 2015. 3. 2.으로서 그 송금시기가 일치하지 아니하는 점, ③ 5,000만 원을 교부함에 있어 굳이 1,000만 원만 계좌이체의 방법으로 송금할 특별한 이유가 없을 뿐만 아니라 현금으로 교부한 4,000만 원 역시 굳이 여러 장의 봉투에 담을 필요 없이 쇼핑백 등에 한꺼번에 담아 주면 족하다는 점, ④ 피고인은 김갑동으로부터 1,000만 원을 송금받은 당일 1,000만 원을 '여친병원비'로 바로 출금하였다는 점 등을 고려하면, 피고인은 김갑동으로부터 이 부분 공소사실 범행의 공모 대가로 5,000만 원을 받은 것이 아니라 김갑동 대신 허위자수하는 대가로 1,000만 원을 교부받았을 뿐임을 알 수 있습니다.

라. 소결

그 밖의 통장사본 등 증거들만으로는 이 부분 공소사실을 인정하기에 부족하고 달리 이를 인정할 만한 증거가 없습니다. 따라서 이 부분 공소사실은 범죄의 증명이 없어 무죄판결이 선고되어야 합니다(형사소송법 제325조 후단).

2. 범인도피의 점

가. 김갑동의 절도의 점에 대하여

직계혈족, 배우자, 동거친족, 동거가족 또는 그 배우자간 절도죄 등은 그 형을 면제하고(형법 제344조, 제328조 제1항), 이러한 친족상도례가 적용되는 친족의 범위는 민법의 규정에 의하여야 한다는 것이 판례의 태도입니다. 따라서 법률상 배우자인 나부자의 자동차를 절취한 김갑동에 대해서는 위 친족상도례가 적용되어 그 형이 면제됩니다.

나. 피고인 이을남의 범인도피죄 성립 여부

범인도피죄가 성립하기 위해서는 벌금 이상의 형에 해당하는 죄를 범한 자를 은닉 또는 도피하게 하여야 합니다(형법 제151조 제1항). 위 '죄를 범한 자'에는 정범뿐만 아니라 교사범과 종범·예비·음모한 자도 포함되고, 그 행위가 구성요건에 해당하고 위법·유책하며 처벌조건과 소송조건을 구비하였을 것을 요합니다.

앞서 살펴본 바와 같이 김갑동의 절도의 점에 대해서는 형법 제328조 제1항이 적용되어 형이 면제되고(제344조), 이러한 친족상도례는 인적 처벌조각사유에 해당합니다. 따라서 처벌조건을 갖추지 못한 피고인은 제151조 제1항에서 정하는 '죄를 범한 자'에 해당하지 아니합니다. 김갑동이 '죄를 범한 자'에 해당하지 아니하는 이상 김갑동을 도피 또는 은닉시킨 피고인에 대해 범인도피죄는 성립하지 아니합니다.

다. 형법 제151조 제2항의 친족상도례 적용

설사 피고인에 대해 범인도피죄의 구성요건해당성이 인정된다 하더라도, 김갑동의 아버지는 김성균, 피고인 이을남의 어머니는 김선영이고, 김선영은 김성균의 동생입니다(수사보고서 및 각 가족관계증명서). 즉, 피고인은 김갑동과 사촌형제로서 친족관계에 있고, 피고인이 친족인 김갑동을 위하여 범인도피죄를 범한 이상 피고인은 처벌받지 아니합니다(형법 제151조 제2항, 책임조각사유).

라. 소결

결국 이 부분 공소사실은 죄가 되지 아니하므로 형사소송법 제325조 전단에 의하여 무죄판결이 선고되어야 합니다.

변호사시험 형사법 기록형 기출해설 1
(제1회 ~ 제5회)

인쇄일 1쇄 2024년 4월 5일
발행일 1쇄 2024년 4월 15일

저 자	홍 형 철
발행인	이 종 은
발행처	새 흐 름
	서울특별시 마포구 독막로 295 삼부골든타워 212호
	등록 2014. 1. 21. 제2014-000041호(윤)
전 화	(02) 713-3069
F A X	(02) 713-0403
홈페이지	www.sehr.co.kr
ISBN	979-11-6293-472-2(93360)
정 가	20,000원

* 본서의 무단복제행위를 금합니다. 파본은 바꿔드립니다.
* 저자와 협의하여 인지첩부를 생략합니다.